EUにおける中国系移民の教育エスノグラフィ

山本須美子

東信堂

目次／EUにおける中国系移民の教育エスノグラフィ

序　章　研究課題と理論的枠組み……………………………3
第1節　研究課題と方法…………………………………………　4
第2節　先行研究の整理と本論の位置づけ……………………14
1. マイノリティの学校適応・不適応に関する教育人類学的研究（14）
2. 西欧諸国における中国系移民の学校適応に関する研究（18）
3. 移民の子どもの教育に関する国際比較研究（21）
4. 移民教育政策と学校現場での教育実践の関係性についての比較研究（24）

注（27）

第Ⅰ章　中国系移民の歴史的背景と新移民流入による変化 ……37
第1節　イギリスの中国系移民……………………………………39
1. 歴史的背景（39）
2. 中国系アソシエーションの歴史的展開（42）
3. イギリスにおける中国系新移民（49）
4. 新移民流入による中国系アソシエーションの変化（57）
5. 新移民流入と中国系コミュニティの変化（59）

第2節　フランスの中国系移民……………………………………61
1. 歴史的背景（61）
2. 中国系アソシエーションの歴史的展開（64）
3. フランスにおける中国系新移民（70）
4. 新移民流入による中国系アソシエーションの変化（79）
5. 新移民流入と中国系コミュニティの変化――イギリスとの比較（85）

第3節　オランダの中国系移民……………………………………87
1. 歴史的背景（87）
2. 中国系アソシエーションの歴史的展開
　　　――イギリス・フランスとの比較から（90）
3. オランダにおける中国系新移民――浙江省出身者（93）
4. 新移民流入と中国系コミュニティの変化
　　　――イギリス・フランスとの比較から（95）

注（99）

第Ⅱ章　移民政策と移民教育政策……………………109

第1節　オランダの移民政策と中国系移民をめぐる議論………… 110
1. オランダにおける移民政策の歴史的展開（111）
2. 「エスニック・マイノリティ」承認をめぐる議論（116）
3. 中国系移民と移民政策──イギリス・フランスとの比較から（119）

第2節　3国における移民教育政策の歴史的展開……………… 126
1. EUレベルの移民教育政策（127）
2. イギリスの場合（128）
3. フランスの場合（134）
4. オランダの場合（138）
5. 3国の比較考察（143）

注（146）

第Ⅲ章　中国系第2世代への中国語教育……………149
　　　　──正規の学校と中国語補習校

第1節　正規の学校における中国語教育……………………… 150
1. ロンドンの正規の学校における中国語教育（150）
2. パリの正規の学校における中国語教育（157）
3. 正規の学校における中国語教育
　　──イギリス・フランスとの比較から（161）

第2節　中国語補習校の役割と課題………………………… 162
1. イギリスの中国語補習校（163）
2. フランスの中国語補習校（171）
3. オランダの中国語補習校（175）
4. 中国語補習校の役割と課題──3国の比較から（178）

注（182）

第Ⅳ章　中国系第2世代と学校適応……………187

第1節　中国系の学校適応の実態……………………………… 188
1. イギリスの場合（189）
2. フランスの場合（192）
3. オランダの場合（193）

第 2 節　第 1 世代にみる成功の民俗理論……………………… 194
　　1．イギリスの場合（195）
　　2．フランスの場合（198）
　　3．オランダの場合（201）
第 3 節　第 2 世代にみる成功の民俗理論……………………… 203
　　1．イギリスの場合（203）
　　2．フランスの場合（206）
　　3．オランダの場合（209）
第 4 節　成功の民俗理論と中国系第 2 世代の学校適応………… 213
　　注（217）

第Ⅴ章　中国系第 2 世代と文化的アイデンティティ形成……………219

第 1 節　文化的アイデンティティの多様性……………………… 220
　　1．アイデンティティ概念（221）
　　2．自己を位置づける言説（223）
　　3．イギリスの場合（224）
　　4．フランスの場合（227）
　　5．オランダの場合（233）
　　6．最も多い位置取り（238）
第 2 節　文化的アイデンティティ形成に関わる 6 つの要因……… 240
　　1．中国語能力（241）
　　2．親子関係（243）
　　3．友人関係（247）
　　4．パートナーの選択（252）
　　5．職場での経験（254）
　　6．香港や中国訪問の経験（256）
　　7．文化的アイデンティティの形成過程――3 国の比較から（258）
　　注（261）

第Ⅵ章　中国系新移民の子どもと学校不適応……… 263

第1節　フランスの学校への中国系新移民の子どもの流入……… 265
1. パリの学校への中国系新移民の子どもの流入時期（265）
2. 中国系新移民の子どもの移住形態（266）

第2節　パリの初等教育における中国系新移民の子ども
　　　　受け入れの現状…………………………………………… 268
1. パリ13区のA小学校（269）
2. ベルビル地区のB小学校（270）
3. ベルビル地区のC小学校（271）
4. アソシエーションにおける中国系新移民の子どもへの教育（275）

第3節　パリの中等教育における中国系新移民の子ども
　　　　受け入れの現状…………………………………………… 277
1. ベルビル地区のD中学校（278）
2. ベルビル地区のE中学校（282）
3. パリ19区のF中学校（287）
4. パリ13区のG高校（290）
5. パリ11区のH職業高校（292）

第4節　フランスにおける温州系新移民の子どもの
　　　　抱える問題と学校の取り組み…………………………… 294
1. 温州系新移民の子どもの抱える問題（294）
2. 言説と実践のずれ（296）

第5節　オランダの学校における中国系新移民
　　　　受け入れの現状——イギリス・フランスとの比較から………………… 298
1. オランダの学校における中国系新移民受け入れ（299）
2. オランダにおける中国系新移民の子どもの抱える問題（301）
3. 中国系新移民の子どもへの教育実践——3国の比較から（303）

注（307）

終章　EUにおける中国系移民と
　　　　学校適応・不適応……………………………………313
第1節　正規の学校での中国系移民への教育——3国の比較から………314
　1．3国の移民教育政策の歴史的展開（315）
　2．学校教育現場における中国系移民への教育（317）
第2節　中国系移民と学校適応・不適応…………………………320
　1．中国系第2世代の文化的アイデンティティ形成と学校適応（321）
　2．第2世代の学校適応と新移民の子どもの学校不適応（323）
　注（331）

おわりに ……………………………………………………………333

引用参考文献 ………………………………………………………337
参考資料 ……………………………………………………………353
事項索引 ……………………………………………………………357
人名索引 ……………………………………………………………364

EU加盟国地図

出典：駐日欧州連合代表部公式ウェブマガジン（http://eumag.jp/eufacts/member_countries/）より。

EUにおける中国系移民の教育エスノグラフィ

序　章

研究課題と理論的枠組み

ロンドンのチャイナタウン。ソーホー地区(Soho Area)にあるジェラード・ストリート(Gerrard Street)には中華門がある。
(2012年筆者撮影)

第1節　研究課題と方法

　第2次世界大戦後、ヨーロッパ諸国は国家間の戦争を繰り返してきた歴史にピリオドを打ち、ヨーロッパ統合という偉大なる実験を約60年にわたる紆余曲折を経て成し遂げてきた。経済面からスタートし加盟国が28ヵ国に拡大したEUの統合は、1999年には通貨統合を果たしたが、2010年のギリシャの財政危機を引き金に、ここにきてその基盤が揺さぶられている。他方で、戦後安価な労働力として主に旧植民地から大量に流入した移民は世代を重ね、さらに近年東欧をはじめとする世界各地から新たに流入した移民・難民はEU域内で自由に移動し、多民族・多文化化が加速している。そうした状況下で、例えば2001年夏の北イングランドの暴動事件や2005年7月のロンドン同時多発テロ事件、2005年秋のパリ郊外の暴動や2011年のノルウェーでの連続テロ事件の背後には、移民の高失業率、民族間関係の悪化、さらに移民の若者の落ちこぼれ等、移民が引き起こす様々な社会問題の存在が指摘された。EU各国では移民の社会統合政策が共通の重点課題となり、特に移民の子どもの統合に関する教育施策は喫緊の最重要課題の1つとなっている。欧州教育情報ネットワーク(Eurydice)によるEU各国の移民の子どもへの教育政策に関する報告書である『ヨーロッパにおける学校への移民の子どもの統合(Integrating Immigrant Children into Schools in Europe)』[Eurydice 2004]では、EU各国の学校が移民の子どもを統合するために、主流社会の言語の教授、移民の母語や文化の維持、異文化への理解を深めるための様々な取り組みをしていることが示されている。

　EU各国の移民の子どもの社会統合に関する比較研究の代表的なものとしては、2003年から始められた「ヨーロッパにおける移民第2世代の社会統合に関する国際比較研究(TIESプロジェクト)」[1]があげられる。この調査では、社会統合の遅れが指摘されているヨーロッパ8ヵ国(オーストリア、オランダ、スイス、スウェーデン、スペイン、ドイツ、フランス、ベルギー)のモロッコ系とトルコ系と旧ユーゴスラビア系第2世代を対象として、各国の統合政策に基づいた制度の違いが第2世代の社会統合に影響を与えていることを明らかに

した。しかしながら、これまでのヨーロッパにおける移民の子どもの社会統合に関わる比較研究においては、本書が研究対象とする中国系移民[2]は古くから在住する移民集団の1つであるが、問題のない目立たない集団であるがゆえに、研究対象となることはほとんどなかった。

　筆者がイギリスの中国系移民の研究に着手したのは1980年代末である。イギリスの中国系第1世代の主流は1960年代をピークに移住した香港出身者であったが、約8割が中国料理に関わる飲食業に携わり全国に散住する目立たない存在で、第2世代は学校に適応し問題がなかったため、当時イギリスの中国系移民に関する先行研究は極めてわずかであった。20代を中心とする中国系第2世代の若者への筆者によるインタビューに基づいて、彼らの教育の経験やライフヒストリーを辿りながら、親の背景にある文化と主流社会の文化との境界での文化的アイデンティティ形成過程について明らかにして博士論文としてまとめた[山本 2002]。結論として、中国系第2世代の若者が、日常生活において周囲の人々と絶えず交渉する中で、他者として差異化されたり、自らを差異化したりして、位置取りとしての文化的アイデンティティを主体的に選んでいることを示した。しかし、日常生活における相互作用の中での文化的アイデンティティ形成過程を取り巻くマジョリティ社会の移民教育政策やエスニック・コミュニティの状況がいかにそれに影響を与えているのか、また中国系第2世代が主流社会の学校でなぜ良い成績をあげて成功モデルとなっているのかについて分析するには、イギリスの中国系第2世代のみを研究対象としていては限界があった。他国の中国系移民との比較研究の必要性を痛感し、今後の課題とした。

　その後EUは、前述のように統一通貨ユーロを導入し、統合は深化・拡大し、EUの共通移民政策は、特に9.11以降、安全保障問題と化しさらに重要性を増した。教育分野においては、1997年に欧州評議会によって民主的市民性教育（Education for Democratic Citizenship）を推進することが決議され、EU各国は市民性教育を導入した。近年のEU各国の移民の子どもへの教育政策では、共通性が生み出される一方、各国の国家形成の伝統に遡る言説に基づく移民教育政策の違いも保持され、その方向性が模索されている。

他方で、ヨーロッパの中国系移民は、東南アジアや北米や太平洋地域のそれに比べて、ほとんど研究されてこなかったが、中国の改革開放政策以降1980年代から新しい中国本土からの移民の流入が増加し、1990年代から新たな研究対象として注目される存在となった[3][Benton 1998: vii]。現在、EUで中国系人口が多いのは、イギリスとフランスで、ついでオランダが第3位である[4]。イギリスの中国系人口は、2001年国勢調査では約25万人[Office for National Statistics 2001]、2011年国勢調査では約43万人である[Office for National Statistics 2011]。フランスの中国系人口は、1990年代に20万人を上回り、2002年には約30万人で[Marc 2002: 121]、2010年代には約45万人となり、不法滞在者やイタリアやスペイン等の国々に行き来している人やフランス国籍を取得している第2世代を加えると約60万人に達している[Beraha 2012a: 11]。オランダの中国系人口は、約12万5000人である[Luk 2008: 43]。

ヨーロッパへの新移民流入が増加する中、1998年『ヨーロッパの中国人(The Chinese in Europe)』[Benton & Pieke(eds.) 1998a]の出版は、EUの拡大・深化と相まって、ヨーロッパという枠組みで中国系移民を捉えようとする最初の試みとなった。序論においてF．N．ピークは、ヨーロッパという枠組みで中国系移民を捉えることの有効性を2点指摘している。第1は、2つ以上の国を比較することによって、中国系コミュニティの展開のさらなる広がりをみせる傾向を説明できること、第2は、汎ヨーロッパという次元での中国系コミュニティや文化というものがありうるのかについて考察できることである[Pieke 1998: 9]。しかし実際には、『ヨーロッパの中国人』[Benton & Pieke(eds.) 1998a]はヨーロッパという枠組みの有効性を指摘しながら、各章ごとに各国の中国系移民をそれぞれ取り上げまとめただけに終わっている。以後活発化したヨーロッパにおける中国系移民に関する研究は、研究対象の切り取り方、分析視座、執筆形態等の面で多様化している[5]。

本書は、前著[山本 2002]で研究対象としたイギリスの中国系移民に加え、EUで中国系人口の多いフランスとオランダの中国系移民も取り上げている。その点において、EUというより広い枠組みにおいて中国系移民を捉えようとする近年の研究動向に重なる。しかし、従来の研究には、本書のように中

国系移民の教育問題に焦点を当てた研究は管見の限りではない。他の移民集団に比べてほとんど研究されていない中国系移民への教育問題に焦点を当てた研究は、EU各国が移民の子どもへの教育施策を模索する現在、必要不可欠であるといえる。そして、前著[山本 2002]を発展させた本書は、トランスナショナルな枠組みでの比較研究であることによって、イギリスの中国系第2世代だけを研究対象としていた前著[山本 2002]では分析できなかった、移民教育政策や中国系コミュニティの特徴や変化が中国系移民への教育実践や文化的アイデンティティ形成過程に与える影響、及び中国系第2世代が学校に適応し成功モデルとなる理由を明らかにできる。さらに第2世代のような成功モデルとはならず、移住先の学校で不適応問題を抱えている1990年代以降新たに流入した中国系新移民の子どもも研究対象としている。

　本書の目的は、2005年から2013年の9年間にわたるイギリスのロンドン、フランスのパリ、そしてオランダのアムステルダム、ユトレヒトとロッテルダムにおける文化人類学的調査に基づいて、中国系次世代がEU内の異なった移住先でどのような教育を受け、どのように学校に適応し文化的アイデンティティを形成しているのかを、主に1980年代から2013年現在までの変化をたどり、イギリスとフランスとオランダにおいて比較検討することである。

　具体的には、第1に、3国の正規の学校において中国系次世代はどのような教育を受けているのかを比較検討し、それが主流社会の移民教育政策や中国系コミュニティのあり方とどのような関連があるのかを明らかにする。EU内でもイギリスとオランダは移民のエスニシティを尊重する多文化主義が主流の言説を構成しているのに対して、フランスは移民のエスニシティを「私的空間」のものとし「公的空間」で市民として結びつくという共和国モデルに基づいているといわれている。そうした異文化への対応をめぐる言説や移民教育政策及び中国系コミュニティのあり方が、3国の正規の学校における中国系移民への教育にどう関連しているのかを論じる。そのためにまず、3国における中国系移民の歴史的背景と新移民流入による中国系コミュニティの変化、及び3国の移民教育政策や言説の歴史的展開を検討する。そして、筆者のフィールドワークに基づいて実際の学校現場において中国系第2世代

と新移民の子どもに対してどのような教育が行われているのかを明らかにし、移民教育政策や中国系コミュニティのあり方との関係性を検討する。第2世代の場合は、正規の学校における特に中国語教育に焦点を当てた文化的背景に関わる教育を、新移民の子どもの場合は、学校不適応問題に対する正規の学校の取り組みについて取り上げる。なお、ここでの「第2世代」[6]とは親が1980年代以前に移住した場合で、主に移住先で生まれ育った者を指すが、親の移住先で生まれた後で親の出身地に送られて一定期間過ごし、再度親に合流したり本人が親と共に移住して、親の移住先で中等教育以降を受けた者も含む。「新移民の子ども」とは親が1990年代以降に移住した場合であり、中国生まれで移住先の親に後で合流した者が多いが、親の移住先で生まれ育った者も含むものとする。第2世代は1980年代末から1990年代に、新移民の子どもは2000年代以降に学校教育を受けているので、本書の分析はそうした時間軸を考慮に入れることになる。

　第2に、3国における中国系第2世代の学校適応と、新移民の子どもの学校不適応の実態とその要因を比較検討し、何が学校適応と不適応を分けるのかを解明する。ここでの「学校適応」とは学校で比較的高い成績を上げ、問題が顕在化することなく学校を卒業することを、「学校不適応」とは成績不振や留年や欠席や退学等の問題を抱えることを指すものとする。まず、第2世代の学校適応に関しては、3国の中国系第2世代へのインタビューに基づいて、日常的経験を通して形成された「成功の民俗理論（Folk Theory of Success）」を読み取り、中国系第2世代の学校適応の理由を成功の民俗理論という視点から検討する。ここで用いる成功の民俗理論とは、Ｊ．Ｕ．オグブ［Ogbu 1991］が提唱したもので、人々が何を成功とし、それをどのような手段で得られると捉えているのかであり、主流社会の学校教育を成功のための手段としてどのように捉えているかを明らかにすることによって学校適応・不適応を説明しようとするものである。主流社会での学校教育を成功のための手段として重視する民俗理論をマイノリティが共有することが、学校適応につながるとされている。

　加えて、3国の中国系第2世代が親の背景にある文化と主流社会の文化と

の境界で、どのように文化的アイデンティティを形成しているのか、その過程を第2世代へのライフヒストリーを構成するインタビューに基づいて明らかにする。それを通して、第2世代への文化的背景に関わる教育が文化的アイデンティティ形成にどう影響を与えているのか、また学校適応と文化的アイデンティティ保持の関係性を再考する。文化的背景に関わる教育の場としては、正規の学校だけではなく、中国語教育の中心的役割を担っている週末の中国語補習校も含めて検討する。中国語補習校も調査対象に含めることによって、次世代にどのような文化が伝達されているのかを明らかにでき、EUという枠組みでの中国文化や文化的アイデンティティの継承について考察することを試みる。

新移民の子どもにみられる学校不適応については、特に問題が顕在化しているフランスの場合に焦点を当てて、筆者によるパリの学校でのフィールドワークに基づいて[7]、中国系新移民の子どもが抱える問題とそれに対する学校の取り組みについて検討し、問題が顕在化していないイギリスとオランダの場合と比較考察をする。そして最後に3国における中国系第2世代の学校適応と新移民の子どもの学校不適応の実態とその要因を比較検討し、何によって学校適応と不適応が生み出されるのかを解明したい。

研究方法としては、3国の学校現場での中国系第2世代と新移民の子どもに対する教育実践のあり方と直面している問題を、学校関係者や中国系アソシエーション職員や親へのインタビュー、及び授業の参与観察を通して明らかにする。また、週末の中国語補習校の役割と課題を、中国語補習校教師へのインタビューや授業の参与観察に基づいて、正規の学校での中国語教育との関連も含めて3国において比較検討する。加えて、正規の学校と中国系アソシエーションの連携や新移民流入後の中国系コミュニティの変化を明らかにするために、中国系アソシエーションを訪問し職員に話を聞き、その活動を参与観察する。

さらに、第2世代に関しては、イギリスとフランスでは20代を中心に、オランダでは30代以上を対象に、教育の経験や進路選択の過程や親との関係等のライフヒストリーを構成するインタビューを実施する。それを通して、

文化の境界で生きる第2世代の文化的アイデンティティ形成過程を検討することによって、教育と文化とアイデンティティ形成の関係性について再考したい。

中国系第2世代へのインタビューは、ロンドンでは、1996年から2013年に至るまでの16年間以上にわたり英語で37人を対象に実施した（表1参照：30-31頁）。パリでは、2005年10月、2006年3月と9月、2007年3月、2008年9月、2009年9月、及び2013年3月に英語とフランス語[7]で23人を対象に（表2参照：32-33頁）、アムステルダムやロッテルダムにおいては、2010年9月と2011年9月と2012年9月、2013年3月に英語で27人を対象に実施した（表3参照：34-35頁）。特に、ロンドンでは長期にわたって何度もインタビューをした対象者もいる。イギリスにおける調査期間に比べ、フランスやオランダでの調査期間が短いので、インタビュー対象者数に偏りがあるが、質的調査であるので対象者数の偏りは分析に大きな影響を与えていない。また、イギリスとフランスの場合は、10代後半から20代の若者を、オランダの場合は主に30代以上を対象としたが、オランダの対象者の年齢を高めたのは、既にインタビューに基づいた中国系若者の文化的アイデンティティ形成に関するK．キム[Kim 2009]、L．ウィッテ[Witte 2009]やK．Y．オール[Or 2007]の先行研究があったからである。対象者の年齢層を高めることで、文化的アイデンティティ形成過程を個人のライフヒストリーにおいてより長いスパンで捉えることができた。

以上述べたように本書は、イギリスとフランスとオランダの中国系移民を対象として、文化人類学的調査に基づいて、学校適応・不適応をめぐる問題をトランスナショナルな枠組みで比較検討するもので、世界的にみてもこれまでほとんど研究されてこなかった分野である。EU3ヵ国の中国系移民がどのような教育を受け、文化的背景を同じくしても学校適応と学校不適応を分けるものは何であるのかを、学校教育現場だけではなく、移民教育政策やエスニック・コミュニティのあり方、民族教育や移住形態や親の法的・社会経済的地位、さらには当事者の文化的アイデンティティ形成過程というマイノリティ側の認識を含む包括的な視点から、主に第2世代の多くが教育を受

けた1980年代から新移民の子どもの流入する2013年現在に至る20数年間にわたる時間軸を入れて解明する点に特徴がある。

　それによって本書は、特に2000年代以降EU各国が移民教育政策の方向性を模索する中、移民の子どもを取り巻く包括的状況のどの局面が移民の子どもの学校適応・不適応や文化的アイデンティティ形成過程に重要な影響を与えているのかを明らかにできる。EU3ヵ国の国際比較研究である本書は、3ヵ国しか取り上げていないという限界に加えて、従来の社会科学全般にみられる近代国民国家体制を所与のものとして対象を切り取る傾向を指す「方法論的ナショナリズム」を乗り越えてはいない。それは、移民政策や移民教育政策が歴史的に各加盟国で展開され、中国系移民の歴史的背景も各国で異なり、国家間比較が有効な方法であったからである。遠藤乾は、EUは1国でも1国際組織でもなくその間に統治枠組みを形成してしまったがゆえに、既存の政治史、比較政治、国際関係、思想史の前提に疑問を呈し、EUの据わりの悪さを突き詰めていくと、確固たる「方法論的ナショナリズム」の中で当然視されていた前提の見直しにつながると指摘している［遠藤 2013: 358-362］。本書において3ヵ国の中国系移民を教育のあり方に焦点を当ててトランスナショナルな枠組みで比較することは、今後のEUとしての移民の子どもの教育のあり方を考えるにあたって何に留意すべきであるのかを示唆し、こうした国際比較の積み重ねが、EUという枠組みにおける移民教育政策を構築し、ひいては「方法論的ナショナリズム」の脱構築につながると考える。本書がタイトルに「EU」と謳ったのは、そうした方向性を志向しているからである。さらに、少子高齢化を迎え、近い将来外国人労働力に頼らざるをえなくなる日本にとっても、直面せざるをえないであろう教育における異文化の共存という課題に対して貴重な先例を提示し、これに関わる今後の研究に方向性を提示することができるのではないかと考える。

　本書の構成は以下のようである。
　第Ⅰ章では、イギリスとフランスとオランダの中国系移民の1980年代以前の歴史的背景について検討した後、1980年代以降に流入した新移民の出

身地や移住後の生活実態、さらに新移民の流入が既存の中国系コミュニティに及ぼした影響を、中国系アソシエーションの歴史的変遷を踏まえた上での変化という視点から比較検討する。新移民流入後の中国系アソシエーションに関しては、3国共においてほとんど文献はなく、筆者のフィールドワークから得られた結果に基づいている。それゆえ、この章は後章において次世代の学校適応・不適応や文化的アイデンティティ形成に関わる問題を検討する布石としてだけではなく、単独で読んでいただいても価値がある。

　第Ⅱ章では、3国における第2次世界大戦後の移民政策と移民教育政策の歴史的展開を検討する。第1に、移民政策について、1980年代に中国系移民がエスニック・マイノリティ政策に含まれず、それについて議論が起きたオランダの移民政策を中心に取り上げて検討し、イギリスとフランスの中国系移民に対する移民政策との比較考察をする。第2に、イギリスとフランスとオランダの移民教育政策をそれぞれ取り上げて検討した後に3国の場合を比較考察し、EU内での異文化の共存に対する同種の言説(イギリスとオランダ)と異なった言説(フランス)が移民教育政策にどのように表出しているのかを明らかにする。

　第Ⅲ章では、3国における中国系第2世代が、文化的背景に関連したどのような教育を受けたのかを、正規の学校と中国語補習校における中国語教育に焦点を当てて明らかにする。第1に、正規の学校において中国系の子どもの文化的背景に関連した教育が1990年代から2013年に至るまでに実際にどのように行われ変遷したのかを、ロンドンとパリの学校における中国語教育に焦点を当てて比較考察する。オランダの正規の学校においては、中国語教育はほとんど実施されなかったので言及しない。第2に、3国における中国語補習校ではどのような教育が実施され、近年どう変化しているのを明らかにすることを通して、その役割と課題を3国において比較検討する。

　第Ⅳ章では、3国の中国系第2世代の学校適応の実態を主に文献に基づいて明らかにした後に、学校適応の理由を、筆者による第2世代へのライフヒストリーを構成するインタビューに基づいて、3国の第1世代と第2世代それぞれが成功の民俗理論をどのように形成しているのかという視点から比較

検討する。そして、抽出した成功の民俗理論によって3国の中国系第2世代の学校適応を説明できることを示す。

　第Ⅴ章では、3国の中国系第2世代が主流社会の文化と親の背景にある文化の境界でどのように文化的アイデンティティを形成しているのかを、第Ⅳ章が基づいたのと同じ筆者による第2世代へのライフヒストリーを構成するインタビューに基づいて比較検討する。まず、3国における中国系第2世代の文化的アイデンティティの多様性をそれぞれ検討し比較した後で、文化的アイデンティティ形成に関わる6つの要因を取り上げて論じる。それを通して、学校適応と文化的アイデンティティ保持の関係性を再考し、文化的アイデンティティとは何かを問い直し、3国の中国系第2世代の文化的アイデンティティ形成過程に違いを生み出しているものは何かを明らかにする。

　第Ⅵ章では、特に1990年代以降流入が増加した中国本土出身者の子ども（特に温州系の子ども）の学校不適応問題が顕在化しているフランスの場合に焦点を当てて、筆者によるパリの学校でのフィールドワークに基づいて、中国系新移民の子どもが抱える問題とそれに対する学校の取り組みについて、初等教育段階と中等教育段階に分けて明らかにする。そして、中国系新移民の子どもによる学校での不適応問題が顕在化していないオランダとイギリスの場合と、顕在化しているフランスの場合を比較し、3国の学校における新移民の子どもへの取り組みの違いは、何によって生み出されているのかを明らかにする。

　終章では、本書が取り組んだ2つの課題に対して、結論を示したい。第1の課題は、3国の正規の学校での中国系移民への教育の比較検討である。第2世代に関しては、特に中国語教育に焦点を当てた文化的背景に関わる教育を、新移民の子どもに関しては、学校不適応問題に対する学校の取り組みを取り上げて整理する。そして、3国の学校現場での中国系移民への教育実践が、主流社会の移民教育政策や中国系コミュニティのあり方とどのような関連があったのかをまとめる。第2の課題は、3国における中国系第2世代の学校適応と新移民の子どもの学校不適応の実態とその要因の比較検討である。比較検討した結果を整理し、何によって学校適応と不適応が生み出されたの

かを明らかにし、教育人類学への理論的貢献を示す。

第2節　先行研究の整理と本論の位置づけ

　本節では先行研究に本書の議論を位置づけ、その意義を明確にする。以下、第1にマイノリティの学校適応・不適応に関する教育人類学的研究、第2に西欧諸国における中国系移民の学校適応に関する研究、第3に移民の子どもの教育に関する国際比較研究、第4に移民教育政策と学校現場での教育実践の関係性についての比較研究を取り上げ、それぞれの議論の中に本書を位置づけたい。

1. マイノリティの学校適応・不適応に関する教育人類学的研究

　教育現象を文化人類学的視角から検討するという教育人類学では、アメリカの移民教育問題を中心に、1960年代中頃からマイノリティの子どもの学業不振をめぐる問題が取り上げられてきた。M. ギブソンはマイノリティの子どもの学業不振に関する先行研究を整理して、2つの立場を指摘している[Gibson 1988]。1つは、学業不振の原因を、主流社会の学校の文化とマイノリティの背景にある文化との間の「文化的不連続」や「文化的葛藤」によって説明しようとする立場である。この立場からの研究は、主に教室内における生徒と教師間のコミュニケーションや認知の仕方等における文化的差異に焦点を当てるミクロな民族誌的研究であった[e.g. Erickson & Mohatt 1982]。第2は、社会や学校の構造上の不平等によって下層階級や移民の子どもの学業不振を説明しようとする、いわゆる社会文化的再生産理論の立場である[e.g. Bourdieu 1974]。つまり、移民の子どもの学業不振の原因については、文化か構造かをめぐって議論されてきたと整理されている。ギブソンは、両者のアプローチを統合するだけではなく、マイノリティ集団の歴史や主流社会で置かれている特殊な状況や変化する経済構造への対応、家族やコミュニティからの影響力を包括的に含む理論的枠組みが求められると指摘している

［Gibson 1988: 31］。

　その後、ギブソンとオグブは、これまでの研究がマイノリティの子どもの学業不振のみを対象としてきたことを不十分とし、従来の文化対構造という議論を超えるものとして、学校での成功も説明できる「文化モデルアプローチ」を提唱している［Gibson & Ogbu（eds.）1991］。「文化モデル」とは、個々の集団がどのように自らの集団や制度を捉え、全体社会の中で自らはどのような位置を占めていると理解しているかという当事者の見解であり、学校適応の違いを文化モデルの違いによって説明しようとするアプローチである。文化モデルアプローチは、従来の研究では注意が払われてこなかった当事者の社会的現実や学校教育に関する認識の違いを通して学校適応・不適応を説明しようとした点に特徴がある。

　オグブは2つの異なった文化モデルとして、非自発的マイノリティと移民的マイノリティの文化モデルを類型化している［Ogbu 1991］。非自発的マイノリティは、自らの意思に反して主流社会に組み込まれ、歴史的に差別を受け続け社会の中枢への参入を妨げられることによって、反抗的アイデンティティと主流社会の文化や教育への不信感に特徴づけられる文化モデルを形成する。いくら学校で成功しても、現在の周縁的な位置や下層労働からは逃れられないと考え学校不適応に陥る。対照的に、移民的マイノリティは、ことばや習慣のうえで不利を背負い差別的な待遇を被っても、自発的に移民をしてきた歴史的経緯によって、現状をマジョリティと比べるのではなく、祖国と比べれば良いと捉える。そして、不平を言うべき立場にはないゲストとして自らを認識し、一生懸命に働いて倹約すれば社会的に成功できると考える。それゆえ主流社会の学校で成功を収めることを社会的上昇の手段と捉え、学校で成功することになる。オグブは、文化モデルの主要要素を以下の5つに整理している。①現在の地位と将来の可能性を比較する準拠枠組み、②教育による成功の民俗理論、③アイデンティティの意識、④望ましい行為を判断し、集団への帰属や連帯を確認するための文化的枠組み、⑤支配集団の成員や制度への信頼の程度、である。

　その後、このオグブの理論をめぐっては、個別事例に基づきながら様々

な議論が交わされた。ギブソンはそれらの議論をまとめて、アメリカ、オーストラリア、ニュージーランド、カナダそしてイスラエル等のように、ヨーロッパからの移民が先住民を征服してできた「新しい国家」にはオグブの類型化が当てはまる事例が多いが、ヨーロッパのようなかつて植民者であり第2次世界大戦後にヨーロッパ以外から移民を受け入れた「古い国家」には当てはまらない事例が多いと指摘している［Gibson 1997］。例えば、A．ヴァン・ザンタンは、フランス社会や学校が共和国モデルよりもネオリベラルな市場原理や実践の影響を受けていることを指摘し、ヨーロッパ諸国では旧植民地との政治経済的関係の歴史が複雑化し、オグブの類型化を隔てる壁があいまいになっており、オグブの類型化自体が共和国モデルと同様にイデオロギー的な構築物であると述べている［Van Zanten 1997］。

　またギブソンは、オグブの類型化は経済的機会を求めて自発的に移住してきた永住許可を持った移民だけを対象としていて、難民や一時的滞在の外国人労働者、不法移民、旧植民地からの移民には注意を払っていないとして、祖国を離れる理由や移住先での地位、移住時のコンテキストや利用可能な資源等の他の要因が学校適応・不適応に関連していると指摘している［Gibson 1997: 432-433］。さらには、オグブの類型化は、世代的変遷やジェンダーや文化的アイデンティティ形成との関連にも言及していないと述べている［Gibson 1997］。また、D．ギルボーンは、オグブがコミュニティ側からの影響力を強調しすぎ、学校での教師の人種差別等による学校側の問題を軽視していると批判している［Gillborn 1997］。S．J．リーは、オグブの類型化はアジア系アメリカ人を「モデル・マイノリティ」とするステレオタイプを生み出していると批判している。高校でのフィールドワークに基づいて、アジア系アメリカ人として括られた高校生のアイデンティティが日常生活の経験を通して絶えず交渉し変化することによって、学校適応のあり方にも多様性が生み出されていることを指摘している［Lee 1994］。

　このような文化モデルアプローチをめぐる議論を踏まえたうえで、本書は、文化モデルの中でも成功の民俗理論に焦点を当てて、中国系第2世代の学校適応について説明する。ここで用いる成功の民俗理論とは、人々が主流

社会での学校教育を成功のための手段としてどのように捉えているかである。筆者によるインタビューから得られた第2世代のライフヒストリーを構築する語りに基づいて、イギリスとフランスとオランダにおける中国系第2世代の学校適応は、学校教育を成功の手段として重視する民俗理論によって説明できることを示したい。

オグブの成功の民俗理論という概念を検討したピークは、この概念はマクロな権力構造とマイノリティとマジョリティの文化がどのように結びついて集団間に学校適応・不適応の差異を生み出すのかという説明を可能にしたと指摘している[Pieke 1991: 163]。しかしながら、他方でこの概念は、教授過程における教師と生徒のコミュニケーションの問題や個人の主体性（Agency）を見過ごしているとして、オグブの理論に欠けているのは、第1に集団（あるいは個人）の置かれた社会的地位がどのように成功の民俗理論を生み出し、第2に民俗理論がどのように学校適応・不適応につながるのかを説明していないことであり、日常生活の中で成功の民俗理論が構築、適応、変化する過程を抽出するには個人の主体性に目を向ける必要があると指摘している[Pieke 1991: 163]。筆者は、自らが聞き取った3国の中国系第2世代のライフヒストリーをめぐる語りの中で第1世代と第2世代の成功の民俗理論が日常生活においてどのように形成されているかを検討することによって、個人の主体性に目を向けピークの批判を乗り越えて成功の民俗理論を抽出できると考える。

さらに、本書では、中国系新移民の子どもにみられる学校不適応の問題にも焦点を当てる。フランスでは正規の学校で中国系新移民の子どもの不適応問題が顕在化しているが、イギリスとオランダの学校では顕在化していない。3国の学校において中国系新移民はどのような不適応問題に直面し、また3国の学校ではそれに対してどのような取り組みをし、その教育実践にどのような違いがあるのかを明らかにする。そして、文化的背景を共有し出身地を同じくする場合があっても、第2世代の学校適応と新移民の学校不適応を分けるものは何であるのかを析出したい。

以上から、本書は文化モデルアプローチに対して、以下の2点において貢献できると考える。第1に、ギブソンは、不法移民の学校適応・不適応に関

する研究は極めて少ないと指摘しているが[Gibson 1997: 434]、本書の対象とする3国の中国系移民には、フランスの中国出自のインドシナ難民も含み、新移民には中国本土からの不法移民が多く、これまでほとんど研究されてこなかった難民や不法移民を研究対象に含むことである。第2に、第2世代と新移民の子どもの学校適応・不適応の違いを生み出す要因を明らかにし、1つのマイノリティ集団内において学校適応・不適応の差異が生み出されるメカニズムを文化モデルアプローチに基づいて説明することによって、この文化モデルアプローチが類型化に留まらず集団内部の多様性をすくい上げることができる可能性を示せることである。

2. 西欧諸国における中国系移民の学校適応に関する研究

　西欧諸国における中国系移民の教育に関しては、中国系アメリカ人を研究対象とした学校適応の理由に関する研究が多い。それらを整理したＳ．－Ｆ．シウ[Siu 1994]は、儒教に基づく文化的価値による説明が最も多いと指摘している。つまり、中国系アメリカ人には学業を尊重する儒教に基づく文化的背景があり、階層的で緊密な家族構造は子どもが学校や家庭で一生懸命に勉強することを促し、さらに、親子関係が学校での教師と生徒との関係に重なり、家庭で教えられる価値が学校の教師によって尊重されるから、子どもが学校で成功するという説明である[Siu 1994: 23]。

　アジア系アメリカ人というくくりの中で、日系アメリカ人と中国系アメリカ人の学校適応を論じたＳ．スーとＳ．岡崎は、相対的機能主義に基づく説明の妥当性を示している[Sue & Okazaki 1990]。従来の研究ではアジア系アメリカ人と白人には知能に遺伝的差異があることと、教育を尊重するアジア系アメリカ人の背後にある文化的価値によって学校適応が説明されてきた。知能の遺伝的差異に関しては調査結果によって否定されたのに対して、文化的価値に基づいた説明に代わる仮説はなかったが、それに代わるものとして、相対的機能主義という概念を提示している。この相対的機能主義に基づく説明では、アジア系アメリカ人は、教育による成功者を多く輩出し、スポーツ、

政治、娯楽等の他の分野での社会的上昇の機会が少ないので教育を重視するようになると説明されている[Sue & Okazaki 1990: 919]。

　R．K．チャオ[Chao 1996]やS．S．ペンとD．ライトの研究[Peng & Wright 1994]は、母親の子どもの教育に対する考え方や家庭環境に関する量的調査に基づいて、それらと学校適応との関係を分析している。チャオは、異文化間心理学の立場から、中国系アメリカ人の母親48人とヨーロッパ系アメリカ人の母親50人を対象に子どもの教育に対する考え方を比較分析し、中国系の母親はヨーロッパ系の母親とは対照的に、教育を重視していることが学校適応の要因であると指摘している[Chao 1996]。ペンとライトは、1988年の教育国勢調査に基づいて、アジア系アメリカ人の母親は、たとえ実際に宿題を手伝うことができなくても、子どもが高等教育を受けることを期待していることが、学校適応につながっていると指摘している[Peng & Wright 1994]。

　B．シュナイダーとY．リー[Schneider & Lee 1990]は、アメリカの小学校2校でのフィールドワークに基づいて、東アジア系アメリカ人生徒(日系、中国系、韓国系を含む)とアングロサクソン系アメリカ人生徒を対象として、家庭的背景、教育や進路に対する親と子どもの態度や意識、教室での態度、親や教師や友達との関係、課外活動について比較している。そして、東アジア系生徒の学校適応の理由として、アングロサクソン系生徒に比べて、価値観や将来への抱負を親と共有していること、家族と共に家庭学習に時間を割いていること、そして教師や友達と期待を分かち合っていることを指摘している[Schneider & Lee 1990]。

　M．シュウ[Zhou 2005]は、エスニック集団の文化的価値や行動パターンは、静的なものではなく、社会的及びエスニックなシステムの構造的必要性の中で生じるものであるとして、文化と社会構造の相互作用から、エスニック集団間での学校での成功・不成功の違いを説明する立場に立っている。その1事例としてニューヨークのチャイナタウンをエスニック・エンクレイブという概念で捉え、フィールドワークに基づいて、エスニック・エンクレイブが構成員の社会的上昇に影響を与えていることを指摘している。エスニック・

エンクレイブ内での様々なエスニック組織への参加がエスニック・ネットワークを強化し、エスニック・アイデンティティやエスニックな連帯を強め、それが子どもが困難を乗り切る社会資本となっている。チャイナタウンの既製服工場で働く女性たちが日常的関わりにおいて、子どもの教育に関する情報や教育を重視する価値を共有し、子どもも親からの期待をエスニック・コミュニティへの参加によってさらに強く感じるようになり、親の社会的地位や親からの支配を抜けだす道は教育しかないと考えることが、学校での成功に結びついていることを明らかにしている［Zhou 2005］。

以上のように中国系アメリカ人を対象として取り上げた研究が圧倒的に多い中、J．リーは近年カナダに移住した高学歴の中国系カナダ人7家族を対象にインタビューを実施し、学校適応の理由として、第1に教育を重視する文化的背景、第2に親が自らの移民としての地位を不利であると認識していること、第3に子どもの文化変容過程での緊張という要素が絡み合って、子どもに専門職に就き良い人生を送るために学校で良い成績を上げてほしいという親の期待を高めていることを指摘している［Li, Jun 2004］。

ヨーロッパの中国系移民の教育に関する研究は極めて少ない中で、イギリスの中国系第2世代の学校適応に関するL．アーチャーとB．フランシスの研究［Archer & Francis 2007］は、本書と研究対象が重なり問題関心も近く、最も関連の深い研究である。14歳から16歳のイギリスの中国系第2世代80人、教師30人と中国系の親30人へのインタビューに基づいて、中国系生徒が学校で高い成績を上げている理由を教育社会学的視点から論じている。教師や学校の役割、親と子どもの教育への態度、子どもの文化的アイデンティティ、人種差別の経験という要因を取り上げて検討し、親は子どもの教育による社会的上昇を望みそのために仕事をし、子どもは自己実現の方法として教育の価値を信じているので、他の生徒よりも嫌いな科目が少なく良い生徒として振る舞い、学校で成功していることを明らかにしている［Archer & Francis 2007］。

以上のような西欧諸国における中国系移民の教育に関する先行研究の展開の中で、本書は従来ほとんど研究されてこなかったイギリス、フランス、

オランダの中国系移民を対象として取り上げた比較研究である点で独自性をもつ。本書が依拠する親や子どもの日常的経験の中で形成される教育を重視する成功の民俗理論は、中国系の学校適応の理由として先行研究でも着目されてきた。しかし、本書は、教育による成功の民俗理論を構築に導く日常的経験の背後にあるエスニック・コミュニティの特徴や変化、移民教育政策や学校教育のあり方も含めて包括的視点から3国において比較検討する。

さらに、これまでの中国系移民の教育に関する研究では議論されてこなかった中国系新移民の学校不適応の問題も取り上げて、学校適応・不適応の違いを生み出す要因を解明し3国の場合を比較する点でも従来の研究とは異なる。それによって本書は、マイノリティ側の認識とそれを取り巻く中国系コミュニティの特徴やマジョリティ社会の教育政策や学校教育のあり方が複雑に結びついて学校適応・不適応を生み出すメカニズムの一端を照らし出すことができる。

なお、オグブによるマイノリティの学校適応・不適応に関する理論は「文化的-エコロジカル理論」ともいわれる。「文化モデル」というマイノリティ集団側の認識だけではなく、「エコロジー」が示すところの、マジョリティ社会による教育政策や業績達成への報酬や学校での扱いというマイノリティを取り巻くマジョリティ側の扱いも、学校適応・不適応に影響を及ぼすとされている［Ogbu & Simons 1998］。本書もマジョリティ側のマイノリティに対する扱いとマイノリティ側の認識という両側の視点から学校適応・不適応の問題を捉えるものであり、その点においてはオグブの「文化的-エコロジカル理論」と共通の基盤があるといえる。

3. 移民の子どもの教育に関する国際比較研究

本書は、イギリスとフランスとオランダにおける中国系移民の学校適応・不適応に関する比較研究であるゆえに、移民の子どもの教育に関する国際比較研究としても位置づけられる。国際比較研究として注目されているものに、2000年代になってからOECD（経済協力開発機構）によって実施されてきた移

民の子どもの学力格差とその背景に関する「生徒の学習到達度調査（PISA調査）」[8]がある。OECDは、2000年に読解、数学、科学の3領域を中心に、学習到達度を測定する第1回PISA調査を32ヵ国・地域の15歳児を対象に行った。2003年に実施された第2回PISA調査では、41ヵ国・地域の15歳児に対象を拡大し、17ヵ国、7地域の移民の子どもの学力の実態を明らかにすることを試みた。この調査結果は2006年に刊行された報告書にまとめられ[OECD（編）2007]、オーストリア、ベルギー、デンマーク、フランス、ドイツ、オランダ、及びスイスでは移民の子どもとネイティブの子どもとの間に学力差があり、逆にマカオや伝統的移民国家であったオーストリア、カナダ、ニュージーランドでは学力差がないことを明らかにした。

　ヨーロッパの移民第2世代の学校適応・不適応と社会統合に関する国際比較研究としては、1998年から2000年に実施された「ヨーロッパの移民第2世代に対する国家統合政策の有効性に関する国際比較研究（EFFNATISプロジェクト）」[9]が最初である。ヨーロッパ8ヵ国（イギリス、オランダ、スイス、スウェーデン、スペイン、ドイツ、フィンランド、フランス）の統合政策が移民第2世代の学校適応・不適応や社会統合とどのような関連があるのかを明らかにした[Heckmann, Lederer, & Worbs 2001; Heckmann & Schnapper 2003]。結論として、複合的コンテキストが各国家の移民第2世代の学校適応・不適応に影響を与えているとしている。例えば教育制度においては、ドイツでは、10歳で学業コースか職業コースかを分ける制度があることによって、職業コースを志望する移民第2世代には有利であるが、大学進学を希望する第2世代には不利になるのに対して、イギリスやフランスの教育制度はそれが逆に作用していることが指摘されている。

　また、前述した2003年に開始されたTIESプロジェクトは、ヨーロッパ8ヵ国のモロッコ系、トルコ系、旧ユーゴスラビア系第2世代の社会統合に関する国際比較研究である。国内の移民集団の比較研究が盛んなアメリカと違って、複数の国から構成されているヨーロッパは、移民第2世代の統合に関する国家間比較が可能である点に利点があるとして、国家間の制度的違いが第2世代の社会統合に大きな影響を与えることを明らかにした。

EU内の移民の子どもの社会統合に関する比較研究の中で、本書と同じように EU 内の複数国にまたがる文化的背景を共有する移民集団を研究対象としたものとして、M．クルールと H．ベムレンによる EU5 ヵ国（オーストリア、オランダ、ドイツ、フランス、ベルギー）のトルコ系第2世代に関する比較研究がある［Crul & Vermeulen 2003］。学校適応の指標として、出席率、成績、退学率、留年率を取り上げ分析し、就職率も含めた量的調査に基づいて検討している。トルコ系第2世代の間では、成功するエリートが生まれつつある一方で、社会階層の底辺に留まる者もいて、成功者と不成功者の両極化がみられるとして、ここには各国の制度的違いが影響を及ぼしていることを指摘している。

また、M．クルールと J．シュナイダーによる、移住の歴史が似ているドイツとオランダのトルコ系第2世代の学校適応についての比較研究もある［Crul & Schneider 2009］。クルールとベムレンによる上記の研究［Crul & Vermeulen 2003］と同じ指標を用いた量的調査に基づいて、ドイツに比べてオランダのトルコ系第2世代の方が高等教育への進学率は高いが退学率も高いのは、両国の制度的違いが与えている影響が大きいと指摘されている［Crul & Schneider 2009］。

以上のようなヨーロッパの移民第2世代の学校適応・不適応や社会統合に関する国際比較研究では、各国の制度的違いがこれらに及ぼす影響が検討されてきた。そして、国家間比較の理論的枠組みとして、TIES プロジェクトを率いてきたクルールとシュナイダーは、「統合コンテキスト比較理論（Comparative Integration Context Theory）」を示している［Crul & Schneider 2010］。統合コンテキストとは、教育、労働市場、住居、宗教、法律分野における制度的違いを示し、そうした国家間のコンテキストの違いが移民第2世代の社会統合に及ぼす影響を比較するという枠組みを提唱している［Crul & Schneider 2010］。最終結果として、義務教育開始年齢を早め、進路選択をする年齢を遅らせることが必要であるとはいえるが、労働市場の制度的違い等の他のコンテキストとの結びつきによって、第2世代の社会統合に与える影響の大きさは異なってくることが指摘された。つまり、1つの特殊なコンテ

キストが移民第2世代の社会統合に適しているといえるのではなく、複層的なコンテキストの組み合わせが移民第2世代の社会統合に影響を与えていることを明らかにした[Crul, Schneider, & Lelie 2013]。

　本書は、以上のようなヨーロッパの移民第2世代に関する国際比較調査のように、国家間の政策や制度的違いが学校適応・不適応にどのような影響を与えているのかを、量的調査に基づいて検討するものではない。本書では、移民教育政策や中国系コミュニティのあり方を比較検討したうえで、学校関係者や中国系コミュニティ職員へのインタビューや筆者による授業観察に基づいて、中国系の子どもが実際にどのような教育を受けているのかを民族教育を含めて明らかにする。それによって、量的調査では明らかにできない学校関係者や中国系コミュニティ職員の声をくみ取り、中国系の子どもへの教育のあり方を多角的に捉える。さらに第2世代へのライフヒストリーを構成するインタビューに基づいて、教育人類学が焦点を当ててきたマイノリティ側の認識も踏まえて、3国の中国系移民の学校適応・不適応を比較する。本書は、実際の中国系移民への教育のあり方を質的調査に基づいて多角的に明らかにし、第2世代個人のライフヒストリーにも踏み込み、個人の人生における時間経過にも留意した比較研究であるという点で、従来のEUの国際比較研究とは一線を画している。

4. 移民教育政策と学校現場での教育実践の関係性についての比較研究

　本書では、EUにおけるでの異文化の共存に対する同種の言説(イギリスとオランダ)と異なった言説(フランス)がいかに移民教育政策の歴史的展開の中に現れ、また3国の学校現場における中国系移民に対する教育実践のあり方に影響を及ぼしているのかを明らかにする。それゆえ、本書は移民教育政策と学校現場での教育実践の関係性についての比較研究として位置づけられる。

　日本における移民教育の比較研究は、主に比較教育学の立場から移民教育政策に焦点を当ててきた[例えば 天野・村田(編) 2001；江原(編) 2000]。また、宗教教育に焦点を当てた国際比較研究[江原(編) 2003]や市民性教育に焦点を

当てた比較研究［嶺井（編）2007；近藤（編）2013］では教育政策だけではなく学校現場での教育実践にも注意が払われているが、複数の著者による論文集であり、国際比較はされていない。

　佐久間孝正［2007］は、イギリスの学校や地域における多文化的状況について論じる中で、移民の受け入れ政策を「アングロサクソン・モデル」と「共和国モデル」に分類している。「アングロサクソン・モデル」はアメリカ、カナダやオーストラリアで採用されてきたエスニック・マイノリティを集団単位に受容するものであるが、イギリスの移民受け入れ策は「アングロサクソン・モデル」に当てはまり、その中でもマジョリティはもとよりマイノリティ相互間にもあまり交流のない「隔離型」としている。他方、「一にして不可分の共和国」として出発したフランスは、宗教的、民族的、文化的な中間集団単位の特殊性を歴史的に認めない「共和国モデル」としている。そして、第3のタイプといえるのがオランダやスウェーデンの移民受け入れ策であり、これはエスニシティや宗教的中間集団が積極的に是認され、かつコミュニティ間で相互に交流がはかられ隔離化は少ないとしている。そして、近年これらのモデル間の差異が縮小していると指摘している［佐久間 2007］。佐久間［2007］はEU各国の多文化的状況に対応する政策の特徴を、類型化することによりわかりやすく捉え、それを通して学校での教育実践の違いを捉えようとしている。しかし、イギリスにおけるマイノリティへの教育実践だけを取り上げて論じているゆえに、類型化を提示しているだけで、実際にそうした類型化による差異がどの程度具体的な政策や教育実践に影響を与えているかについての比較検討には及んでいない。

　安達智史［2011］は、マイノリティの社会統合という課題をいかに解釈するかは、それぞれの社会が有してきた歴史や伝統、それに起因する社会の哲学に依存してきたとする比較社会学において標準化された思考法である「経路依存性」に関わると指摘している。そして、経路依存的な伝統がどのように1990年代のイギリスとフランスの社会統合の政治と実践に影響を与えているかを説明している［安達 2011］。社会統合の政治については、多様化する社会において再定義されるアイデンティティをめぐる両国の政治的言説を、

その実践については、ムスリムのスカーフ・ヴェール着用問題とそれに対する両国の措置を取り上げて分析している。フランスの社会統合の伝統は「共和主義」、イギリスのそれは「市民社会」とそれぞれモデル化されるとし、その伝統がフランスとイギリスの社会統合のあり方を規定するか否かはその水準(政治、実践)及び実践の対象として選択される議題に依存することを論じている[安達 2011]。

小山晶子[2012]は、イギリスとフランスにおける2000年前後の移民教育政策改革を取り上げて、移民教育政策がより市民に近いレベルの管轄に移譲されたイギリスに対して、公教育制度における「共和国原理」に回帰したフランスを対置し、そこに「国家」の歴史的役割が反映されていることを指摘している。そして、その違いが公立小学校教師の間に共有されている「文化コード」にも反映されていることを、教師へのインタビューに基づいて明らかにしている[小山 2012]。政治社会学的視座からの小山の研究は、イギリスとフランスにおける国民教育への「国家」の介入の違いを移民教育政策改革において指摘し、さらにそれを教育実践のアクターである教師との関係性で捉えようとした点で、安達[2011]の研究が示した国家の「伝統」がいかに国家の社会統合に関わる「政策」と「実践」に影響を及ぼしているのかという視点につながる。これは、本書にも通じるものである。

しかし、本書のように3国における文化的背景を共有するマイノリティ集団への学校現場における教育実践をフィールドワークによって明らかにし、そうした教育実践を移民教育政策やエスニック・コミュニティのあり方との関係性を踏まえて比較した研究は管見の限りではない。結論を先取りしていえば、学校現場における中国系第2世代への文化的背景に関わる教育実践には国家間での差異はそれ程なく、中国系新移民の子どもに対する学校現場での取り組みには、国家間の移民教育政策の違いよりも、職業形態や居住形態によって形成される中国系コミュニティの特徴がより影響を及ぼしていることを示す。これはこれまで指摘されたことのなかった知見である。

以上のように、本書は上記の4つの研究領域それぞれにおいて意義を有するが、4つの研究領域の交差するところに位置することで、全体として従来

の研究にはない特徴を有している。

注
1 TIESとは、「The Integration of the European Second Generation」の略である。(http://www.tiesproject.eu/content/view/16/29/lang,en/, 2013年1月最終閲覧)
2 本書では、「華僑」及び当該居留国の国籍を取得した者としての「華人」を指す語として、「中国系移民」を用いる。
3 ベントンは、ヨーロッパの中国系移民が研究対象として特に1990年代以降注目を集める存在になった背景として、以下の5点を指摘している。①中国系コミュニティが成熟しコミュニティの関心を明確にできる知識人を生み出したこと、②中国学においてのみ中国への関心が向けられるのではなく、他の学問分野においても中国研究への関心が高まりその重要性が増したこと、③中国政府による中国学への資金援助によって中国学が盛んになったことによって、中国学と他の学問を隔てる壁が崩れたこと、④ヨーロッパにおけるエスニック研究や多文化政策の興隆が、1970年代から増加した新移民への新たな関心を生み出したこと、⑤中国が経済力を強め華僑資本による影響が強まったこと、である[Benton 1998]。
4 イギリスとフランスとオランダのエスニック人口統計に関しては、「表6 2011年の国勢調査にみるイギリスにおけるエスニック・マイノリティの人口と割合」(第Ⅱ章122頁)、「表7 2009年時点でのフランスにおける国籍と出生地による人口」(第Ⅱ章123頁)、「表5 2000年代のオランダにおける出身地別人口の推移」(第Ⅱ章121頁)の推移を参照されたい。
5 例えば、12本の論文から成るアンソロジー[Thunø (ed.) 2007]は、ゲットーとしてのチャイナタウンに集住していた古いタイプとは異なるヨーロッパの「新移民」を新しいアプローチから捉えている。また、P.ニリーは、これまで研究されてこなかった16世紀から1989年までのロシアにおける中国系移民の歴史を掘り起こし、1989年以降東ヨーロッパに流入した新移民の現況を明らかにしている[Nyíri 2007]。さらに、近年の中国福建省からヨーロッパへの移民を取り上げ、イギリス、ハンガリー、イタリア及び送り出し側の中国福建省2村での3年間(1999年〜2001年)にわたる共同調査に基づいて書かれた著者4人による共同執筆の形態を採ったエスノグラフィ[Pieke, Nyíri, Thunø, & Ceccagno 2004]や、フランスとイタリアとイギリスにおける不法移民の移住経緯や移住後の生活についての実証的研究[Gao (ed.) 2010]もある。近年の中国系移民に関わる研究動向について、詳しくは山本[2008]を参照されたい。
6 以下本書では、括弧つきでない第2世代も、ここでの括弧つきの「第2世代」と同じ意味で用いる。
7 パリにおけるフィールドワークでは、以下4人のフランス語通訳にご協力いただ

いた。田川千尋氏(現在大阪大学未来戦略機構第5部門特任助教)、瓦林亜希子氏(現在フランス国立東洋言語文化研究所博士課程在籍)、西村友里氏(当時パリ第8大学国際商業修士課程在籍、現在在仏日系旅行会社社員)、五味田泰氏(当時慶應義塾大学大学院後期博士課程在籍、現在日本学術振興会特別研究員)。
8 PISAとは、「Programme for International Student Assessment」の略である。多くの国で義務教育修了段階にあたる15歳児を対象に学校における学習内容の定着度を示す基礎学力やいわゆる応用問題を解く力といった従来の学力の捉え方を超え、社会生活をおくる上で必要な知識や技能、すなわち「リテラシー」がどの程度身についているかを、国際的に比較可能なデータで示すことにより、各国の教育政策に資することを目的としている[OECD(編) 2007: 3]。
9 EFFNATISとは、「Effectiveness of National Integration Strategies towards Second Generation Migrant Youth in Comparative European Perspective」の略である。ヨーロッパ8ヵ国の移民第2世代の若者を対象とした国家統合政策と戦略の有効性に関する研究プロジェクトである。(http://www.efms.uni-bamberg.de/prineffe.htm, 2012年9月最終閲覧)

表1 イギリスにおけるインタビュー対象者属性表

	性別	調査時年齢(歳)	結婚	移住時年齢(歳)	最終学歴	職業	父親出身地
1	M	23	未婚	イギリス生	大学院卒	事務弁護士	マレーシア(中国系)
2	M	27	未婚	イギリス生	大卒	融資会社社員	香港新界
3	M	28	未婚	イギリス生	大卒	日系旅行会社社員	香港
4	M	22	未婚	イギリス生	大卒	リサーチ会社社員	香港新界
5	M	24	未婚	イギリス生	大卒	コンピューター技師	香港新界
6	F	26、32	既婚	イギリス生	大卒	アパレル会社社員	香港
7	F	28	未婚	5	大卒	服飾デザイナー	香港新界
8	F	30	未婚	イギリス生	大学院卒	歯科医	香港系第2世代
9	F	32	未婚	イギリス生(フランス在住)	大卒	アパレル会社社員	香港新界
10	F	21	未婚	イギリス生	大学在学	大学生	中国
11	F	18~35	未婚	イギリス生	大学院卒	リサーチ会社社員	香港新界
12	F	24	未婚	イギリス生	大卒	内務省公務員	香港
13	F	21~30	既婚	イギリス生	大学院卒	会計士	香港新界
14	F	23	未婚	イギリス生	大卒	幼稚園教師	香港
15	F	24	未婚	イギリス生	大卒	小学校教師	中国
16	M	25	未婚	イギリス生	大卒	銀行員	香港
17	F	27	既婚	2	大卒	銀行員	中国
18	F	23	既婚	イギリス生	大卒	親の店の手伝い	中国
19	F	17	未婚	イギリス生	高校在学	高校生	中国
20	M	24	未婚	イギリス生	大卒	求職中	香港
21	F	22	未婚	イギリス生	大卒	言語療法士	香港
22	M	22	未婚	イギリス生	大卒	グラフィック会社社員	香港
23	F	23	未婚	イギリス生	大学院在学	大学院生(生態学)	香港新界
24	F	17~30	未婚	イギリス生	高校在学	高校生	マレーシア(中国系)
25	M	26	未婚	イギリス生	大卒	コンピューター技師	香港新界
26	F	18	未婚	イギリス生	高校在学	高校生	中国
27	M	25	未婚	イギリス生	大学在学	大学生(美術系)	中国
28	F	38	未婚	イギリス生	大卒	テレビ会社社員	香港新界
29	F	34	未婚	スウェーデン生	大卒	アパレル関連起業家	香港新界
30	M	35	既婚	8	大卒	コンピューター・プログラマー	香港
31	F	24	未婚	イギリス生	大学在学	大学生(都市工学)	中国
32	F	19	未婚	イギリス生	高校在学	高校生	香港
33	M	26	未婚	イギリス生	大学院卒	求職中	香港
34	M	18	未婚	イギリス生	大学在学	大学生(情報工学)	香港新界
35	F	32	既婚	イギリス生	大卒	主婦	香港新界
36	M	22	未婚	イギリス生	大卒	薬剤師	香港
37	F	24~30	既婚	イギリス生	大卒	福祉系公務員	香港新界

(筆者作成)

母親出身地	父親職業	母親職業	家庭での言語	宗教
マレーシア(中国系)	公務員	主婦	英語	無
中国	テークアウェイ・ショップ経営者	夫の仕事の手伝い	広東語	無
マレーシア(中国系)	テークアウェイ・ショップ経営者	夫の仕事の手伝い	広東語	無
香港新界	テークアウェイ・ショップ経営者	夫の仕事の手伝い	広東語	無
中国	テークアウェイ・ショップ経営者	夫の仕事の手伝い	広東語	無
中国	テークアウェイ・ショップ経営者	夫の仕事の手伝い	広東語	無
マレーシア(中国系)	テークアウェイ・ショップ経営者	夫の仕事の手伝い	広東語	無
香港	銀行員	福祉系会社社員・中国語補習校校長	広東語	キリスト教
香港新界	テークアウェイショップ経営引退後、中国系スーパー配達員	夫の仕事の手伝い後、主婦	広東語	無
香港	中国料理レストラン・コック	清掃婦	広東語	無
香港新界	テークアウェイ・ショップ経営者	夫の仕事の手伝い	広東語	無
香港	テークアウェイ・ショップ経営者	夫の仕事の手伝い	広東語	無
香港新界	テークアウェイ・ショップ経営者	夫の仕事の手伝い	客家語	無
香港	テークアウェイ・ショップ経営者	夫の仕事の手伝い	広東語	無
香港	中国料理レストラン・ウェイター	縫製業の内職	広東語	キリスト教
マレーシア(中国系)	テークアウェイ・ショップ経営者	夫の仕事の手伝い	広東語	無
香港	中国料理レストラン・コック	清掃婦	広東語	無
香港	中国料理レストラン・コック	清掃婦	広東語	無
台湾	テーラー	夫の仕事の手伝い	広東語	無
シンガポール(中国系)	中国料理レストラン・コック	レストラン・雑用係	広東語	キリスト教
香港	死亡	夫の仕事の手伝い	広東語	キリスト教
シンガポール(中国系)	中国料理レストラン・コック	レストラン・雑用係	広東語	キリスト教
香港新界	テークアウェイ・ショップ経営者	夫の仕事の手伝い	広東語	無
マレーシア(中国系)	公務員	主婦	英語	無
香港新界	中華レストランコック	ウェイトレス	広東語	無
香港	中華レストランコック	清掃婦	広東語	無
台湾	テーラー	夫の仕事の手伝い	広東語	無
香港新界	テークアウェイ・ショップ経営者	夫の仕事の手伝い	広東語	無
香港新界	中国料理レストラン経営者	夫の仕事の手伝い	広東語	無
香港	会社員	主婦	広東語	無
香港	中国料理レストラン経営者	夫の仕事の手伝い	広東語	無
香港	中国料理レストラン・コック	主婦	広東語	無
香港	中国料理レストラン・コック	夫の仕事の手伝い	広東語	無
香港新界	中国料理レストラン・コック	縫製業内職	広東語	無
香港新界	テークアウェイ・ショップ経営者	夫の仕事の手伝い	広東語	無
香港	テーラー	主婦	広東語	キリスト教
中国	テークアウェイ・ショップ経営者	夫の仕事の手伝い	広東語	無

表2　フランスにおけるインタビュー対象者属性表

	性別	調査時年齢(歳)	結婚	移住時年齢(歳)	最終学歴	職業	父親出身地
1	M	19	未婚	フランス生	大学在学	大学生(情報工学)	中国浙江省温州市
2	M	24	未婚	フランス生	大学在学	大学生(中国語)	カンボジア(中国系)
3	M	25	未婚	フランス生	大学院卒	IT関連会社社員	カンボジア(中国系)
4	F	29	既婚	フランス生	大卒	主婦	ラオス(中国系)
5	F	24	未婚	フランス生	大学院在学	大学院生	カンボジア(中国系)
6	M	26	未婚	フランス生	大卒	会計事務所職員	カンボジア(中国系)
7	F	17	未婚	フランス生	高校在学	高校生	ベトナム(中国系)
8	F	23	未婚	フランス生	大学在学	大学生(中国語)	カンボジア(中国系)
9	M	22	未婚	フランス生	大学在学	大学生(経済学)	香港
10	F	20	未婚	フランス生	大学在学	大学生(中国語)	カンボジア(中国系)
11	M	34	未婚	12	大卒	アルバイト	ベトナム(中国系)
12	F	22	未婚	フランス生	大学在学	大学生(情報工学)	ベトナム(中国系)
13	F	18	未婚	フランス生	高校在学	高校生	カンボジア(中国系)
14	F	25	未婚	フランス生	大卒	銀行員	ラオス(中国系)
15	M	20	未婚	フランス生	大学在学	大学生(情報工学)	ラオス(中国系)
16	F	17	未婚	フランス生	高校在学	高校生	ラオス(中国系)
17	M	18	未婚	フランス生	高校在学	高校生	香港
18	F	17	未婚	フランス生	高校在学	高校生	中国上海
19	F	17	未婚	フランス生	高校在学	高校生	カンボジア(中国系)
20	F	25	未婚	フランス生	大学院卒	工場マネージメント会社社員	中国浙江省温州市
21	M	24	未婚	フランス生	大卒	求職中	ラオス
22	M	25	未婚	フランス生	大卒	IT関連会社社員	ラオス(中国系)
23	F	25	未婚	フランス生	大卒	銀行員	カンボジア(中国系)

(筆者作成)

(注)「父親出身地」と「母親出身地」の(中国系)とは、曽祖父母か、祖父母の代の少なくとも1人が中国本土出身であることを示す。

母親出身地	父親職業	母親職業	家庭での言語	宗教
中国浙江省温州市	鞄店経営者	夫の仕事の手伝い	温州語	無
フランス	中国料理レストラン・ウェイター	主婦	フランス語	無
カンボジア(中国系)	中国料理レストラン・ウェイター	主婦	広東語 潮州語	無
ラオス(中国系)	ドラッグストアー店員	主婦	フランス語	キリスト教
カンボジア(中国系)	食肉卸売業者	ウェイトレス、主婦	広東語	キリスト教
ラオス(タイ系)	工場工員	車部品工場工員	フランス語 (父親とは 潮州語)	無
ベトナム(中国系)	靴修理店経営者	経理会社社員	潮州語	仏教
マカオ	中国料理レストラン経営者	主婦(離婚)	広東語	無
マカオ	洋服生地販売店経営者	主婦	広東語	無
カンボジア(中国系)	中国料理レストラン・ウェイター	縫製工場工員	潮州語	無
ベトナム(中国系)	中国料理レストラン・ウェイター	ベビーシッター	北京語	無
香港	中国料理レストラン経営者	夫の仕事の手伝い	広東語	仏教
カンボジア(中国系)	テレビ会社社員	食料品店店員	福建語	無
ラオス(中国系)	無職(元青果店経営者)	主婦	北京語	無
ラオス(中国系)	運送会社社員	パティシエ	潮州語	無
ラオス(中国系)	ドラッグストアー店員	主婦	フランス語	キリスト教
カンボジア(中国系)	商店店員	主婦	広東語	無
中国上海	?	洋服店店員	北京語	無
カンボジア(中国系)	電気会社経営者	主婦	広東語	仏教
中国浙江省温州市	中国惣菜店経営者	夫の仕事の手伝い	温州語	無
ベトナム(中国系)	家具店店員	保母	ベトナム語	無
ラオス(中国系)	両替商経営者	公務員	ラオス語 タイ語	無
カンボジア	自動車工場工員	レジ係	カンボジア語	無

表3　オランダにおけるインタビュー対象者属性表

	性別	調査時年齢(歳)	結婚	移住時年齢(歳)	最終学歴	職業	父親出身地
1	M	45	離婚	9	大卒	IT関連会社起業家	香港
2	M	30	未婚	オランダ生	大卒	IT関連会社社員	中国広東省
3	M	45、46	既婚	オランダ生	大卒	中国系アソシエーション会長・求職中	中国深圳市
4	M	32	未婚	オランダ生	大卒	求職中	香港
5	F	35	未婚	オランダ生	大卒	貿易会社社員	香港
6	M	52	未婚	オランダ生	大学院卒	中学校教師	中国深圳市
7	F	25	未婚	オランダ生	大学院在学	大学院生	香港新界
8	F	50～52	未婚	オランダ生	中等職業訓練学校卒	薬剤師助手	香港新界
9	F	30	未婚	オランダ生	大学院卒	求職中	オランダ
10	F	52	既婚	9	高等職業教育機関卒	旅行会社社員	香港新界
11	F	32	未婚	オランダ生	大卒	マーケットリサーチ会社起業家	中国浙江省青田県
12	F	37	既婚	オランダ生	大卒	会社員・中国語補習校校長	香港
13	M	37	既婚	オランダ生	大卒	電力会社社員	香港
14	F	31	未婚	オランダ生	大学院在学	会計士資格取得中	香港新界
15	F	45	離婚	6	高等職業教育機関卒	美容関係会社起業家	香港新界
16	M	33	未婚	オランダ生	中等職業訓練学校卒	コンピューターゲーム会社社員	香港新界
17	M	27	未婚	オランダ生	高等職業教育機関在学	学生・日本食レストランアルバイト	香港新界
18	M	42	既婚	オランダ生	大学院卒	中学校教員資格取得中	香港新界
19	M	33	未婚	オランダ生	大学院卒	携帯電話販売店起業家	香港新界
20	M	30	未婚	オランダ生	大卒	旅行会社起業家	香港新界
21	M	43	未婚	7	大学院卒	俳優・歌手	香港九龍
22	F	52	既婚	オランダ生	大卒	音楽評論家・ジャーナリスト	インドネシア(中国系)
23	M	31	未婚	オランダ生	中等職業訓練学校卒	時計会社職工	香港
24	M	38	既婚	オランダ生	大卒	中国料理レストラン経営者	香港
25	F	62	既婚	オランダ生	中学校中退	中国系アソシエーション顧問	香港
26	M	33、34	未婚	オランダ生	大学院卒	コンサルタント会社起業家	中国広東省
27	F	52	既婚	オランダ生	高等職業教育機関卒	旅行会社社員	中国深圳市

(筆者作成)

母親出身地	父親職業	母親職業	家庭での言語	宗教
香港	中国料理レストラン・ウェイター（死亡）	主婦・死亡	広東語	無
香港	肉加工工場工員	中国系スーパー店員（引退）	広東語	無
中国深圳市	中国料理レストラン経営者(引退)	夫の仕事の手伝い（引退）	広東語	キリスト教
台湾	旅行会社経営者・中国語補習校元校長	主婦	広東語	無
台湾	旅行会社経営者・中国語補習校元校長	主婦	広東語	無
中国深圳市	中国料理レストラン経営者(死亡)	夫の仕事の手伝い（死亡）	広東語	無
香港新界	中国料理レストラン経営者引退後、香港の国際貿易会社経営者	主婦	広東語	無
香港新界	中国料理レストラン経営者(死亡)	夫の仕事の手伝い（死亡）	広東語	キリスト教
台湾	電力会社社員	会社事務員	オランダ語	キリスト教
香港新界	中国料理レストラン経営者(引退)	夫の仕事の手伝い（引退）	広東語	キリスト教
中国浙江省青田県	中国料理レストラン経営者（10年間はイタリアで）(引退)	主婦	青田語	無
香港新界	中国料理レストラン・ウェイター（引退）	主婦	広東語	無
香港	中国料理レストラン経営者(引退)	夫の仕事の手伝い	広東語	無
香港新界	中国料理レストラン・コック	主婦	広東語	キリスト教
香港新界	中国料理レストラン経営者(死亡)	夫の仕事の手伝い（引退）	広東語	無
香港新界	中国料理レストラン経営者	夫の仕事の手伝い	広東語	無
香港新界	中国料理レストラン・ウェイター	ホテルのウェイトレス（引退）	広東語	無
香港新界	中国料理レストラン経営者(引退)	夫の仕事の手伝い（死亡）	広東語	キリスト教
香港九龍	中国料理レストラン・コック(引退)	主婦	広東語	無
香港新界	中国料理レストラン・コック(引退)	夫の仕事の手伝い（引退）	広東語	無
香港九龍	ホテルのウェイター（引退）	中国料理レストラン・ウェイトレス	広東語	キリスト教
オランダ	バイオリニスト	会社事務員	オランダ語	キリスト教
香港	中国料理レストランコック	主婦	広東語	キリスト教
香港	中国料理レストラン経営者(死亡)	夫の仕事の手伝い	広東語	無
オランダ	中国料理レストラン経営者(死亡)	夫の仕事の手伝い（死亡）	オランダ語	キリスト教
香港	中国料理レストラン経営者(引退)	夫の仕事の手伝い（引退）	広東語	無
香港	中国料理レストラン経営者(死亡)	主婦(死亡)	広東語	キリスト教

第Ⅰ章

中国系移民の歴史的背景と新移民流入による変化

ハリンゲイ・チャイニーズ・センターは、ロンドン北東部の地下鉄ピカデリーライン(Piccadilly Line)トッテンナム・ヘイル駅(Tettenham Hale)の近くに位置する。筆者は、このコミュニティ・センターを調査の拠点にした。
(2006年筆者撮影)

本章では、イギリスとフランスとオランダの中国系移民の1980年代以前の歴史的背景について検討した後、1980年代以降の新移民流入による中国系コミュニティの変化を中国系アソシエーション[1]の変化という視点から比較考察する。中国系アソシエーションは中国語学校と中国語新聞と共に、移住先で中国系コミュニティを支える3つの柱のうちの1つである[Li 1999a: 1]。中国系移民が移住先でどのように中国系アソシエーションを形成してきたのかを明らかにすることは、中国系コミュニティの特徴や変化を把握するうえで重要な視点であり、ここには近年の新移民の流入が、中国系コミュニティに及ぼしている影響が反映されている。それゆえ、本章では、中国系アソシエーションに着目して、その特徴や変化を検討する。これは、後章で3国の中国系次世代の学校適応・不適応や文化的アイデンティティ形成に関わる問題を比較するにあたっての布石となる。なお、2000年代以降の3国の中国系アソシエーションの変化についてはほとんど文献がなく、筆者のフィールドワークから得られたデータに基づいている。

　第1節では、イギリスの中国系移民を取り上げ、歴史的背景と中国系アソシエーションの歴史的展開を検討した後、新移民の概要と移住後の生活実態を明らかにする。さらに新移民流入後の中国系アソシエーションの変化を通して新移民流入が中国系コミュニティに及ぼした変化について考察する。第2節では、フランスの中国系移民を取り上げ、イギリスの場合と同じ観点から検討し、最後に新移民流入が中国系コミュニティに及ぼした影響についてイギリスの場合と比較考察する。第3節では、オランダの中国系移民を取り上げ、歴史的背景と新移民流入について検討した後、中国系コミュニティの特徴と新移民流入が中国系コミュニティに及ぼした影響について3国間で比較考察する。

第1節　イギリスの中国系移民

1. 歴史的背景

　初期にイギリスへ移住してきた中国人[2]は、1834年の広東でのイギリス東インド会社の独占終了後、イギリスと中国との間でのアヘンやコカインの取引増加によって[3]、船員として低賃金で定期的に雇われるようになった、中国南部(特に広東と福建)出身の男性の農民であった[4][Jones 1979: 397]。

　19世紀の終り頃には、ロンドン、リバプール、カーディフ等のドック付近に、小規模ではあるが中国人によるコミュニティができた。ロンドンの場合、1851年には中国南部出身者が78人住んでいたが、その数は次第に増えて、1880年頃にはライムハウス(Limehouse)地区周辺に中国人によるコミュニティが本格的に形成されるようになり、中国系人口は1911年に1319人になった[Ng 1968: 6]。中国人船員の多くは白人女性と結婚していたが、イギリス社会に同化していたわけではなかった。また彼らとイギリス人船員との間は緊張関係にあり、中国人への敵意は強く、しばしば暴動も起きていた[5]。

　第1次世界大戦後になると、船によるアヘンの取引も衰退し、移民制限政策[6]も影響して、中国系移民によるコミュニティは拡大しなかった。この頃になると多くの中国系移民は、少ない資金で開業できる洗濯業に従事するようになり、1920年代には、東ロンドンに約30軒の中国系移民による洗濯店が開店した。1921年におけるロンドンにおける中国系移民の職業は、船員が23％に減少し、洗濯業に携わる者が27％に増加している[Ng 1968: 12]。その後約10年で、中国系移民による洗濯店が全国の小さな町にまで500軒以上に広がったが、洗濯業の機械化とコインランドリーの普及によって、程なく廃れてしまった。第2次世界大戦以前にイギリスに移住した中国系移民は、人口も少なく、現在の中国系移民とのつながりはほとんどない[7]。

　第2次世界大戦中から戦後になると、経済不況の影響も受けて衰退していた中国系コミュニティに、多くの中国系移民が流入した。人口は増加の一途

を辿り、1951年には1万9396人であった中国系人口は、1981年には約15万人になった[Parker 1995: 63]。

　戦前は、中国大陸南部の出身者が多かったが、戦後になるとイギリスの植民地であった香港の出身者が最も多く、次いでマレーシアやシンガポールの出身者が多い。香港出身者とシンガポールやマレーシア出身者とは、同じ中国系というカテゴリーで括られているが、その違いは大きい。前者は、主流は香港新界の田舎出身の農民で教育程度や英語能力が低く、約8割が中国料理に関わる飲食業に携わり、広東語を話し、少数だが客家語を話す者もいる。これに対して後者は、留学生か医者や看護婦のような専門職に携わる者が主流で、留学や専門技術を磨くためにイギリスに来て、一定期間滞在後帰国する者が多い。北京語や広東語あるいは客家語を話し、英語能力も高い。また、南北ベトナム統一後の中国とベトナムの関係悪化や、1978年統一ベトナムの社会主義化宣言による民間企業の廃止等が引き金となった1975年以降の中国出自のベトナム難民の流入も、中国系人口を増加させた。香港経由でイギリスへ流入したベトナム難民は約1万6000人で、その内約7割が中国出自であった。

　戦後の香港新界からの移民流出の原因としては、大きく2つが考えられる。1つは、プッシュ要因として、1949年新中国成立後、多くの中国人が共産圏を逃れて中国との境界にある香港新界に逃れたことによる新界の人口増加が引き金になった。辺境の貧しい村は、農業では食べていけなくなり[8]、街へ出て仕事を探さなくてはいけなくなったが、ほとんどの者は特別な技能をもつわけでもなく、小学校卒業程度の教育しか受けておらず、1960年代は経済不況で職を得るのは難しく、外国へ機会を求めた。最も初期に移民したのは、これら貧しい村の出身者であったが、後になって豊かな村の者も続いた。そして移民した夫からの仕送りで、残された家族の生活水準や住居などが目に見えて向上したことによって、1970年代半ばまでには、ほとんどの村に移民フィーバーが起こった[9][Watson 1975]。

　戦後共産圏を逃れた新来者が流入する以前の新界地区は、広東語を話す「本地」と、遅れて新界に移住してきたため地味の悪い山岳地帯に定住せざ

をえなかった客家語を話す「客家」という2つのサブカテゴリーによって構成されていた。しかし、新界地区の人類学的調査を行った瀬川昌久によると、新たな移民流入によって、「本地」や「客家」という分類では、新しく来た者か長く住み続けている者なのか区別がつかなくなり、土着の者が独自のアイデンティティを示すために、新界土着の「本地」を「圍頭人」、新界土着の「客家」を「本地客家」という語を用いて示すようになった［瀬川1993: 51］。新界土着の「圍頭人」と「本地客家」が新来者によってイギリスへ押し出された。

　もう1つの香港新界からの移民流出の原因は、プル要因として、戦後イギリスには植民地や英連邦諸国からの移民の制限がほとんどなく、1948年イギリス国籍法のもと、香港市民はイギリスへの入国と居住の権利を持っていたことがあげられる。また、戦後の景気がよく、イギリス人がよりよい食生活を求めるニーズとマッチして中国料理がブームになり、その需要が高まったことも要因となった。中国料理ブームは、ロンドンを皮切りに全国のほとんどの小さな街にまで広がり、全国の中国料理レストランは、1945年から1970年の間に、約100店から1000店までに増加した［Watson 1975: 73］。

　1960年代中頃までは、中国系移民のほとんどは男性で、妻や子どもを伴って来る人はほんのわずかにすぎなかった。彼らは、同族組織のつてを頼ってイギリスへ移民し、レストランのウェイターやコックの職を得て寄宿舎に住んで、稼いだお金を故郷の家族に定期的に仕送りしていた。少しでも早く成功をおさめ、退職後に故郷に戻ることを望み、ほとんどが平均20年ぐらいで故郷に戻っていた。それゆえ彼らは、イギリス社会にあまり同化することもなく、長く住んでいても英語もほとんど話せず、中国料理レストランは、さながらイギリス社会に浮かぶ中国文化の孤島のようであったとワトソンは形容している[10]［Watson 1975］。

　男性だけの中国系コミュニティに妻や子どもが流入するようになるのは、1960年代後半になってからである。その背景として、1つには、1960年代後半から、より安い手軽な中国料理の持ち帰り店「テークアウェイ・ショップ（Take-Away Shop）」がブームになり、家族の労働力が必要になったことである。2つには、1960年代から次第に移民の制限が厳しくなり[11]、移民できな

くなる前に家族を呼び寄せようとしたからである。初期に移住した単身男性は、故郷に帰ることを夢見ていたが、妻や子どももイギリスに住むようになると、家族でイギリス社会に根を張るようになった。1960年代後半から、中国系コミュニティには女性が増え、男女比が次第に半々に近づいていった。

2. 中国系アソシエーションの歴史的展開

　イギリスにおける中国系アソシエーションに関しては、G．ベントンとE．T．ゴメスによるイギリスの中国系移民を歴史的視点から包括的に捉えた研究の中で、最も詳しく検討されている[Benton & Gomez 2008]。ベントンとゴメスは、中国系アソシエーションを、帰属に基づくものと機能に基づくものの2つに分類している。帰属に基づくものとは、氏族や出生地や言語等を共有している者によって設立されたものであり、機能に基づくものとは、職業に基づくギルドや、絵画や詩のような伝統的娯楽を追求するクラブ等である[Benton & Gomez 2008: 224]。他に教会や慈善団体のような西欧的団体もあり、これらは主流社会の機関とも結びついていることもあり、近年、世界の中国系アソシエーションの組織形態や内部構造は多様になっていると指摘されている[Benton & Gomez 2008: 224]。またM．リーはヨーロッパという枠組みで中国系アソシエーションを捉えているが、この中でイギリスの中国系アソシエーションについても言及しているが詳しくはない[Li 1999c]。以下、主にベントンとゴメスの研究[Benton & Gomez 2008: 155-169]に基づき、第2次世界大戦以前と以後に分けて、中国系アソシエーションの歴史的展開について概観する。

(1) 第2次世界大戦以前
　20世紀初期には7つの中国系アソシエーションが設立された。その1つが、1906年にロンドンのイーストエンド(East End of London)に設立された恵奈会(Hui Tong Association)であり、リバプールにも分派がつくられた。これは、ロンドンのライムハウス地区で力をもっていた伍氏一族の香港北部出身船員

を中心とする相互扶助組織であった。娯楽やギャンブルのクラブとして、今日では名称を正義会(Chun Yee Society)と改め存続している。

恵奈会に比肩する致公堂(Chee Kung Tong)は、秘密結社である洪門会(Hongmen Society)の分派で、おそらくヨーロッパで最も古い中国系アソシエーションの1つであった。1880年代初期にリバプールの船員の間で活発に活動を展開していたが、20世紀初めにロンドンのイーストエンドにも設立された。致公堂は、けんかの仲裁や職業の斡旋、互助組織の運営や葬式の実施、会合のための場の提供等をした。その権威が失墜する1940年代末までは、イギリスのチャイナタウンにおいてある程度の役割を果たしていたが、その後は独身男性の寄宿舎となり、現在も存続している。

1906年には、リバプールの致公堂のリーダーによって、同郷団体である四邑総会(See Yip Chinese Association)が設立された[12]。後に衰退するが、1980年代に中国の発展の影響を受けて再建された。1916年にリバプールの船員によって設立された中国人労働者相互扶助会(Chinese Mutual Aid Workers' Club)は、1920年代初期にロンドンに移転した。

以上のような第2次世界大戦以前の中国系アソシエーションの活動は活発ではなく、その数も少なかった。戦後のそれと比べると、2つの特徴を指摘できる。1つは、戦前の中国系アソシエーションのほとんどが、いずれは故郷に帰ることを前提に出身地への強い愛着に基づいていたこと、2つには、政治的志向性が強く、人種差別に対する敵意を表明し、中国の政治運動を支援していたことである。

(2) 第2次世界大戦以後

第2次世界大戦中は、中国における共産党と国民党の統一戦線が、海外で統一的政治運動を展開していたが、1945年以降政治運動は行われず、海外の中国人は中国本土の政治には背を向けるようになった。イギリスのチャイナタウンを活気づけていた船員の多くはアジアの港に帰還したので、1950年までには、戦前に設立されたほとんどの中国系アソシエーションは消滅した。

1950年代から始まった香港新界からイギリスへの移民流入は、1960年代から本格化し、それに伴ってアソシエーションの活動は活発になった。この時期に設立されたアソシエーションは、新界出身の単身男性による氏族や方言や出身地を共有するという帰属に基づいたものであり、表面的には台湾か大陸いずれかの支持を表明した政治的なものもあった。他に宗教的なものもあり、イギリス国教会と結びついていたものもあった。

1960年代初めのアソシエーションは、単身男性に安い宿泊所を提供すると共に、ギャンブルなどのレクリエーションの場となった。しかし1970年代から家族が合流するようになると、アソシエーションは第2世代のための中国語補習校の運営など、福利厚生面に力を入れるようになった。例えば、共産党員で船員リーダーであった陳璨琛(Sam Chen)によって1947年に設立されたロンドン共和協会(Kung Ho Association of London)は、1966年から1968年に婦人部をつくり、1968年には中国語補習校を開校し、その生徒数は増加の一途を辿った[13]。さらに、インドシナや台湾や中国本土等からも新移民が流入して中国系コミュニティが発展し多様化するにつれて、慈善団体の中国支部、女性団体、イギリス政党の中国支部、中国系作家や芸術家や技術者によるアソシエーション、政府援助によるチャイニーズ・コミュニティ・センターも設立され、その種類は多様になった。2006年『英國華人総覧』には、全国で190団体(その内ロンドンには63団体)が記載されている［游 2006: 93-208］。

以下、主要なアソシエーションを同姓団体、同郷団体、同業者団体、宗教団体、チャイニーズ・コミュニティ・センターの5つに分類し説明する。

同姓団体

第2次世界大戦後に同姓団体として最初に設立されたのは、1965年にロンドンで設立された欧州張氏宗親福利会(Cheungs' Clansmen Charity Association・Europe)[14]で、香港や広東省出身者による相互扶助組織であった。他に名の通った同姓団体としては、1960年代に設立された英国海外彭氏宗親会(Overseas Pang's Clansmen Association・England)と英国文氏宗親会[15](Man's Clansmen Association・UK)がある。近年は同姓団体の活動は活発ではなく、

英国海外彭氏宗親会は、ロンドンのチャイナタウンのリッスル・ストリート(Lisle Street)の目立たない場所にある。
(2012年筆者撮影)

高齢者の賭け事等の余暇をすごすための集会所になっている[16]。

1960年代から70年代に設立された同姓団体は、世界の他の地域に比べて、中国系移民の日常生活においてそれ程重要な役割は果たしていないと指摘されている[柿沼 1991: 303-304]。同様の指摘をしているベントンとゴメスは、その理由として、戦後イギリスの経済状況が良く、中国料理に関わる職ならすぐに就けたこと、1970年代から増加した中国料理のテークアウェイ・ショップに典型的にみられるように、家族や親族が労働力として重要な役割を果たし、氏族はそれに比して重要性が大きくなかったことをあげている[Benton & Gomez 2008: 162]。

同郷団体

同郷団体には、20世紀初期に広東省出身者によって設立されたアソシエーションの流れを汲むものと、戦後に香港出身者によって設立されたもの、そして中国本土出身の新移民によって設立されたものとがある。

20世紀初期に広東省出身者によって設立されたアソシエーションの流れを汲むものとしては、1906年にリバプールで設立された四邑総会[17]があり、東北イングランドや南ウェールズに現在でも支部がある。1995年には南イングランドに五邑総会(Ng Yip〈five countries〉Association)が新たに設立された。

戦後に香港出身者によって設立されたアソシエーションとしては、培僑同窓会(Puikui Aumni Association)や、ロンドン汀角ユースクラブ(Ting Kok Youth Club of London)等がある。これら同郷団体は、今日では宴会や買い物旅行等が主な活動となっている。

同業者団体

同業者団体の活動も活発ではない。第1次世界大戦後は少ない資金で開業できる洗濯業が中国人の携わる職業としてブームになったが、洗濯業者によるアソシエーションは設立されなかった。

戦後の中国系移民は飲食業が主流であり、1961年に中国料理レストラン経営者協会(Association of Chinese Restaurateurs)が設立された。目的は、商売繁盛と中国料理レストランの評判を高めるために団結することであり、有力者である張氏一族が率いていた。しかし、小規模レストラン経営者を会員にすることができず、また大規模レストラン経営者でさえ関心を示さず、1960年代後半には名ばかりの存在となった。

1968年には英国華商総会(Chinese Chamber of Commerce UK)が、香港政庁の主導のもとでロンドンに設立された。これは、中国料理レストラン経営者協会よりも中国系実業家の利益を代弁することに成功したが、ロンドン以外の地域にあまり根付かなかった。会員のほとんどは1960年代にイギリスに来た飲食業関連の実業家であったが、1980年代に新たに台湾から来た教育程度の高い専門職に就いた人々に引き継がれた。

宗教団体

イギリスの中国系移民の58％は無宗教であり、22％がプロテスタント、仏教徒は20％以下である[18][Office for National Statistics 2001]。カトリックよりもプロテスタントが優勢なのは、ヨーロッパの中国系移民に共通している。2006年『英國華人総覧』には、宗教団体として、仏教・道教団体は13団体、カトリック教会は1団体、クリスチャン教会は102団体、クリスチャン組織は14団体が記載されている[游 2006: 93-208]。

1950年に基督教華僑伝道会(Chinese Overseas Christian Mission)が設立されたが、これはケンブリッジに留学中のクリスチャン伝道師であったステファ

ン・ワン(Stephen Wang)が1949年新中国成立後に帰国できなくなり、ロンドンで伝導活動に携わったからであった。1980年代までに中国系移民の居住するすべての地域に教会が設立され、若い世代にも信者が増えていった。

　仏教団体として活発に活動しているのは、国際佛光会(Buddha's Light International Association)であり、1990年代初めにロンドン中心部とマンチェスターに寺院が建立された[19]。1992年設立の台湾に本部がある佛光山(Guang Shan)と結びつきがある。

　また香港新界出身者は郷里に帰ることを希求していたので、民間信仰をイギリスに持ち込むことが少なかったが、吉澳同郷会(Kut O Association)は媽祖信仰に基づいている。2002年にはロンドンのハリンゲイ(Haringey)地区に道教寺が設立され、近隣の中国系住民約50人の信者を得ている。

チャイニーズ・コミュニティ・センター

　チャイニーズ・コミュニティ・センターは、中国系コミュニティの人口構成の変化と、中国系移民が社会的サービスに接近するための援助を必要としていることに対するイギリス政府の対応として、1980年代以降に政府補助金を得て設立された。イギリスの中国系アソシエーションに新しい風を吹き込んだといわれ、現在中国系移民の日常生活に最も入り込んでいる。活動としては、中国語による各種相談や中国語補習校の運営、老人向け昼食会、婦人会、各種イベントの開催等があげられる。香港政庁が1997年の香港返還を前にして、1980年代からコミュニティ関連の仕事から手を引きロンドン以外の事務所を閉鎖したことが、香港政庁の機能の一部を引き継ぐチャイニーズ・コミュニティ・センター設立を促進する一因となった。

　チャイニーズ・コミュニティ・センターは、自助に基づく古い精神とコミュニティ活動家による新しい統合計画の中間に位置しているといわれる。既存のアソシエーションを基盤に政府補助金を得ようとした革新者によって設立されたものもあれば、地域の社会サービスによって設立されたもの、独自に設立されたものもある。

　会員制であり、会員は近隣にあるチャイニーズ・コミュニティ・センターに加入する。中国系であれば加入者の出身地は問われないので[20]、その出身

チャイナタウン・チャイニーズ・コミュニティ・センター内での老人向け昼食会での香港出身女性たち。(2012年筆者撮影)

地は香港、シンガポールやマレーシア、中国本土各地など様々であるが、香港出身の高齢者が主流である。各センターには、バイリンガルの中国系職員が10人前後いるが、会員同士も中国系職員との会話も広東語が使用される場合が多い。

　ロンドン北東部に位置するハリンゲイ・チャイニーズ・センター（Haringey Chinese Centre）のパンフレットによるとその目的は以下のとおりである。「ハリンゲイ地区の中国系住民のニーズに合うような、社会的、教育的、文化的、及び福祉のサービスを提供することによって、中国系住民の生活の質を高め、ハリンゲイ・カウンシルや他の地方当局と提携し中国系住民をより広いコミュニティに統合する」［Haringey Chinese Centre 2007］。他のセンターも同じような目的を掲げている。

　1989年と1992年に香港政庁の発行したリストには、ロンドンにおいてチャイニーズ・コミュニティ・センターが7団体記載されていた［Hong Kong Government Office 1989、1992］。ロンドンで最も古いのは、1980年に設立されたソーホー地区のチャイナタウンの中心であるジェラード・ストリートにあるチャイナタウン・チャイニーズ・コミュニティ・センター（Chinatown Chinese Community Centre）であり、2012年にはスペースが2倍の近くのビ

ルに移転している。2001年『チャイニーズ・オーガニゼーション一覧』では、ロンドンのチャイニーズ・コミュニティ・センターは14団体と倍増している［The Chinese in Britain Forum & The Chinese Information and Advice Centre 2001］。2006年『英國華人總覽』では、チャイニーズ・コミュニティ・センターとして全国に81団体（その内ロンドンには31団体）が記載され、さらに増加している［游 2006: 93-208］。チャイニーズ・コミュニティ・センターは、中央及び地方政府や各方面からの寄付によって資金援助されているが、近年になって中央及び地方政府は、補助金を削減する方針を打ち出し、どのセンターも資金難に苦しんでいる。

　ハリンゲイ・チャイニーズ・センターの2000年度報告書によると、会員数は約1000人で、全活動への参加延べ人数は3万282人である［Haringey Chinese Centre 2001: 6］。センターの活動の中で、最も延べ参加人数の多いのは、中国語補習校の6400人である。次に電話による各種相談の6250人、そして老人向け昼食会の3250人と続く。参加延べ人数の多いこれらの活動が、センターの中心的活動である。同センターの2006年度報告書では、全活動への参加延べ人数は2万3870人に減少している［Haringey Chinese Centre 2007］。

　しかし、チャイニーズ・コミュニティ・センターが中国系移民の日常生活に最も入り込んでいるとはいえ、一度も訪れたことのない中国系移民は、全体の3分の2を占めている［Benton & Gomez 2008: 162］。特に若い世代は中国語補習校に通うこと以外は、ほとんどがチャイニーズ・コミュニティ・センターとは関わりがない。中国系移民は古い形態のヴォランタリー・アソシエーションを捨てたが、新しくそれに代わったものにも関心を示していないと指摘されている［Benton & Gomez 2008: 169］。

3. イギリスにおける中国系新移民

　1960年代をピークに流入した中国系移民は、香港新界出身者がほとんどを占め、中国系コミュニティは比較的均質であったといえるが、特に

1980年代から中国本土からの移民流入が増加し、出身地は多様化している。1991年国勢調査によると、中国系移民の出身地は、香港(34%)、イギリス(28%)、中国(12%)、マレーシア(10%)、ベトナム(6%)、シンガポール(3%)、台湾(1%)、モーリシャス(1%)、その他(5%)である［Benton & Gomez 2008: 53 Table2.6］。中国系人口は、2001年国勢調査では約25万人［Office for National Statistics 2001］、2011年国勢調査では約43万人である[21]［Office for National Statistics 2011］。

　イギリスの中国系新移民に関する先行研究としては、ベントンとゴメスがイギリスの中国系移民を構成するサブカテゴリーの1つとして言及している［Benton & Gomez 2008］。新移民の中でも特に福建省出身者については、F．N．ピーク他が1999年から2001年の3年間にわたる4人の共同現地調査に基づいて、イギリスだけではなく、イタリアとハンガリーにおける福建省出身者にも焦点を当ててその生活実態をエスノグラフィックに描き出している［Pieke, Nyíri, Thunø, & Ceccagno 2004］。さらに2006年のイギリスにおける不法移民の労働と雇用に関するプロジェクトにおいては、ピークが35人の福建省出身者と11人の警官と政府役人にインタビューを実施し、B．シャンが移民送り元である中国東北部において移民斡旋業者や移住希望者や役人の総勢約70人へのインタビューを実施している［Pieke & Xiang 2009］。S．ベックは、リバプールにおける中国系コミュニティが福建省出身者の新たな流入をどのように受け入れて対応したかについて検討している［Beck 2007］。

　加えて、新移民の新しいニーズを知るために2007年に実施された、ロンドンにおける中国系アソシエーション12団体の職員と新移民31人を対象とするインタビュー及び130人への質問紙調査［Lam et al. 2009］や、ロンドンの新移民177人を対象とする調査報告書［Pharoah et al. 2009］もある。2000年に中国人密入国者58人が冷蔵トラックで死亡するという事件や、2004年モアカム湾で中国人不法入国者24人がトリ貝採集作業中に死亡するという事件に触発され、中国人不法移民の個人史を描き出した著作もある［Pai 2008］。以下ではこれら先行研究に依拠して、イギリスの新移民を、(1)香港出身者、(2)中国福建省出身者、(3)中国東北部出身者の3つに分類して検討する。

(1) 香港出身者

　ここで「新移民」として捉える香港からの移民は、1997年の香港返還前後にイギリスに移住した人々である。この時期に香港から流出した移民総数は、1996年には4万300人、1997年には3万900人、1998年には1万9300人である[Benton & Gomez 2008: 54]。1960年代をピークにイギリスに単身で移住した香港新界出身の男性の農民は、多くが中国料理に関わる飲食業に携わり、1970年代からは移住が制限され、香港から家族が合流した。しかし、1997年香港返還前後に流入した新移民は、同じ香港出身でも中産階級出身者が多い。

　イギリス政府は返還に伴う香港からの大量の移民流入を恐れて1985年香港法制定し、1997年の中国返還までにイギリスへの移住を申請した者については、「イギリス属領地市民」から「イギリス公民」への切り替えを可能にしたが、「イギリス公民」に対して英国への入国及び居住の自由を認めなかった[22]。そして1990年国籍法は、専門職優先などの厳しい資格を設け、受入数も5万世帯、最大22万5000人に制限された[23][柄谷 2003: 186-187]。

　しかしながら実際は、イギリス政府が恐れて制限したほどには、香港からイギリスへの移民流入はなかった。カナダ[24]、オーストラリア、アメリカ、シンガポールの方が、移住先として好まれ、また安心感を得るためにイギリスのパスポートを取っただけの人も多かったからである。また、この時期に香港を流出した人の10％はビジネスや経済的理由のために香港に戻ったとみなされている[Benton & Comez 2008: 54]。

(2) 中国福建省出身者

　福建省は20世紀初めから移民を送り出していたが、特に1980年代からは中国で最も多くの新移民を世界に流出する地域となった。スネークヘッドに代表される密入国斡旋ネットワークと移民志向の高まりが移民の流出を促進してきた[Pieke, Nyíri, Thunø, & Ceccagno 2004: 23]。ヨーロッパに最初に福建省出身者が来たのは1980年代後半である。福建人は、海外に移民すれば稼げるという考えが強く、どこに行けば稼げるのかという情報を頼りに様々な

移住先を選択してきた。しかしアメリカ特にニューヨークに移民を多く送り出してきた福建省の特定地域がヨーロッパにも移民を送り出したわけではないので、福建省からヨーロッパへの移民を、アメリカに移民できなかった者として捉えるのではなく、アメリカへの移民とは切り離して捉える必要性がある[Pieke, Nyíri, Thunø, & Ceccagno 2004: 24]。イギリスの中国系コミュニティは、広東語話者である香港出身者が多数を占め、香港出身者やマレーシア出身者には客家語話者がいるが、広東語話者に比べれば少数であった。そこに新たに流入した福建語話者である福建省出身者が目立つようになってきたのは特に1990年代以降である。

福建省出身者は、ほとんどが不法移民で庇護申請者が多い[Pieke, Nyíri, Thunø, & Ceccagno 2004: 110]。イギリスにおける中国人の庇護申請者数は1989年には5人であったのが、2000年は2625人、2001年は4000人、2002年は3735人と増加している[呉 2006: 30]。2007年にはイギリスの全庇護申請者数の内、中国人庇護申請者は10％近くを占めている。しかし、申請受諾率はかなり低く、ほとんどの庇護申請者は不法のままイギリスに居続けている[Lam et al. 2009: 8]。

飲食業での福建省出身者

ピーク他の共同現地調査[Pieke, Nyíri, Thunø, & Ceccagno 2004: 110-114]によると、福建省出身者は、中国では飲食業に携わったことがなくとも、イギリスへ移住後は広東系中国料理レストランに安い労働力として雇われた。彼らは、野菜の下調理や厨房の清掃から始めて、数年でコックとして働くようになった。ロンドンのチャイナタウンのレストランの約8割は福建省出身者を雇い、調理場スタッフの半数は福建省出身者となり、総数は300人から400人となった。週給100〜150ポンドで、労働時間は合法移民でも不法移民でも同じで、1日12時間、週6日か7日働いた。

彼らは、より低い賃金でも働く新来者に職を取られていたので、多くの者が数ヵ月で転職した。中国東北部出身留学生とレストランでの職を争わなければならず、教育程度の高い東北部出身者は、客と英語で会話をしなくてはいけないウェイターの職に就くことができたが、英語能力が低い福建省出身

者の仕事は厨房内に限られた。チャイナタウンを離れて地方で働く者もいて、食事と住居が支給されたので、単身男性は出費を最低限に抑え節約することができた[25]。しかし、彼らのほとんどが、移民するのにかかった負債をまだ返済していなかった。

　福建省出身者の中には経営者になった者も少数であるがいた。経営者になると家族や同郷人を低い賃金で働かせることができるという利点があったが、アメリカほどは福建省出身者経営の店は多くはない。福建系就職斡旋所によれば、2000年においてロンドンで福建省出身者の経営している中国料理レストランは約10店舗しかない。特に近年の飲食業界は就職難で、ロンドンのチャイナタウンで働く福建省出身者の多くは、パートタイムの仕事しかなく、1週間に2日しか仕事がないこともあった。その背後には、警察による不法移民を雇用する経営者への取り締まり強化の影響があり、福建省出身者は次第に飲食業から締め出されていった[Pieke, Nyíri, Thunø, & Ceccagno 2004: 110-114]。

飲食業以外への進出

　上記のピーク他による共同現地調査[Pieke, Nyíri, Thunø, & Ceccagno 2004: 110-114]の後、さらにピークは2006年のイギリスにおける不法移民の労働と雇用についてのプロジェクトにおいて、福建省出身者35人と警官11人と政府役人にインタビューを実施している[Pieke & Xiang 2009: 21-32]。以下そのインタビューによると、ほとんどが飲食業に従事していた福建省出身者の中には、1990年代中頃から入国するとすぐに、雇用主が非中国系の飲食業以外の職を探す者も出てきた。彼らが就いた職業は、農場季節労働(イチゴ摘みやレタスの収穫)、ザル貝採集、食品処理加工、清掃、製品組み立て、衣服縫製であった。換言すれば、中国系移民のほとんどが飲食業に携わっていた時代は終わり、他の職種に進出してイギリス経済により広く関わるようになった。

　彼らは就職するために中国人ギャングによる就職斡旋業者を頼り、斡旋業者は就職させるために、400〜500ポンドでパスポートを売ったりして必要書類を整えた。彼らは自由に斡旋業者を移ることはできたが、新しい業者に

は毎回登録料として約100ポンドを支払わなければならなかった。長時間労働で賃金は低く、搾取的条件で権利は守られず、失業保険もなかった。

しかし、彼らの中には、中国人ギャングによって何らかの職業を強制された者はなく、自ら進んで職に就き、いつでも離職することができた。他方で、暴力沙汰や賃金未払いや不当な賃金引き下げは頻繁にあり、また不法移民を餌食にした中国人ギャングによるゆすりもあった。飲食業、農業、食品加工処理や縫製業という職を2、3年間転々とすることになり、ピークのインタビュー対象者35人の内、レストラン経営者になったのは1人だけであった。熟練したコックになった者もいたが、多くの者が最後に選んだのは建設業であった。通常非中国系建設会社に雇われて、少なくとも他の未熟練労働の2倍（週250〜300ポンド）稼いだ。彼らは建設業界で働くことによって、独立と自由と保障を得ることができ、イギリス社会と関わり英語を学ぶ機会ができたことをありがたいと思うようになり、自らの移住計画は成功と捉えるようになった。

他方、女性は建設業には就けなかったので、飲食業や他の未熟練労働に携わり、売春をするようになった女性もいた[26]。ピークのインタビューをした3人の売春婦は、他の職に就いた後にこの職に就いており、いつでも望めば止められると感じていた。警察官へのインタビューでも、強制的に騙されて働かされている例はなかった。

また、偽造DVDの販売をしている者も数人いた。たばこ密売はロンドンのチャイナタウンでは1990年代初めからよくみられたが、偽造DVD販売は中国人に限られているわけではなく広く行われていた。うまくいけば1日に50ポンド以上を簡単に稼げたが、警察に摘発される危険や若いギャングに盗難されたり暴力を受けたりすることもあった。

建設業や売春や密売は主流社会からみれば底辺の仕事であるが、移民にとってこれらは、非中国系経済に参加することを可能にさせるものであり、飲食業や農場季節労働や工場労働からは得られなかった達成感や生きがいをもたらすものでもあった［Pieke & Xiang 2009: 21-32］。

(3)中国東北部出身者
留学から移住へ

　1990年代後半から中国東北部出身者のイギリスへの流入が特に増加しているが、その特徴として3点が指摘されている[Pieke & Xiang 2009]。第1に、東北部出身者は、遼寧省瀋陽市や大連市出身が最も多く、地方ではなく都市部出身である。第2に、ほとんどの者は、正規パスポートや訪問ビザで合法的にイギリスに入国している。ビザの期限が切れて不法に滞在している者はいる。

　第3の特徴としては、中国東北部出身者には留学生が多い[27]。イギリスにおける中国本土からの留学生は中国全土の主要都市出身であるといわれているが、ほとんどが中国北部や東北部の出身である[Pieke, Nyíri, Thunø, & Ceccagno 2004: 110]。1980年代から増え始めた中国本土からの留学生[28]は、1995年度には2746人に、1990年代後半には6094人になり、学生に伴って入国した家族の数も倍増した[Benton & Gomez 2008: 49]。2000年には学生ビザ発行数は1万8900件になり、2002年には2万件に達し、「劇的な増加」といわれている。ブリティッシュ・カウンシルの予想によると、2020年までには14万5000件に達する[Benton & Gomez 2008: 49]。また、2007年以前入国の合法移民の27％が学生ビザであったが、2007年以降のそれは63％になっており、近年は就業ビザでの入国が厳しくなっている[Pharoah et al. 2009: 59]。

　留学生のほとんどは「勤労学生」であり、第1目的は学業ではなく就労である[29][Pieke & Xiang 2009]。留学生は、飲食業から離れた第2世代にかわる安い労働力となっていたマレーシア出身者を退け、ロンドンのチャイナタウンのレストランで働き、ほとんどが学業終了後もイギリスに留まった[Pieke, Nyíri, Thunø, & Ceccagno 2004: 110]。

　また、中国東北部出身者の中には、毛沢東時代後の経済改革の結果として失業した労働者もいる[Benton & Gomez 2008: 59-60]。彼らは福建省出身者よりも年齢が高く、30代後半から40代前半で、福建省出身者が地方出身であるのに対して、都市部出身で教育程度が高く、ロンドンを離れて地方で仕事

を探す人もいる。福建省出身者とは違ってスネークヘッドなどの密入国斡旋ギャングとは関係がなく、移住に際して多額の負債を負っていることもない。近年は上海市出身の工場労働者や国営企業から解雇されてイギリスへ移住する者が増えている[Pai 2008: xviii-xix]。

　T．ラム他によるロンドンの新移民を対象とする調査では、40代で失業して中国で家族を養っていくことができなくなり、10代の息子に高等教育を受けさせるために家を売ったお金でイギリスへ移住し、移住後はいつ送還されるかを恐れながら、重労働に耐えている事例が典型例として紹介されている[Lam et al. 2009: 9]。R．ファラオ他のロンドン在住新移民177人を対象とした調査では、既婚移民の3分の1から半数が中国に配偶者を残して移民していると指摘されている[Pharoah et al. 2009: 7]。

移住の商品化

　シャンは2004年から2007年にわたって移民送り元である中国東北部において実施した、移民斡旋業者や移住希望者や役人の総勢約70人へのインタビューに基づいて、移住斡旋業者による移住の商品化について論じている[Pieke & Xiang 2009: 20]。中国東北部出身者のほとんどは、移民斡旋業者を通して手に入れた就業ビザでイギリスに入国し、斡旋業者は親も移住できることをイギリス留学のセールスポイントとして宣伝していた[Pieke & Xiang 2009: 10]。斡旋業者に2万元から11万元を払っていたが、福建省出身者が密入国斡旋ギャングに払う25万元から31万元よりは安かった。

　そして、移民斡旋業者が中国側とイギリス側の双方での様々な段階を経て、移住希望者に就業ビザを取得させる過程が明らかにされている[Pieke & Xiang 2009: 11-21]。移住希望者は、中国側には現在の職場からの承諾書と3000元以上の月給明細書と5万元以上の銀行預金を提出しなくてはいけない。これらが準備できない時には斡旋業者にさらに2万元を支払う。もし中国のイギリス領事館が面接を要求する場合は、斡旋業者によって面接指導がされる。斡旋業者はイギリスでの就業先からの各移民の招聘状を取得しなくてはならないが、これは簡単なことではなかった。まず招聘状は、きちんと登録された企業が発行する本物でなくてはならず、本物であることを確証

するために、会議や展示会や貿易フェアなどへの参加が求められた。そして、斡旋業者は疑念を払うために同じ会社からの招聘状を2度使ってはならなかったので、斡旋業者にとっては、イギリス側に登録された会社とコネクションをもつことが最も重要となり、その関係を保つことにビジネスの主なコストがかかっていた。最終的にビザが取得できない場合もあり、その場合は登録料を差し引いた額が払い戻されるのが慣例になっていた。

4. 新移民流入による中国系アソシエーションの変化

　新移民の設立した中国系アソシエーションに関する文献はなく、筆者は2008年9月に、ロンドンの中国系コミュニティの事情に精通しているウェストミンスター地区中国系職員に話を聞いた。彼によれば、新移民の設立したアソシエーションはたとえあったとしても長続きはせず、福建省出身者が新しく設立したアソシエーションとして、ロンドンのチャイナタウンにある英国福建会(The UK Fujian Association)の名前があげられた。このアソシエーションは2005年に設立されたが、筆者が2008年9月に訪れた時には、レストラン2階にあった事務所は1年前に閉鎖されていた。2006年『英國華人總覽』には英国福建会は掲載されているが[游 2006: 194]、2年間足らずで閉鎖されたことになる[30]。

　新移民によって設立された他のアソシエーションとしては、同郷団体である英国河北総会(UK Heibei Society)や英国揚州協会(Yanhzhou Chinese Association,UK)があるが、活動は活発ではない。1992年には全英テークアウェイ商会(Chinese Takeaway Association)がロンドンに設立され、2001年には会員が400人に達したが、会員数は変動し、同じく活動は活発ではない。

　前述したように現在イギリスの中国系アソシエーションの中で最も中国系移民の生活に入り込んでいるのは、チャイニーズ・コミュニティ・センターである。その中で新移民と最も関わりのあるのが、ロンドンのチャイナタウンの中心にあるチャイナタウン・チャイニーズ・コミュニティ・センターである。新移民は地理的流動性が高いが、移民当初はロンドンのチャイナタウ

ンでまず職を見つけようとする者が多く、このセンターを訪れる。筆者の2008年9月訪問時には、英語クラスに、新移民約20人が参加し、毎週日曜日12時からのユースクラブでは、新移民の子ども約20人が、7人のチューターから補習を受けていた。同年に筆者がインタビューを行ったカムデン・チャイニーズ・コミュニティ・センター（Camden Chinese Community Centre）とハリンゲイ・チャイニーズ・センターのセンター長は、新移民でセンターに関わっている人はほんの少数で、各種相談や英語クラスを利用しているとのことであった。

　チャイニーズ・コミュニティ・センターはこれまで香港出身者を主な会員としてきたが、近年の新移民の流入に伴って、新移民の抱える不安定な法的地位や雇用、住宅、健康、英語能力に関わる問題への対処という新しいニーズが生まれてきていることは認識し、それに関する調査[e.g. Pharoah et al. 2009]も実施している。しかし、実際は新移民の増加後も、利用者の大半は香港出身の高齢者である。ファロア他の調査では、対象となったロンドン在住の新移民177人の内、中国系アソシエーションの提供するサービスを利用したことのある者は22％で、多くの新移民は他の中国系移民と交流がなく孤立していると指摘されている[Pharoah et al. 2009: 8]。また、新移民でも広東語話者の方がそうでない者よりも社会福祉サービスの情報が得やすく[Pharoah et al. 2009: 54]、新移民は、社会福祉サービスへのアクセスの仕方や権利について無知であり、ネットワークもほとんど形成していない[Lam et al. 2009: 10]。2012年9月に筆者がインタビューをしたチャイナタウン・チャイニーズ・コミュニティ・センターとハリンゲイ・チャイニーズ・センターのセンター長は、北京語や福建語を話せる職員の不足、新移民がセンターの存在を知らないという情報不足、また中国への送還を恐れていることが新移民をセンター利用から遠ざけていると説明した。

　さらに、上記以外で新移民と関わりのあるアソシエーションとしては、1982年に設立された慈善団体であるチャイニーズ情報相談センター（Chinese Information and Advice Centre）がある。ここでは、イギリス在住中国人に法的・社会福祉的情報を無料で提供し、予約制による各種相談を実施している。学

生ビザの延長や家族統合等の移民法に関わる様々な側面のサポートをしており、2001年7月には庇護申請者や難民を法的にサポートする特別な部門を立ち上げた[31]。このセンターを利用する新移民の数は不明であるが、法的地位を獲得するために利用されているだけで、新移民に社会的交流の場を提供しているわけではない。

5. 新移民流入と中国系コミュニティの変化

　イギリスの中国系コミュニティは、東南アジアや北アメリカ、オーストラリアの中国系コミュニティや、イギリスの他の移民集団と比べても組織化されていない[Benton & Gomez 2008: 199]。全国レベルのアソシエーションの力は弱くほとんど機能していない。その理由として、中国系人口が少ないこと、散住、エスニック集団内部の競争が厳しいこと、コミュニティのリーダーとなるインテリ層が薄いこと、集団内部の多様性、政府が中国系アソシエーションや中国語補習校や中国メディアを規制することがなかったので、政治的不満を表明し、言語や文化を保持する権利のために力を凝集する必要性を感じることがなかったこと、さらにイスラム教徒やヒンズー教徒のように、宗教が階級や国籍やエスニシティを超えて集団の結束力を強めることがなかったことがあげられている[Benton & Gomez 2008: 199-201]。

　上述の理由の中でも、イギリスの中国系移民を最も特徴づけているのは散住で、それゆえに目立たない存在で「サイレント・マイノリティ」といわれてきた。ロンドンやマンチェスターやバーミンガムにチャイナタウンはあるが、商業地区であって居住地区ではない。危険や悪にみち、生活のすべてが営まれるゲットー地区としてのチャイナタウンという古典的なイメージとは異なっている[Christiansen 2003: 85]。その主な原因は中国料理レストランやテークウェイ・ショップが他の店と競合しないように全国に散らばる必要があったからである[32][Benton & Gomez 2008: 172]。

　このような状況で、1980年代から政府援助を受けて設立されたチャイニーズ・コミュニティ・センターが、近隣に住む中国系移民の日常生活に入り込

んでいるのが、イギリスの中国系アソシエーションの特徴である。では、新移民の流入によって中国系アソシエーションはどのように変化したのであろうか。前述したように、新移民によって設立されたアソシエーションは少なく長続きしていない。またチャイニーズ・コミュニティ・センターは新移民のニーズに対処しなければいけないことを認識しながらも、新移民をほとんど活動に巻き込んではいない。

　1990年代前半までは、福建省出身者も広東系レストラン経営者に雇われていたが[Pieke, Nyíri, Thunø, & Ceccagno 2004: 110-114]、1990年代中頃から多くの移民は入国後、雇用主が非中国系の飲食業以外の職を探し始めたことによって[Pieke & Xiang 2009: 21-32]、広東系経営者と福建省出身者の接点であった雇用主と被雇用者という関係も薄れていった。両者は広東語と福建語という別々の方言を話すので、経済的接点がなくなれば交流することはない[33]。また、既存のコミュニティと新移民の分断には、言語や文化の問題を超えた反目があるといわれている。新移民の多くは、以前から在住する移民に酷い扱いをされたことがあるといい、中国系アソシエーションのリーダーの中にもそれを感知していた者もいた。既存のコミュニティは、自分たちが築き上げた評判を新移民によって台無しにされるのではないかという脅威を感じていると説明されている[Pharoah et al. 2009: 56]。

　リバプールにおける調査に基づいて、中国系コミュニティが福建省出身者の新しい流入をどのように受け入れて対応したかについて検討しているベック[Beck 2007]も、福建省出身者は、香港出身者によって確立された中国系コミュニティに統合されるのではなく、社会的に孤立して生活し、より広いマルティエスニックな安い労働市場の一部を担うようになっていると指摘している。リバプールにおける広東語が支配する中国系コミュニティは、広東語による社会的ネットワークをつくり出してきたが、そこに福建語を話す福建省出身者が参入することはできなかった。また福建省出身者は地理的流動性が高く、社会的ネットワークも弱く、香港出身者によるネットワークからも排除されて周辺化され、両者は階層化され両極化している[34][Beck 2006]。

　新移民としての香港出身者は都市部出身で少数であり、地方出身の1960

年代を中心に流入した香港新界出身者とは階層が異なっているが、同じ広東語を話すため、チャイニーズ・コミュニティ・センターの職員となって既存のネットワークに吸収されている人もいる。中国東北部出身者は、留学生も多く、教育程度も高く英語力もあるため、中国系アソシエーションに頼らなくても生活でき、広東語話者が主体となっている既存の中国系アソシエーションに関わる必要もなく、集住していない。それゆえ、同郷団体を形成しても、それが人間関係の基盤にはなっておらず、個人的人間関係に基づくネットワークを形成している。

　以上から、新移民が流入することによって中国系コミュニティは多様化したが、新移民の流入は、中国系アソシエーションという視点からみると、ほとんど変化を及ぼしていないといえる。これは、既存の中国系コミュニティにとって、新移民は飲食業の底辺を担う労働力以外の意味は持たず、外側に位置づけられた存在であることを示している。特に近年、福建省出身者は飲食業以外にも職業を求めて、さらに中国系コミュニティの外側に出ているため、中国系アソシエーションの果たす役割は、さらに小さいものとなっている。

第2節　フランスの中国系移民

1. 歴史的背景

　20世紀初めのフランスには、300人足らずの中国人がいたといわれる。彼らはシベリア鉄道で河北、安徽や浙江からやってきて、パリで水晶・翡翠や造花の小売商を営んでいた[35]。その後、第1次世界大戦の勃発に伴う労働力不足を補うために約14万人の労働者が中国各地から流入したが、戦後約3000人の残留者以外は帰還した。残留者のほとんどは山東、河北や安徽等の華北や華中の出身者であった。また、1919年から1920年にかけて、約2000人の留学生が中国政府から派遣されてフランスにやってきたが、そのうちの約400〜500人は学業終了後もフランスに残った。

その後、第1次世界大戦中から1920年代後半をピークに、浙江省の特に温州と青田出身者が、現地の食料不足と主な収入源である水晶・翡翠加工産業の崩壊に影響を受けて来仏した。当時フランスは失業率が高く、彼らはパリのリヨン駅付近で行商に携わった。青田は、南東部で入手できる緑せっけん石を使った石彫が農業以外の唯一の産業で、13世紀以来、宝石や硯の製造技術が発達していた。1882年にアメリカで中国人排斥法が施行された後、石彫製品の主な販路がヨーロッパとなったのは、アジアにおけるヨーロッパの植民地主義が中国とヨーロッパを多くの航路や鉄道で結びつけたからである[36]。ヨーロッパにおける青田出身者の大部分は、南東部の緑せっけん石を産出する村の出身者であった[37]。第1次世界大戦時に青田からフランスに来た契約労働者のほとんどは帰還したが、約1000人はフランスに残留したり、ヨーロッパの他地域に移住した。1920年代から1930年代にかけて、残留者はヨーロッパに親族や知人を呼び寄せたので、ヨーロッパに在住する青田出身者は約2万5000人に達した。1925年の青田の人口は22万6000人なので、当時の住民の5〜10%はヨーロッパに移民していたことになる[38][Thunø 1999: 165]。

　浙江省東南部に位置する温州は、青田のように緑せっけん石を産出することはないが、青田と同様に耕作地の少ない貧困地帯であり、19世紀末からヨーロッパへ移住者を送り出していた。1910年代には日本やシンガポールへの移民もいたが、1920年代後半からはヨーロッパが主な移住先になり、大きな移住の流れが起きたのは1930年代になってからである[Thunø 1999: 170]。

　1945年以降、青田出身者と温州出身者は、パリ3区に居住し、現在も皮革や小間物商を営んでいる。1949年の新中国成立以降、中国からの移民流入はいったん停止したが、中国とフランスの国交が再開した1964年に、フランスに親族がいる者だけが移住を許可され、再び流入が始まった。しかし1966年に始まった文化大革命によって、その後の移住は不可能になり、再び中国本土から移民が流入するのは1970年代後半の改革開放政策開始以降である。

他方で、1954年のインドシナ地域におけるフランス植民地体制の崩壊とそれに続く政情不安定によって、同地域の多くの中国系の人々がフランスへ流入した。この時期に流入した中国系の人々の多くは広東語話者で、主にパリのラテン地区(Quartier Latin)で飲食業と漆器や陶器や布地の小売業に携わった。また1975年のベトナムにおけるアメリカ敗戦以降は、ベトナム、ラオス、カンボジアの政治的混乱によって同地域から流出した難民がフランスに流入した。1975年から1987年までの間にフランスは約14万5000人のインドシナ難民を受け入れ、難民はパリ13区に住みついた。それはパリ13区南部に、1970年代初めに管理職層向けに公営の地上30階を超える高層アパルトマンが新しく建設されたが、売れ行きが悪く開発計画が中断されてしまったので空き部屋が常時あったからである。そこへ1975年から1980年に流入したインドシナ難民が住みつき、短期間にこの地域に難民が密集し、特色ある街を形成していった。

　その後1980年から1985年にわたってインドシナ難民の流入は続き、パリ13区のアパルトマンに空がなくなると、パリ20区周辺やパリ郊外にも居住し集住地区を形成した。これらインドシナ難民の50〜60%は中国出自を持つ人々であるがゆえ、東南アジア出身の中国系人口は約7万5000人と推定される。1975年の難民流入前のフランスの中国系人口は約2万人で、それ以降、上記のインドシナ難民に加えて、中国の改革開放政策による中国本土からの移民や、香港、マカオ、台湾、マレーシア、シンガポールやタイからも中国出自を持つ者数千人の流入もあるため、1980年代のフランスにおける全中国系人口は10万人から12万人であると推定される[Live 1998: 106]。

　以前のフランスの中国系コミュニティは男性が圧倒的に多かったが、インドシナ難民の流入によって女性が増加し、1975年以降男女比が半々になり、フランスの中国系コミュニティを大きく変化させた。中国系インドシナ難民には、潮州語、客家、海南語や福建語を話す者もいて、言語的多様性が増し、フランスの中国系移民は、何語を話すかという言語的アイデンティティが強い[Live 1998: 111]。

2. 中国系アソシエーションの歴史的展開

フランスにおける中国系アソシエーションに関しては、Y.-S.リブ[Live 1998]がフランスの中国系移民を包括的に捉えている中で取り上げている。P.ピカールは、フランスの中国系アソシエーションに焦点を当てて検討し、質問紙調査も行っている[Picquart 2003]。リーはヨーロッパという枠組みで中国系アソシエーションを捉えており、この中でフランスの中国系アソシエーションについても言及しているが詳しくはない[Li 1999c]。

ここではこれら先行研究に基づいて20世紀初めから新移民流入が増加する1990代以前までの中国系アソシエーションの歴史的展開を、アソシエーションの設立年によって、(1) 20世紀初めから1974年、(2) 1975年から1981年、(3) 1982年から1989年、の3期に区分して検討する。区切りとした1975年は、インドシナ難民の大量の流入が始まった年であり、1982年は外国人によるアソシエーション活動を規制する法律が廃止された年である。

リブとピカールの研究は、フランスにおける中国系アソシエーションを正統チャイニーズ・アソシエーションとフランコ=チャイニーズ・アソシエーションの2つに分類している[Live 1998: 113；Picquart 2003: 1]。前者は中国系移民だけによって設立されたものであり、後者はフランス人と中国系移民の共同で設立されたアソシエーションである。ここでは上記3期それぞれにおいて、正統チャイニーズ・アソシエーションとフランコ=チャイニーズ・アソシエーションという2つの分類に留意しながら、アソシエーションの歴史的展開について概観する[39]。

(1) 20世紀初めから1974年

20世紀初めから1974年には、正統チャイニーズ・アソシエーションとフランコ=チャイニーズ・アソシエーションの両方が設立された。

正統チャイニーズ・アソシエーション

初期に設立された正統チャイニーズ・アソシエーションとして代表的なものは、1919年に設立された法国中国人労働者協会（Association Générale des

第Ⅰ章　中国系移民の歴史的背景と新移民流入による変化　65

Travailleurs Chinois en France)で、パリを中心とする周辺地域の中国人労働者が加わり会費で運営された。その目的はフランスに第1次世界大戦後も残留した中国人労働者の識字率と教育レベルを上げ、会員間の絆を深め、失業者に仕事の斡旋をすることであった［Li 1999c: 58］。本部はパリに置かれ、全国に30以上の支部があり、会員数は4000人を超えた。1920年には再編成され、支部が63に増え、中国人労働者向けの夜間学校30校を開校し、週刊ニュースの発行を始めた［Li 1999c: 58］。その後、1920年代には多くの労働者が中国に帰還し状況が変化するにつれて、活動も先細りになった。また、1919年にはパリ郊外に、中国系移民のための手続き作業を代行し、起業に出資することを目的に法国華僑協会(French Overseas Chinese Association)[40]が設立された。会員からの寄付によって事務所や談話室や図書館を備えた建物を購入した。

　1920年代から1930年代には様々な社会カテゴリーに基づくアソシエーションが形成された。例えば、1927年に失業者によって設立された華僑失業者協会(Association des Chômeurs Chinois)、1932年に芸術家によって設立された法国華僑芸術家会館(Amicale des Artists Chinois de France)、1934年に学生によって設立された巴里中国人留学生協会(Association des Étudiants Chinois de Paris)などがある。巴里中国人留学生協会は、1919年から1920年にかけて、中国政府から派遣されてフランスにやってきた約2000人の留学生のうち、学業終了後もフランスに残った約400〜500人の一部の人によって設立された。フランスへの中国人留学生によって設立された初期のアソシエーションとしては、1914年に設立された法国南西地区学生援助協会(Southwest Support Association for Students in France)や、1915年に設立された法国就労留学協会(Work Study in France Association)等があった［Li 1999c: 58］。

　その後、第1次世界大戦中から1920年代後半をピークに流入した、浙江省の特に温州と青田出身者によって、パリに法国浙江会館(Amicale des Chinois de Zhejiang en France)が設立された。1935年には、青田出身者によってアルジェント・コルメイレ中国人労働者統一協会(Union Amicale des Travailleurs Chinois Argentolo-Cormeillais)が設立され、会員が高齢化し物故者が多く

なっていったにもかかわらず1970年代まで存続した。1994年には創設者の最後の1人が亡くなったが、ほとんど同時期に新たに青田華僑会館(Association des Chinois Originaries de Qingtian)が設立された。設立目的としては、古いアソシエーションとは違って、文化的側面よりも商業的利益が強調された。

フランコ＝チャイニーズ・アソシエーション

　最初にフランコ＝チャイニーズ・アソシエーションが設立されたのは、20世紀初めである。初期のものは、中国人とフランス人の知識人の共同によって設立された。フランスと中国の友好関係を促進するためのもので、フランス人富裕層を対象とし、中国系コミュニティとは関係がなかった。主な目的は、中国とフランスとの融和のために、様々な交流を通して両国の文化を理解し、絆を深めることであった。

　最も古いものは、3人のフランス人知識人によって1905年にパリに設立された仏中友愛会(Association Amicale Franco-Chinois)である。仏中年報(Les Annales Franco-Chinoises)という冊子の発行が主な活動であった。1912年には仏中連盟(Union Franco-Chinois)、1920年には仏中経団連(Association Économiquie Franco-Chinois)が設立された。

　第2次世界大戦後の代表的なものとしては、1945年に設立された仏中委員会(Comité France-Chine)をあげることができる。幹部には中国系移民は入っていなかったが、目的は前述した仏中友愛会と同様であった。これらに代表されるフランコ＝チャイニーズ・アソシエーションの活動は、フランス社会に向けたものであり、中国系コミュニティに利益をもたらすことはほとんどなかった。また、フランコ＝チャイニーズ・アソシエーションは、会員の会費のみで運営され、正統チャイニーズ・アソシエーションとは違って、会員の寄付金等による援助は受けていなかった。

(2) 1975年から1981年

　1975年以降のインドシナ難民の流入によって、1975年から1981年までに、フランス人とインドシナ難民の共同によるフランコ＝アジアン・アソシエーション(ここにはフランコ＝ヴェトナミーズ・アソシエーション、フランコ＝ラオシ

アン・アソシエーション、フランコ゠カンボディアン・アソシエーションが含まれる）が設立された。インドシナ難民のフランスへの統合を助けるために、フランス人が主体となってアソシエーションを立ち上げたのであり、これは中国系の人々だけを対象とはしていなかった。

　この期間には正統チャイニーズ・アソシエーションは設立されなかったが、その理由として、難民は新しい国に来て適応するのに時間がかかったからであると説明されている［Live 1998: 115］。フランスでは1939年に外国人によるアソシエーションの活動を規制する法律ができ、この法律の廃止される1981年10月9日まで、中国系移民によって設立されたアソシエーションは少なかった［Picquart 2003: 7］。

　パリ13区のチャイナタウンに位置する法亜文化友愛会（Rencontre et Culture Franco-Asiatique）はこの時期に設立されたフランコ゠アジアン・アソシエーションの1つで、1981年11月に2人のフランス人によって設立された。このアソシエーションは、フランスで最も規模の大きい中国語補習校を運営していて、2006年の生徒数は1500人を超えていた。

(3) 1982年から1989年

　1982年以降は正統チャイニーズ・アソシエーションが多く設立され、現在までその活動を続けている。1982年以降に設立されたアソシエーションの活動は、フランス語教室や中国語補習校の運営、書道や料理、太極拳や獅子舞といった中国文化教室や旧正月や清明節等のイベント開催、各種相談、職業や住居の斡旋等であり、どのアソシエーションの活動も類似している。前述した1975年から1981年までに設立されたフランコ゠アジアン・アソシエーションも、活動内容は同じである。

　中国系インドシナ難民によって最初に設立された正統チャイニーズ・アソシエーションとしては、1982年に設立された法国華僑協会（Association des Résidents en France d'Origine Chinoise）がある。このアソシエーションの名称は、1人の有力者の助言によって1984年9月に「中国出身：Origine Chinoise」が「インドシナ出身：Origine Indochinoise」に改められ、法国インドシナ協会

法国潮州会館はパリ13区のチャイナタウンの奥に位置し、立派な建物を構えている。(2013年筆者撮影)

(Association des Résidents en France d'Origine Indochinoise)になった。パリ13区にある中国系資本大規模スーパーマーケット内に位置し、階下には仏教祭壇がある。

　1982年以降に設立された正統チャイニーズ・アソシエーションの特徴は、出身地や方言に基づくアソシエーションが多いことである。ヨーロッパの他の国に比べて、フランスには出身地に基づくアソシエーションが多い[Li 1999c: 63]。中国系インドシナ難民とは、親の代が中国から東南アジアに移民をして、東南アジアの政情不安定によってフランスに難民としてやってきた人々である。そのため、出身地に基づくアソシエーションとは、多くの場合、親の代の中国の出身地に基づくことを意味しており、方言を共有しているアソシエーションとして捉えることができる。

　パリにある出身地や方言に基づく活発なアソシエーションとしては、法国潮州会館(Amicale des Teochew en France)（上記写真参照）、法国広東会館(Association Amicale des Cantonais en France)、法国上海会館(Association Amicale des Shanghaiens en France)、法国海南会館(Association de la Communauté de Hainan en France)、法国客家会館(Association Hakka Tsung Chinh)、法国温州華僑会館(French Wencheng Overseas Chinese Association)、法国青田会館(Association

第Ⅰ章　中国系移民の歴史的背景と新移民流入による変化　69

法国潮州会館内1階にある仏教祭壇。1日に2回、僧侶による仏教礼拝が行われる。
（2008年筆者撮影）

of Qingtian Provincials in France)、法国福建会館(Association of Fujian Provincials in France)、法国宿州・浙江会館(Association of Suzhou and Zhejiang Provincials in France)、巴里北京会館(Paris Beijing Association)、法国番禺会館(French Panyu Benevolent Association)等がある。

　例えば、法国潮州会館は1986年に潮州語話者によって設立され、会員は中国系インドシナ難民を中心に中国本土出身者もいる。このアソシエーションの目的は、パンフレットによると第1にルーツと文化的伝統を共有する人々の絆を深める、第2に会員がフランス社会に統合し成功することを助ける、第3に様々な中国系アソシエーションの手助けをする、第4に中国的教条を保障・保護することである[Amicale des Teochew en France]。1989年にはパリ13区の大規模スーパーマーケットの敷地内に2階建ビルを購入したが、このビルには、玄関ホールや事務所や教室や映画館、そして200平方メートルの仏教祭壇が備わっている（上記写真参照）。中国語補習校を運営し、生徒数は約700人である。

　パリ以外の地方には方言や出身地に基づくアソシエーションは設立されておらず、様々な方言や出身地を包括した中国系アソシエーションが設立された。例えば、リヨンにはリヨン華僑協会(Association des Chinois d'Outre-Mer at Lyon)が、ニースにはコートダジュール・ニース華僑協会(Amicale Chinois de la Côte d'Azur et Nice)がある。

　また、前述した法国潮州会館のような仏教祭壇をどのアソシエーションも備えているわけではない。仏教祭壇にお参りするのはインドシナ難民であり、中国本土出身者は宗教的実践を行わない傾向がある[Live 1998: 117]。リブが中国本土出身者にその理由を尋ねると、「私たち中国本土出身者は近代化されているので、神に祈らない。パリ13区のインドシナ難民は自分たちよりもっと伝統的だから」という答えが返ってきた。インドシナ難民は命からがら逃れてきた人々であるが、中国本土出身者は経済的理由で移民してきて、いずれは帰国しようとしているので、フランスにおける宗教的実践のために投資しないと説明されている[Live 1998: 117]。

3. フランスにおける中国系新移民

　特に1990年代以降中国本土からフランスへの移民が急増し、新移民の流入はフランスの中国系コミュニティに大きな変化を及ぼした。1999年における中国系移民の65％は1990年代以降に入国している[Cattelain (ed.) 2002: 3]。その背景には1989年6月4日の天安門事件以降、西ヨーロッパ諸国が中国人に政治的理由による特別在留許可を与えたことが指摘されている[Li 2004: 117]。

　2010年代にはフランスの中国系人口は約45万人となり、東南アジア出身者と中国本土出身者はおよそ半数ずつである[Beraha 2012a: 11]。そして、中国本土出身者の内7割は浙江省の主に温州出身者、1割は東北部出身者、他の2割はその他地域の出身者であり、不法滞在者やイタリアやスペイン等の国々にも移動する人やフランス国籍を取得している第2世代を加えると、フランスの中国系人口は約60万人に達する[Beraha 2012a: 11]。

　フランスの中国系新移民に関する先行研究は多くはない。M．スノー及びF．シアとS．シアの研究は、古くからヨーロッパに移民を送り出し、新移民も多い浙江省温州と青田からヨーロッパへの移住を歴史的に跡付けている

[Thunø 1999；Xia & Xia 2012]。また、リーは1996年に温州で実施したフィールドワークに基づいて、温州出身者が近年ヨーロッパに移住する理由について論じている[Li 1999b]。本節ではこれらに基づいて浙江省出身者のヨーロッパへの移住理由を検討する。さらに、移住後の状況については、J.‐P.ベジャとC.ウォン、及びV.プワソンが、中国系新移民のパリ集住地区であるベルビル地区における温州出身新移民の生活について説明している[Béja & Wang 1999；Poisson 1993]。Y.ガオとV.プワソンは、フランスにおける中国系新移民の就業状況について検討している[Gao & Poisson 2005: 62]。中国系アソシエーションの1つである言語文化サポート協会(Association for Language and Cultural Support)会長は、同アソシエーションにおける中国出身庇護申請者についての分析を通して、中国系新移民の現状を概説している[Marc 2002]。ここでは、これらの先行研究と、筆者の中国系アソシエーション会長や職員へのインタビューに依拠して、中国系新移民の現状について検討する。

　C.カテュレイン他の共同研究[41]では1990年代以降にフランスに流入した新移民を(1)浙江省出身者、(2)中国東北部出身者の2つに分類しており[Cattelain (ed.) 2002]、以下この分類に依拠する。

(1) 浙江省出身者
ヨーロッパへの移住理由
　浙江省は20世紀初めからヨーロッパに移民を送り出し、1980年代後半までにヨーロッパに在住する浙江省出身者は約100万人に達した[Thunø 1999: 160]。中でも青田と温州は、前述したように、耕作地が少なく農業だけでは生計を立てることができずに、古くからヨーロッパに移民を送り出していた地域である。1994年末の統計によると、24万8000人の温州出身者とその子孫が65ヵ国に移民していて、その内16万5000人はヨーロッパに移民し、その95％がフランス、オランダ、イタリアやスペインに移住している[Li 1999b: 183]。

　1949年新中国成立から1970年代初期までは、いったん温州からヨーロッ

パへの移民は停止したが、1976年から本格的に移民が再開した。温州の文成県にある人口約1000人の小さな村では、700～800人がオランダとフランスとイタリアに移住しているが、その半数以上が1990年代以降に移住した[Li 1999b: 183]。地元研究者が指摘している1949年以前の移住動機は、貧困のため裕福になりたいという願望であり、1949年以後は移住先で家族による労働力の必要性が生じ家族を呼び寄せたこと、さらに1970年代以降は、中国の移民政策緩和が移住を促進したことである。しかし、リー［1999b］はこれらの研究は、なぜ1990年代以降経済状況が回復しているのに、いくつかの村だけが移民を送り出しているのか、さらになぜ移民先がヨーロッパなのかに答えていないとし、以下のような分析している。

　1970年代後半以降の改革開放の動きは、中国本土の人々の生活に経済的、政治的、文化的に大きな変化を及ぼし、1994年の温州における農民の平均年収は、1980年代の12倍にもなっている。リーがなぜ豊かになっているのになお海外に移住するのかと問うと、「私たちは以前よりも豊かになったけど、ヨーロッパにいる仲間よりは貧しい」という答えが返ってきた。彼らの多くがオランダでのレストランのコックの平均年収は温州の年収と比べて60～70倍であることを知っていて、一生懸命に働きさえすれば、特別の技術がなくても誰でも稼げると答えた。つまり、以前より生活水準は良くなっていても、ヨーロッパに移住して短期間で裕福になったり、送金で潤ったりした人々と比べれば自分達は貧しいと考え、以前と同じように移住しようとするのである。

　ではなぜヨーロッパなのか。20世紀初めには、多くの温州出身者は日本移住していたが、1923年関東大震災後の中国人労働者殺戮事件後、日本への移住は停止した。その後、温州語話者であるために、広東語話者と福建語話者が主流の東南アジアへの移住は伸びず、古くから移住の歴史があり温州出身者が在住しているヨーロッパを移住先に選んだ。さらに、西ヨーロッパで得られる高賃金に加えて、寛容な移民政策もプル要因として働いた。1960年代から70年代はヨーロッパでは中国料理レストランの最盛期で、安い労働力が必要とされ、誰でも容易に労働許可を得て、オランダやフラン

スに移住することができた。1980年代からは移民の制限が厳しくなったが、不法移民でも中国の1人っ子政策や政治運動の犠牲者と認められれば永住許可を得られる道があると人々は信じていた。また、いったんヨーロッパに入れば、1995年移民法改正によって不法移民も滞在許可が得やすくなったイタリアに国境を越えて行けること、さらにイタリアのような法律がフランスやオランダでも施行されるだろうと信じられていた。加えて、温州では故郷に帰った移民が家や墓や儀礼に大金を使うことによって、ヨーロッパへ移民すれば皆が裕福になれるというイメージを強めた。以上からリーはヨーロッパへ移民すれば裕福になれるという共通認識を生み出すような「移民文化」が温州にはあり、それが、温州の経済が良くなり、中国もヨーロッパも移民制限をしても、ヨーロッパへの連鎖移民が続く要因であると結論づけている［Li 1999b］。

　1980年代から1990年代に温州からヨーロッパに移住した人は、教育程度が低く温州語しか話せなかったが、商売で成功した人も多く、また1990年代後半から2000年代初めに移住した人は、北京語教育を受けていた［Beraha 2012b: 75］。

移住後の実態

　1995年時点で、浙江省出身者6万人がフランスに、3万5000人がイタリアに、3万5000人がオランダに、4万人がアメリカに、2万人がカナダに移住している［Yuen 1997: 44］。そして、フランスにおける中国系移民はパリとその近郊に集住していて、その7割がパリ東北部に、3割がパリ郊外に居住している［Gao & Poisson 2005: 62］。

　現在パリには主に3ヵ所の中国系移民の集住地区がある。第1は、13区のポルト・ドゥ・ショワジー（Porte de Choisy）周辺で、「チャイナタウン（Quartier Chinois）」と呼ばれている。1970年代に主にインドシナ難民が居住し、アジア系レストランや中国系資本による大規模スーパーマーケットや商店が集中している。この地区にはパリ首都圏のアジア系人口約15万人の約4分の1が集中している［大橋 2005: 205］。2006年3月に筆者が実施した13区にある小学校の教師へのインタビューによると、この地区へは特に2000年以降、中

アジア系集住地区であるパリ13区のチャイナタウン。インドシナ難民の住み着いた高層ビルに囲まれた一角には、中国料理だけではなく、ベトナム料理やラオス料理のレストランが立ち並び、タン・フレール(Tang Frères)やパリ・ストアー(Paris Store)という大きな中国系スーパーもある。(2013年筆者撮影)

国東北部からの新移民の流入が急増した。

　第2は、3区のアーク・エ・メティエ(Arts et Métiers)地区で、古くからの温州出身者を中心に、皮革製品や貴金属や宝石店や小さなレストランが集中し、メリー通り(Rue au Maire)は、別名「温州通り」と呼ばれている[Gao & Poisson 2005: 62]。1990年代後半から、温州出身者が多数流入した。

　第3は、10、11、19、20区が交差するベルビル(Belleville)地区周辺である。この地区は、昔から多様な文化的背景を持つ人々を受け入れてきた歴史をもつ。19世紀半ばにはフランス各地出身の労働者や職人が住んでいたが、第2次世界大戦中には、ナチズムを逃れたユダヤ人や市民戦争を逃れたスペイン人、イタリア人、ポーランド人、チェコ人やハンガリー人がこの地区に避難し住み着き、新しい環境に溶け込んだ。その後のアルジェリア戦争[42]では多くの北アフリカ系の人々やアラブ人やユダヤ人を受け入れた[Marc 2002: 120]。

　1970年代になると、ベルビル地区には潮州系カンボジア出身者や、香港出身者が移り住み、さらに1993年以降、浙江省出身者も住み始め、インドシナ難民が多く居住する13区に続いて、第2の新しいチャイナタウンとなっている。そして1997年以降は中国東北部出身者も流入している[Gao &

第Ⅰ章　中国系移民の歴史的背景と新移民流入による変化　75

パリ3区アーク・エ・メティエ地区には戦後浙江省出身者が住み着いた。テンプル通り(Rue du Temple)は、メリー通りと交差する長い道路で、宝石店や皮革製品店が点在する。
(2013年筆者撮影)

Poisson 2005: 62]。現在、ベルビル地区周辺は中国料理レストランや旅行代理店や各種商店が立ち並び、中国語の看板が目につく。また、ベルビルより南の11区スデーヌ・ポパンクール(Sedaine-Popincourt)地区も1997年以後、中国系移民による衣料品仲買店が立ち並ぶようになっている[Gao & Poisson 2005: 64]。

　ベルビル地区の浙江省出身者は、革製品小売業、飲食業や既製服製造の家族経営の小さな店の労働力として吸収されている不法移民が多く、頼母子講のような相互扶助も盛んである[Béja & Wang 1999]。先にフランスに移住していた母親を頼ってベルビル地区に住む温州出身の18歳の少女は、イメージしていたパリとベルビル地区の違いに失望していた[Poisson 1993]。

　言語文化サポート協会による会員910人の就業状況についての調査では、ほとんどが庇護申請者で、既製服製造業が43%、飲食業が23%、家事サービス業が17%、建設業が7%、皮革品店が2.6%、行商が2%であった。また経営者となっているのは、浙江省出身者か潮州系東南アジア出身者である[43]。2013年3月の筆者によるヒュイジ協会(Association Huiji)元会長へのインタビューによると、温州出身者は小売業でお金を貯めると、中国との貿易業に携わる者が多い。

パリのベルビル地区の中国系ベトナム料理レストラン。
(2007年筆者撮影)

　また、2007年から温州出身者の流入が激減していることが、筆者による2013年3月の言語文化サポート協会会長へのインタビューによって明らかとなった。言語文化サポート協会は政府からの要請を受けて、1998年3月から中国からの入国者約9割の庇護申請事務手続きを行っているが、プロフィールの記録を始めた1999年3月から12月31日までに5122人の庇護申請者が言語文化サポート協会に登録していた[44][Marc 2002]。その後2006年まで主に温州からの年間約5000人の入国者が登録したが、2007年には70%減の約1500人になり、その後年々入国者数は回復し、2012年には2020人となった。ここ数年で、温州を中心とする中国からの入国者はかなり減ったことがわかる。その減少の理由としては、当時のN．P．S．サルコジ元大統領による不法移民取締強化が行われるといううわさが中国系の人々の間にも広まったことと、経済不況が考えられる。
　そして、2013年現在、不法移民でもフランスで子どもを産んでいれば約10年で正規滞在許可証が取得できるため、1990年代から2000年代に流入した不法移民は、ほとんどが合法移民になっている。合法に滞在できるようになれば、職業選択の幅が広がり安定した職業に就くことができるので、中国系移民の集住地区を離れて中産階級地区へ拡散する傾向がみられる。また、

2010年代の温州からの移住は、不法移民が減って、10代中頃から後半に留学生として入国する場合が多くなっている。10代の子どもを先に留学させて、家族が後で移住して合流する場合もある。

また、温州からの移住が激減した2007年から、パリの縫製業者は減少し中国本土に移転するようになった。彼らは縫製業ではなく、近年ブームとなっている日本料理レストラン[45]で働いたり、小売業に携わる者が多くなっている。中国系移民が経営する中国料理レストランや日本料理レストランが全国に広がり、現在は集住から散住への変化の途上にある。

(2) 中国東北部出身者

東北部出身者は浙江省出身者よりも遅くフランスに流入しはじめ、1990年代後半から増加した。1994年には言語文化サポート協会の運営するフランス語補習校の生徒の大部分は浙江省出身者であったが、1998年から東北部出身者(「ドンベイ(Dongbei)」と呼ばれる)が生徒の中に増えてきた[Marc 2002: 120]。

言語文化サポート協会での庇護申請者の記録によると、5122人の内52％が女性で、その64％が35歳以下である。出身地別では、3235人(63％)が浙江省出身者で、757人(15％)が中国東北部出身者(その内519人は遼寧省と吉林省出身者)、352人(7％)が山東省出身者、160人(3％)が福建省出身者である。福建省出身者のほとんどは男性で、東北部出身者よりも若く、90％が20代から30代であるのに対して、遼寧省出身者の95％は25歳以上50代未満である。浙江省出身者の40％が25歳以下であるのは、先に移住していた親に合流する者が多いからである[Marc 2002: 123]。

東北部出身者と浙江省出身者とはいくつかの点で異なっている。言語文化サポート協会が実施した調査によると、東北部出身者の3分の1は中国では会社員、3分の1は共産党幹部かその妻で、残りが労働者である。彼らは子どもを中国に残して貯蓄を携えて移住してきている。浙江省出身者が25歳以下の人が多いのとは対照的に、東北部出身者は30代中頃から40代中頃が最も多く、女性の数が男性の2倍である[Marc 2002]。2007年3月に筆者が

実施した会長へのインタビューによると、女性が多い理由は、女性はフランスで既製服製造の仕事に簡単に就くことができたからである。移民斡旋業者に借金をして妻が先にフランスにやって来て、お金を稼いで返金したら、夫が来てレストランや雑貨店で働く場合が多い。

　東北部出身者の移住理由については、中国での現状を改善するためにお金を稼ぎたいというよりは、移住して新たな生活を始めることを望んだことがあげられている。東北部出身者は「都会の中産階級出の移民」という新しい集団であり、安定した職を捨てて新しい世界に挑んだ人々である。アメリカへのビザを拒否されて西ヨーロッパを2番目の移住先に選んでいることが多く、合法的な観光ビザや就業ビザで入国し、ビザの期限が切れると庇護申請をする［Marc 2002: 123］。東北部出身者の方が浙江省出身者よりも教育程度が高く［Cattelain (ed.) 2002: 56］、不法入国者の割合は、浙江省出身者の方が東北部出身者よりも多い［Cattelain (ed.) 2002: 63］。

　41歳の東北部瀋陽市出身の女性を例にあげると［Marc 2002: 124］、彼女は経済が停滞して失業率が高い瀋陽市に夫と20歳の娘を残してフランスに移住し、縫製工場で働いて1ヵ月に1500元を稼いでいる。彼女が中国で働いていた会社は雇用者が海外に働きに出ることを奨励しているので、会社に移民斡旋業者を紹介してもらい移住した。パスポート代としての2000元を含む5000元を斡旋業者に前金として払った。ビザを取得するとさらに4万1000元払い、飛行機代も含めて5万3000元を斡旋業者に払ったが、斡旋業者が詐欺をすることはほとんどない。彼女はパリに着くと、渡されていた電話番号に電話をし、200ドル払って同郷人に空港まで迎えに来てもらった。そして就職先を紹介してもらうのに100ドル、初めの10日間の寮での宿泊代と食事代に600ドルを支払わなければならなかった。西ヨーロッパや北アメリカでは中国系新移民は偽庇護申請者扱いされているが、今日の中国系新移民は犯罪とはそれ程結びつくことは多くなく、社会経済的にも移住の経路からみても、不法と合法移民を区別することは難しい［Marc 2002: 125］。

　2013年3月の筆者による言語文化サポート協会会長へのインタビューによれば、ここ約5年間中国東北部から入国する30代中頃から40代の中年女

性が増えている。黒竜江省や遼寧省出身女性の約8割はパリの街中で売春に携わり、吉林省出身者は家政婦をしてお金を稼ぎ、男性は後から移住してくる。2002年に世界の医療団[46]という国際NGO団体によって設立されたパリ在住の中国出身売春婦の健康や権利や安全を守るための「ロータス・バス(Le Lotus Bus)」が、2010年から2012年に実施した調査によると、86人の調査対象女性の9割近くが、肉体的あるいは言葉による暴力を受けた経験があると報告されている[Médecins du Monde 2013]。

4. 新移民流入による中国系アソシエーションの変化

(1) 新しい中国系アソシエーションの設立

1990年代以降の新移民流入によって、パリには新しく中国系アソシエーションが設立された。ここでは、第1に3区に1993年に設立されたピエール・デュサーフ仏中協会(Association Franco-Chinoise Pierre Ducerf)、第2にベルビル地区に1996年に設立された言語文化サポート協会、第3に同じくベルビル地区に2003年に設立されたヒュイジ協会を取り上げる。これら新移民の流入に対応して設立された3つのアソシエーションは、いずれもフランス人と中国系移民が共同で立ち上げたフランコ=チャイニーズ・アソシエーションに分類でき、会長がフランス人であることは共通している。以下、それぞれについて設立の目的や活動内容などについて概観する。

ピエール・デュサーフ仏中協会

ピエール・デュサーフ仏中協会は、パリの中国系移民集住地区の1つである3区のアーク・エ・メティエ地区に1993年10月15日に設立された。アソシエーションの名前にある「Pierre Ducerf」は、古くから移民送り出し元であった浙江省の青田が宝石「Pierre」の産地であり、温州のシンボルとなる動物が鹿「Cerf」であることに由来している[47]。

2006年度報告書によると、6人のフランス人専従スタッフと40人のボランティアが関わっている[48][Association Pierre Ducerf 2007: 4]。ボランティアはほとんどがフランス人であり、定年退職者や学生、中国文化や中国語に興

味を持っている主婦である。アソシエーションの目的はフランス社会と中国系コミュニティの橋渡しをして、中国系移民の統合に尽力することである[49]。2006年度の会員数は462人である[50]［Association Pierre Ducerf 2007: 10］。専従スタッフによれば、登録時に聞かないのでわからないが、会員には不法移民が多い。温州出身者が多いが、近年その割合が低くなって、東北部出身者や北京、上海、青島、山東省煙臺という他の地域出身者が増加している［Association Pierre Ducerf 2007: 10］。

　2013年3月の筆者による会長と専従スタッフへのインタビューによると、会員数は約700人に増えていた。近年は中国北部や中央部出身者が増えているが、アソシエーションの名前が浙江省を象徴しているので、浙江省出身者だけを対象にしているものと勘違いされることもある。会員には移住してきたばかりの人もいれば、フランス在住30年以上の人もいる。温州出身者にはフランスに来て10年から15年の人が多いが、フランス語はあまりできない。

　両国の橋渡しという目的に鑑みて、設立当初から大人向けのフランス語教室を運営している。2009年9月の筆者の訪問時には約250人が学び、水曜日午前・午後と木曜日午後に2時間開かれていた。フランス語教室はアソシエーションから徒歩10分程のところにある市民センターで開かれているが、大きなホールは人であふれていた。教師は3人が有償で、10人はボランティアであった[51]。

　また、設立当初から青少年向けの活動に力を入れてきた［Association Pierre Ducerf 2007: 11］。1997年から子ども向けの補習クラスを開いており、1年間で40〜60人の新移民の子どもが参加している[52]。参加者には小学生から高校生までいるが、中学生が最も多い。この補習クラスでは、個人的に宿題を手伝ったりして色々な教科を補助し、悩みの相談に乗ったりもする。新移民の子どもは数学には問題がないが、フランス語ができないため、それが地理や歴史など他の教科にも影響を及ぼしていた。

　2007年には青少年向けの遠足が年8回企画され、8歳から20歳までの延べ72人が参加した[53]［Association Pierre Ducerf 2007: 21］。毎週水曜日と土曜日の12時から13時半には青少年向けバドミントンやバスケットなどのス

ポーツ活動も行われている。中学校とも連携をしており、中国語通訳を派遣し、中国系の親にフランスの教育制度や校則などを説明し、中国系の親とフランス人教師が子どもの様子や成績について個別に話し合うための仲介をしている[Association Pierre Ducerf 2007: 46-47]。2010年度報告書によれば、提携校はパリ10区の小学校3校、11区の小学校2校、20区の小学校1校、そしてパリ郊外の中学校1校である[Association Pierre Ducerf 2011: 47-67]。

さらに活動の中心には、中国語(北京語と温州語と広東語)による各種相談がある。毎週水曜日14時から18時に行われているが、法律、健康や家庭内暴力についての相談がある。単に通訳をするだけではなく、ビザの更新等に同伴もする。会員に情報を提供するためのセミナーも月に1回開かれている[Association Pierre Ducerf 2007: 15]。北京語教室も運営している[54]。

言語文化サポート協会

言語文化サポート協会は1996年にベルビル地区に設立されたが、非公式にはその2年前から組織され、この地区に新たなサービスを提供してきた[Marc 2002: 120]。1998年3月から庇護申請手続きを行い、中国本土出身の庇護申請者の大部分は言語文化サポート協会に登録し、これまで約3万件の庇護申請を代行した。2007年3月の筆者による会長へのインタビューによると、彼は中国人を養女としたのがきっかけで活動を始めた。活動の目的は、中国系移民のフランス社会への統合を助けることである。

活動の中心はフランス語教室の運営で、1998年からアソシエーションの事務所から徒歩で15分程離れた校舎で大人向けフランス語学校(巴里同済学校)を運営している。初級から上級まで4レベル30クラスあり、受講者約170人の大部分は温州出身新移民である。巴里同済学校では2002年から子ども向けのフランス語教室も開いている。月曜日から金曜日までの毎日17時半から19時まで、レベルの異なる4クラスに分かれて全体で約80人の11歳から17歳の生徒が学んでいる。生徒の親はほとんどが温州出身新移民である。通常は10月から翌年6月まで学ぶが、数ヵ月通うだけの生徒もいる。インターンシップの大学生を含む教師7人は全員がフランス人である[55]。

巴里同済学校は中学校16校と小学校2校と連携している。中学校は、フ

ランス語のわからない中国系の子どもに巴里同済学校を紹介することもある[56]。小学校ではフランス人教師が週に4回、放課後に学校を訪れてフランス語教室を開いている。2007年からは、フランスの大学入学資格を得るためのフランス語教室も開講し、フランス語検定を実施している[57]。また巴里同済学校の隣りで保育園も運営されている。2007年3月に筆者が保育園を訪問した際には、園児は28人でフランス人と中国系が半々であった[58]。

　2013年3月の筆者による会長へのインタビューによれば、2010年からフランス政府の要請でバングラデシュ系移民の庇護申請者も受け入れるようになり、2012年には会員約5000人の内中国系は2020人で、3000人弱がバングラデシュ系である。巴里同済学校に加えて、さらにフランス語学校1校と保育園が増設されていた。フランス語学校に学ぶ大人は約6000人、子どもは約400人である。そして、2011年からフランス語のニュースを中国語で放送するウェブTVを作成する部門を立ち上げて、番組作成にも取り組んでいる。

ヒュイジ協会

　ヒュイジ協会は2006年にベルビル地区に、3人の温州出身の若者の働きかけで設立された。その1人は、22歳で温州から不法でフランスに入国した後、自分を助けてくれる人々に巡り合い、移民との軋轢のないフランス社会を築くことの必要性を痛感し、このアソシエーション設立に関わった［Dong 2013］。言語文化サポート協会からは徒歩で10分くらいの距離に位置する。

　会員は2009年には1000人弱で、ほとんどが温州出身新移民である。2008年9月の筆者による会長へのインタビューによると、彼はフランス人人類学者で、ブラジルのシャーマニズムの研究をしていたが、温州系移民の調査をしたのがきっかけでこのアソシエーションの設立に関わり会長になった。2012年に『パリの中国人（La Chine à Paris）』［Beraha 2012a］を出版した。専従スタッフは7人で、約30人のボランティアが関わっていた。設立の目的は、フランス社会にはまだあまり知られていない中国系コミュニティへの理解を深め、移民の統合を促進することであった。

　活動の中心はフランス語教室の運営と、フランス語通訳を通して就職や庇

護申請の手助けをすることであった。大人向けのフランス語教室は、月曜日から金曜日まで1時間半のクラスが6コースあった。2008年9月の筆者による会長へのインタビューによると、約150人が学んでいたが、出入りが激しく、延べ約400人が参加していた。

　子ども向けフランス語教室は全部で4クラス、月曜日から金曜日までの17時からと18時半から、それぞれ1時間半のクラスが各2クラスの合計4クラスあり、全体で約60人が学んでいた。フランス語を教えるだけではなく、学校の宿題の補助をしたりもする。他には健康等の各種相談や週末に子ども向け遠足を企画したりもしていた。

　しかし、このアソシエーションは、2010年10年に閉鎖された［Dong 2013: 49］。2013年3月の筆者による元会長へのインタビューによれば、閉鎖の最も大きな理由は、警察との軋轢に疲弊したことであった。ヒュイジ協会は、警察からは不法移民をかくまうマフィア呼ばわりされて、軋轢が絶えなかったそうである。

　以上の移民の流入に対応して設立された3つのアソシエーションは、前述したようにフランコ＝チャイニーズ・アソシエーションに分類でき、会長がフランス人であることが共通しているだけではなく、新移民のフランス社会への統合を助けることを目的に、庇護申請等の手助けをすることと、大人向けと子ども向けのフランス語教育を活動の中心にしていること、さらにフランス人ボランティアが多く関わっていることが共通している。

　2007年以降は温州からの移民流入は激減したが、2013年3月の筆者による調査では、ピエール・デュサーフ仏中協会と言語文化サポート協会は会員数を増やし活動を拡大させていることがわかった。しかしヒュイジ協会や第Ⅵ章で言及する中国系の子どもの教育に活動を特化させた多文化共有（Cultures en Partage）は活動を停止していた[59]。言語文化サポート協会はフランス政府からの要請で庇護申請手続きを行っているのに対して、ヒュイジ協会は中国政府寄りとして捉えられていたことが、警察との軋轢を生み閉鎖に追い込まれた要因と考えられる。パリにおいて1980年代以降に設立された中国系アソシエーションの中で、他に活動を停止したものはなかった。

(2) 既存のアソシエーションの変化

　法亜文化友愛会のあるパリ13区のチャイナタウンは、1970年代以降にインドシナ難民が集住した地区で、近年の新移民の流入による変化はそれ程みられない。法亜文化友愛会は2006年には生徒数1500人とフランスで最も規模の大きい中国語補習校を運営していて、生徒のほとんどがフランスで生まれ育った中国系第2世代であった。2008年9月の筆者によるフランス人専従スタッフへのインタビューによれば、このアソシエーションの運営する大人向けフランス語教室で学ぶ新移民は年間約20人から30人で、子どものためのフランス語教室を開いてほしいという要請はなかった[60]。

　また、1982年以降に設立された正統チャイニーズ・アソシエーションのほとんどにおいても、フランス語教室に大人の新移民の参加は多少あるものの、管見の限りではあるが、新移民の流入が大きな変化を及ぼしてはいない。例えば古くから浙江省出身者が居住している3区に位置し、会員の9割が温州出身者である法国華僑華人会 (Association des Chinois Resident en France) の場合、大人のためのフランス語教室はあるものの受講生は少なく、子ども向けにはフランス語教室は開設されていない。このアソシエーションの運営する中国語補習校には約500人の生徒が通っているが、生徒は中国系第2世代であり、活動は新移民向けではない。法国華僑華人会は、新しく設立されたピエール・デュサーフ仏中協会とは徒歩約5分しか離れていないが、ピエール・デュサーフ仏中協会のフランス人専従スタッフは、法国華僑華人会とは全く交流がないと述べた。同じ温州出身であっても新移民は、古くから温州出身者が設立した法国華僑華人会に加入するのではなく、すぐ近くに新たなアソシエーションを設立し、両者の交流はなかった。

　2013年3月の筆者によるピエール・デュサーフ仏中協会会長とフランス人専従スタッフ、言語文化サポート協会会長及び法亜文化友愛会のフランス人専従スタッフへの聞き取りにおいても、中国系アソシエーション同士の相互交流は全くなかった。以上から、新移民の流入は既存の中国系アソシエーションの活動にはほとんど変化を及ぼしていない。

5. 新移民流入と中国系コミュニティの変化——イギリスとの比較

　ここではフランスにおける1990年代以降の新移民の流入による中国系コミュニティの変化を、アソシエーションの変化という視点からイギリスの場合と比較して考察したい。

　イギリスの中国系移民の主流は福建省出身者と東北部出身者であり、新移民が流入することによって中国系コミュニティは多様化したが、結果として新移民の流入は、中国系アソシエーションという視点からみると、ほとんど変化を及ぼしていなかった。これは、既存の中国系コミュニティにとって、新移民は飲食業の底辺を担う労働力以外の意味は持たず、特に近年福建省出身者は飲食業以外にも職業を求めて中国系コミュニティの外側に出ていき、コミュニティの外側に位置づけられた不可視の存在であることを示していた。

　これに対してフランスの場合、新移民が流入する前に設立され現在も活動をしている中国系アソシエーションの多くは、1982年以降に設立された出身地や方言に基づく正統チャイニーズ・アソシエーションで、これらは新移民の流入によってそれ程影響を受けておらず、また新しく設立されたアソシエーションとは交流がないことがわかった。1990年代以降の新移民流入後新しく設立されたアソシエーションは、フランコ＝チャイニーズ・アソシエーションであり、新移民のフランス社会への統合を助けることを目的に、庇護申請の手助けや各種相談や大人向けのフランス語教室を運営し、子ども向けにはフランス語を教えるだけではなく学校での学習もサポートし、学校と連携していた。

　ではなぜフランスでは、新移民のための中国系アソシエーションが設立されたのであろうか。その理由として考えられるのは、第1に散住と集住の違いである。イギリスの場合、中国系移民は第2次世界大戦後から全国に散住しており、特に新たに流入した福建省出身者は地理的流動性が高く、彼ら自身によって設立されたアソシエーションは数年で消滅していた。それに対してフランスの場合は、新移民流入前からパリやその近郊に集住していたが、新移民は古くから温州出身者が集住していたパリ3区と、ベルビル地区に主

に集住したことによって、これらの地区に新しいアソシエーションが設立されたと考えられる。

第2に、主流社会の人と中国系移民が共同で設立するアソシエーションの形態が、フランスにだけ20世紀初めから存在していたことである。20世紀初めに設立されたフランコ゠チャイニーズ・アソシエーションの活動は、フランスと中国の友交関係を促進するためのもので、フランス人富裕層を対象とし、中国系コミュニティとは関係がなかった。しかし、1975年のインドシナ難民流入から1981年までの時期は、インドシナ難民のフランス社会への統合を助けるために、フランス人とインドシナ難民の共同によるフランコ゠アジアン・アソシエーションが設立された。そして1990年代以降の新移民流入後、フランス人と共同で新移民のフランス社会への統合を助ける目的からフランコ゠チャイニーズ・アソシエーションが設立された。自らの力のみでアソシエーションを設立できない新来者が、フランス人と共同でアソシエーションを立ち上げ、そこにフランス人が積極的にボランティアとして関わっていくという形態があった。1939年から1981年まで外国人によるアソシエーション活動を規制する法があったことも、フランコ゠チャイニーズ・アソシエーションの設立を促進したと考えられる。イギリスの中国系アソシエーションには、管見の限りではあるが、ボランティアとして関わるイギリス人はおらず、対照的である。

以上から、フランスの中国系コミュニティへの新移民の流入は、既存のアソシエーションには影響を及ぼさなかったが、新しいアソシエーションを設立させ、新しい集住地区を作り出した。しかし、新旧のアソシエーションには交流がなかった。新移民は既存の中国系コミュニティに吸収されたのではなく、別の新たなコミュニティを作り出したといえる。しかし、2010年のヒュイジ協会の閉鎖に象徴されるように、新移民による新たなコミュニティは安定的なものではない。2007年以降の温州出身者流入の激減や、フランス経済の悪化による縫製業の衰退や日本料理レストランの興隆、またここ数年の東北部出身の中年女性の増加にみられるように、その変化は激しい。

第3節　オランダの中国系移民

1. 歴史的背景

　2010年はオランダの中国系移民が移住100周年を迎え、その記念の催しが各地で開かれた[61]。

　20世紀初期まで、オランダには中国人は在住していなかった[Li 1999a: 27-28]。オランダに最初に移住した中国人は、2つに分類できる。第1は、プラナカンとして知られている留学生で、かつてのオランダ領東インドからの再移住者である。プラナカンとは17世紀以降中国からオランダ領東インドに渡った人々の子孫で、長期にわたり現地社会と文化的に混交をした人々を示す[62]。プラナカンは貿易で成功し繁栄し、子どもの教育に熱心で、19世紀初期から子どもをオランダに留学させて高等教育を受けさせた。特に1908年にオランダ領東インドにオランダ語を教授語とする学校が設立されて以降、オランダへの留学生数が増えた。1911年から1940年の間に、オランダに留学したプラナカン留学生は、総計約900人であり、ほとんどの者が勉学を終えるとオランダ領東インドに戻って、医師、法律家、技術者や官僚になった。

　第2は、広東省宝安や浙江省温州や青田から直接オランダに移住してきた人々である。先にオランダに来たのは広東省宝安出身者である。彼らの多くは、オランダの船会社に低い賃金で雇われた船員であった。1910年には196人であったが、1915年には2165人に増加した。その理由は、1911年に勃発したオランダ人船員によるストライキを打破するために、イギリスからオランダの船会社によって、多くの中国人船員が連れてこられたためであった[63]。彼らは次第にオランダに長期滞在するようになり、最初は港町ロッテルダムに、その後アムステルダムに住みついた。

　初期に中国本土から直接オランダに移住してきたもう1つの集団は、浙江省の温州と青田出身者である。これら浙江省出身者の多くは、いったんヨーロッパに移住しても、中国の故郷に帰る者も多く、ほとんどが単身男性であっ

た。当時の浙江省出身者のオランダでの生活は厳しいものであり、安いネクタイやネックレス、おもちゃ等を各戸に売り歩く行商人であった。船員であった広東省出身者は石炭火夫として雇われていたため、経済不況や船燃料が石炭から石油に切り替わると解雇され、浙江省出身者と同じ行商人となった。浙江省出身者と広東省出身者の間には競争もあり、行商では人種差別も受けマーケットは制限され、生計を立てるのは容易ではなかった。

　1930年代の経済不況下で生活はさらに厳しいものになり、生きていくためにピーナッツケーキと呼ばれるお菓子を売り歩く者が増加した。そのため当時のオランダでは、中国系移民はピーナッツケーキ売りとしてのステレオタイプを形成した。しかしピーナッツケーキ売りは競争が激しくなり、経済不況に対する一時しのぎにしかならず、1930年代後半には生活が成り立たずに故郷に帰った者や他の国に再移住した者もいた。さらにオランダ当局はピーナッツケーキの路上販売を不衛生であるとし、ロッテルダム警察は数百人の中国人を国外追放し、中国系人口は激減した。1920年代にはヨーロッパで最大だったロッテルダムのチャイナタウンは1940年代に消滅した。第2次世界大戦中オランダはドイツに占領され、中国系移民は故郷との絆を断たれ、オランダでの生活はさらに厳しいものとなり、1930年代初期にはオランダに2000人以上いた中国系移民は、第2次世界大戦の勃発時には1000人以下に減っていた。

　しかし、戦後の経済復興の中で、中国系移民は飲食業で繁栄への道を開いた。特に1960年代から70年代はかつて経験したことのないほどの繁栄を極めた。1947年にはアムステルダムやロッテルダムやハーグに23件しかなかった中国料理レストランは、全国の小さな村にまで広がり、1970年代後半には全国で約2000件に達した。また、1949年のインドネシア独立後、オランダ領東インドに長い間暮らしていたオランダ植民地政府高官が帰国し、彼らがインドネシアの味をなつかしんだことから、中国料理にインドネシア料理を加えた、いわゆる「中国的インドネシア料理」がブームになった。

　戦争直後の中国系コミュニティには、広東省または浙江省出身の男性が数百人残留しており、オランダ人女性と結婚していたが中年以上になってい

た。その子どもは中国語をほとんど話せず飲食業に就こうとしなかったので、故郷からコックやウェイターを呼び寄せて人手不足を補おうとした。しかし、新中国政府は移民を厳しく制限する政策をとったため、故郷である浙江省からの移民によって人手不足を補うことは難しく、浙江省出身のレストラン経営者は中国本土ではなく香港からの移民によって人手不足を補ったので、戦後オランダの中国系コミュニティは、香港出身者が主流となっていった。

　香港からの移民流入のピークは1960年代で、2つのサブグループに分けられる。第1は香港土着の農民で、農業で生計を立てていけなくなり単身で移住した出稼ぎ労働者である。多くが宗主国であり中国料理ブームに沸くイギリスに連鎖移民として移住したが、飽和状態になり、よりよい機会のあるオランダに移住した者であった。第2は、新中国成立後に中国本土から香港に共産圏を逃れてきた新来者であり、広東省宝安出身者が主流であった。第2次世界大戦前にオランダに移民した宝安出身者が、彼らのオランダへの移住を手助けした。そして、香港からの移民流入によって、香港文化がオランダの中国系コミュニティを支配するようになった。また、浙江省出身のレストラン経営者は、香港出身の使用人とコミュニケーションをするのに広東語を勉強せざるをえず、中国系コミュニティの主流言語は広東語となっていった。

　この時期には香港以外の国々からも中国系移民が流入し、中国系コミュニティは多様性を増した。1960年代と70年代には、20世紀初めに温州からシンガポールに移住した人々や中国系マレーシア人もオランダに再移住し、レストランに雇われた。また、1949年のインドネシア独立後、約30万人のオランダ人が本国に引き揚げ、多数のインドネシア人妻や混血の子どももオランダに流入し、その中には中国系の人々もいた。1948年には約400人のプラナカンがオランダにいたが、1957年には1400人に増加した。さらに、オランダ植民地であったスリナムの1975年独立後、1970年代後半に約4000人の中国系スリナム人[64]がオランダに移住した。1975年から1982年にはオランダ政府は6500人のベトナム難民を受け入れたが、その4分の1は中国系であった。以上のような中国本土以外からの移民の流入によって、1955

年には約2000人であった中国系人口は、1975年には1万人を超えた。

また、新中国成立1949年から1970年代初期までは、いったん中国本土からヨーロッパへの移住は停止していたが、1970年代初期から特に温州と青田から本格的な移民流入が再開した。中国本土からの移民は、1973年には2804人、1974年には3103人、1975年には3390人で、1978年の改革開放政策の前から増加している。これは、改革開放政策の数年前から海外移住政策が実質的に転換していたためであった[Pieke 1988: 15]。

2. 中国系アソシエーションの歴史的展開——イギリス・フランスとの比較から

オランダの中国系移民に関する研究は極めて少なく、ベントンとピークによる中国系コミュニティを包括的に捉えた論文[Benton & Pieke 1998b]と、リーによる中国系アソシエーションに焦点を当てた著書が代表的なものである[Li 1999a]。ここではリーの研究[Li 1999a]に依拠して、中国系アソシエーションの歴史的展開を、第2次世界大戦前と後の2期に区分して検討する[65]。

(1) 第2次世界大戦前

1911年に約20人のプラナカン留学生によって設立された荷蘭中華協会(Chung Hwa Hui)は、オランダの中国人による最初のアソシエーションであり、オランダ語で定期刊行物を発行した。アソシエーションの名称に付いている「Chung Hwa」は中華を意味し、プラナカン留学生の中国志向を示していた。1922年には、中国人労働者によってロッテルダムに荷蘭中華協会(Wah Kiu Wei Kun)が設立され、名の知れた最初のアソシエーションとなった。会員は約600人に達したが、7割以上は広東省出身者で、浙江省出身者は少数であった。荷蘭中華協会は中国政府には公式に承認されたが、オランダ当局には承認されなかった。

プラナカン留学生と当時ピーナッツマンとして知られていた中国人労働者は、社会的階層や使用言語が異なるために相互の関わりはなかった[66]。1930年代後半、荷蘭中華協会のリーダーのプラナカン留学生が、貧困にあ

えぐ中国人労働者を助けるための募金活動をしたこともあったが、これは例外的であった。荷蘭中華協会は、ナチ占領下では活動を停止していたが、1945年8月の戦勝パレードの組織団体の1つとなるものの、1962年に閉鎖された。

　1930年代には、ロッテルダムやアムステレダムに中国系アソシエーションがいくつか設立され、中国への政治的志向が強いものもあった。例えば、華僑レジスタンス(Chinese Resistance Association)[67]があげられる。1937年に日本と中国が開戦したニュースはオランダの中国人の連帯を強め、日本侵略に抵抗するために、全国の中国系アソシエーションのリーダーや指導者が集まってアムステルダムで会議を開き、華僑レジスタンスという全国組織を結成した。これは、1940年にオランダが侵略されるまで活発な活動を展開し、オランダ人からも支持を得た。1943年には華僑相互扶助会(Overseas Chinese Mutual Aid Association)に改名されたが、ドイツ軍に疑念をかけられ3人のリーダーが逮捕され、事務所は閉鎖されて活動を停止した。その後、第2次世界大戦が終わるまで、中国系アソシエーションの活動は不可能であった。

(2) 第2次世界大戦後

　1945年7月、ハーグにある荷蘭中華協会会長の経営するレストランで開かれた中国の戦勝を祝うパーティーには約200人が参加したが、これは戦後の中国系アソシエーションによる活動の第1歩であった。その後、次々に全国各地で戦勝パーティーが開かれた。

　1947年には数十人の浙江省出身者によってアムステルダムに瓯海区協会(Ouhai District Association)という同郷団体が設立された。数年で全国から会員を集め、荷蘭華僑総会(Algemene Chinese Vereniging in Nederland)と改名した。しかし、1950年代から1970年代中頃までは、中国系アソシエーションの活動は活発とはいえなかった。それは、中国もオランダも情勢が不安定であったため中国人は政治に関わろうとせず、戦後の中国料理ブームによって、それまで中国系アソシエーションのリーダーとなっていた寮や船の所有者が権力を失ったからであった。1964年には中国料理レストラン経営者によるア

アムステルダムのチャイナタウンの中心であるズーディック通り(Zeedijk Straat)。中国料理レストランが点在する。ロンドンのチャイナタウンのような中華門はない。
(2012年筆者撮影)

ソシエーションが設立され、1966年にオランダ政府に承認されたが、活動はそれ程活発ではなかった。

1974年には、最初の正式な中国系宗教アソシエーションとして欧州華僑福音布道会(Stichting Evangelische Zending onder de Chinezen in Europa)がロッテルダムに設立された。数年の間に、アムステルダムとハーグとユトレヒトに支部を作り、オランダでは初めての公式の中国系キリスト教会をロッテルダムに建立した。

1970年代後半以降は、新しい中国系アソシエーションが多数設立され発展した。1976年には広東語話者による最初の同郷団体としてアムステルダムに荷蘭華人親睦会(Chinese Vereninging in Nederland 'Fa Yin')が設立され、1980年代までに影響力のある団体となった。1980年代には、サッカー等のスポーツに関わるアソシエーションが、広東語話者の若者層の拡大と共にいくつか設立された。1984年には中国文化・レクリエーション・福祉協会(Stichting Chinese Cultuur Recreatie en Maatschappelijk Werk)、と社会事業(Recreation and Social Work)が欧州華僑福音布道会のメンバーを中心にロッテルダムに設立された。

アムステルダムのチャイナタウンの中心であるズーディック通りに位置する荷蘭佛光山荷華寺(Fo Guang Shan He Hua Temple)。目立つ佇まいである。(2012年筆者撮影)

3. オランダにおける中国系新移民──浙江省出身者

　1980年代以前は香港出身者が主流であったオランダの中国系コミュニティは、1970年代後半から浙江省出身者と「その他」が増加し、2000年代には中国系人口は約12万5000人となった[68][Luk 2008: 43]。正確な統計値はないが、現在の中国系コミュニティは、香港出身者と浙江省出身者と「その他」の3つのカテゴリーがおおよそ3分の1ずつで構成されているといわれる。「その他」には中国東北部出身者、中国系スリナム出身者、中国系ベトナム難民、中国系マレーシア・シンガポール出身者、そして国際結婚をして渡航してきた人等が含まれる。中国東北部出身者には留学生が多く、イギリスやフランスの場合より人数としては少ないが共通点が多く、特に1990年代後半以降増えている。都会の中産階級出身者で、ほとんどが合法移民で、留学生としてヨーロッパに来て学業終了後も留まり就業している人も多い。近年は遼寧省瀋陽市から来た人がヘアサロンやマッサージ店を開業したり、50代の女性が不法で住み込みの家政婦として働いているという話も聞かれた。
　以下、オランダにおける新移民の主流である浙江省出身者について概観する。浙江省出身者の中でも、特に温州と青田の出身者は、20世紀初期か

ら行商に携わっていたが、1970年代後半以降にオランダへ移住した浙江省出身者は、飲食業に携わる人が多く散住した。温州系移民の世代的アイデンティティの変容について論じたキム［Kim 2009］は、自らは青田に出自を持つ。彼女の曽祖父は1934年、20歳頃に青田からオランダに渡り宝石やピーナッツケーキ等の行商後、飲食業に携わったが経営者になることはできず、中国に戻ったりヨーロッパの他国に移動したりしていた［Kim 2009: 26］。中国に残されて母に育てられたキムの祖父は、1958年に10代後半でオランダに渡り、初めて父であるキムの曽祖父に会い、キムの父もまた同じように17歳で中国からオランダに移住した。キムは4世代目になり、自らの家族史はオランダの浙江省出身者の中では例外的であるとしている［Kim 2009: 27］。

　オランダの浙江省出身者の多数派は、1970年代後半から80年代にかけて温州からオランダに来て飲食業に吸収された20代から30代の男性であり、ほとんどが1960年代から1970年代にオランダに移住した親族のつてを辿って移住した。キムの実施した浙江省出身第1世代へのインタビューによると、当時の中国での生活はとても貧しく厳しかったので、皆がより良い暮らしを求めて海外に移住した［Kim 2009: 28］。彼らは中国に家族を残して移住し、稼いだお金を故郷へ仕送りしたので、故郷の家族の生活は豊かになり、それが故郷の人々の海外移民への意欲をさらに高めることになった。そして、お金を貯めてオランダでレストランの経営者になると家族をオランダに呼び寄せた。「温州人は中国のユダヤ人である」と聞くが、浙江省出身者は故郷との絆を保ち、移住先でも故郷でも社会的上昇することへの意欲が強いといわれている［Li 1999a: 48］。かつて広東省出身者によって占められていた主要都市の大きな中国料理レストランは、浙江省出身者による経営も増えた[69]。

　しかしながら、飲食業ブームは1980年代以降は続かなかった。国中に広がった中国料理レストランのマーケットは飽和状態になり、また経済不況で人々が外食を避けるようになったこと、中国料理以外のエスニック・レストランの急増、中国料理の衛生問題スキャンダルや中国人犯罪組織の報道が中国料理レストランの評判を落としたこと等が理由としてあげられる。1970年代後半から1980年代の初めまでは年間約17％も増加していたレストラン

数は、1980年代後半からはほとんど増加していない。レストラン経営者は特に従業員数を減らしてコストを抑えようとしたため、1987年の失業者は全従業員数の20〜25％に達した。閉店するレストランも現れ、新移民もオランダに移住してきても以前のようには職を得ることが難しくなり、お金を貯めてレストラン経営者になる夢をかなえることは容易ではなくなった。

　特に1990年代以降に入国した浙江省出身者には不法移民も含まれている。1990年代以前はオランダでは不法移民も合法的に働くことができ、移民法も厳しくなく不法移民への待遇は合法移民とそれ程違いがなかった。しかし、1998年移民法制定以降、不法移民への取締りは強化され、移住が難しくなった[70][Kim 2009: 32]。オランダにおける中国出身者の庇護申請は2007年には270件、2008年には600件、2009年には340件、2010年には320件、2011年には315件、2012年には225件である[71][Netherlands Central Bureau of Statistics HP]。これに対してフランスでは1999年に5165人の中国人がフランスで庇護申請をし[Marc 2002: 121]、そのうち半数以上が温州出身者であり、フランスにおける庇護申請者数の中では中国人が最も多い。つまり、浙江省出身不法移民は1990年代以降、オランダにも流入しているが、その数はフランスの10分の1以下で、オランダの浙江省出身者はもっと早い1980年代に移住した者が主流である。

4. 新移民流入と中国系コミュニティの変化——イギリス・フランスとの比較から

　中国系アソシエーションの変化という視点からみた新移民流入による中国系コミュニティの変化について、オランダの場合の特徴は、特に1970年代後半以降に新しく流入した浙江省出身者が既存の中国系アソシエーションに加わったことである。その典型的な例が、1990年代後半に会員数が1200人に達し、オランダの中国系アソシエーションの中で最大の会員数を抱えるようになった荷蘭華僑総会である。荷蘭華僑総会の1947年の設立当初から1990年代後半までの発展過程について検討したリーによれば[Li 1999a: 86-97]、このアソシエーションは浙江省出身の行商人よって設立された[72]。新中

国成立後、会員を浙江省出身者だけではなく政治的に新中国支持の人々にも拡大し、1970年代にはオランダの中国系コミュニティ全体を代表するアソシエーションに生まれ変わった。1970年代中頃から1980年代中頃には、中国語による刊行物を無料で配布するサービスや活動を拡大し、新しいリーダーも出現した。そして、パスポート申請の支援や、新たな連鎖移民として流入した浙江省出身者を会員として吸収したことによって会員数を増やし[73]、中国系アソシエーショの中でトップの地位を獲得するようになった。しかしながら、筆者の聞くところでは、6、7年前の内部抗争によって分裂し、2013年現在はほとんど活動していない。

　さらに、新移民は既存のアソシエーションに参加しただけではなく、新たなアソシエーションも設立した。1947年から1997年までにオランダで設立された中国系アソシエーション106団体の内、1970年代以前に設立されたのは7団体だけであり、1980年代から90年代にその数がかなり増加している[Li 1999a]。1984年から1997年までには、年に5団体以上、同姓、リクリエーション、スポーツ、社会福祉、宗教、女性、医療という様々な名目のアソシエーションが設立された。また、1987年にはアソシエーションを束ねる全国組織として荷蘭華僑全国連盟(Stichting Landelijke Federatie van Chinese Organisaties in Nederland)が設立された[Benton & Pieke 1998b: 152]。2012年9月の筆者による現在オランダで最も活動の活発な中国への架け橋(Stichting de Chinese Brug)の創設者である60代女性[74]へのインタビューによれば、荷蘭華僑全国連盟は1990年から5年間近くハーグにある中国への架け橋の建物内に事務所を構え、彼女のアドバイスにより政府から助成金を得て、中国語補習校の北京語教科書作成などの活動を展開していた。しかし、アムステルダムに事務所を移転後、その活動は衰退してしまった。

　2001年12月に更新されたリスト[75]によると、中国系アソシエーションは全国で151団体となり、1997年の107団体から4年の間にその数は1.5倍になっている。2010年9月に筆者がインタビューを実施した荷蘭華人親睦会会長によると、新旧アソシエーションには交流がありお互いを知っているとのことであった。オランダでは容易にアソシエーションを設立することがで

第Ⅰ章　中国系移民の歴史的背景と新移民流入による変化　97

オランダで最も活発な中国系アソシエーションといわれるハーグにある中国への架け橋。隣で中国式葬式向け花輪等も販売している。(2012年筆者撮影)

きるので、新移民によって多くのアソシエーションが設立され、実際にはほとんど活動しないものや、いつのまにか消えてしまうものもある。

　以上から、オランダの場合は新移民によって新しいアソシエーションが多数設立される一方、浙江省出身者による旧アソシエーションに新しく流入した浙江省出身者が加わり発展したアソシエーションもある。つまり、新移民は、既存の中国系コミュニティに吸収されながら、コミュニティが拡大したといえる。

　イギリスの場合、福建語や北京語話者が主流の新移民は、広東語話者が主流の既存のアソシエーションに入らず新しいアソシエーションも立ち上げず、新移民は香港出身者によるネットワークの外側に周縁化された。フランスの場合、新移民は新たな集住地区に新たな中国系アソシエーションを立ち上げ、既存の中国系コミュニティに吸収されず、別の新たなコミュニティを作り出した。新旧移民の出身地や使用言語や職業、居住形態等の要因が複雑に絡み合って、新移民の流入が3国の既存の中国系アソシエーションにそれぞれ異なった変化を及ぼしていることが明らかになった。

　最後に、3国の中国系コミュニティの特徴とその変化についてまとめたい。出身地別の構成からみると、イギリスとフランスの中国系コミュニティは異

表4　イギリス・フランス・オランダにおける中国系コミュニティの出身地別構成

時代区分	イギリス	フランス	オランダ
戦前	広東省出身者	華北・華中出身者 中国本土留学生 浙江省出身者	プラナカン 広東省出身者 浙江省出身者
1950年代 ～70年代	香港出身者 マレーシア・シンガポール出身者 ベトナム難民	インドシナ難民	香港出身者 マレーシア・シンガポール出身者 プラナラン スリナム出身者 ベトナム難民
1980年代 以降	福建省出身者 中国東北部出身者	浙江省出身者 中国東北部出身者	浙江省出身者 中国東北部出身者

(筆者作成)

(注記) ＊マレーシア・シンガポール出身者、インドシナ難民、ベトナム難民、スリナム出身者とは、中国出自の者を指すものとする。

なっているが、オランダの中国系コミュニティは、イギリスとフランスの両方に流入した人々から成り立っている(表4参照)。1960年代をピークにイギリスにもオランダにも連鎖移民として流入した香港出身者は、両国において中国系コミュニティの主流となり、飲食業に集中し、全国に散住するという同じ特徴を有した。香港新界出身の文一族によって設立された文氏宗親会の事務所がロンドンとアムステルダムにあることは、文一族がイギリスとオランダに移民したことを象徴している[76]。これに対して、新移民流入前のフランスの中国系コミュニティは、中国系インドシナ難民が主流で、職業は縫製業や工場労働や飲食業等と多様で、パリやパリ郊外に集住地区を形成した。

　1980年代以降3国には新移民が流入したが、3国に共通して流入したのは中国東北部出身者である。加えて、イギリスには福建省出身者が、オランダとフランスには浙江省出身者が主に流入した。イギリスの福建省出身者は香港出身者が主流の既存のコミュニティの外側に位置づけられ、中国系コミュニティの特徴は変化しなかった。浙江省出身者は戦前はオランダとフランスで行商に携わったが、新移民の場合、オランダでは1970年代後半から1980年代に流入した人が主流で飲食業に吸収され散住した。フランスでは1990年代から2000年代にかけて流入した温州出身不法移民が主流で、職業は多

様で集住するという特徴を保持した。結果として、新移民流入後も3国の中国系コミュニティの特徴は変化しなかったといえる。

付け加えると、フランスに流入した浙江省出身の新移民は、2010年代以降フランス滞在が10年を過ぎる者が増え、通常約10年は取得するのにかかるといわれる正規滞在許可証を得てより安定した仕事に就き、パリやパリ郊外の集住地区から中産階級地区へ出ていく者も目立っている。また、近年ブームになっている日本料理レストラン経営をはじめとする中国系移民による飲食業はフランス全国に広がり、フランスの中国系コミュニティにみられる集住という特徴は、新移民流入の減少と集住地区からの脱出によって、今後それ程顕著なものではなくなっていくと考えられる。

注

1 「アソシエーション」とは、英語のアソシエーション'association'に相当するものであり、「連合」「結社」「組合」「結合」「協同体」「協会」などと訳されている。各国固有の歴史的文脈からくる特異性はあるが、本書ではイギリスだけではなくフランスやオランダにおいても「アソシエーション」という用語を使用する。

2 全面開港を拒否し続けてきた中国は、アヘン戦争(1839〜1842年)に負けたことによって開港を余儀なくされ、中国人の海外移住を公認することになった［游1990: 33-34］。

3 インドのイギリス政府は、1773年に中国とのアヘン取引においてイギリス東インド会社の独占を認めた。中国側は広東だけを開港し、インドで生産されたアヘンと銀を交換した。

4 以下のイギリスの中国系移民の歴史的背景についての記述は、主にTaylor［1987: 30-48］とJones［1979］に依拠する。

5 暴動の1つに、1911年にカーディフで起きた船員ストライキ事件がある。当時イギリス商船で働く外国人総数は2万9028人で、中国人船員はその内の1136人を占めるにすぎなかったが、彼らは攻撃の的になった。

6 移民制限政策は1911年に始まり、1914年には戦時立法の形で外国人制限法が制定される。1919年には1914年法が改正されて、平時にまで制限が拡大された。

7 第2次世界大戦以前の中国人をめぐる表象には、中国びいきと中国嫌いとの極端な2つの形態があり、両者が大衆文化に沈殿していたと指摘されている［Parker 1995: 57］。どちらの表象の形態も、中国や中国に関連するものから距離をおいていることが共通していて、嫌ったり恐れたりするか、あるいは遠ざかって称賛

や尊敬をするか、どちらかであった。
8 新来者によって香港新界の人口が3倍以上になり、耕す土地が不足するようになったことによって、新来者に土地を貸すものが現れてきた。新来者は小規模な土地を借りて、商品作物としての野菜や家畜を育てたが、これによって1940年代までは新界の農業の主流であった米作は、衰退していった。主な農産物が米から野菜に変化したことに加え、農作物を自分たちの食用としてだけではなく、香港の都市部の消費者向けに現金収入を得るための手段として生産するようになり、「野菜革命」がもたらされた。しかし、新界土着の人々は、そうした新しい農業に適応できず、新しい土地を開拓する技術も意欲もなく、逃げてきた新来者に土地を貸してその借地料で生活するようになった。豊かな村は、町の市場に近い良い位置に土地を持っていたので、借地料によってより豊かになった[Watson 1975]。
9 イギリスでの就労のために香港新界の住人に発行された旅券発行件数は、1960-61年には1275件、1961-62年には2270件、1962-63年には775件、1964-65年には591件である[Watson 1975: 74, Table6]。
10 ワトソンは、1969年から1970年の16ヵ月に及ぶ香港新界の新田村での調査に基づいて、この村出身の移民が、故郷の村と強く結びついていたことを明らかにした[Watson 1977]。新田村は、働ける男性の85〜90％が、イギリスかオランダ、西ドイツ、ベルギー等に移民し、その送金で経済が成り立っていた。またこの村の全男性が共通の文という姓を持ち、14世紀にこの地域に住んでいた共通の祖先の直系である。新田村出身者は、宗族の結びつきを利用して外国に職をみつけ、同じ宗族の一員のいるレストランで働き、移民に際しての様々な手続きは、宗族の一員が面倒をみた。移住によって、文宗族は絆を強め、移住前より宗族組織に頼るようになった[Watson 1974, 1975]。また、彼らの仕送りは、新田村で快適な生活を送るのに十分な額であり、2階建て住宅の建設ブームになった。彼らの心はいつも退職後に帰ることを夢見ている故郷にあり、外国にいながら故郷の村での自分たちの存在を示すために、故郷に残っている人たちのために新年宴会を開いたりして、多額のお金を故郷に投資した。ワトソンは、移民が故郷に近代的な変化をもたらすという通説を否定して、定期的な仕送りは、伝統的価値を保持し強化する役割を果たしたと結論づけている[Watson 1977: 350]。
11 1962年の移民制限法では、保証人がいないと入国できない保証人制度が導入されたが、これは宗族の結びつきの強い彼らには、それ程の痛手にはならなかった。しかし、1968年移民法では、子どもには必ず母親が伴わなくてはならないことが定められ、1971年移民法によって、英連邦諸国出身者の妻や子どもは、イギリスにいる夫や父親のもとに行く権利を奪われた。
12 四邑は広東の珠江デルタの台山と新会と升平と恩平という4つの区を含む総称で

あり、四邑総会はこの地域出身者による団体である。
13 ロンドン共和協会は、設立当初の会員数は30人であったが、2000年代には会員数は約1000人に達した。設立当初は単身男性の集まりで、ほとんどの会員は低所得の労働者階級であり、組織運営のための財政的基盤がなかった。特に香港からの移民の流入が増加した1960年代になって会員数が増加した［London Kung Ho Association 1990: 13］。会員になるには、既に会員である2人の推薦が必要であり、年会費は20ポンドである。目的は、「会員の友好と相互扶助を強化し、会員がイギリス社会に統合できるよう助ける」ことである［London Kung Ho Association 1990: 13］。主な活動は、中国語補習校の運営、日曜日の中国楽器クラス、正月や清明節のパーティー開催である。
14 1970年代の張氏は、ロンドンのチャイナタウンの中心となっているジェーラード・ストリート（Gerrard Street）の発展を率先していた。
15 英国文氏宗親会については、ワトソンが移民母村である香港の新田村における1969年から1971年にかけての20ヵ月間の調査に基づいてその詳細を明らかにした［Watson 1975］。現在、文氏宗親会はロンドンとアムステルダムのチャイナタウンに事務所があり、中国系移民の間ではその名前はよく知られている。自らも荷蘭文氏宗親会会員であるマン［Man 2011］は、香港新界の2つの村からなぜ文氏がヨーロッパに移住したのかについて、オランダにおけるフィールドワークに基づいて検討している。そして、植民地主義、経済状況、移民政策、社会的ネットワーク等の要因が結びついて、文氏のヨーロッパへの移住の流れが生み出されたことを論じている。
16 筆者による2008年9月18日の文氏第2世代である50代前半の男性へのインタビューによると、彼は、英国文氏宗親会会員である高齢の父親にかわって、近年は年1回、香港新界の父親の故郷の村の祖先祭祀に参加している。毎年香港を訪問して祖先祭祀へ参加することは、英国文氏宗親会の活動の1つである。
17 四邑は19世紀から20世紀初めに英語圏に多くの移民を送り出してきた地域であった。1990年代には約180万人が海外に移住していた［Benton & Gomez 2008: 32］。
18 2011年国勢調査（Office for National Statistics, March 2011）におけるエスニック集団別宗教人口の統計（LC2201EW）においては、中国系はアジア系に含まれ独自のデータがないので、2001年国勢調査（Office for National Statistics, April 2001）を用いた。
19 国際佛光会はカリフォルニアに本部があり、パリ、アムステルダム、フランクフルトやウィーン等、ヨーロッパ各地に支部が広がっている。
20 会員を中国系インドシナ難民に限定して設立されたルーウィシャム・インド＝チャイニーズ・コミュニティ・センター（Lewisham Indo-Chinese Community

Centre)は、近年は会員を限定していない。
21 他のエスニック・マイノリティの人口については、「表6 2011年の国勢調査にみるイギリスにおけるエスニック・マイノリティの人口と割合」(第Ⅱ章122頁)を参照されたい。
22 柄谷が指摘するように1981年国籍法の目的は、帝国の名残の解消であったので、当時まだ独立していなかった地域の住民について、独立後に英国政府がなんらかの移民政策上の優遇措置を与えることは想定されていなかった。1981年時点でまだ残っていた英領植民地の中で、最大の人口を抱えていた香港に対しても同じであった[柄谷 2003: 186]。
23 British Nationality (Hong Kong) Act 1990, Chapter 34, Section 1. (1)による。
24 1997年香港返還前に香港から流出した移民の過半数を受け入れているカナダにおける移民の子どもの教育を取りまく状況について、筆者は平成3年度トヨタ財団研究助成を受けて、トロントの調査に基づいて検討した。香港から来た子どもは、正規の学校にほとんど問題なく適応し、また民族教育も公教育の一貫としてもコミュニティ内及び家庭においても積極的に受けていることを明らかにした[山本 1992]。
25 チャイナタウンで働く者は一般的に自分で住居を探さなくてはならず、住宅費と交通費を自ら負担しなくてはならなかった。
26 近年、中国人女性の売春は、他のヨーロッパ諸国でも共通にみられる現象となっている。
27 中国共産党政府は、学生や学者の海外移住を禁止する政策をとっていたが、特に1990年代以降は自由に移住できる政策に転換したことが、多くの留学生を輩出した。
28 イギリスにおける留学生の歴史を遡ると、最初に中国からイギリスへ留学生が来たのは、19世紀後半である。第1次世界大戦開戦時には350人以上の中国本土出身留学生がイギリスにいた[Benton & Gomez 2008: 47]。第2次世界大戦後は、中国系留学生は香港やシンガポールやマレーシア出身者のみとなり、1960年代から急増した。毎年数千人の留学生が香港からやってきた。台湾からの留学生は、1994年には2739人であったが、1990年代には1万1000人に増加している[Benton & Gomez 2008: 49]。
29 学業修了後も留学先に居住し続ける人々は、学生でも移民でもなく、その中間に位置するのであり、新たな形態の人の移動の幕開けとして捉えられている[Wang 2007]。このような「学生から移民となる移住」の増加は、イギリスに限らず他の地域へ移住した新移民の特徴となっている。
30 英国福建会を立ち上げた中心人物は、福建省出身で裕福な親を持つ、中学からイギリスに留学していた男性とのことであった。福建省出身者が故郷に送金する際

に、銀行を通さずに福建省にいる仲間とのネットワークを使って送金する方法を使って、銀行への手数料や所得税を逃れて儲けたが、警察に摘発され検挙された後、雲隠れしていた。

31 Chinese Information and Advice Centre HP（http://www.ciac.co.uk/Refugee%20Support%20and%20Asylum%20Seeker%20Project.htm, 2008年10月19日最終閲覧）

32 2001年国勢調査（Office for National Statistics, April 2001）によれば、グレーター・ロンドンに居住する中国系人口は8万210人で［呉 2006: 3］、全中国系人口24万7403人の32％に過ぎない。そして、グレーター・ロンドンにおいてさえ、中国系人口が2％以上を占める区はない［呉 2006: 3］。中国系移民は10人中9人が中国系人口1％以下の地区に住んでいるのに対して、西インド諸島系は21％、インド系は18％、パキスタン系は14％、バングラデシュ系は30％しか、各移民集団の占める割合が1％以下の地区には住んでいない［Benton & Gomez 2008: 170］。

33 筆者の知人であるロンドン在住の数十人の香港出身者もマレーシア出身者も、福建省出身者と面識のある者はほとんどいなかった。

34 ベックは、福建省出身者の流入する以前の広東系移民によって確立されたコミュニティにおける、中国系アソシエーションの組織力の弱さについては言及していない。新移民流入前の広東語話者による社会的ネットワークは、社会的相互交流の場としてのアソシエーションを強固な基盤として形成されてきたというよりも、個人的人間関係を基盤にしていたといえる。

35 以下のフランスの中国系移民の歴史的背景についての記述は、Live［1998: 96-124］と大橋［2005: 202-205］に依拠している。

36 中国では、多くの海外への出稼ぎ労働者や移住者を輩出した地域を「僑郷」とよんでいる。伝統的な僑郷である青田県が新移民の送出により、僑郷としての特色がいかに変化したかを考察した山下他の研究では、青田人は、鉄道を利用してロシアを経て遠くヨーロッパまで青田産の加工品を担いで行商したと指摘されている。カバンの中にネクタイ、絹靴下、ネックレス、玩具等の商品を詰め、行商に従事する青田人が多かった［山下・小木・張・杜 2012: 6］。

37 青田県内には、特に多数の出国者を送出した地区がいくつかある。山口鎮、方山鎮、仁庄鎮、阜山郷等が、青田県内の中でも特に僑郷として知られている。多くの地名に「山」が付いていることからもわかるように、いずれも山間部に位置している［山下・小木・張・杜 2012: 5］。

38 1949年新中国成立以前の青田人は、フランスには3908人、ロシアには1902人、オランダには1900人、ドイツには1888人、イタリアには1671人であった［山下・小木・張・杜 2012: 6］。

39 フランスの中国系アソシエーションの歴史的展開についての記述は、主にLive

[1998: 96-124]に依拠している。
40 フランスのアソシエーションの名称については、フランス語表記が不明の場合、英語表記を用いた。
41 2006年9月に筆者が実施したカテュレインへのインタビューによれば、彼女は2000年に言語文化サポート協会で中国系新移民の子どもの学習支援に関わったのがきっかけで、2002年からピエール・デュサーフ仏中協会が補助金を得て実施した温州出身新移民の若者に関する共同研究に加わった。
42 1954年から1962年にかけて行われたフランス支配に対するアルジェリアの独立戦争である。
43 既製服製造業経営者の66％が浙江省出身者、22％がトルコ系、8％が潮州出身者である。飲食業経営者の62％が浙江州出身者で、28％が潮州出身者、家事サービス業経営者の68％が浙江省出身者で、19％が潮州出身者、建設業経営者の55％が浙江省出身者で、20％が潮州出身者である[Gao & Poisson 2005: 65]。
44 フランスはヨーロッパの中で最も多くの中国人が庇護申請をする国で、またフランスの庇護申請数の中では中国人が最も多い[Marc 2002: 121]。
45 近年ブームになり全国に広まっている日本料理レストランの多くは、中国系移民の経営である。パリのオペラ座周辺に集まっている日本料理レストランには、日本人経営のものもある。
46 世界の医療団は、パリに本部を置き、世界各地に医療・保健衛生分野の専門スタッフを派遣し、人道医療支援に取り組む国際NGO団体である。
47 Association Franco-Chinoise Pierre Ducerf HP (http://pierre.ducerf.club.fr/histoire.htm, 2009年3月14日最終閲覧)
48 2010年度報告書でも専従スタッフとボランティアの数は変わりない[Association Pierre Ducerf 2011: 68-69]。
49 Association Franco-Chinoise Pierre Ducerf HP (http://pierre.ducerf.club.fr/membres.htm, 2009年3月14日最終閲覧)
50 会費は18歳以下は10ユーロ、18歳以上は25ユーロである。登録している会員の内約4割がここ5年以内に移住し、アソシエーションの付近2区や3区に住んでいる人が多いが、ベルビル地区やパリ北部に住んでいる人もいる[Association Pierre Ducerf 2007: 11]。
51 自らもフランス語教室教師の1人である専従スタッフによると、フランス語教室で学んでいる人は、居住権を得るために学んでいるというよりは、フランス社会で生きていくためにフランス語を学んでいる。
52 2007年には補習クラスの教師は10人で、8人はボランティア、2人は有償である[Association Pierre Ducerf 2007: 19]。この補習クラスは水曜日と土曜日の12時から18時まで、大人向けのフランス語教室が開かれているのと同じ市民セン

ターで開かれている。
53 筆者が2008年9月に訪れたパリ19区の中国系新移民の多い中学校の受入学級担当教師によれば、ピエール・デュサーフ仏中協会はフランス人と中国系の子どもとの統合を重視している点が特徴である。例えばベルサイユ宮殿への遠足といった行事では、中国系の子どもだけを対象にするのではなく、必ずフランス人子どもも一緒に連れていくように企画している。
54 北京語教室には初級2クラス、中級2クラスがあり、約30人のフランス人が学んでいる［Association Pierre Ducerf 2007: 24］。教師は台湾出身の2人である。他にも中国料理教室や書道教室も開催されている。2002年には「ヨーロッパの中国人と統合」という16歳から25歳の中国系青年の就職状況を改善しようとするプロジェクトにも加わり、カテュレイン他の共同研究［Cattelain (ed.) 2002］に助成金を出している。
55 2007年3月の筆者による巴里同済学校教師の1人へのインタビューによると、必ず出欠を取り、欠席が続くと親に電話をする。小さい弟妹の子守を任されてこの学校に通えない子どももいた。
56 2008年9月の筆者によるパリ19区の中学校受入学級担当教師へのインタビューによれば、担当している受入学級の中国系生徒の中に巴里同済学校に通っている子どももいるが、巴里同済学校に通うことがフランス語能力向上に貢献しているとは必ずしもいえない。
57 大学入学資格を得るためのフランス語教室は週2回午前10時から12時まで開かれ、受講生の半数が中国系であるが、他国出身者もいる。3ヵ月コースなので受講生数によって2クラスだったり5クラスだったりしたが、1クラス約10人である。子ども向け中国語（北京語）教室も開催され、1年コースは水曜日と土曜日の15時半から17時まで開かれ、5レベルに分かれている。
58 保育士は14人で5人が中国系であった。保育士の1人によると、中国系の親は仕事が忙しいが、なるべく行事や親の会の折に保育園に来て教育に関心を持ってもらい、フランス人の親と交流できるように奨励しており、この試みを小学校につなげたいとのことであった。この保育園に子どもを通わせているフランス人の親は中国語や中国文化に興味を持っている人で、中国人の親は中国から移民して4、5年目の人が多い。
59 多文化共有の会長に筆者が聞いたところでは、2010年に活動を停止したが、その理由は、政府からの補助金がカットされたことによる資金難であった。
60 2008年9月に筆者がインタビューをした法亜文化友愛会のフランス人専従スタッフは、ベルビル地区に子ども向けフランス語補習校があることを全く知らなかった。
61 以下のオランダの中国系移民の歴史的背景についての記述は、Li［1999a: 27-52］

62 文化的に現地化した「プラナカン」に対し、新来で中国文化を色濃く留めている人々を「トトッ」とする区分が広く知られている。
63 中国人船員はオランダ人船員よりも低い賃金で雇われ、オランダ人にとっては自分達を脅かす危険な存在として「黄禍」と捉えられた。
64 オランダ植民地であったスリナムの1975年の独立後にオランダに移民してきた中国系スリナム人は、1980年代には約4000人、1990年代には約5000人になった。オランダに再移住した中国系スリナム出身者は、同じ再移住集団でもオランダ領東インドで世代を重ねたプラナカンと違って、ほとんどが中国から移住した第1世代とその子孫であった[Benton & Pieke 1998b: 135]。
65 オランダの中国系アソシエーションの歴史的展開についての記述は、Li[1999a: 53-83]に依拠している。
66 日常言語として、プラナカン留学生はオランダ語とマレー語を使用し、中国出身者は広東語を主とする中国語方言を使用した。
67 オランダのアソシエーションの名称については、オランダ語表記が不明の場合は、英語表記を用いた。
68 オランダ政府統計局(CBS)による2012年の外国人人口は「表5 2000年代のオランダにおける出身地別人口の推移」(第II章121頁)を参照されたい。中国系は「非欧州系・その他」に含まれている。2013年1月の中国系移民の統計上の数字は6万1900人(第1世代4万3497人、第2世代1万8403人)である。
69 オランダでは、近年オランダ語の「Wok(中華鍋を意味する)」という単語を冠した、様々な食材を自由に選んでそれをフライパンで炒めてもらうという形態の中国料理レストランが流行っている。イギリスではお店で注文した後に調理する「テークアウェイ・ショップ」が、フランスでは既に調理済みの惣菜を並べて、お客の注文に応じて取り分け、持ち帰りもできるが、その場で食べる場合は電子レンジで温める「トラッタリア」が普及している。
70 2011年9月の筆者による荷蘭華人親睦会会長へのインタビューでは、アムステルダムのチャイナタウンにある中国料理レストランには不法移民取締りのための検閲が週に1回程度あり、不法移民を雇っていた経営者には多額の罰金が課せられるので、中国料理レストランでは不法移民は雇われなくなっている。
71 2006年にオランダに流入した新移民の内訳をみると、かつてオランダへ移民を送り出した国であるトルコやモロッコからの移民流入は減り、ドイツとポーランドからの移民がそれぞれ全移民の10%を占め、次いでアメリカや中国、インドからの移民流入が多い[Shewbridge et al. 2010: 13]。
72 1950年代の飲食業ブームによって、行商のための商品を低価格で仕入れるという設立当初の目的は必要なくなった。

73 荷蘭華僑総会は、温州出身者以外にも会員を拡大しようとしたので、入会した香港出身者もいたが、使用言語が温州語なのでなじめず、1976年に荷蘭華人親睦会という広東語話者である香港出身者を中心にアソシエーションを設立した［Li 1999a: 97］。浙江省出身者というアイデンティティの形成は、オランダ人や広東人との差異の認識や特有の方言に基づくものであり、また第2世代においてそのアイデンティティは薄れていると指摘されている［Kim 2009］。

74 2012年9月に筆者が実施した中国への架け橋の創設者である60代女性（表3・事例25: 序章末34-35頁）へのインタビューによると、彼女の父親は1938年に浙江省青田からイタリアへ移住した。その後フランスを経て第2次世界大戦前にオランダへやってきた。第2次世界大戦中にオランダ人女性と出会って結婚し、彼女は5人兄弟の3番目として1948年に生まれた。父親はハーグで中国料理レストランを経営していた。彼女は中学校を中退し父親のレストランで働いていたが、中国系スリナム人男性と出会い結婚し、3人の子どもをもうけた。子育てをしながら、28歳で夫の勧めで大学に入学し社会福祉学を学び、卒業後は学童保育をはじめとするコミュニティの仕事に携わった。息子に中国人留学生のための社会活動をしてほしいと頼まれたのをきっかけに、1987年に自宅で中国への架け橋を立ち上げた。

　中国への架け橋は、彼女の尽力で政府の助成金を得て建物を購入し、中国人留学生だけではなく、すべての中国系移民や近隣のオランダ人にもサービスを提供し、現在ではオランダで最も活発なアソシエーションとなっている。他の中国系アソシエーションと同様のサービスに加えて、ヨーロッパの中国系アソシエーションで唯一の中国人を対象とする老人ホームを開設し、また中国式葬儀も提供している。彼女は中国語が少しわかる程度でしかないことが逆に功を奏して、特定の中国語方言話者に活動の対象を限定していないことが特徴となっている。

75 中国系アソシエーション華福会（Wah Fook Wui）のＨＰに掲載されているリスト。(http://www.wahfookwui.nl/default.htm, 2011年6月25日最終閲覧)

76 マンによれば、2011年においてイギリスの文氏は4000人以上、オランダの文氏は2000人から2500人である［Man 2011: 2］。オランダにおける中国系第2世代のインタビュー対象者である20代女性（表3・事例7: 序章末34-35頁）は、自らも文氏の一員であるが、荷蘭文氏宗親会のジュニア部門のメンバーとして年6回の春節や中秋節等の年次行事の企画運営に2年前から携わっている。彼女によると現在、荷蘭文氏宗親会の65歳以上のシニア会員は約100人であるが、高齢化が進み行事が実施できないので、ジュニア会員を募集した。ジュニア会員は約150人であるが、実際に行事の企画運営委員会を構成しているのは彼女を含めて7人である。シニア会員は昼食会や気功のワークショップを開催しているが、ジュニア会員は年6回の行事のみに参加している。2012年9月には、香港と中国

へ の祖先を辿る旅を初めて企画した。（The Junior Man's Clansmen ＨＰ：http://www.sfmj.nl/, 2013年6月30日最終閲覧）、（The Man's Clansmen Europe ＨＰ：http://familieman.nl/, 2013年6月30日最終閲覧）、（The Man's Clansmen UK ＨＰ：http://www.manclansmen.co.uk/, 2013年4月2日最終閲覧）

第 II 章

移民政策と移民教育政策

ロンドンの中学校の授業風景。スカーフを被った生徒や西インド諸島系生徒など、文化的背景の異なる子どもが多い。
(2006年筆者撮影)

本章では、イギリスとフランスとオランダの第2次世界大戦後の移民政策と移民教育政策について検討する。EU加盟国である3国は、移民政策と移民教育政策を歴史的に各国で個別に展開してきたといえる。石川真作・新海英史[2012]が指摘するように、移民政策は本来、国家の構成員をどのように捉えるかという市民性やナショナリズムの問題設定と関わっており、その理念が制度と直接の関連を持つ分野である。それはまた、国家主権と密接に関わる政策であるため、EUの枠組みが深化する中でも加盟国の専権事項と捉えられてきており、その基本的な認識は現在も維持されている[石川・新海 2012: 23]。移民教育政策についても同様のことがいえる。

　移民政策については第1節において、中国系移民が「エスニック・マイノリティ」に含まれず、それについて1980年代に議論が起きたオランダの移民政策を中心に取り上げて検討し、イギリスとフランスの中国系移民への移民政策と比較考察をする。移民教育政策については第2節において、EUレベルの政策について概観した後、イギリスとフランスとオランダの場合をそれぞれ取り上げて検討し、最後に3国の場合を比較考察する。オランダの移民の子どもへの教育実践については、筆者によるフィールドワークで得られた結果も一部用いる。

第1節　オランダの移民政策と中国系移民をめぐる議論

　本節では、まずオランダにおける第2次世界大戦後の移民政策の歴史的展開を、第1に1945年から1978年までの移民流入と定住化の時期、第2に政策科学審議会から「エスニック・マイノリティ（Etnische Minderheden）」と題する報告書が提出された1979年から1980年代のエスニック・マイノリティ政策模索の時期、第3に1990年代以降の個人としての統合が強調された時期の3つに区切って、それぞれを概観する。その後で、オランダの移民政策における1980年代の中国系移民をめぐる議論を取り上げて検討し、オランダの中国系移民に関する移民政策について、イギリスとフランスの場合との比較考察をする。

1. オランダにおける移民政策の歴史的展開

(1) 1945年から1978年——移民の流入と定住化

　オランダへの外国からの移住は、3つに分類できる[河野 2008: 79]。第1に旧植民地からの移住である。オランダは、インドネシアとスリナム、アンティル諸島を植民地として支配していたが、インドネシアは1945年に、スリナムは1975年に独立した。インドネシアの独立に伴い約30万人のオランダ人が本国に引き揚げ、多数のインドネシア人妻や混血の子ども[1]もオランダに流入した。また、スリナム独立直後には多数の一般住民が出稼ぎ労働者としてオランダに入国し定住した。自治領に留まったアンティル諸島からはその特権を利用して、多くの出稼ぎ労働者が入国した。

　第2に、戦後復興に必要な労働力不足を補うための旧植民地以外からの労働者の流入である。1950年代から60年代にかけてはギリシャ、スペイン、ポルトガルから、70年代にはモロッコ、トルコ、旧ユーゴスラビアからの労働者を招き入れた。歴史的に縁のないこれら3国を選んだ背景には、「格段に安い労働力が得られる」という計算があった[河野 2008: 79]。第3に寛容な難民政策をとってきたオランダは、1980年代以降、中東、アフリカ、アジアからの難民を受け入れた。行き届いた社会保障制度の恩恵をこうむれることもあって、多くの難民が定住した。

　歴史的に遡ると、1950年代から移民を受け入れながらも、1960年代までは移民を流出していた。純然たる移民受入国になったのは1970年代で、移民問題を抱えるようになり、その解決策を打ち出し始めた[三橋 2011: 17]。1980年代以前の政府の方針は、移民増加にもかかわらず、既に人口過密で移民受入国ではないという考え方に特徴づけられ、多くの移民は祖国へ帰還するものと捉えられていた[Entzinger 1993: 153]。一時的なゲストとして外国人労働者を受け入れ、その生活改善のための政策がとられ、帰国しても困らないように1974年には母語教育も導入された。母語教育導入の背景には、「柱状化(Verzuiling)」として知られる制度上において社会的・宗教的多様性をもつ多文化社会としてのオランダの伝統が反映されていた[Entzinger 1993: 154]。

「柱状化」とは、アメリカのオランダ人政治学者Ａ．ライプハルトが1968年出版の本[Lijphart 1968]において分析して有名になった「多極共存型デモクラシー（Consociational Democracy）」のことで、オランダ固有の現象である[川上1998: 107]。それは、19世紀初期から1960年代中頃までに、カトリック、カルヴィニスト、社会主義者、リベラル主義者という4つのブロックとしての「柱」が組織化を伴って形成されたことを指し、1960年代中頃以降は脱柱状化の時代であるという見解は研究者の間で一致している[川上 1998: 110]。しかし、柱状化の議論はオランダ語を話すキリスト教徒の各宗派に関するもので、他国出身の異なる民族や宗教の人々は視野に入れられなかった。柱状化モデルが移民の統合に役立つかどうかという議論がなされるようになるのは1990年代になってからで、特に「イスラムの柱状化」に議論が集中し、多くの研究者は、新たな移民の柱状化に反対した[川上 1998: 114-116]。

　1973年の石油危機以降、景気低迷によって後退したオランダ経済の煽りを移民が最も強く受けて、1970年代中頃までオランダ人よりも低かった移民の失業率は、1983年までにはオランダ人失業率の3倍以上に達した[見原 2009: 24]。1973年に政府は非公式に労働移民の募集を停止したが、移民流入は止まらなかった[樽本 2009: 200]。1973年以前、移民労働者はほとんどが単身男性で、移民は祖国へ帰還しオランダ滞在は一時的なものとして捉えられていたが、実際には多くの移民は帰還しなかった。また1967年の時点で既に、一定の条件下での家族の呼び寄せが認められていたが、石油危機以降間もなく経済再建へと向かい、労働集約型産業である繊維業や鉱業に多くの移民を雇用するようになったために家族統合が急増した[三橋 2011: 18]。その結果、移民は増加し日常的にも可視化されるようになり、移民とオランダ社会との間で摩擦が生じ、テロ行為も引き金になり、政府は移民問題に真剣に取り組まざるをえなくなった[Entzinger 1993: 154]。

(2) 1979年から1989年――エスニック・マイノリティ政策の模索

　1980年代の政府方針は、移民は祖国に帰還するという考えから定住するという考えへと転換する一方、移民流入を厳しく制限した。また、政府の

政策では「移民」ではなく「エスニック・マイノリティ」という概念が、1979年に政策科学審議会から提出された「エスニック・マイノリティ」と題する報告書の中で、それまで別個に扱われていた植民地系移民と外国人労働者を一括して捉える言葉として初めて用いられるようになった。オランダにおいて「エスニック・マイノリティ」という概念は、移民とも外国人とも異なる概念であり、外国籍であれオランダ国籍であれ、社会経済的地位の低い移民を指す用語である。そして、1983年「マイノリティ問題メモランダム(Minderhedennota)」では、「エスニック・マイノリティ」は南モルッカ系移民、スリナム・アンティル系移民、外国人労働者とその家族、ジプシー、避難民を指す言葉として定義された［自治体国際化協会 1997: 8］。この報告書では、オランダは現実に移民国家であることが確認され［吉田 2003: 8］、社会経済的地位の改善、人種差別の撤廃と法的地位の改善、独自の文化的アイデンティティの保持が政策目標とされた［川上 1998: 113-114］。

1980年代以降も1970年代からの移民固有の文化を保持し発展させるという政策は続けられ、母語教育も強化され、法律上では公費援助のムスリム学校やヒンデュー学校設立も許可された。エスニック・マイノリティの出自や文化や宗教を保持することは、社会経済的生活への参加を妨げないとするオランダを代表する考え方によって、多文化主義は平等主義と結びついて捉えられた。1983年の憲法改正を機に、1985年以降オランダに5年以上合法的に在住する外国人には地方参政権が付与された[2]。しかし、その後10年経っても、エスニック・マイノリティは、学校での落ちこぼれや成績不振が目立ち、失業率も高く、整備された社会保障に頼っていた［Entzinger 1993: 159-161］。

1989年の政策科学審議会による「アロフトーネン政策(Allochtonenbeleid)」と題する報告書では、「エスニック・マイノリティ」という用語が、社会的底辺を占める集団に烙印を押すこととなり、移民の社会的統合の妨げになるという批判を受け、「アロフトーネン(Allochtonen)」[3]というギリシャ語で異邦人を意味する言葉が用いられた［吉田 2003: 8］。この報告書では、1980年代の移民政策が総括され、労働市場への参入をめぐる移民の経済的地位の脆弱さへの配慮が不十分であったことや、固有の文化を維持した統合と

いう考えが、文化および宗教的要素の過剰な保護とみなされ、社会への構造的な統合を妨げているとされた。そして、第2言語としてのオランダ語の習得を通じての移民の労働市場への参入や、マイノリティの雇用を義務付け、制裁規定を備える立法措置が提唱された。翌年、この報告書に関する政府見解は、格差是正を目的とする「社会的刷新(Sociale Vernieuwing)」と題する覚書にまとめられ、政策科学審議会の提案の大枠は承認された。しかし、政府は「アロフトーネン政策」という用語は採用せず、「マイノリティ政策(Minderhedenbeleid)」という用語を維持した［吉田 2003: 8-9］。

(3) 1990年代以降の移民政策——個人の統合の強調

　1970年代後半から1980年代は、マイノリティ政策の構築に向けた時期で、移民の統合を主題とする議論が広範になされることも少なかったが、1990年代に入ると、移民についての議論は社会的格差や差別といった観点からではなく、統合を主題にするものになった［吉田 2003: 9］。そして、これを象徴するのが1991年から1992年に生じたマイノリティの統合に関するマイノリティ論争[4]で、これまでのマイノリティ政策の根底にあった柱状化パラダイムに基づく多文化主義による規範や文化の均等性という観念の是非が問われた。この論争と軌を一にするように、政策科学審議会は「市民権の実相(Burgerschap in Praktijken)」と題する報告書を1992年に提出した。この報告書では、移民がオランダ社会の市民となる意志を示さねばならないことが指摘され、この実現のために市民権役務の導入が提唱され、統合の主体/対象があくまで個人にあることが強調された［吉田 2003: 10-11］。

　1994年に政府は「エスニック・マイノリティ統合政策の概観(Contourennota Integratiebeleid Etnische Minderheden)」を公表し、統合政策をマイノリティ集団と、そこに属する個人とが、社会に相互に受け入れられる過程を表したものであると説明した。1998年には「ニューカマー市民化法(Wet Inburgering Nieuwkomers)」が施行された。これまでの移民政策は移民を権利付与の対象とみなしてきたが、この法律では、移民が社会に対して負う統合への義務が重視され、「市民化プログラム」の習得が義務づけられた。また、統合政策の

実施主体としても、中央政府にかわり、地方自治体が前面に出てくることとなった[吉田 2003: 12]。

　統合の対象が集団から個人へと推移し、さらに社会と個人をつなぐ概念として市民権が前面に出てくる傾向も生まれ、市民権が統合政策の中核に据えられるようになった。もはや政策レベルでは、柱状化パラダイムに依拠した移民の社会統合は、言及されなくなっていた[吉田 2003: 12-13]。2001年に政策科学審議会の提出した「移民社会としてのオランダ(Nederland als Immigratiesamenleving)」にも柱状化パラダイムからの離脱が継承され、集団「間」の差異が過剰に強調されてきた結果、集団「内部」での差異が無視されてきたことが批判され、集団内部での個人の解放を重視する姿勢が打ち出された[吉田 2003: 14]。市民権概念を中核として、社会と個人との結びつきから統合を説明する理解は、柱状化というよりもむしろフランスの共和主義モデルへの接近を示していると指摘されている[吉田 2003: 15]。

　また2001年に外国人法が施行され、EU域外からの移民の新規流入を厳しく抑制するようになった[河野 2008: 84]。この法律を基盤として、入国査証や就労許可の発給要件の厳格化、長期滞在許可や市民権取得の義務要件としての統合テストの導入、入国目的に応じた選択的ビザ制度の設定、家族呼び寄せの規制と国外での統合テスト制度の導入、難民認定要件の見直し等の規制措置が次々に立法化された。さらに、高度技能者や専門学位保持者の誘致を目的として優遇措置が設けられた。その背後には、2001年に始まった不況による失業者増加や2001年秋の9.11テロ事件、イスラム教や移民受け入れ批判によって世論を騒がせる発言をした政治家Ｐ．フォルタインの暗殺、2004年のソマリアにおける女性の人権侵害を告発する映画を制作した映画監督Ｔ．ファン・ゴッホの暗殺、移民による各種犯罪の増加という政治的及び経済的ファクターが複合的に作用して、従前の寛容な開放路線から規制路線への政策転換がなされた[河野 2008: 85]。2007年には政府は、デルタ・プランと題する新しい移民統合政策をまとめた。この新計画は2007年から2011年までの5ヵ年間を実施期間とし、移民を新オランダ市民と位置づけ、オランダ社会の一員として統合していくことを謳っている[河野 2008: 86-87]。

2.「エスニック・マイノリティ」承認をめぐる議論

(1)「エスニック・マイノリティ」に含まれなかった中国系移民

　前述したように、政府は1980年代初めから、社会的に不利な立場に置かれている「エスニック・マイノリティ」に対して、母語教育への助成金や通訳サービス、ソーシャルワークやエスニック組織への財政的援助という特別な施策を施した。しかし、中国系移民は、1979年に政策科学審議会から提出された「エスニック・マイノリティ」と題する報告書から用いられた「エスニック・マイノリティ」には、社会経済的地位が低くないという理由で含まれなかった [Benton & Pieke 1998b: 157]。それゆえ、中国系移民は政府の移民政策の対象外とされ、財政的援助を受けることができなかった。

　1979年に「エスニック・マイノリティ」と題する報告書が提出された後、援助を受けるべき重要な集団がエスニック・マイノリティとしての資格を与えられていないのではないかと政府内で議論が起きた [Pieke 1988: 12]。エスニック・マイノリティの承認には3つの基準が用いられた [Pieke 1988: 12]。第1は政府が「特別の責任」を負わなくてはならない場合、第2はマイノリティの社会的地位が、特に住居、居住、雇用において明らかに恵まれない立場に置かれていること、第3は文化的差異があることである。第1の「特別の責任」という基準は、オランダの旧植民地出身者や政治難民に適用されたが、1970年代中頃のオランダ社会のエスニック・グループの構成を固定化してしまい、変化する状況に適合した融通性のある政策を認めない時代遅れのものとされた。第3の文化的差異に関する点ではほとんどの移民は基準を満たしているので問題とはならず、第2の基準である社会的に恵まれない立場であることが重要な基準となっていた [Pieke 1988: 12]。

　1984年の議会答弁において、「社会経済的に恵まれない立場」を基準にすれば、他にも公的なエスニック・マイノリティとしての資格がある集団があり、その中でも中国系移民がその代表的な集団であるとする意見が提出された [Pieke 1988: 12]。中国系移民の内情については当時主流社会にはほとんど知られておらず、中国系移民がエスニック・マイノリティに含まれていな

いことが議会で議論になったのは、いくつかの中国系アソシエーションによるエスニック・マイノリティの承認によって助成金を得ようとする働きかけが行われた結果であった。しかし、中国系コミュニティ内では、エスニック・マイノリティとして認められないことは、オランダ社会や制度には煩わされないということなので、助成金がもらえなくても現状を維持していくべきであると考える者もいて、意見が一致していたわけではなかった[Benton & Pieke 1998b: 158]。議会での議論の後、内務大臣は中国系移民の社会的地位に関して調査することを約束し、その依頼を受けてピークによる調査が実施された[Pieke 1988: 12]。そして、その調査結果は「オランダにおける中国人の社会的地位(The Social Position of the Dutch Chinese)」と題する報告書[Pieke 1988]として提出された。

　中国系移民がエスニック・マイノリティとしての承認をめぐって議論の対象となった背景には、中国系コミュニティ内部の変化が関連していた[Benton & Pieke 1998b: 156-157]。戦後の中国料理ブームは1980年代から衰退し、中国料理レストランの労働者に賃金引き下げや解雇をもたらし、破産する経営者もいた。さらに、1950年代から1970年代まではほとんどが出稼ぎ労働の単身男性によって構成されていた中国系コミュニティは、家族呼び寄せやオランダ生まれの子どもの増加によって、それまで直面することのなかった子どもの学校教育や中国語や中国文化の継承問題に向き合うことになった。単身男性の生活は自助努力によって成り立ったが、オランダ社会で子どもが育つようになると、住居や医療や教育の分野において家族への責任が生じ、オランダ社会との関係を変えなければならなかった[Benton & Pieke 1998b: 156]。

　中国語補習校の設立は、そうした変化を象徴するものであった。中国系移民はエスニック・マイノリティには含まれていないので、エスニック・マイノリティが獲得できる母語教育への助成金を受けることができず、中国語補習校は親からの授業料と裕福な中国系移民による寄付で運営されていた。しかし、1980年代になると第2世代人口が増えたことによるニーズの高まりを背景に、古い自助の精神にこだわらない新しい考えを持ったリーダーが出現し、国や地方政府からの助成金を得ようと考えたことが、エスニック・マ

イノリティとしての承認を求める動きに発展した[Benton & Pieke 1998b: 157]。

(2) 中国系移民は「エスニック・マイノリティ」ではないという結論

調査結果を要約したピークの報告書[Pieke 1988]によると、調査は1987年1月から9月にわたってライデン大学中国学部現代中国資料調査センターによって実施された。量的調査に加えて飲食業を営む25家族を対象とするインタビューも実施された。この報告書では中国系移民の歴史的背景が説明された後、1980年代後半の中国系コミュニティの就業、教育、住居に関する現状が要約されている。

結論として、中国系コミュニティ内には失業者が増え、学校からドロップアウトして飲食業に吸収されるしかない者もいて、明らかに問題は存在している。しかし、高い学業成績を上げ高収入の職に就くことができる第2世代や、近代的レストラン経営の成功者もいて、格差が拡大している。そして、こうした格差は構造的及び歴史的背景から生じたものであるとした[Pieke 1988: 20]。

このピークの調査結果[Pieke 1988]をめぐって、中国系コミュニティ内で批判の声が上がった[Li 1999a: 6]。例えば、ある中国系アソシエーションの発行している中国語新聞に掲載された記事のタイトルは、「ピークの報告書の背後にある悪意－オランダの中国人は遅れたマイノリティなのか？」というものであった[Li 1999a: 6]。中国系アソシエーション約10団体が集まって会合を開き、ピークの調査結果への抗議を表明し、多くの中国系リーダーはピークに敵対意識を抱いた。調査結果が発表された6年後の1994年においても、中国系アソシエーション会長の1人は公の場で、約20人にインタビューをしただけで、どうして中国系移民の社会的地位を結論づけられるのかと批判をした[Li 1999a: 6]。

1988年の中国系コミュニティのリーダー同士の会合では、1930年代の過酷な経験も引き合いに出され、マイノリティとして認められることは今後人種差別の対象となり、長い年月をかけて確立したオランダ経済に占める地位を失うことになるという点が強調され、政府にマイノリティとしての地位を

認めさせないということで最終的に合意していた。同年、政府当局はピークの調査結果を受けて、中国系移民は収入、雇用、教育、住居において恵まれない地位に置かれているとはいえないとして、最終的にエスニック・マイノリティとしての地位を認めなかった。それゆえ国からの多額の助成金を受けることはできなかったが、地方政府から助成を受けることは認められた[Benton & Pieke 1998b: 158]。

以上のような1984年から1988年にかけての中国系移民のエスニック・マイノリティとしての承認をめぐる議論は、中国系コミュニティ内に後々まで溝を残すものとなった[Benton & Pieke 1998b: 158]。筆者が耳にしたところでは、広東系リーダーが助成金獲得に積極的な態度を示し、反対したのは温州系リーダーであった。結局失敗に終わった中国系移民によるエスニック・マイノリティとしての承認を求める動きは、コミュニティ内部の低賃金や労働環境の悪さ、不法移民の大量流入などといった様々な問題を公然とさらすことになり、中国系移民も、トルコ系やモロッコ系やスリナム系と同様のスティグマ化されたイメージをもたれるようになった[Benton & Pieke 1998b: 158-159]。

こうした状況下で、若い世代の中国系リーダーは、国ではなく、地方政府や政治家や官僚の支援を頼った。そして、例えばレストラン経営者とか高齢者、女性や第2世代というような様々な中国系アソシエーションが多数設立されることによって、中国系コミュニティとしての統一性は失われたが、融通性や弾力性が生み出されていった[Benton & Pieke 1998b: 159-160]。

3. 中国系移民と移民政策——イギリス・フランスとの比較から

ここでは、イギリスやフランスにはみられず、オランダにのみなぜ中国系移民をめぐる議論が起きたかについて、第1に「エスニック・マイノリティ」概念、第2に移民政策における中国系移民への注目という視点から考察する。

(1)「エスニック・マイノリティ」概念

　前述したように、1970年代後半から1980年代のオランダの移民政策は、エスニック・マイノリティ政策の構築に向けた時期であり、個人ではなく各エスニック集団の社会的格差や差別が問題とされ、「エスニック・マイノリティ」を社会経済的地位が低いことを基準として移民政策の対象に設定した。中国系移民がエスニック・マイノリティかどうかをめぐる議論は、こうした1980年代のオランダの移民政策の特徴を反映していた。1990年代に入ると、移民についての議論は個人を強調する統合を主題とするものに変化し、近年の政策では「外国人」や「エスニック・マイノリティ」という用語は使われず、「市民」が使われている[Prins & Saharso 2010: 84]。近年の国勢調査では「エスニック・マイノリティ」は使用されず、「外国人」として「第1世代」と「第2世代」に分けられている（表5参照）[5]。

　イギリスとフランスでは、「エスニック・マイノリティ」概念はどのように設定され、また「中国系」はどのように位置づけられているのであろうか。

　イギリスの場合、1991年からレイスやエスニック分類が国勢調査にとり入れられ、2001年の国勢調査に続き、2011年の国勢調査で3回目である。イギリスの国勢調査では、質問の方法は若干異なっても、出生地についての質問は1841年から2001年まで一貫して行われている[青柳 2004: 17]。しかし、1970年代以降に新しい移民の流入が移民政策によって制限されるようになると、移民第2世代や第3世代が増加するようになり、イギリス生まれの第2世代や第3世代を出生地では分類できなくなった。政府は移民第2世代や第3世代を含めて住居や職場などについての政策を考慮する必要性に直面したために、レイスやエスニシティに関する質問が、1991年の国勢調査から導入されることになった[青柳 2004: 20]。そこで使用された「エスニック・マイノリティ」という概念は、移民第2世代以降も含めた政策を考慮するために導入されたものなので、イコール移民政策の対象を示すものとなっている。1991年と2001年国勢調査では「中国系」は、「アジア系」や「黒人」と並ぶ第3のカテゴリーとして位置づけられていた。2011年国勢調査では、「中国系」は「インド系」「パキスタン系」「バングラデシュ系」と並んで、「アジア系」に

表5 2000年代のオランダにおける出身地別人口の推移

(単位：人)

				2000年	2009年	2010年	2012年
総人口				15,863,950	16,485,787	16,574,989	16,730,348
オランダ人				13,086,648	13,198,081	13,215,386	13,236,155
外国人人口				2,775,302	3,287,706	3,359,603	3,494,193
外国人比率(％)				17.50	19.90	23.30	20.90
外国人＊	西欧系			1,366,535	1,478,396	1501309	1,556,542
	非西欧系	総計		1,408,767	1,809,310	1,858,294	1,937,651
		モロッコ系		262,221	341,528	349,005	362,954
		アンティル・アルバ系		107,197	134,774	138,420	143,992
		スリナム系		302,514	338,678	342,279	346,797
		トルコ系		308,890	378,330	383,957	392,923
		その他		427,945	616,000	644,633	690,985
第1世代	総計			1,431,122	1,661,505	1,699,751	1,772,204
	西欧系			544,890	627,311	644,486	690,203
	非西欧系	総計		886,232	1,034,194	1,055,265	1,082,001
		モロッコ系		152,540	166,774	167,305	168,214
		アンティル・アルバ系		69,266	79,785	81,175	82,693
		スリナム系		183,249	184,961	185,089	183,752
		トルコ系		177,754	195,375	196,385	197,107
		その他		303,423	407,299	425,311	450,235
第2世代	総計			1,344,180	1,626,201	1,659,852	1,721,989
	西欧系			821,645	851,085	856,823	866,339
	非西欧系	総計		522,535	775,116	803,029	855,650
		モロッコ系		109,681	174,754	181,700	194,740
		アンティル・アルバ系		37,931	54,989	57,245	61,.299
		スリナム系		119,265	153,717	157,190	163,045
		トルコ系		131,136	182,955	187,572	195,816
		その他		124,522	208,701	219,322	240,750

(出典) Netherland Central Bureau of Statistics HP (http://statline.cbs.nl/StatWeb/publicationApril,2013)

表6　2011年の国勢調査にみるイギリスにおけるエスニック・マイノリティの人口と割合

エスニック・グループ	人口数(人)	総人口比率(%)
白人(White) ジプシー、アイルランド系旅行者(Gypsy / Traveller / Irish Traveller)	55,010,359 63,193	87.1
混血(Mixed, Multiple Ethnic Groups)	1,250,229	2.0
インド系(Asian British: Indian) パキスタン系(Asian British:Pakistani) バングラデシュ系(Asian British:Bangladeshi) 中国系(Asian British:Chinese) その他のアジア系(Asian British:Other Asian)	1,451,862 1,174,983 451,529 433,150 861,815	2.3 1.9 0.7 0.7 1.4
黒人(African / Caribbean / Black British)	1,904,684	3.0
その他 (Other Ethnic Group)	580,374	0.9
総人口	63,182,178	100.0

出典) Office for National Statistics, March 2011, Census 2011, Ethnic group, Local Authorities in the United Kingdom (Table KS201UK).

含まれている(表6参照)。

　そして、「エスニック・マイノリティ」は「人種化されたマイノリティ」として捉えられ、それが基づく言説は、1950年代から1960年代の「カラー」、1960年代から1980年代の「レイス」、1990年代の「エスニシティ」、そして現在の「宗教」に変化したと指摘されている[Grillo 2010: 58]。2001年国勢調査から宗教別の統計がとられ、特に「イスラム」対「非イスラム」の重要性が強調された。「西インド諸島系」とか「南アジア系」という用語は、民族別出身地を示すだけではなく、生れつき備わっている差異を人種として示しているのであり、どこで生まれ育とうとも、決して「イギリス人」としての資質は身につけることができないものとして使用されている[Gillborn 1995: 24-25]。つまり、イギリスにおいては国勢調査の「エスニック・マイノリティ」の1つである「中国系」というカテゴリーは、「人種化されたマイノリティ」として固定化され、移民政策の対象となっているといえる。

　共和主義に基づくフランスは、エスニシティやジェンダーといった帰属的地位に基づくサブカテゴリーの存在を認めず、「マイノリティ」という概念を

表7　2009年時点でのフランスにおける国籍と出生地による人口

（千人）

フランス国籍		外国籍	
総数 58,807		3,659	
出生フランス人＋フランス生まれの国籍取得者	国籍取得者	外国生まれの外国籍者	フランス生まれの外国籍者
56,048	2,759	2,566	1,093
	移民 5,160		

出典）Insee, *Rececsement de la polulation 2009*.

回避している。フランスの国勢調査には、人種、民族、母語等に関する質問はないが、国籍についての質問はある。フランスでは、人口をエスニシティ別に分類するのは共和国の伝統に反するのであり、国内でもこれをめぐる議論はあるものの[6]、人間を生まれや肌の色で識別するのは差別の始まりであるという考え方が根強い。フランスの国勢調査における選択肢は、「フランス人」と「外国人」にまず分けられ、外国人の場合は国籍を記入する。フランスにおける「移民」とは、「外国生まれの外国人」と「外国生まれのフランス国籍取得者」を示すことになる。フランスで生まれた第2世代以降は、「移民」には含まれない（表7参照）。

　それゆえ国勢調査に「中国系」というカテゴリーはない。フランスの中国系移民の主流は、1954年から渡航しはじめ、特に1975年のサイゴン陥落以降増加した中国出自のインドシナ難民である。国勢調査では出生国が示されているだけであり、例えば出生国が「ベトナム」でも、ベトナム出身のベトナム人なのか中国出自のベトナム人なのかはわからない。中国系であれ非中国系であれインドシナ難民と中国本土出身者を包括するカテゴリーとして、「アジア系」というカテゴリーが学校等で用いられている。

　稲葉奈々子は、フランスの移民政策を、国民国家のナショナリティの問題と、社会政策の問題が交錯する場所として捉えている［稲葉 2003: 86］。「法の前における平等」の原理に基づく「フランス式統合」は、移民を対象とした特別な措置をとることを法的に禁止したため、エスニック・マイノリティの経

験する差別や不平等を解消するための具体的な政策としてではなく、国民国家のメンバーシップをめぐる極めて象徴的な議論として展開されてきた。しかし移民とフランス人を区別しないままに郊外の公営住宅に居住する低所得層の貧困や学業挫折、郊外住宅の治安悪化に対する社会政策つまり「社会統合」の問題としても、移民問題は扱われてきたからである[稲葉 2003: 86]。このようなフランスの移民政策においては、オランダの中国系移民にみられたような特定のエスニック集団を移民政策の対象とするかどうかの議論は起こらない。

　以上から、イギリスでは国勢調査における「エスニック・マイノリティ」がイコール移民政策の対象として固定化され、共和主義に基づくフランスでは「マイノリティ」という用語が用いられない。1980年代のオランダの移民政策では「エスニック・マイノリティ」を社会的地位が低いことを基準として政策の対象として設定されたために、中国系移民をめぐる議論が起きた。ここには3国の移民政策と国勢調査における「エスニック・マイノリティ」概念の規定の仕方の違いが反映されている。

(2) 移民政策における中国系移民への注目点

　これまでにイギリスやフランスの場合、中国系移民は移民政策において注目されたことがあったのであろうか。

　オランダでは特に1980年代からの飲食業の衰退による失業者増加や第2世代人口の増加という中国系コミュニティ内の変化が、自助に基づくそれまでのやり方に行き詰まりをもたらし、新しい中国系リーダーが「エスニック・マイノリティ」への承認を求めたことが議論を導いた1つの要因となった。

　1980年代のオランダの中国系コミュニティの主流は香港出身者であったが、その香港出身者は1960年代をピークにイギリスにも流入し、中国系コミュニティの主流になっていた。イギリスの中国系移民は中国料理に関わる飲食業に携わる者が約8割であったが、オランダと同様に1970年代中頃から飲食業は飽和状態になり、1970年代から80年代の世界不況の影響を受け、危機を迎えた[Benton & Gomez 2008: 128-129]。オランダにおいて指摘された

中国語教育のニーズの高まりは、イギリスでも同様にみられた。しかし、イギリスでは、1970年代初めから1994年まで香港政庁が中国語補習校に無償で教科書を配布し資金援助をしていた［Benton & Gomez 2008: 190］。また、香港出身者は、移住前の香港における政府が中国から安い食料を輸入し農家をつぶしたことを脅威として経験していたため、自助に頼るイギリスでの自分たちの生活がロンドンの香港政庁に邪魔されないことをありがたいと捉えていた［Benton & Gomez 2008: 248］。それゆえ、オランダの中国系コミュニティと同じような変化を経験しても、オランダのように政府から助成金を得ようとする動きにはつながらなかったと考えられる。

イギリスの移民政策において中国系移民が注目を集めたのは、1997年香港返還前の香港からの移民受け入れをめぐってであった。例えば、1995年9月に閣僚の1人であったC．F．パッテンが、BBCラジオ放送で、300万人以上の香港住民にイギリスに居住できる権利を与えるべきであると発言した。それに対して、主要な新聞[7]は、一斉にこの発言を取り上げ、そこに実現性のないことを批判した。

フランスの場合、1970年代からの中国系コミュニティの主流は、中国系インドシナ難民であり、フランス社会では「難民」として注目された。1975年6月の第1陣から1982年までに与党保守勢力によって積極的・友好的に受け入れられたインドシナ難民の24％は国の施設を経ず、直接身元引受人の元に向かっているので、本人と親族の自助に頼む受け入れというべきであり、自助努力は彼らの生き方の特徴である［宮島 1994］。さらに、2000年代になって中国本土からの移民が急増し不法入国者も多く、中国人はフランスの庇護申請者の最も多い集団となることによって[8]、近年は世界各地からの庇護申請者を制限する政策の対象として注目されている。

オランダとイギリスとフランスの戦後の移民政策にみられる全体の流れは共通している。戦後の産業復興のために主に旧植民地から受け入れた移民に対して、1973年のオイルショックとそれに続く経済不況以降、入国を厳しく制限する一方、家族呼び寄せを受け入れ、1980年代以降は世界各国からの移民・難民の受け入れを制限する政策をとっている。そして、2000年

代になって、多文化主義をとってきたオランダもイギリスも、市民権を中心に据えた個人の統合を強調するというフランスの共和主義に近づいている[9]。逆にフランスでは、共和主義という選択肢しか提示しない社会統合政策は、移民たちのリアリティから解離し「共和主義的統合」の岐路が指摘され、多文化主義への転換も示唆されている[稲葉 2003]。つまり、2000年代になって、多文化主義に基づいてきたイギリスとオランダの移民政策と、共和主義に基づくフランスのそれは、その差異が小さくなっている。また、EUの共通移民政策やEU市民権に関してはEUの制度構築はいまだ発展途上ではあるが、2005年以降、移民政策の多くの部分が、特定多数決制の対象になり、それまでの全会一致による決定が原則であったのに比較すると、格段に移民政策の「共同体化」が進む環境ができている[石川・新海 2012: 38]。

　他方で、2000年代以前の3国の中国系移民への移民政策を比較すると、主流社会において注目された点は異なっていた。オランダの中国系移民の場合、1980年代のコミュニティ内の変化に対応して「エスニック・マイノリティ」承認をめぐって議論が起きたのに対して、イギリスの場合は香港返還前後の香港からの移民の受け入れが注目を集め、フランスの場合は難民受け入れの問題として注目された。3国の中国系移民は共通して自助努力を特徴としていたが、イギリスの中国系移民は宗主国への移住であり、フランスでは難民として受け入れられたので、オランダの中国系移民とは注目された点が異なっていた。ここに3国の中国系移民の特徴が反映されていたといえる。

第2節　3国における移民教育政策の歴史的展開

　本節では、まず、EUレベルの移民教育政策について述べた後、イギリスとフランスとオランダの移民教育政策の歴史的展開をそれぞれ3期に区分して検討し、最後に比較考察をする。

1. EUレベルの移民教育政策

　EUの移民教育政策の歴史は、1977年のEC指令77/486/EEC[10]に遡る［小山 2010: 21］。小山［2010］は、移民の子どものために1977年当時の加盟国の教育制度の整備を促すために施行されたEC指令が、今日のEU加盟国内において限定的な役割しか担えない3つの側面を取り上げて検討し、EUレベルの移民教育政策の新たな方向性を指摘している。ここでは、小山の議論に依拠して、EUレベルの移民教育政策の現況を把握したい。

　EC指令が今日では限定的役割しか担えない第1の側面として小山が指摘しているのは、移民教育政策の対象の変化である。1977年のEC指令では、EC加盟国出身の移民が対象とされていて、第3国からの移民が含まれていなかった。各加盟国による移民教育政策の対象者人口の統計は、対象者の定義が異なるがゆえに比較が困難であるが、2008年の緑書では、EUの教育政策の対象として第3国出身者を含むことが明記された。これは、1980年代まで旧植民地からの移民が主流であったのが、1990年代に入ると従来の移民送り出し国が受け入れ国に転じ、さらに2002年の新加盟国加入に伴い、2006年にはEUの外国人人口の60％がEU域外出身となったという「移民」を構成する人々が変化したことに対応したものであった［小山 2010: 22］。

　第2の側面は、1977年のEC指令では学力不振と社会経済的総合政策の関連性への着目が欠如し、移民教育政策に社会経済政策を含めた統合政策については言及されていなかったことである。しかし、欧州委員会は、2004年に域内共通の統合原則(Common Basic Principles on Integration CBPs)を提示し、教育政策も含めた社会・経済・文化的側面を考慮した統合政策を加盟国に提案している［小山 2010: 23-25］。加盟国側は、移民の社会経済的に不利な立場を改善することによって学力向上を援助しようという政策展開に対してのEUの一定の関与を支持している。今後、EUが欧州社会基金などの資金援助を用いて加盟国間の移民教育政策の改善及び調整という形で、加盟国と何らかの協調を実現できる可能性は高い［小山 2010: 42］。

　第3の側面は、EC指令では受け入れ国の学習言語と母語習得の言語政策

の実行が各加盟国に促されたが、特に母語習得政策が奨励されていたことである。当時は、移民教育政策の対象が、加盟国のEC域内出身者に限られていたために、母語習得は域内の人の移動を活性化させる目的で導入された。EUの新しい移民教育政策の対象は、第3国出身者も含むので、現在では母語習得を公教育制度で義務化することの必要性については、各加盟国において様々な疑問が生じ、実施の形態と手法は、各加盟国が決定権を保持すべきとされている。他方、受け入れ国の学習言語を集中的に習得させる必要性は、現在も各加盟国間で共有されている［小山 2010: 25-27］。

　小山は、移民教育政策においてEUが今後取り組むべき重要な課題は、歴史的に政策を個別に展開してきた加盟国を、他の加盟国との協議の場に積極的に参加させ、政策実施による経験と情報を各国間で共有し今後の政策に反映させることであると指摘している［小山 2010: 44］。EUレベルの移民教育政策は、歴史的に個別に展開されてきた各加盟国の移民教育政策に対して、統一を達成することを目標としてきたというよりも、各国間の調整役としての役割を担ってきたのであり、また今後もそれが望まれている。

2. イギリスの場合

(1) 1960年代

　イギリスでは、第2次世界大戦後の産業復興のために必要となった安価な労働力として、1960年代をピークに、インド、パキスタン、バングラデシュ、カリブ諸国等の英連邦諸国から大量の移民を受け入れた。戦後、移民の子どもに対する教育のあり方に関心が向けられ、それに関する政策が施されるようになったのは、彼らが急増した1960年代である。中央政府からの積極的な政策のないまま、この時期の政策論争は、第2言語としての英語教育とマイノリティの子どもの分散に集中した。これは、マイノリティの子どものイギリス社会への同化を前提とした政策であった［成宮 1985: 35］。特に分散政策は議論を巻き起こしたが、1960年代中期の最も重要な政策文書とされる1964年の英連邦移民諮問委員会の第2報告では、分散政策が一貫した政策

の1つとして提示され、1965年の教育科学省の通達65・7号と同年の白書では、マイノリティの子どもを3分の1以下に抑えることが公的に勧告された。しかし、このような勧告に対して地方教育当局は、実際にはバスで子どもを他地域の学校に分散させることが経済的に不可能な場合もあり、あまり積極的な態度を示さず、結局、分散政策は成功しなかった[11][成宮 1985: 36-37]。

1966年地方自治体法(第11条)において、初めて中央政府による移民の子どもを対象とした言語や文化的問題のサポートスタッフ雇用のための特別な教育政策への資金援助が決定された。この助成金によって、各地方教育当局には移民の子どもをサポートする「セクション・イレブン(Section 11)」が設置されるに至るが、同時にその設置には、各地域における移民コミュニティの監視・管理という目的も含まれていた[庄司・山下 2000: 27]。

1960年代後半になると、E．パウエルの人種差別的演説[12]や制限の厳しい移民法(1968年、1971年)が出されたが、同時に多元主義的統合へのきざしも現われた[成宮 1985: 38]。ロンドン郊外や地方都市における民族間の軋轢による暴動触発といった社会的背景を受けて、1966年には内務大臣R．H．ジェンキンスによって「同化」という政治的にデリケートな表現を避けて、「統合」という概念が導入された[庄司・山下 2000: 22]。マイノリティの子どものニーズと問題を明らかにし、彼らに何が援助できるかを知る目的で、1967年には青少年事業開発評議会から「移民と青少年事業(Immigrants and the Youth Service)」と題するいわゆるハント報告[Youth Service Development Council, Great Britain 1967]が出された。この時期は、白人とマイノリティが相互に理解し合いながら、マイノリティの子どものイギリスへの定着を促進するという意味での統合主義の時期として捉えられている[小口 1993: 59]。しかし、同化主義においても統合主義においても、政治的言説は、マイノリティの特質を受け入れてはいるが、一切の人種による区別を認めないという「カラーブラインド(Colour-Blind)」というレトリックの背後で、現存する構造と実践を守り続けようとするものであったと指摘されている[Gillborn 1995: 30]。

また、この頃のマイノリティをめぐる教育実践で問題となったのは、特に西インド諸島系の子どもの低学力の問題である。彼らの多くは、学力が低い

ために知的障害児のための特別学校に入れられた[13]。1981年には、西インド諸島系の子どもに、早期に特別な注意を払うために、「学校における西インド諸島系の子ども(West Indian Children in Our Schools)」と題するランプトン報告[Department of Education and Science, UK Government 1981]が出された。しかし、教育科学省はこのレポートを受けて何らかの施策を行うことはなかった[Gundara 1986: 13]。

(2) 1970年代から1980年代

1970年代に入ると、今までの中央政府の政策の消極性が批判され、マイノリティのための政策作りと資金援助への圧力がかかるようになった。そのような背景から、中央政府は1977年にマイノリティの教育に関する公式な政策として、教育科学省から「学校教育(Education in Schools)」と題する緑書[Department of Education and Science, UK Government 1977]を発表した。これは、文化多元主義的な社会モデルを反映した政策であり、多人種・多文化社会に向けてのカリキュラム改革の必要性を説いたものであった。1970年代後半からの公的なレトリックは、文化的多元主義であり、この時期には文化の違いや機会均等への配慮がみられた[Gillborn 1995: 31]。しかし同年、中央政府は、環境省から「都市部の政策(A Policy for the Inner Cities)」と題する白書[Department of the Environment, UK Government 1977]を出し、マイノリティの子どもの問題を、教育上不利益な立場にある子どもの問題として包摂する方針を公的文書として提示した。ここには、マイノリティの教育に対する中央政府の政策に一貫性がないことが表われていた[成宮 1985: 43-44]。

中央政府がこのような矛盾する政策をとる一方で、1980年代は、インナー・ロンドンをはじめとするマイノリティ人口を多く抱えるいくつかの地方教育当局においては、教育政策における人種やエスニシティが注目された時期であり、母語教育等の多文化教育が実践された。しかし、こうした変化の多くは、表面的なものに過ぎなかった[Gillborn 1995: 31]。

また1985年には、前述のランプトン報告の最終報告として「皆のための教育(Education For All)」と題するスワンレポート[Great Britain Parliament 1985b]

が出された。800ページに及ぶこの報告書は、多文化主義をめざした多文化教育の拠点となる文書であるという評価を獲得している[松井 1994: 210]。ここでは、中国系の子どもについても、1章を割いて包括的に説明されている。しかし留意すべきは、このレポートは、労働党の要請による特別委員会の回答として提出されたのであって、中央政府の施策の一部ではなかった。また、このレポートは、過去にどうであったかを述べることによって、今後のスタートになることを期待されたにもかかわらず、結局そこからは何もスタートせず、その後の国家の移民教育政策には、なんら評価すべきものはなかった[Gundara 1986: 15]。

　さらに反人種差別教育の必要性を主張する立場も生まれた。これは、多文化教育では「人種」の問題を「文化」の問題にすり替えてしまっていると批判し、問題の根源は人種差別にあり、これを除去することに努めることの必要性を主張するものであった。しかし、人種差別を前面に押し出して強調するこの反人種差別教育に対しては、一部の新教育右翼や大衆新聞などから攻撃や反対キャンペーンが出て[小口 1990: 228-232、1996: 44-49]、政治的議論の対象となった。M. サッチャー政権は、反人種差別教育を特定の政治的党派と結びついた危険なイデオロギーとみなしたが[松井 1994: 267]、こうした姿勢は右翼からの支持を受けた。これに対して労働党は、多文化教育や反人種差別教育を支持する立場をとり[望田 1996: 40-43]、マイノリティをめぐる教育の問題は、政治的対立を反映するものとなった。また、政府が多文化教育や反人種差別教育の実施に消極的であったため、地方教育当局がその実施の指導的役割を果たすこととなった[小口 1990: 227]。

　1988年にはサッチャー政権の教育政策の総仕上げともいわれる教育改革法が成立した。これは、教育政策の新しい局面の始まりを印すものであるといわれ[Gillborn 1995: 31]、その後の教育界に大きな影響力を与えた。人種差別の視点からこの教育改革法の意義を分析した小口功は、ナショナルカリキュラムの導入を定めることによって、中央の指導権を強める方向に動いていること、また、マイノリティの教育に熱心な地方教育当局の権限が縮小され、インナー・ロンドン教育当局(Inner London Education Authority：ILEA)が

廃止されたことなどを指摘し、この改革は、サッチャー政権がめざした競争原理及び市場のメカニズムを教育に導入するものであり、人種問題は脇に追いやられていると指摘している［小口 1990: 225-238］。1988年の教育改革法以降の政府の教育政策には、民族間関係や多文化主義は積極的に反映されてはいない［Tomlinson & Craft 1995: 3］。

(3) 1990年代から現在

　1988年の教育改革法以降、1993年の教育法を含む近年の教育政策の言説は、人種にかわって文化や伝統という言葉を用いて脱人種化されたと指摘されている［Gillborn 1995: 17］。脱人種化によって、文化的差異の絶対視に基づき、イギリス国家統一の脅威としてマイノリティを部外者として位置づけるという「新人種主義」が受け継がれ、それが政府の教育政策や教育実践に反映された［Gillborn 1995: 17-40］。

　1997年にはサッチャー首相からJ．メージャー首相に受け継がれた保守党政権に代わって、T．ブレア首相による多文化教育や反人種差別教育を推進する立場の労働党政権になった。だが労働党政権も、前保守党政権と同様、学力向上を教育政策の第1目標に掲げ、学校間の競争や外部による学校評価などは、大筋で前保守党政権の方策を踏襲した［佐藤・小口 2000: 118］。そして前保守党政権の採用した「カラーブラインド」という姿勢を保持した［Archer & Francis 2007: 16］。人種やエスニシティという用語を使用せず人種差別や不平等に関わる方策が取り除かれている教育政策の言説においては、人種やエスニシティに関する問題は、脇に追いやられた［Archer & Francis 2007: 24］。1998年には、イスラム系の学校への公費援助許可にみられるように、移民の子どもをめぐる教育問題には積極的な態度も示したが、これは分離教育の進展を招くとも指摘されている［川野辺 2001: 227-229］。

　エスニシティや人種問題よりも学力向上を重視する教育政策がとられたが、その根底にあるのは1980年代初め以降イギリスにおける政治的言説に影響を与えてきた新自由主義運動であると指摘されている［Archer & Francis 2007: 18-20］。新自由主義の影響は国際的にみられるが、特にイギリスでは

ロンドンの中学校では、成績優秀者が各学年2人ずつ貼りだされていた。
(2012年筆者撮影)

　その影響が強く、新自由主義は高い資質を身につけた労働力を要求しており、それが学力向上を教育政策の目標に掲げることにつながった。学業不振の責任は、人種やジェンダーやセクシュアリティや社会階級に基づいて差別を生み出す社会経済的構造にあるではなく、個人にあるとされた。このような新自由主義に影響された教育政策は、特定のエスニック・マイノリティや社会階級の学業成績を改善することには目を向けず、学業不振を個人が負うべき責任として位置づけた。政府は学業成績のスタンダードを上げることに重点を置き、すべての生徒の成績を上げるために、学校に厳しい監査や競争を課した。各学校の生徒の成績表リストの公表は、その方策の1つであった。生徒の成績が悪い学校は名前を明かされ、成績を上げるように要請され、教育市場や親は学校選択にそのリストを活用した。
　2001年夏にイングランド北部の街で人種間の摩擦による大規模な暴動が発生すると、政府は人種間関係に焦点化し、「コミュニティの結束(Community Cohesion)」を中心に据えた社会統合政策をとるようになった。1980年代以降の多文化主義が結果的には民族グループ間の断絶と集団間の格差を固定化してしまったと結論づけ、多様な文化の共存・共栄を目指すことを緊要な課題とした[中島 2011: 293]。政府は、多様性を容認しつつも、社

会全体に通じる「普遍的価値」の共有による社会的結束の強化を目標として掲げた[中島 2011: 293]。そして、2003年5月にバーミンガムをはじめとする地方教育当局が主体となり「エスニック・マイノリティ教育達成プロジェクト(Ethnic Minority Attainment Project)」が開始された。これは、全ての子どもが能力を発揮できるように教育資源と支援を提供するものであり、とりわけ英語を付加的言語とする子どもの教育に焦点を当てたものであった[中島 2011: 296]。しかし、エスニック・マイノリティへの補助基金は十分なものではなく[Archer & Francis 2007: 16]、エスニック・マイノリティ別の学業成績についての調査報告も出されたが[14]、実際の政策や学業成績結果にはほとんど影響を与えることはなかったと指摘されている[Archer & Francis 2007: 20]。

3. フランスの場合

(1) 1960年代〜1970年代

　フランスでは第2次世界大戦後の経済発展を支える労働力や戦争で失われた人口を補うために、移民を受け入れた。戦後すぐは南ヨーロッパ(スペイン、ポルトガル、イタリア等)からの移民が多かったが、1960年代に入ると、植民地の独立等によって北アフリカのマグレブ諸国(アルジェリア、モロッコ、チュニジア)からの移民が増加した。

　フランスにおいて移民の子どもへの対応が学校教育の中で大きく取り上げられるようになるのは、1970年1月13日の「入門学級(Classe d'Initiation：CLIN)」に関する通達以降のことである[池田 2001: 58]。この通達では、6歳から12歳の移民の子どもがフランス語を習得することの重要性が示されている。さらに1973年の通達で、13歳から16歳でフランスにやって来て中等教育段階でフランス語を習得するための「適応学級(Classes d'Adaptation)」(現在の「受入学級(Classes d'Accueil：CLA)」)が設置された。ここに移民の子どもへの教育的対策が本格化をみせる時代を迎えることになった[池田 1995: 6]。これらの通達が出される1970年代以前は同化主義の時代とされ、通達後はフランス語の効果的な早期学習によって社会への統合をはかろうとする統合

主義の段階とされている[前平 1985: 73]。

　70年代後半に入り、移民の子どもの出身言語・文化に関する教育を学校の中で保障していく傾向が顕著になり、1975年以降は、出身言語・文化に関する通達が多く出された[池田 2001: 68]。フランス政府は、1973年のポルトガル政府を皮切りに、イタリア、スペイン、アルジェリア、モロッコ、チュニジア、ユーゴスラビア各政府との間に2国間協定を締結して、正規の学校の授業時間の一部を母語教育にあてることを可能にした。この政策の背景には、1973年の石油危機を機に、1974年には新たな労働移民の受け入れを停止し、帰国を奨励する政策を採択したことも関連している。帰国後を見越した母国語教育が、送り出し国の政府によって行われたが、移民管理局の調査によると1977年から1987年の間に母国へ帰還したのは19万人前後にとどまった[庄司・山下 2000: 25]。また、ここで教えられた母国語は、必ずしも子どもの母語ではなかったため、地方方言を母語とする子どもにとっては、母語教育とはならなかった。イギリスとフランスの移民教育政策を比較して論じた庄司・山下の研究[2000]では、フランスではイギリスに比べて、早期に移民の子どもへの母国語教育が開始されたが、遂行目的に矛盾や批判が生じているため、その評価については政治的にも社会的にも不明瞭なままとなっていると指摘されている[庄司・山下 2000: 26]。

(2) 1980年代

　1981年に当時のミッテラン大統領がブリュターニュの演説において地方語の尊重を念頭において「相違への権利(Droit à la Différence)」を語ったのを機に、移民の存在による異なる文化の尊重という面において、かなり積極的な意義づけがなされた。ところが、1984年の法律により「長期の滞在者、及びフランス国籍者の外国籍の両親に、雇用の状態と関わりなく、10年間有効で自動的に更新されうる滞在許可証を与える」という「10年カード」が創設され、移民が定住者や生活者として位置づけられるようになった。さらに1986年の通達では、入門学級等の特別学級への在籍条件が厳密なものとなり、可能な限り彼らを通常の学級に受け入れていくことが社会的適応を促進

するとの認識が示された。

　特別学級への在籍条件とは、①外国人であり、②フランス語が話せず、③フランスに来たばかりであり（通常、1年以内に来仏した者）、④7-16歳の場合である。1970年代にこれらの学級がつくられたときには、フランス語の話せない外国人の子どものための施設という位置づけであったが、1986年から③の「フランスに来たばかりである」という条件が加えられ、かつ、この4つの条件を厳密に適用することが求められた［池田 2001: 98-99］。この「フランスに来たばかりである」という基準が新たに付け加えられることによって、フランスで生まれた外国人の子どもはフランス語力やフランス文化への適応の程度にかかわらず、特別学級の対象外となった［池田 2001: 100］。

　この政策を正当化する理由として、3つが指摘されている。第1に、フランス生まれの移民の子どもの増加である。9歳未満の約8割はフランス生まれであり、フランス文化の中で育ってきたのであるから特別扱いの必要はない。第2に、特別学級や異質な言語・文化に注目した教育が、学校の中で移民の子どもたちを孤立させ、あるいは彼らに異質な存在でいることを強制することになるといった制度的差別への反省である。そして、第3に、同じ社会経済的カテゴリー内で比較すれば、学業成功・失敗に関して、移民の子どももフランス人の子どもも、その率に差はないとする研究結果が、両者を同等に扱おうとする方針を支持した［池田 2001: 100-101］。

　また、1980年代初めから学業不振の解消も課題となり、家庭的、地域的、そして社会経済的な諸条件の悪い地域の教育成果を上げるための施策である「教育優先地域(les Zones d'Education Prioritaire：ZEP)」が実施された。移民の子どもの学力不振の原因を、文化的差異に見出すのではなく、社会経済的要因に見出すべきであるという政策の枠組みが示され、フランスの子ども一般を対象とするものであったが、結果的には移民の子どもが居住する地域とかなりの部分で重なり、移民の子どもの教育課題の解消をねらうものとなった［吉谷 2001: 235］。この重なりの背景には、フランスの都市開発と住宅事情があると指摘されている［園山 2009a: 262］。1960年代以降に建てられた低賃金住宅の多くが都市近郊にあり、こうした郊外(Banlieue)団地問題は、フラ

ンスの移民問題や社会統合の不確かさの象徴とされてきた。ZEP政策は、「恵まれないものにより多くの支援を」というスローガンのもと、それまでの一律主義を改め、各学校の生徒と地域の事情を考慮し、財政、人材の重点配分を認めた。あるいは学校計画に基づいた教育計画、教授法の改善による学業向上を目指し、恵まれない地域にはより多くの物的、人的支援を施すことが可能になった[園山 2009a: 262]。

ZEP政策の効果について論じた園山大祐は、ZEP政策の導入によってさらに隔離が強まるゲットー化が深刻化し、数量的な拡大はほぼ達成されたが、逆に、質的に目標とされた学業の成功への成果は十分には得られず、公平性を問題とするすべての階層に開かれた「教育の民主化」は達成されていないと指摘している[園山 2005: 65]。

(3) 1980年代後半以降

1989年には、宗教的シンボルであるスカーフを着用してきたイスラム教徒の女子生徒の登校を禁ずるいわゆる「スカーフ事件」[15]が起きた。フランス政府の対応は、フランスはどんな文化、宗教に対しても寛大であるが、その代わり、どんな文化、どんな宗教に対しても特別扱いはしないということを前提に成立する共和国であるというものであった。これは、「教育における非宗教性」の問題として具体化した。このスカーフ事件以降、教育における異文化の尊重という主張は、かつてほど重要性を認められなくなった。1980年代後半以降の方針は、移民の子どものもつ言語的、文化的特殊性を尊重していくというよりは、現実的な学業成功を目指すことを主眼とし、そのために必要な範囲で彼らの特殊性に配慮していくことを特徴としているとして、「移民的要素の希薄化現象」といわれている[池田 2001]。そして、それは、移民の子どもの特殊性を保護するような1970年代の政策が、結果的に移民の子どもの孤立化を招き、出身言語・文化教育の措置が学習の負担増につながり、フランス語の学習時間を奪うことになってしまった「反省」に立脚していた[池田 2001: 105]。

その後、フランスは、異質性の共存を統合化政策として具体化しようと

した。1990年に統合高等審議会が設置され、フランス社会への参加と連帯の重要性は、「市民になる」教育を中心に据えて実現されることが目指された。「市民になる」教育とは、フランス共和国の団結を再生する過程を意味する［池田 2000: 169］。つまり、フランスは共和国の理念を核とした市民社会の形成を提言し、ここには複数の文化が共存することを積極的に評価していこうとする多文化主義の観点は入っていない［池田 2000: 171］。「個人」に分解することで、異質性が公的時空間に流れ込むのを防ぎ、それによって社会をまとめようとした統合政策には、移民の具体的生活場面の実態を踏まえた調整が求められるようになった［池田 2001: 172］。

　そして、2007年に右派与党である国民運動連合のサルコジ大統領が就任して以降、新自由主義に基づく教育改革が加速した［志水・山本 2012: 21］。中でも2008年の新学習指導要領では授業時間数の削減、教員や教育指導員などの支援職員を削減し、全国学力テストの実施や学習到達度を評価する取り組みが行われた。また学力困難児に対して個別支援学習による補習を実施するなどの様々な学力向上策が導入された［志水・山本 2012］。

　他方で、1996年より社会経済的に困難な地域（ZUS）を指定して支援する都市政策が進められている。国民教育省は2009年より、学校・教員と保護者の間の信頼形成のために「統合の成功のために保護者を学校に迎え入れよう」という実験的なプログラムを開始し、親が教育責任を果たせるよう支援することを目的として学校の開放が進められている。また、一部の地域では、移民省とも連携してフランス語の学習支援を学校で行うという新しい取り組みも始められている［園山 2013b: 188］。社会経済的に困難な地域における移民の比率は約4分の1と高く、実質的には移民の子どもへの施策となっている。

4. オランダの場合

(1) 1970年代

　1970年代までの政府の方針は、一時的なゲストとして外国人労働者を受け入れるというもので、移民の側も、確かにオランダ滞在が長引いているが

所詮は一時的なものであり、やがては出身国に戻るだろうという意識がまだ強く、オランダ語によって行われる学校教育より、子どもたちに自分たちの母語・母文化をどう教えるかという、母語・母文化教育に関心が集まった。

　1967年にスペインからの移民労働者が、その子どもの母語・母文化維持を目的として自主的に始めたのが、母語・母文化教育の始まりである［小林 2005: 123］。これは次第に、トルコ、モロッコを中心とする他の移民グループにも広まり、やがて帰国後の本国の教育への適応を助けるための政策として、オランダ文化省がその運営予算を確保するにいたった［小林 2005: 123］。

　1974年には、継続して予算を確保し実施するために、その主管はオランダ教育省に移された。そして、母語・母文化教育の目的に、これまでの帰国後の生活に備えて移民の自文化の維持を助けるということだけでなく、オランダ定住者がオランダ社会に参加することを促進することも加えられ、「自文化の維持」の保障には、通常の授業時間を問わず最高で週5時間の予算と時間が確保された［小林 2005: 124］。オランダの移民の子どもへの教育は、オランダ語教育ではなく、母語・母文化教育から始まるという、世界の中でもユニークな歴史を歩んだと指摘されている［小林 2004: 37］。

　他方、オランダ語習得に関わる規定や設備は何もなく、オランダ語がわからない移民の子どもである「文化的マイノリティ生徒(Cumi-Leerlingen)」[16]の多くは、通常クラスでオランダ語を母語とする子どもと一緒にオランダ語を教授語とする授業を受けるという状況に置かれたと指摘されている［小林 2005: 125］。しかしながら、筆者による2011年9月のフィールドワークにより、アムステルダム等の移民が増加した都市において、1970年代に中等教育段階で「国際学級(Internationale Schakel Klassen：ISK)」が設置され、ニューカマーの子どもにオランダ語集中学習の機会が与えられていたことがわかった。

　Ｍ．Ｂ．カジェホは、オランダの国際学級は移民の多い都市で1970年代から開設されていたと説明している[17]［Callejo 2012: 62］。国際学級ではニューカマーの子どもに終日オランダ語が教えられ、1977年以降は政府の助成を受けていた［Callejo 2012: 62］。2011年9月に筆者がインタビューをしたアムステルダムの国際学級担当教師によると、アムステルダムにおいては、

1970年代にアムステルダム市庁によってオランダ語が話せても読み書き能力の低いスリナム系の子どもを対象に国際学級が公立中学校4校に開設され、1980年代にはモロッコ系やトルコ系の子どもが国際学級の主な対象になった。25年前に4校の内1校に併設されていた国際学級が閉鎖され、2011年現在3校において国際学級が存続している。

(2) 1980年代から1990年代

　オランダに定住する移民人口は1980年代も増え続け、当初予測されていた出身地への帰国はもはや実現しないことが明らかとなり［小林 2005: 125］、政府は移民が祖国に帰還するという考えを変更せざるをえなくなった。この頃から移民の子どもは、オランダ人の子どもと比較すると高等教育機関への進学率が極端に低いことが、教育関連の統計にも表れるようになった。また、移民労働者の高い失業率と、その社会保障のための国家財政からの支出が問題として顕在化しつつあった［小林 2005: 126］。

　移民の子どもの学力不足が、やがて第2世代の高失業率の再生産につながるとの危機感を抱いた政府は、1981年にオランダ定住移民とその子どもに関わる初めての包括的教育政策として「教育における文化的少数者政策 (Beleidsplan Culturele Minderheden in het Onderwijs)」を打ち出した［小林 2005: 126］。この新初等教育法は1985年に発効したが、そこに記された中央政府の「多文化社会オランダ」という新しい社会認識と、この認識に基づいた学校教育における異文化間教育実施の義務化が、その後のオランダの学校教育の変化を決定づけた［小林 1997: 111］。新しい「多文化社会オランダ」においては、移民が既存の伝統的オランダ社会に一方的に同化することが求められるのではなく、自分の母文化を維持し、出自のアイデンティティを積極的に持ち続けることで、初めてオランダ市民として社会に統合することが可能になるのだ、という論理であった［小林 2004: 39］。1980年代は、政策において、移民の文化的アイデンティティの保持と社会経済的統合との関連が最もプラスに評価された時期であった［Rijkschroeff et al. 2005: 425］。

　1984年には、母語・母文化教育が正式に初等教育法の中に組み込まれ、

初めてオランダの公教育システムの中で法的基盤が与えられた。保護者が希望すれば、最低8人のグループをつくることを前提として、母語・母文化の教育を行うことが初等教育法で定められた。翌1985年までは、正規の授業時間であることを問わず週最大5時間、その後は授業時間内外にそれぞれ週最大2.5時間までの実施が可能となった［小林 2005: 127］。初等教育在籍者の内、母語・母文化教育を受けた者は、1985年に4万6000人（対象者の65％）、5年後の1990年には6万961人（対象者の67％）に増加した［小林 2005: 128］。他方、異文化間教育をカリキュラムに導入した学校は20％にも満たなかった［Eldering 1997: 335］。

　1985年には社会優先政策と文化的マイノリティ政策が統合された教育優先政策が発効した［Driessen 2000: 59］。この法律の基盤にある考え方は、移民の子どもは生来のオランダ人労働者階級の子どもに匹敵するというものであった［Eldering 1989: 121］。子どもは親の教育レベルと経済的地位と出身国によってポイントが与えられ、子どものポイントに応じて教育省によって学校に追加予算が計上された。1993年には70％の初等学校に教育優先政策による追加予算が割り当てられた［Eldering 1997: 335］。オランダの教育政策の特徴は、これらの予算使用に関して政府の介入が制限され、各学校の決定権が大きいことである［Eldering 1989: 122］。

　また、憲法23条の「教育の自由」条項により、地方自治体や私立団体は、初等・中等教育法に定められた学校設立の規定を満たす限り、政府から財政援助を得られるため、私立学校を設立することが比較的容易であった。これを活用して、1980年代終わりにはイスラム教系の私立小学校が誕生し、イスラム教の教えに基づいた道徳・宗教教育が始まった［小林 2004: 42］。

　1990年代になると、地方分権化と自由化と自治拡大によって新たなアプローチを取るようになった政府は［Driessen 2000: 67］、移民の子どもへの教育政策を、教育の機会均等と労働市場への参加を重視する方向に転換させ、集団としての解放よりも不利益を被っている個人の解放へと焦点を移した。そして、徐々に母文化保持は個人の統合を妨げると捉えられるようになった［Rijkschroeff et al. 2005: 430］。

1998年に発効した母語教育関連法の最大の特徴は、教育の目的や内容そのものではなく、地方分権化というオランダ国政全体の時流に合わせ、これまで国が主体として実施してきた母語教育を、財政負担以外は基本的にすべて地方自治体に任せた点にあり、母語教育は補償教育色を深めた[小林 2005: 132]。

(3) 2000年代から現在

2000年代になってもオランダの多文化社会システムの中で定住移民が引き起こした様々な問題は一向に解決されず、第2世代や第3世代になっても家庭内言語がオランダ語ではない子どもの数は減らず、小学校入学時のオランダ語能力が、家庭の言語として十分なレベルに達していない子どもの数はむしろ増加傾向にあった。オランダ語の日常言語運用能力が不十分な上に、オランダ人が一般に共有する生活習慣に同化しようとしない定住移民の姿が、一般のオランダ人の目に見える形で現れるようになった[小林 2004: 46]。

そうした状況において、2002年春、新しい保守連立政権が成立した。その求心力になったのが、新たな移民や難民の受け入れ拒否を謳い、定住移民やイスラム教に過激なまでの批判的発言を繰り返して急成長を遂げた右派の新政党であった。新政権は短命であったが、学校教育システム内での移民の子どもに対する母語・母文化教育実施の終了を決定し、2004年から関連予算が打ち切られた[小林 2004: 46-47]。1990年代よりも2000年代になって、移民の文化的アイデンティティの保持は、より社会経済的統合の障害として捉えられるようになったと指摘されている[Rijkschroeff et al. 2005: 425]。言語政策が母語・母文化教育に代わって重視するのは、オランダ語の学習となった[Herweijer 2009: 16]。

2011年9月に筆者はアムステルダムとユトレヒトの初等・中等教育レベルの移民の子どもが半数以上在籍するいわゆる「黒い学校(Zwarte Scholen)」[18]を数校訪問したが、いずれの学校でも移民第2世代、第3世代のオランダ語能力不足が最大の問題と捉えられていて、オランダ語学習の必要性が強調されていた。そのための方策として、4歳未満の就学前幼稚園教育[19]の奨

励、オランダ語に問題のある子どものための学年を超えた「補習クラス(Shakel Klassen)」の設置、オランダ語学習のための教材開発、オランダ語能力不足によって「シト・テスト(Cito Toets)」と呼ばれる初等教育終了時の全国統一試験で良い結果を出すことを妨げられている子どもを対象とした、初等教育終了後1年間のオランダ語集中学習学級「コップ・クラス(Kop Klas)」[20]の設置等が実施されていた。母語教育を実施している学校はなかった。

　オランダ語能力向上のための施策以外の移民の子どもに関する具体的政策としては、2006年以降行われている移民の子どもの特定の学校への集中を無くすための分散政策の実施、中学校における全生徒を対象にした2012年までに退学者を半減させる政策[Herweijer 2009: 15]、1985年から導入された異文化間教育にかわって、2006年以降市民性や社会統合の発展を目指した教育の実施、エスニック・アソシエーションと連携して移民の親の教育参加を高める試みや、教育以外の団体と学校との連帯強化等があり、これらを実施することによって教育における不利益の是正が図られている[21][Herweijer 2009: 14-17]。

　また、「文化的マイノリティ生徒」が在籍する学校に対して、生徒1人当たりに一定額の追加予算が計上され支給されてきたが、その措置の有効性を疑問視する報告が2004年に出されてから再検討が重ねられ、2006年には「文化的マイノリティ」の定義を撤廃した新たな措置が設けられている[見原 2009: 131-132]。近年、生徒の民族的背景は予算優遇措置の基準から外され、初等教育レベルでは親の教育水準を、中等教育レベルでは2007年から教育優先地区の生徒数を基準として優遇措置の対象が決められている[Herweijer 2009: 13]。

5．3国の比較考察

　以上、イギリスとフランスとオランダにおける移民教育政策の歴史的展開について概観したが、3国の場合を比較考察したい。ここでは比較の視点として、第1に移民の子どもの文化的言語的特殊性への配慮、第2に競争原理

の導入を取り上げ、その2点の交差から3国の移民教育政策の歴史的展開を比較する。

　イギリスの移民教育政策の歴史的展開においては、1980年代は移民の子どもの文化的言語的特殊性を尊重する文化的多元主義に基づく政策が地方教育当局により実施されたが、その後新自由主義の影響を受けた競争原理が強まり個人の学力が重視されるようになった。また、ブリティッシュネスや市民性という差異を超えた抽象的価値が強調されるようになり、フランス的な共和主義に接近し、文化的多元主義が弱まる方向に転換している。

　フランスは、共和主義に基づいた市民を形成することが学校の役割として認識されているため、生徒自身の生活空間における諸属性は校門で置いてこなければならないといわれている［池田 2007: 160］。1975年以降、出身言語・文化に関する通達が多く出されたが［池田 2001: 68］、移民の子どもを区別することによって共和国の「機会平等原則」に反するのではないかという点が論じられた［庄司・山下 2000: 26］。そして、1989年のスカーフ事件以降、「教育における非宗教性」の問題が注目された。

　公共性の拠り所として法治国家を重視する共和国原理に根ざすフランスと、私的利益を優先させるアングロサクソン型自由主義のイギリスとでは、国家の役割や公共性をどのように考えるかについての議論のあり方や問題の捉え方が非常に異なっていると指摘されている［藤井 2003: 36］。イギリスは公教育においても、競争原理の導入により質的向上を図ると同時に、親と子どもの教育要求を充足するという意図と構図を持ち、そのために多様化するニーズへの対応を目指して様々なタイプの学校や個性化された教育の提供によって学校の差異化を推進している。それに対して、フランスでは市場原理の導入は意図的に避けられ、かつ制度的多様化の方向性もとっていないのは、それらが格差を生み、不平等を拡大するからであり、国家が唯一の提供主体として均質な教育サービスを提供するという伝統的スタイルを維持しているからである［藤井 2003: 37］。しかしながら、近年はフランス社会や学校が共和国モデルよりもネオリベラルな市場原理や実践の影響をかなり受けるようになり［Van Zanten 1997］、2007年に右派与党である国民運動連合のサルコジ

大統領が就任してから、新自由主義に基づく教育改革が加速したと指摘されている［志水・山本 2012: 21］。

　以上のようなフランスの移民教育政策の歴史的展開は、共和国原理に基づくゆえに移民の子どもの文化的言語的特殊性の扱いに苦慮し、それへの配慮が弱まる一方で、共和国原理に反する市場原理導入に傾き個人の学業成績を重視する傾向が強まっていると捉えられる。

　寛容と不干渉を原則とするオランダの移民教育政策の歴史的展開は、1980年代に政府によって移民の子どもの文化的言語的特殊性を尊重する文化的多元主義に基づく政策がとられ、政府予算によって正規の学校で母語・母文化教育が実施された。しかし、1990年代から競争原理の導入によって個人の学力が重視されるようになり、2000年代になると母語・母文化教育が廃止され、オランダ語学習が重視され、文化的多元主義が弱まった。

　以上の3国の移民教育政策の歴史的展開を比較すると、イギリスとオランダは1980年代を中心とする言語的文化的特殊性を尊重する文化的多元主義が2000年代以降弱まり、競争原理の導入による個人の学力重視へと転換したと捉えられる。これに対して、フランスは移民の子どもの背景にある言語的文化的特殊性の取り扱いに苦慮しながらも、共和国原理に基づく個人の統合を重視した政策を保持してきたが、他方で共和国原理に反する市場原理導入にも傾いている。つまり、3国のそれは、個人の学業成績に焦点を当てた「統合」を重視する方向に収斂し、3国間の差異は、2000年代になって縮小しているといえる。

　そして、このように移民教育政策を歴史的に個別に展開してきた3国の差異が縮小してきているのは、EUレベルの移民教育政策の影響力が強まったというよりも、本章で検討したように3国それぞれが個別の状況に対処した結果として捉えられる。今後、EUが加盟国間での相互作用を構築するという役割を果たしていけば、同じ方向性を志向する3国において、EUレベルの移民教育政策の影響力を強めていける可能性があるのではないかと考える。

注
1 インドネシア人妻や混血の子どもはオランダ国籍を有していても、統計上は外国からの移民に分類された。
2 オランダでは通常の法律が憲法に優越するため、憲法が改正されても関連する法律の改正を経ない限り発効されない。そのため、1985年に選挙法と地方自治体法が改正された。
3 アロフトーネンの定義は、両親の双方あるいはそのいずれか一方が外国で生まれた、オランダ生来の者ではない人を指す。だが、政策の重点的な対象となる集団としては、スリナム、アンティル及びアルバ、トルコ、モロッコ系住民が想定されていた[吉田 2003: 8]。
4 自由民主党の議長団長であったF．ボルケステインは、イスラムの価値がヨーロッパの自由主義や民主主義的価値に抵触すると考え、柱状化パラダイムに基づく統合が社会の緊張を高めていると主張した。これに対して、R．ルベルス首相は、イスラムの組織化を通じて社会全体の統合を促進する柱状化パラダイムを支持した[吉田 2003: 10]。
5 オランダの場合、「外国人」とはオランダ国籍を持っていないことを指すのではなく、国籍はオランダでも本人が外国出身であったり、少なくとも、両親のいずれか一方が外国出身である場合を指す[河野 2008: 79]。2012年に第1世代は177万2204人、第2世代は172万1989人でほぼ同数になっている。
6 1998年の秋にフランスの人口学者の間で人口動態調査をめぐり激しい論争が起こった[三浦 2002: 224]。2007年にも、差別の実態を把握するための国勢調査等の際に、個人の民族性や宗教を問うことをめぐって議論がなされた[中野 2009]。
7 主要な新聞とは、The Times（1995年9月26日）、Financial Times（1995年9月26日）、The Gurdian（1995年9月25日、9月26日）、Daily Mail（1995年9月26日）である。
8 1999年には5165人の中国人がフランスで庇護申請をしている[Marc 2002: 121]。
9 イギリスにおける2002年の国籍・移民及び庇護法では、移民と庇護申請の規則を強化するだけでなく、市民となるための帰化条件が付加された。これは、中間集団単位に民族ごとの特徴を重視することによってその差異を尊重する戦後の多文化政策から、個人のイギリス市民としての実質的な知識・資格を問うものへの転換を意味している[佐久間 2007: 310]。
10 Council Directive 77/486/EEC of 25 July 1977 on the Education of the Children of Migrant Workers（http://eur-lex.europa.eu/LexUriServ/LexUriServ.do?uri=CELEX:31977L0486:EN:HTML, 2013年6月30日最終閲覧）
11 教育科学省は、分散政策が人種差別的政策であるという批判が高まったので、1971年の白書で撤回した。小口は、最大規模でバス通学を実施したイーリング

（Ealing）地方教育当局を事例として取り上げて、それが廃止されるまでの経緯を検討している［小口1986］。
12 東アフリカに住む数十万人のアジア系移民の4人に1人がイギリスに向かうと予想された1968年4月、保健大臣を歴任した経験をもつ保守党議員パウエルが有名な「血の川演説」を行った。その内容は、イギリスで年間5万人の有色移民の扶養家族を入国させるのは「狂気」であり、このままではイギリスの歴史で例をみないほど社会を変貌させ、その結果、このまま非白人が増え続ければアメリカの二の舞になることは避けられない。違うとすれば、われわれの「決起」でイギリスの川という川が血で染まるというものであった［佐久間1998: 389］。
13 西インド諸島系の子どもが、「誤って」知的障害者の学校に入れられたかどうかの判断は、児童の能力を測る基準が問題になり難しい。これに関しては、1981年の教育法が親に子どもが特別なグループに入れられることに反対する権利を与えたことによって、言語能力や文化的差異のために特別学校に入れられる危険性は減少した。
14 例えばD．ギルボーンとC．ジップスによる調査［Gillborn & Gipps 1996］がある。
15 いわゆる「スカーフ事件」は、1989年9月パリ郊外のクレイユ市の中学校で起きた事件に端を発している。フランスで生まれたモロッコ系ムスリムの女生徒レイラとファティアマ、そしてチュニジア系のサラミの3人の生徒が、教室でスカーフを外すことを拒否したという理由で退学処分になった事件である。公立学校におけるムスリムの女子生徒のスカーフの着用は、1980年代には広くみられており、しかも、概してそれは特に問題を引き起こすようなものではなかった。また、問題となるようなケースにおいても、教師と生徒、保護者との対話によるケースバイケースで対処しうるような地味な問題だと考えられていた。しかしながら、スカーフ問題が、事件の性質に比して過度に大きな論争を巻き起こしていったのは、この事件を契機に行われた論争が、この事件を、フランスの共和制の基本的な理念に触れるものとして論じたためである［伊東 2006: 88-89］。
16 移民の子どもは「文化的マイノリティ生徒（Cumi-leerlingen）」と呼ばれた。「文化的マイノリティ生徒」とは、生来のオランダ人に対して社会的または文化的にマイノリティであり、またオランダ語と母語の間での言語的近似性がない親または保護者を持つ生徒のことを指す。2005年の時点では、初等学校においては生徒数全体の約15％に当たる24万170人が「文化的マイノリティ生徒」に区分され、2006年度にこれは撤廃された［見原 2009: 131］。1980年には初等学校の全生徒数183万7383人の内の5％である9万437人、1984年には157万4817人の内の6％である9万7721人、1985年には146万8720人の内の8％である12万2871人が「文化的マイノリティ生徒」であった［Eldering 1989: 114］。そして、1986年から2005年までの約20年間に、全生徒数には大きな変化がなかったが、「文化的マ

イノリティ生徒」は2倍になった。2008年には0歳から20歳までの人口の16％が非西欧諸国からの移民で、その内の約70％がトルコ系、モロッコ系、スリナム系かアンティル諸島系で、ほとんどがオランダで生まれ育った第2世代である[Herweijer 2009: 9]。

17 オランダのロッテルダムとスペインのバルセロナにおいて、政策とその実践の関係性について比較研究を行ったカジェホ[Callejo 2012]は、政策実践の事例として国際学級(ISK)を取り上げている。これは筆者が入手できたオランダの国際学級に関する唯一の文献である。日本語文献において国際学級に言及しているものは、管見の限りではなく、日本においては初等教育における入門学級と共に、国際学級についてはほとんど知られていない。

18 トルコ系、モロッコ系、スリナム系とアンティル諸島系の約半数は都市の特定の学校に集中している[Eldering 1989: 114]。1980年から1984年の間に、50％以上を「文化的マイノリティ生徒」が占める「黒い学校(Zwarte Scholen)」数は、227校から368校に70％の増加をみせた。同時に「文化的マイノリティ生徒」が半数以下の「白い学校(Witte Scholen)」数も増えた[Eldering 1989: 115]。アムステルダムとロッテルダムの小学校の40％では、80％以上が非西欧出身の生徒である[Herweijer 2009: 9]。このような分離は、イスラム移民を中心としてマイノリティが学校に通い始めた1970年代半ばから、「黒い」生徒と「白い」生徒が混在する地域で現れるようになり、増加の一途を辿った[見原 2009: 131]。見原はこのような分離の要因として、第1にいわゆる「白人の逃避(Witte Vlucht)」と呼ばれる、オランダ人が「文化的マイノリティ生徒」を避けて子どもを入学・転入させたこと、第2にキリスト教系の私立学校が、一定数以上の非キリスト教徒に対する入学の拒否という手段をとれたことをあげている[見原 2009: 133]。

19 幼稚園は小学校に併設されていても、地方自治体福祉局の管轄で、筆者の訪問した小学校の校長の1人は、小学校の管轄にしようとする動きがあると述べた。

20 筆者による2012年9月の調査によると、アムステルダムには「コップ・クラス」が5つあり、全員で78人の生徒が在籍している。知性はあるが、オランダ語能力に問題がある移民の子どもを選抜する。在籍生徒は、オランダに来て1年から5年くらいのニューカマーとオランダ生まれの第2世代が半々であり、コップ・クラスで1年間学んだ後での統一テスト「シト・テスト」では、よい結果を出している。12歳という早い段階での選抜システムを補う施策として、アムステルダムやユトレヒト等の移民の多い一部の地方自治体でとり入れられている。

21 筆者が2011年9月に訪問した多文化共生問題に取り組むオランダ最大のNGO団体であるFORUM (Instituut Voor Multiculturele Vraagstukken)では、近年の財政難によって、移民の子どもへの施策は構想があっても実施困難であることが強調された。FORUM HP：http://www.forum.nl/, 2011年10月25日最終閲覧）

第Ⅲ章

中国系第2世代への中国語教育
―― 正規の学校と中国語補習校

2012年9月に新しい校舎に移転したファイーン中文学校の前で、新校長と筆者。
（2012年筆者撮影）

本章では、3国における中国系第2世代[1]が、実際にどのような文化的背景に関連した教育を受けたのかを、正規の学校[2]と中国語補習校における中国語教育に焦点を当てて明らかにする。

第1節では異文化の共存という課題に対してEU内で対照的な言説を構成しているといわれているイギリスとフランスの正規の学校において、1990年代から2012年に至るまでに中国語教育が実際にどのように実施されていたのかを比較考察する。なお、オランダの正規の学校においては、2009年に中国語を外国語の選択肢として学べる学校が設立されたが、それまで中国語教育は実施されなかったので言及せず、イギリスとフランスの場合を比較する。

第2節では、3国における中国語教育の中心的役割を担っている中国語補習校がどのような教育を実施し、近年どう変化しているかを明らかにすることを通して、その役割と課題を3国について比較検討する。

第1節　正規の学校における中国語教育

1. ロンドンの正規の学校における中国語教育

イギリスにおいて中国系の子どもの文化的背景に関連した教育が実際にどのように行われているのかについて、ロンドンの正規の学校における中国語教育の1980年代から2012年までの推移を、文献と筆者の現地調査に基づいて検討する。1980年代から約30年間にわたるイギリスの正規の学校における中国語教育を跡付ける記述は、本章以外にはない。

(1) 1980年代

ロンドンの学校は、第2次世界大戦後の移民の流入によって、文化的背景の異なる子どもを多く抱え、白人が少数派となっている学校もある。1989年のインナー・ロンドン教育当局の言語統計によると、インナー・ロンド

ンの公立学校の3歳から17歳の生徒の25％に当たる7万221人は、家庭で英語以外の言語を使っている[Inner London Education Authority 1989]。この言語統計によると、インナー・ロンドンの全公立学校の内87校(8％)では、家庭で英語以外の言語を使っている子どもの方が多く、15校ではその割合が90％以上である。また、全部で184種類の言語が確認され、そのうち500人以上の子どもが話している言語は14種類になる。ベンガル語を話す子どもが最も多く、2番目に多いのがトルコ語で、中国語を話す子どもは3番目である。ベンガル語を話す子どもの過半数はタワーハムレット区(London Borough of Tower Hamlets)に集中しており、ここにはほとんどの生徒が家庭でベンガル語を話すような学校もある。それとは対照的に、中国系の子どもは分散しているのが特徴で、最も集中する学校でも1校に約20〜30人しかいない。これは親の約8割が中国料理に関わる飲食業に携わっているために、競合しないように全国に散住しているからである。中国系人口の約3分の2を抱えるロンドンにおいてもそのような状況であるので、地方では1校に中国系が自分の兄弟のみというのが普通で、それゆえ目立たない存在である。

　イギリスにおいて、正規のカリキュラムの中で母語教育が行なわれるようになったのは、1980年代前半である。母語教育の発展の触媒になったのは、その重要性を提唱した1975年のバロックレポート[Department of Education and Science UK Government 1975]と1977年のEC指令77/486/EECである。バロックレポートでは「どんな子どもも学校に入ったからといって、家庭の言語や文化を捨てることが望まれるべきではない。学校は生徒のバイリンガリズムに肯定的態度を示すべきであり、いつでも出来る限り彼らの母語を維持し、発展させるのを援助すべきである」と述べられている[Great Britain Parliament 1985b: 401]。

　正規のカリキュラム内での母語教育については、中国語教育を含めてほとんど文献がない。中国語教育については、唯一D．ライトの研究が、バークシャー州にあるコンプリヘンシブ・スクール(Comprehensive School)[3]の事例について報告している[Wright 1985]。11歳から18歳まで1600人が在籍するこの学校では、1978年以来、校長の意向によって北京語教育[4]を正規の

カリキュラムの中に導入していた。1985年においては、14歳から16歳までの40人が中国語を3年生からの選択科目として学習し、中国系の子どもは、その内3人であった。1991年にこの学校の追跡調査を行ったM．ホー［Ho 1991］によると、北京語を選択している者は全員で58人であるが、その内中国系の子どもは2人だけであった［Ho 1991: 92］。イギリスではほとんどの中国系の子どもが家庭では広東語を話すので、この学校の中国語教育は、中国系の子どもに対する母語教育としてではなく、主に中国系以外の子どもを対象に外国語として北京語を教えていた。

1986年の内ロンドン教育当局による言語教育の概要によると、インナー・ロンドンの公立学校の中で、中国語が正規のカリキュラムの中で教えられているのは、小学校9校、中学校10校である[5]［Inner London Education Authority 1986: 17］。

以下、1990年代から2012年に至る、ロンドンの正規の学校における中国語教育について、筆者が1990年2月に実施したコンプリヘンシブ・スクール3校、2006年9月に実施したコンプリヘンシブ・スクール2校、グラマー・スクール1校、公立小学校1校、さらに2012年9月に実施したコンプリヘンシブ・スクール1校のそれぞれにおける中国語授業の参与観察と中国語教師へのインタビューに基づいて、1990年代と2000年代以降の2つに区分して検討する。

(2) 1990年代

筆者は、1990年2月に中国語教育が行われているロンドンのコンプリヘンシブ・スクール3校を訪問した。3校共男女共学で、6割以上が移民の子どもで構成されていた。中国系の子どもは1校に20〜30人であり、中国語教育が実施されているからといって、中国系の子どもが多いわけではなかった。3校の内2校では、台湾出身の教師によって北京語が教えられ、1校では香港出身の教師によって広東語が教えられていた。

参与観察をした3校の内1校における北京語授業は、会話の学習が中心で、2年生を対象に1クラスに中国系とそれ以外の生徒の合計10人が参加してい

た。レベル別に3つのグループに分かれていたが、中国系の子どもは家庭では広東語を話すので北京語による会話は初心者で、必ずしも非中国系の子どもよりレベルが高いというわけではなかった。つまり、この学校における北京語教育は中国系の子どもにとって、母語教育ではなかった。1987年から中等教育修了一般資格(GCSE)試験[6]を中国語で受けることが可能になっていたこともあって[7]、非中国系の子どもも北京語を選択していた。またこの学校の中国系生徒の半数以上が、正規のカリキュラム内での中国語授業を選択していなかった。L．Y．-F．ウォンのイギリスの中国系の子どもへの教育に関する調査でも、対象となった216人の中国系の子どもの内、たとえ学校で中国語を学ぶことができても、約3分の1の子どもが第2外国語としてフランス語を選択していたと指摘されている[Wong 1988: 168]。

　教授語については、参与観察をした3校での中国語授業は、すべて英語で行われていた。3校とも教科書を用い、各々の教師が作成したプリントを使っていた。例えば、中国の歴史が英語で書かれたプリントもあった。また、筆者が3年半後の1993年9月、1990年2月に北京語が教えられていたコンブリヘンシブ・スクール1校を再訪すると、香港出身の教師が、イギリス生まれの中国系の子ども15人を対象に広東語を教えていた。この広東語教育は中国系の子どもへの母語教育といえる。同じ学校においてもどの教師を雇用するかによって、中国語の授業内容は変化し、広東語の教師を雇うことによって、以前とは違って母語教育としての役割を果たしていた。

　訪問した3校における中国系の子どもの文化的背景に関連した行事としては、春節や中秋節を祝っていたことがあげられる。これらは、全校生徒が参加する学校行事として位置づけられていた。筆者のインタビュー対象者の1人(表1・事例11: 序章末30-31頁)は、中学2年生であった1993年に、学校で春節を祝ったのを機に、校内のニューズレター[Elizabeth Garrett Anderson School 1993]に干支や春節や龍舞について紹介する文章を寄稿していた。

　また、筆者のイギリスにおける中国系第2世代のインタビュー対象者37人の中に、1980年代後半から1990年代前半にロンドンの小学校と中学校で香港出身の教師から広東語教育を受けた者が3人(表1・事例9、事例11、事例

ロンドンの中学校における正規のカリキュラム内での中国語の授業風景。何人かの生徒は、教師の配布した中国風帽子を冠って授業を受けている。
(2012年筆者撮影)

18) いた。この3人は、週末の中国語補習校の広東語教育に比べて、人数の少ない正規の学校での広東語教育を、実践的でレベルが高かったと非常に高く評価していた。香港出身教師ともマンツーマンの良い関係を築け、3人共、正規の学校での広東語教育のおかげで、広東語で中等教育修了一般資格試験に合格できたと述べた。この3人の経験から、たまたま広東語教育が行われている学校に通い、良い中国人教師にめぐり合った極く少数の者にとっては、正規の学校における広東語教育は、実践的な母語教育を受ける良い機会を提供していたといえる。しかし、中国語教育を行っている学校はロンドンにおいても数校に過ぎず、正規の学校で広東語教育を受けた者は、中国系の子ども全体からすれば極く少数に留まり、母語教育の役割は、週末の中国語補習校が担っていた。

(3) 2000年代以降

2006年9月に、筆者は中国語教育の実施されているロンドンのコンプリヘンシブ・スクール2校、グラマー・スクール1校、公立小学校1校を訪問した。1990年に訪問した3校では2006年には中国語教育が実施されておらず、2006年に訪問したこれら4校は1990年の訪問校とは別の学校である。グラ

ロンドンの小学校における正規のカリキュラム内での中国語の授業風景。中国語教師を囲んで子ども達が車座になっている。
（2012年筆者撮影）

マー・スクールは男子校で、76.8％が白人で、2.8％がインド系、中国系は1.1％であった。コンプリヘンシブ・スクール2校は男女共学で、その内の1校は、白人が39％、西インド諸島系が28％、南アジア系が20％であった。他の1校は、正確な統計はないが、約65％が移民の子どもであった。どの学校の生徒も9割以上がイギリス生まれで、中国系の子どもは全校で約20人であり、中国語教育が実施されている学校だからといって、中国系の生徒数が多いわけではなかった。

訪問した全4校では、外国語教育の選択肢の1つとして、簡体字とピンイン[8]を用いて北京語が教えられていた。中国語教育が実施されている学校リストはないが、中国語教師によると、この教師が2004年に初めてイギリスに来た時は北京語を教えている中学校はロンドンに4校しかなかったが、2006年には16校に増加していた。1990年代のように広東語を教えている学校はなかった。グラマー・スクールでは台湾出身の非常勤教師[9]が、他の3校は中国本土出身の常勤教師が北京語を教えていた。コンプリヘンシブ・スクール2校の内1校とグラマー・スクール1校は北京語教育を導入して1年目で、もう1校のコンプリヘンシブ・スクールは6年目、小学校は3年目であった[10]。

グラマー・スクールでは、1年生はフランス語と北京語(以前はドイツ語)が必修、2年生から5年生ではフランス語とドイツ語と北京語の内いずれか1言語を選択する。コンプリヘンシブ・スクール1校では、1年生ではフランス語と北京語とスペイン語が必修、2年生から5年生では1年生で学んだ3言語の中から1言語を選択する。筆者がこの学校を2012年9月に再訪した時には、3年前から北京語のみが1年生の必修になっていた。もう1校では、1年生はフランス語と北京語が必修、2年生はフランス語が必修、3年生は北京語が選択でき、4年生と5年生で北京語、スペイン語、ベンガル語とアラビア語の中から1言語を選択する。小学校では、北京語が4年生と5年生に教えられていたが、他の外国語は教えられていなかった。4校の中国語教師の話によると、担当する北京語クラス内に中国系生徒は0～3人で、中国語を選択している中国系生徒の母語は広東語であった。

　教科書は、英語説明文付きのオーストラリアから輸入された教科書、あるいはブリティッシュ・カウンシル作成の教科書が使用されていた。小学校では教師の作成したプリントしか使用されていなかった。筆者が参与観察をした中国語授業はどれも初級レベルだったので、教授語としては英語が用いられていた。教授内容は、漢字の書き順や発音の仕方、挨拶の仕方等を中心とするものであった[11]。パワーポイントを使用して、教師の出身地である中国西南部にある農村の生家と、自分が住んでいた都会のフラットの写真を対比させて示し、現在の中国における都会と田舎の格差や貧富の差について考えさせたり、ごみが集積した写真によって中国の環境汚染の酷さを示したり、また教師による中国旅行の写真を紹介するという内容もあった。授業では北京語だけが教えられているのではなく、教師の経験を通して中国文化も伝えられていたといえる。

　正規の学校において外国語教育以外で異文化が伝えられるのは市民性教育[12]という科目だが、中国系の子どもの文化的背景を特に配慮した内容ではない。

2. パリの正規の学校における中国語教育

パリの正規の学校で中国語教育が行われていたのは、2006年度には公立中学校110校中6校、公立高校67校中7校であった[ONISEP 2006a, 2006b]。2011年度には公立中学校112校中11校、公立高校66校中7校で中国語教育が行われていた[ONISEP 2011a, 2011b]。中国語教育を行っている中学校は2006年度の6校から2011年度の11校に増加しているが、高校は7校で変わっていない。

歴史的に遡ると、1970年代後半に入り、移民の子どもの出身言語・文化に関する教育を学校の中で保障していく傾向が顕著になり、2国間協定によって正規の学校の授業時間の一部で母語教育が行われたが、中国語教育は行われてこなかった。中国語教育は1980年代初期に設立された中国系アソシエーションによって運営されていた中国語補習校によってのみ行われていた。

正規の学校における中国語教育が始まったのは1990年代後半であるが、その経緯に関する文献は管見の限りではない。筆者は2007年3月に、正規の学校での中国語教育の開始に関わったパリ13区の中国語教育オーガナイザーにインタビューをすることができた。彼によると、1990年代後半に中国語補習校の運営母体であった中国系アソシエーションが、正規の学校に中国語授業を開始するよう教育省に要請したことが引き金になった。最初は、学校が休みの水曜日午後に中国語授業が実施され、中国系アソシエーションの運営する中国語補習校の中国語教師を雇っていた。その後教育省は、正規の学校における中国語教育の内容を統一するための中国語プログラムを、2002年には初等教育段階で、2005年と2006年には中等教育段階で作成した。彼は、2002年の初等教育段階の中国語プログラムの作成に携わった[13]。中国語プログラムが作成された後は、教師には教員資格を持っている人が雇われるようになった。

正規の学校における授業時間内での中国語教育に関する文献は管見の限りではない。筆者は2006年10月に、中国語教育が実施されている、インド

パリ13区のA小学校で使用されていた竜に関する本。
(2006年筆者撮影)

　シナ難民が住み着いてできた集住地区であるパリ13区のA小学校[14]とG高校[15]を訪問して、中国語授業の参与観察と教師へのインタビューを行った。フランスではイギリスのように中国系の子どもは各校に散らばっている目立たない存在ではなく、パリやパリ郊外の集住地区では、全校の3分の1から半数以上を中国系を含む「アジア系」の子どもが占めている学校もある。A小学校とG高校もそうした学校である。
　A小学校の生徒の民族的出自は28種類に及び、6割の生徒がアジア系、2割がフランス人[16]、2割がマグレブ系やアフリカ系であった。学校では民族的出自に配慮した特別の教育は実施されていないが、例えば中国の神話や竜について書かれた本(上記写真参照)を子どもに読んだりすることはある。クリスマスやサンタクロース、またラマダン明けの祭りについては学校では触れないが、春節だけは神話として捉え、特別に学校行事として祝っていた。
　A小学校教師によると、インドシナ難民の子どもはフランス生まれで、親は学校に敬意を抱き、子どもは学校ではほとんど問題はない。全校の6割をアジア系生徒が占めるため、子ども同士で母語を話していることもあるが、学校ではフランス語を話すように指導していた。母国語を補習校で学ぶのは良いことであるが、学校では将来のためにフランス語を学ぶことを奨励する

第Ⅲ章　中国系第2世代への中国語教育　159

方針であった。またアジア系の親は子どもの教育に非常に熱心で、土曜日の親の会にはたとえフランス語がわからなくても必ず出席する親が多い。

　A小学校では、1996年から北京語教育を実施していたが、他の外国語を教えたことはなかった。10年前には毎日1時間、週に6時間、2006年調査時には週に1時間だけ全生徒が7歳から北京語を学習していた。中国語教師は1人で、フランス人であった。参与観察をした中国語授業では、中国語の歌を歌ったり、漢字（簡体字）の書き順が教えられていた。北京語を家庭で話す少数の子どもには母語教育になるが、この学校のほとんどの中国系の子どもが家庭で話す言語は、広東語や潮州語や福建語や温州語なので、ほとんどの中国系の子どもにとって、母語教育としての役割は果たしていなかった。

　同じくパリ13区に位置するG高校は、アジア系生徒が4割を占め、他は白人とマグレブ系、アフリカ系の生徒で構成されていた。G高校は、第2外国語として中国語が学べるだけではなく、週に1時間、中国の地理と歴史と書道が学べる「セクション・オリエンタル（Section Orientale）」[17]が設けられているために、それを受講するために他の地区から通ってくる生徒もいた。

　G高校では、週に3時間の中国語授業があり、簡体字とピンインを用いて北京語が教えられていた。参与観察をした中国語授業は、1年生を対象としたものであった。受講していた生徒は、1人以外は21人全員がアジア系であった。その内、フランス生まれは16人、それ以外の6人は中国本土出身者であった。フランス生まれの16人は、親がベトナム、ラオス、カンボジア出身で中国系とそうでない子どもがいた。正規の学校で中国語を学習している年数は、3〜6年が16人で、1〜2年は6人であった。中国語補習校には5人が通ったことがあり、通った年数は1〜6年であった。7人はパリ13区以外の区やパリ郊外から通学していた。中国浙江省温州出身の3人は友人同士で温州語を話すが、それ以外の生徒は、友人同士でフランス語を話していた。中国語の教科書はフランスで出版されたフランス語の説明文つきであった。

　授業内容は、チベットの歴史や宗教について、モンゴルとも比較しながら説明するもので、教授語は一部フランス語が用いられる以外、ほとんど北京語であった。授業では、中国語が教えられていただけではなく、中国の歴史

や文化が伝えられていた。中国語教師は上海出身の中国人で、フランスの教員資格を取得していて、この学校で教えて5年目であった。この教師の話によると、G高校で中国語教育を受けた生徒は、3、4人を除いて中国語でバカロレア[18]に合格する。また、中国語を受講する生徒の内、フランス人生徒の方がアジア系生徒よりも一般的な教養があり、アジア系生徒は政治や社会情勢に対して自分の考えを持っていないと述べた。

　筆者のフランスにおける中国系第2世代のインタビュー対象者23人の内、正規の学校で中国語教育を受けていたのは、2人(表2・事例1、事例8: 序章末32-33頁)であった。インタビュー時にG高校の生徒(表2・事例17)であった者もいたが、中国語を選択しないで、スペイン語を選択していた。中国語を選択しなかったのは、中国語補習校で繁体字による北京語を学んでいたからであった。

　正規の学校で中国語教育を受けた2人(表2・事例1、事例8)は、中国語補習校にも通った経験があった。その内の1人である両親が温州出身の大学生(表2・事例1)は、母語は温州語で、パリ3区にある温州系生徒が多い中国語補習校に10歳から15歳まで通い、簡体字とピンインによる読み書きに重点を置いた北京語教育を受けていた。パリ5区の高校では、第2外国語として中国語を選択したが、1クラス約30人の生徒の内、半数はアジア系であった。これは中国語でのバカロレア合格を目指したクラスで、中国語補習校と同様に簡体字とピンインを用いていたが、読み書きではなく話すことに重点が置かれていた。

　もう1人の20代女性(表2・事例8)は、母語は広東語で、6歳から9歳まで中国語補習校で週1時間半、繁体字で北京語を学んだ。パリ13区にある正規の中学校では、全員がアジア系生徒の特別クラスで毎日1時間週5時間、簡体字とピンインを用いて北京語を学んだ。正規の中学校での中国語教育は、中国語補習校のそれに比べて、特に語彙を増やすことに重点が置かれていた。

3. 正規の学校における中国語教育——イギリス・フランスとの比較から

　以上のイギリスとフランスの正規の学校における中国語教育について、相違点と共通点をまとめたい。

　第1の相違点は、イギリスにおいては中国系の子どもが各学校に散らばっており、中国系人口の約3分の1が集中するロンドンにおける中国系の子どもが多い学校でも20～30人しかいない目立たない存在であるということである。フランスの学校ではインドシナ難民を含む「アジア系」と「中国系」とは区別されておらず、パリ13区やパリ郊外にはアジア系の子どもが全校生徒の半数以上を占める学校もある。中国系人口はイギリスとフランスではそれ程違いはないが、フランスの学校の方が、アジア系の子どもが集まっているため顕在化していた。そして、イギリスでは中国系の子どもが多い学校で中国語教育が行われていたわけではないが、フランスではアジア系の子どもの多い学校で中国語教育が行われていた。パリ13区の中国系の子どもの多い中学校では、4年間を通して中国系の子どもだけで構成されたクラスに在籍することも可能であった。アジア系の子どもの多い学校では、「セクション・オリエンタル」が設置され、他地域からもアジア系の子どもが集まってきていたが、これに類するものは、イギリスの学校にはなかった。

　第2の相違点としては、イギリスでは、1970年代後半から既に正規のカリキュラムの中に北京語教育を導入していた学校があった。1990年代にはロンドンの極く少数の学校では、中国系の子どもに対して香港出身の教師によって広東語が教えられていた。イギリスではほんとんどの中国系の子どもの家庭で話されている言語は広東語であるため、正規の学校において母語教育が行われていたといえる。これに対してフランスの正規の学校において中国語教育が開始されたのは1990年代後半であるが、中国語方言が教えらたことはなかった。フランスにおける中国系の子どもが家庭で話している言語は、イギリスの場合より多様で、正規の学校においても中国語補習校においても、中国語方言が教えられずに北京語しか教えられたことはなく、中国系の子どもに対して母語教育が行われたことはなかった。

次に第1の共通点として、両国の学校において、中国語教育以外で中国系の子どもの文化的背景に関連した教育としては、春節や中秋節を学校行事として祝ったり、中国の神話に関する本を読む以外では、目立ったものはない点である。両国の正規の学校における中国語授業では、単に中国語だけではなく、中国の歴史や文化や現状も伝えられていることが参与観察からわかった。しかし、こうした教育は、系統だっているわけではなく、それぞれの教師の経験に拠っている点も両国において共通していた。

第2の共通点としては、近年両国の正規の学校において、簡体字とピンインを用いた北京語しか教えられていない点である。前述したように、イギリスでは1980年代から1990年代に広東語が教えられていたが、少なくとも2006年以降広東語は教えられていない。また、両国における正規の学校の北京語教育は、近年の中国の経済力の増大に鑑みて全生徒を対象とした外国語教育として導入され、ここ数年でクラス数が増加している点も共通していた。

以上から、異文化の共存という課題についてEU内で対照的な言説を構成しているといわれている、イギリスとフランスの正規の学校における中国系の子どもの受けている文化的背景に関連した教育は、中国語教育以外ほとんど行われておらず、結論的にはそれ程違いはなかったといえる。また両国の正規の学校における北京語教育導入の加速という近年の共通の現象は、中国の経済力の増大に鑑みての外国語教育として導入されたもので、中国系の子どもの背景にある文化的背景を尊重するためのものではなかった。

第2節　中国語補習校の役割と課題

本節では、イギリスとフランスとオランダの中国語補習校の役割と課題を比較検討する。中国語補習校とは、正規の学校以外で中国語教育を実施している学校を指す。ヨーロッパには中国語を教授語とする全日制の学校はない。本章第1節で検討したように、イギリスやフランスでは正規の学校でも中国語教育は行われているが、中国語教育の中心的役割は中国語補習校が担って

いる。

1. イギリスの中国語補習校

　1977年のEC指令77/486/EECの採用まで、イギリスの教育制度の中では、各エスニック集団の文化を尊重しようという動きはほとんどなかった。しかし、各エスニック集団内では、早くから母語教育の重要性が認識され、各エスニック集団が独自に設立した母語教育のための学校や教室が存在していた。1980年から1982年にかけてM．テュソウの行った125の地方教育当局を対象にした母語教育の調査によると、17の言語が教えられていた[Tsow 1984]。
　中国系移民も移民当初から中国語補習校で独自の中国語教育を行ってきた。以下、(1)発展の歴史、(2)運営母体、(3)教授内容、(4)第2世代にとっての中国語補習校、について検討する。

(1) 発展の歴史
　D．ジョーンズによると、イギリスの中国系移民が最初に子どものための中国語教室をつくったのは1928年である[Jones 1980: 15]。当時の子どもは、ほとんどがイギリス人女性を母親に持っていたが、子どもに中国文化を伝達したいという思いがあった。最初、レストランの一角にできた教室では、中国語や中国の文化、習慣などが教えられた。後にこの教室は、香港の著名人から500ポンドの寄付を受け、1933年に彼の娘が東ロンドンに校舎を取得し、生徒数約20人の中華中文学校(Chung Hua Chinese School)となった。この学校は、子どもへの中国語教育の場としてだけでなく、祖国についての情報センターや就職斡旋センターとしての役割も果たしていた。しかし中国人教師が中国へ帰国してしまった後、第2次世界大戦が始まる前に閉校となり、その後約20年間中国語補習校は現われなかった[Jones 1980]。
　第2次世界大戦後、1963年4月に華僑サービス(Overseas Chinese Service)によって、中国語教育は再開された[Ng 1968: 70]。この中国語教室では、4歳から12歳の子どもを対象に「子どもたちが立派な人格を身につけ中国文化を

忘れないために、中国語や中国の習慣や道徳などを教える」ことを目的としていたが、生徒数は5、6人であった。中国語補習校が増加するのは、その後1960年代の後半になって、イギリスにいる夫のもとに多くの妻子が合流してからである。イギリスの中国系移民は散住しているので、当初子どもが集まらず中国語補習校を創設するのは容易ではなかったが、1960年代後半から1970年代前半にかけて、ロンドンには中国語補習校5校が開設された［Ng 1968］。

　その後イギリス生まれの子どもが増加し、1970年代後半に中国語教育への要請が急激に高まった。多くの親は、子どもがイギリスの学校に通って英語を学ぶようになると、家庭で話している中国語を忘れてしまわないように、子どもに中国語を学ばせようとしたからである。1960年代から1970年代にかけて中国語補習校が開校されたが、それだけでは多くの子どもを受け入れることができず、1970年代後半から多くの補習校が新たに開校された。1984年のＶ．Ｙ．Ｆ．チャンのレポートによれば、中国語補習校は56校で、そのうちの71％にあたる40校は、1970年代後半から1980年代前半に開校されていた［Chann 1984］。

　1970年代後半からの中国語補習校の増加はその後も続き、1997年の香港返還前までは、香港政庁が中国語補習校総数を把握していた。1992年の香港政庁のリストによると、イギリス全体で96校、生徒数は1万2529人（スコットランド10校：904人、北アイルランド1校：82人、イングランド＆ウェールズ52校：5950人、ロンドン33校：5593人）であった［Hong Kong Government Office 1992］。中国語補習校は全国に散らばっているが、ロンドンに最も多く、その生徒数はオックスフォード中国系キリスト教会中国語教室(Oxford Chinese Christian Church Chinese Class)の12人から、英国華商総会中文学校(Chinese Chamber of Commerce UK Chinese School)の1488人まで、その規模は様々である。ロンドンにおける中国語補習校33校のうち、80年代に開校されたのは22校、70年代が2校、60年代が2校で、残りは記載なしである［Hong Kong Government Office 1992］。

　その後1997年の香港返還によってイギリス全土の中国語補習校をまと

めていた香港政庁は閉鎖した。2001年の中国語補習校総数は110校で[游2001]、2006年には120校(ロンドンとミドルセックス：25校、ロンドン以外のイングランド：71校、ウェールズ：5校、北アイルランド：3校、スコットランド：16校)[游 2006]、2013年3月には130校になった[Chinese-Channel HP[19]]。1992年の香港政庁リストではイギリス全体で96校であったので、全学校数は増加しているが、ロンドンでは1992年の33校から2006年には25校に減っている。90年代から現在までの増加率は、1980年代よりは高くない。

(2) 運営母体

テュソウは中国語補習校を運営母体よって以下の3つに分類している[Tsow 1984: 39]。

第1は、中国系アソシエーションによって運営されている補習校で、例えば、ロンドン共和協会中文学校(London Kung Ho Association Chinese School)や英国華商総会中文学校(Chinese Chamber of Commerce UK Chinese School)などがそれにあたる。1947年に設立されたロンドン共和協会(Kung Ho Association of London)や、1968年に設立された英国華商総会(Chinese Chamber of Commerce UK)は、初期の団体のように、差別に立ち向かうための避難所というよりも、教育やレクリエーション活動に力を注ぎ、1960年代後半に要請の高まった中国語補習校を設立した。

第2は、キリスト教会に所属する補習校で、例えばセントマーティン・イン・ザ・フィールド教会中文学校(St. Martin-in-the-Field Church Chinese School)やリーニッシュ教会中文教室(Reinish Church Ltd Chinese Class)等がある。

第3は、1980年代に開校されたチャイニーズ・コミュニティ・センターの運営する補習校で、これらは、地方自治体から直接補助金を受けている。例えば、ハリンゲイ中文学校(Haringey Chinese School)やハックニー華人中文学校(Hackney Chinese Community School)などがこれにあたる。

中国語補習校は個々に運営されてきたが、筆者による1995年9月の香港政庁職員へのインタビューによると、1994年に個々に運営されてきたこれらの中国語補習校をまとめる全国組織ができ、約9割の補習校が加入した。

ロンドンの中国語補習校での授業風景。
（2006年筆者撮影）

　補習校をまとめる全国組織ができたのは、1970年代から始まった香港政庁による教科書無料配布などの援助が1990年代初めに中止されたからであった[Christiansen 1998: 58]。全補習校が週末に開かれている。学習時間は2時間のクラスが多いが、初級レベルでは時間が長すぎると子どもが集中できないため1時間や1時間半のクラスもある。

　補習校の資金について、当初は運営母体だけが援助していたが、1970年代後半以降は、香港政庁が年に1校につき1000ポンドから2000ポンドの援助をしていた[Wong 1988: 131]。しかし、1995年9月の筆者による香港政庁職員へのインタビューによると、香港政庁は中国語補習校への資金援助は一切していないとのことであった。2006年3月の筆者による英国華商総会会長へのインタビューにおいても、香港政庁からの資金援助は受けたことはなかった。1988年の教育改革法によって廃止されたインナー・ロンドン教育当局(ILEA)は補習校への資金援助を行ったり、補習校に無償で校舎を貸したりしていた。それ以外は、運営母体である団体の会費や授業料から資金を調達していたが、資金繰りにはどの補習校も苦労していた[20]。

　2012年現在、イギリスで最も生徒数の多い補習校は、英国華商総会中文学校で、2012年9月の筆者による校長へのインタビューによると、生徒数

は約1000人である。2006年3月には生徒数は1160人だったので［游 2006］、ここ数年間では生徒数の変化はそれ程ない。しかし、香港政庁のリストによると1990年のこの学校の生徒数は1488人であったので、20年間で3分の2に減少している。ロンドンにおける他の中国語補習校は生徒数が200〜300人であるのに比べて、この学校の生徒数の多い理由は、チャイナタウンの中心に位置し、1968年に設立されて以来の歴史があり知名度が高いので、近隣に住む生徒だけではなく、様々な地域から生徒を集めているからである[21]。1968年英国華商総会設立と同時に作られたこの学校は、イギリスの中国語補習校の中で唯一、校舎を有している[22]。他の補習校は正規の学校の校舎を借りていて、1回約500ポンドの借料を地方教育当局に払っているのに比べると資金面では恵まれている。

(3) 教授内容

1990年代までは中国語補習校で教えられていた内容は、大多数の生徒の家庭で話されている言語である広東語の読み書きが中心であった。つまり母語の読み書き教育としての役割を果たしていた。また、1990年代に北京語のみを教える補習校はロンドンには2校あった。1990年5月に筆者の訪問した北京語を教える補習校2校の内1校の校長によると、この学校は1983年に設立されたが、ほとんどの生徒はイギリス生まれで、生徒の7割の親は台湾、マレーシア、シンガポール出身者、残り3割の親は香港出身者であった。親はコンピューター技師、会計士、弁護士等の専門職に就き学歴が高く、生徒の約2割は私立学校に通っていた。つまり、1990年代に北京語のみを教える補習校には、中国系移民の中でもエリート層の子どもが通っていた。

1997年の香港返還以降2000年代になって、広東語のみが教えられていた補習校においても、北京語クラスが新設された。2006年3月に筆者の訪問した3校[23]の北京語クラス数は広東語クラスに比べると少なく、広東語クラスのように中等教育修了一般資格試験レベルまではなかった。しかし校長や運営母体の中国系アソシエーション会長の話では、今後は広東語クラス並みにクラス数を増やしたい意向であった。北京語クラスでは簡体字とピンイン

が、広東語クラスでは繁体字と注音字母が用いられていた。北京語を学ぶ子どもの両親は、中国本土出身者が多いが香港出身者もいる。つまり、子どもに母語である広東語ではなく、汎用性のある北京語を習わせている香港出身の親もいた。教授語としては、初級レベルでは英語も用いられているが、レベルが上がると中国語のみとなった。

　2012年9月の筆者の訪問時、英国華商総会中文学校では、広東語クラスは35クラス、北京語クラスは10クラスであった。広東語クラスの生徒は香港かマレーシアに出自を持つ第3世代であった。北京語クラスの生徒は、主に中国本土出身の親を持つ第2世代であったが、香港かマレーシアに出自を持つ第3世代もいた。ハリンゲイ中文学校では、2012年9月の筆者の訪問時、北京語クラスと広東語クラスの生徒数が逆転し、北京語クラスの生徒数は125人、広東語クラスのそれは25人で、2012年度9月の広東語クラスの新入生はゼロであった。

　教科書は、広東語クラスでは1993年までは香港政庁から無償配布される香港で使われているものが使用されていた。しかし週末1時間半から2時間の学習時間では1年に2巻という香港と同じ量をこなすことはできなかった。1990年に筆者がインタビューをした補習校教師の話によると、教科書の中から中国の歴史、祭り、習慣、親孝行というようなトピックを、任意に選んで教えていた。1991年には、イギリス在住中国系移民向けの教材を開発する約20人のチームができ、1993年にはそのチームによってイギリス在住中国系移民向けに広東語の教科書が編纂された。

　2006年調査時においては、イギリス在住中国系移民向けに編纂された教科書は、1冊が半分に分けられ、同じ内容が半分は繁体字を用いた広東語、半分は簡体字を用いた北京語で記載され、広東語クラスと北京語クラス両方で用いられていた。1990年に訪問した北京語のみを教える補習校では、台湾政府出版の中国系移民向け教科書が使用され、繁体字が用いられていた。またイギリス在住中国系移民向けに開発された教科書が編纂された1993年以降でも、どの補習校においてもこの教科書が用いられているわけではなかった。北京語クラスでは中国本土から輸入された中国系移民向けの教科書

が使われることもあり、広東語クラスでは香港から輸入された中国系移民向けの教科書が使われることもあった。どの教科書を使用するかは、同じ補習校においても変更されることがあり、担当教師が使いやすいものを選択する場合もあれば、英国華商総会中文学校のように、1968年の設立時から2012年9月に至るまで香港から輸入された中国系移民向けの教科書のみを全クラスが使っている場合もある。

　また、教師については、ウォンによるロンドンの中国語補習校教師127人を対象とした調査によれば、35％が大学教育を受けるために香港から来た留学生で、23％が補習校で学ぶ子どもを持つ親、残りは様々な仕事を持つイギリス在住中国人であった[Wong 1988: 152-3]。1997年香港返還後は北京語クラスが増えたが、北京語クラスの教師は中国本土出身者が大半であった。補習校教師への報酬は、交通費が支給されるぐらいで、多くの教師は、補習校で教えることをコミュニティ・サービスとして捉えていた。留学生は、勉学を終えると帰国する者もいて流動性が高く、多くの補習校では教師不足という問題を抱えていた。

(4) 第2世代にとっての中国語補習校

　筆者によるイギリスにおける中国系第2世代のインタビュー対象者37人の内2人以外は、小学校入学時から平均約10年間中国語補習校に通った経験があり、広東語を学んでいた。しかし、広東語で中等教育修了一般資格試験を受験した3人以外は、広東語の読み書きはほとんどできないと言い、読み書きの学習が中心の補習校は、10年間通ってもその効果がほとんどなかったといえる。両親がマレーシア出身の1人(表1・事例24)だけは北京語クラスに通った経験があった。この事例の場合、父親は公務員で英語も北京語もでき、家庭では英語で話すエリート層であり、子どもに外国語として北京語を学ばせていた。

　第2世代の中国語能力については、筆者が1993年以降約20年間にわたって、調査の度に滞在した香港新界出身の両親を持つ3人の子どもが最も顕著に表している(上記写真参照)。父親は中国料理レストランのコックとして40年近

L家の食卓を囲んで。コックだった父親は、いつも美味しい中国料理をつくって筆者を迎えてくれる。(向って左から、次男・父親・母親・筆者・長女：2012年筆者撮影)

く働いていたが数年前に引退し、20年前に小学生であった3人は、2013年現在において20代から30代になっている。両親はあまり英語ができず、幼少期から親との会話は広東語で、食事の時には広東語が飛び交い、広東語の世界で育っていたことを筆者は家庭に滞在していたので身をもって感じていた。しかしながら、小学生だった3人が20代、30代になった現在、3人共第1言語は英語で、親とは今でも広東語で会話をするが、残念なことに複雑なことは表現できないという。幼少期の広東語の飛び交う家庭環境を知っていただけに、筆者には驚きであった。3人共中国語補習校には10年近く通っていたので、かつて毎週土曜日の午前中、中国語補習校に行く前に、母親が子どもの宿題を教えていた光景を今でも覚えている。しかし、3人共広東語の読み書きはほとんどできず、その効果はほとんどなかったといえる。

　また、ほとんどの者が中国語補習校には親に行かされたと捉えていて、年齢を経れば興味を失っていた。それゆえ、どの補習校もクラスの学年が上になる程、生徒数が少なくなっていた。補習校に通っている時には楽しくなかったのであるが、成長してから振り返ると、親に感謝していると述べた者もいた。補習校で中国系の友人に会えることを楽しんでいたと語った者もいた。成人してから再度中国語を主体的に学び始めた場合は、広東語ではなく

北京語を学んでいて、読み書き能力も高かった。

2. フランスの中国語補習校

フランスの中国語補習校に関する文献は管見の限りではない。それゆえ、以下は、筆者が2005年10月、2006年3月と9月、2013年3月に実施したフィールドワークでのパリの中国語補習校5校の事例に基づいて、(1)運営母体と生徒数、(2)教授内容、(3)第2世代にとっての中国語補習校、について概要を説明する。

(1)運営母体と生徒数

中国語補習校の主な運営母体は、中国系アソシエーションである。フランスでは1939年に外国人によるアソシエーションの活動を規制する法律ができ、この法律の廃止される1981年10月9日まで、中国系移民によるアソシエーションは少なかった[Live 1998: 113]。ほとんどの中国語補習校は1980年代に開校されているが、上記法律の廃止以降、アソシエーションが地方文化やマイノリティ文化の復権に重要な役割を果たすようになり、中国系アソシエーションによる中国語補習校の開校も、こうした動向の1つとして捉えることができる。

中国語補習校の運営母体となっている中国系アソシエーションには、1975年から1980年にかけて設立されたフランコ゠アジアン・アソシエーションと1982年以降に設立された正統チャイニーズ・アソシエーションとがある。フランコ゠アジアン・アソシエーションである1981年に創設されたパリ13区にある法亜文化友愛会(Rencontre et Culture Franco-Asiatique)は、法亜文化友愛会中文学校を運営している。生徒数は2006年には1500人を超え、パリで最も生徒数の多い補習校であったが、2013年には約580人に減少していた。生徒数減少の理由は、法亜文化友愛会の専属スタッフによると、中国語を学べる正規の学校と中国語補習校の増加によって生徒がそこに流れたからであった。

正統チャイニーズ・アソシエーションであるパリ13区の法国潮州会館は、潮州語話者によって設立され、会員には東南アジア出身者も中国本土出身者もおり、運営する補習校の2006年の生徒数は約700人であった。同じくパリ13区のチャイナタウンにある正統チャイニーズ・アソシエーションである法国インドシナ協会の運営する補習校の2006年の生徒数は、約400人であった。パリ3区の法国華僑華人会は、温州出身者によって設立された正統チャイニーズ・アソシエーションで、会員のほとんどが中国浙江省温州出身者であり、2006年の補習校生徒数は約500人であった。生徒の親は、9割以上が温州出身者で、生徒の中にはパリ近郊から列車で通ってくる子どももいた。

　法国中華学校は、広東省出身のビジネスマンの私財によって開校された補習校である。生徒数は2006年の約800人から2013年には約680人に減少していた。しかし、法国中華学校の生徒数は、法亜文化友愛会中文学校のように3分の1近くになるような急減はしていない。それは、この学校に通う生徒の親はインドシナ難民だけではなく中国本土出身者もいて、その比率が増加しているからである。19区に位置していた同校は2009年に10区に移転したが、10区が中国本土からの新移民の集住地区に近いことも関連しているのではないかと考えられる。

　筆者が訪問したのは、以上の5校である。パリの台湾文化センター（Centre Culturel des Chinois）[24]で得られた情報では、このセンターが把握している中国語補習校は、フランス全土に22校あり、そのうちパリには6校あった。フランスの全中国語補習校において北京語が教えられているが、台湾文化センターの把握する22校は主に繁体字を用いていて、簡体字を用いている補習校はこの22校には含まれていない。簡体字を用いている補習校がフランス全土に何校あるのかについての情報は、残念ながら今のところ得られていない。中国語補習校全体をまとめる全国組織はなく、全学校数を把握できる文献は管見の限りではない。

(2) 教授内容

　フランスの中国語補習校は、イギリスの場合と同様に、フランスの教育制度からは独立し、中央の機関によって運営されているのではなく、それぞれの学校は独自に運営されている。全日制の学校はなく、正規の学校が休みである水曜日午後か土曜日か日曜日に1時間半開かれている[25]。生徒の年齢は5歳から20歳までで、学年とレベルが上がる程、生徒数は少なくなる。ほとんどの生徒が第2世代で、第3世代もいる。

　前述したようにフランスにおいては、全中国語補習校で北京語が教えられている。生徒は家庭では中国語方言を話していても、補習校において北京語が教えられているので、中国語補習校は、多くの子ども達にとって母語教育としての役割は果たしていない。近年、親は北京語の汎用性を鑑み、家庭でも中国語方言を使わないで、北京語を使用している場合もある。また、どの補習校でも北京語が教えられているが、用いられている文字と発音表記は補習校によって違いがある。

　2006年調査時には、法亜文化友愛会中文学校と法国中華学校において、3分の2のクラスで繁体字と注音字母が、3分の1のクラスで簡体字とピンインが用いられていた。法国インドシナ協会と法国潮州会館と法国華僑華人の運営する補習校3校では、簡体字とピンインが用いられていた。中国系インドシナ難民は、祖父母の代が中国から移住しているので、1956年に中華人民共和国が漢字簡化方策を公布する前に中国から移住しているため、来仏前は繁体字を使用していたので、来仏後も補習校において繁体字を用いて子どもに北京語を学ばせたと考えられる。しかし、2013年3月の調査時には、繁体字と注音字母を用いていた法亜文化友愛会中文学校と法国中華学校において、簡体字とピンインを使用したクラス数が、繁体字を用いるクラス数を上回っていた。法国中華学校では繁体字だけを用いるクラスはなくなり、繁体字を用いるクラスでは簡体字も用いていた。

　教科書に関しては、法亜文化友愛会中文学校と法国中華学校においては、繁体字と注音字母を用いるクラスでは台湾政府出版の中国系移民向け教科書が、簡体字とピンインを用いるクラスでは中国政府出版の中国系移民向け

教科書が使用されていた。簡体字とピンインのみを用いている他の3校では、中国政府出版の中国系移民向け教科書が使用されていた。

雇う教師は、繁体字と注音字母を用いるクラスにおいては、台湾出身の留学生や東南アジア出身の親が、簡体字とピンインを用いるクラスにおいては中国本土出身の留学生や親が主流である。

教授語に関しては、初級レベルではフランス語も用いるが、レベルが上がれば中国語のみとなる。教師の報酬は交通費だけである。授業料は、2006年調査時には年間約150ユーロであった。繁体字と注音字母、簡体字とピンインのどちらを用いるか、あるいはどの教科書を使用するかや、またどこの出身の教師を雇うかは、運営母体である中国系アソシエーションの政治的立場を反映しているわけではなかった。

(3) 第2世代にとっての中国語補習校

筆者によるフランスにおける中国系第2世代のインタビュー対象者23人全員の第1言語はフランス語である。23人の内、補習校に通った経験があるのは12人であり、通った年数は3年が6人、4年が2人、5年が2人、8年が1人、10年が1人であった。補習校に通った経験のある12人が家庭で話す言語は、北京語1人、潮州語3人、福建語1人、広東語5人、フランス語2人であった。つまり、補習校に通った経験のある12人の内、家庭で北京語を話す1人を除けば、北京語を教える中国語補習校は、母語教育の役割を果たしていなかった。また、12人中2人だけが簡体字を学んだこともあったが、それ以外の10人は、補習校で繁体字を学んでいた。

10年間補習校に通った経験を持つ者でも、中国語の読み書きは少しできる程度であった。またほとんどの者が親に勧められて補習校に通ったと答えた。全員が漢字の読み書きは難しかったと言い、友人ができて楽しかったと言った者もいた。また3人は補習校ではなく大学で簡単字とピンインを用いた北京語を2、3年間学んでいた。

3．オランダの中国語補習校

　オランダにおいて中国語補習校が設立されたのは、第2世代が増加した1970年代中頃以降であり、オランダ中文教育協会(Stichting Chinees Onderwijs)のＨＰによると2013年6月現在全国に45校ある[26]。オランダ中文教育協会はオランダの中国語補習校を束ねる組織で、2年に1回中国語スピーチコンテストを開催している。オランダの中国語補習校に関する先行研究は管見の限りではないので、以下、筆者が2012年と2013年に実施したアムステルダムとユトレヒトの中国語補習校4校の調査に基づいて、概要を説明する。

　オランダで最初に開校された中国語補習校は荷蘭華人親睦会(Chinese Vereninging in Netherlands 'Fa Yin')の運営するファーイン中文学校(Fa Yin Chinese School)で、1976年にアムステルダムの香港出身者によって荷蘭華人親睦会が設立されると同時に開校された[Li 1999a: 98]。2012年9月に筆者がインタビューをしたファーイン中文学校校長は、開校時に生徒であったという香港系第2世代女性であった。彼女の話によると、開校時は広東語クラスが1クラスしかなく、生徒は10～12人であったが、3年後には3クラスに増えた。約10年前が生徒数のピークで約500人であったが、2012年には約200人に減った。

　ファーイン中文学校の特徴は、学習時間が土曜日11時から15時までの4時間と長いことである。イギリスやフランスやオランダにおける他の中国語補習校は、通常学習時間が1時間半から2時間なので、筆者の管見の限りではあるが、3国で最も学習時間の長い中国語補習校である。開校以来、広東語に加えて、学習時間の内1時間だけは台湾出身教師が繁体字を用いた北京語も教えていた。2009年には全時間簡体字を用いて北京語を教えるクラスができた。北京語クラスの増加と広東語クラスの減少という傾向が強まる中、2012年9月調査時において、オランダで広東語クラスが幼稚園レベルから中等教育上級レベルまでの10レベル全てが揃っているのはこの学校だけである。それゆえユトレヒトからアムステルダムにあるこの学校に通っている

生徒もいる。以前は香港から輸入した教科書を使用していたが、オランダ在住中国人向けの教科書ができて以降は、広東語クラスではそれを使用するようになった。北京語クラスでは中国から輸入した中国系移民向け教科書を使用していた。教師は無報酬で、中国系第2世代や中国出身者であった。2012年9月には設立以来アムステルダムのチャイナタウンにあった校舎が手狭になり、近郊の中学校に移転した。校舎の賃貸料を支払わなくてはならないが、20年前から政府の補助金を受けることはなく、年間1人270ユーロの授業料だけで運営している。

　広東語クラスの生徒の主流は香港系第3世代であり、北京語クラスの生徒の主流は温州系第2世代で、上海や北京の出身者を親にもつ第2世代や、香港系第3世代も含まれていた。親となった香港系第2世代の約2割は、子どもに北京語を学ばせていた。自らも香港系第2世代であるこの校長は、母語が広東語ならまずは子どもに広東語を学ばせ、後で北京語を学ばせることを親に勧めていた[27]。

　上記のファーイン中文学校と並んでアムステルダムで名の通った補習校は、1979年に開校されたカイワ中文学校(Chinese School Kai Wah)である。この補習校は、香港出身で1966年にオランダ人男性と結婚しオランダに在住することになった70代の女性によって開校された。彼女は、オランダの学校でフランス語教師をしていた時、香港から移住した親達から子どもに広東語を教えてほしいと懇願されてカイワ中文学校を立ち上げた。政府からは資金援助を受けられず、夫が個人的に出資してくれた。開校当初は生徒6人で、1990年代後半には生徒数が約500人まで増えたが、2012年には55人に減った。最初は母語を教える広東語クラスだけであったが、1997年から北京語クラスができ、2012年には北京語クラスだけになった。他方で、1993年に開設した大人向け北京語クラスは生徒数が増え、2012年には約50人になった。彼女は、1986年に通訳や情報提供、オランダ語教室運営等の活動をする中国系アソシエーションとして華励中心(Chinees Centrum Wa Lai)を設立し、2013年には女性クラブに130人が登録し京劇や歌を練習している。

　以上のようなファーイン中文学校やカイワ中文学校に代表される1970

年代に開校された中国語補習校の生徒数が減少しているのとは対照的に、2011年9月にアムステルダム南部に開校した中国語補習校は、生徒数約200人で、北京言語文化大学出版の刊行する英語版教科書を使用し、教師は高学歴で経験豊富な人を選び、将来的に生徒数を4倍に拡大しようとしていた。広東語クラスは2クラス、北京語クラスは7クラスである。2012年9月に筆者がインタビューをした校長であるオランダ在住16年の中国人女性は、大人向け北京語学校をオランダ全土に既に4校開校しているが、筆者が訪問した学校は旧来の母語教育として始まった中国語補習校とは異なった新しいタイプの中国語学校であると述べた。コミュニティ・サービスとして中国系アソシエーションが運営していた中国語補習校とは違い、利益を追求した語学学校として位置づけられ、このようなタイプの学校が北京語学習の需要の高まりと共に近年急増している。

　また、筆者は2011年9月にユトレヒト中文学校(Alg. Chinese School Utrecht)を訪問し、副校長である中国人女性にインタビューをした。この学校は1981年に教師1人と生徒15人の中国語教室として開校した。2011年調査時には生徒数は約500人、22クラスあり、生徒の6割は温州出身の親を、2割は香港出身の親を、1割はオランダ人と国際結婚をした中国人を母親に持つオランダ生まれの第2、第3世代であった。1980年代は生徒の親の大部分は香港出身者で、全クラスで広東語が教えられていたが、1990年代からの温州出身者の増加に伴い、20年前に簡体字とピンインを用いて北京語を教える2クラスができた。最初は浙江省出身の親を持つ温州語を母語とする子どもも、中国系コミュニティにおける主流言語である広東語を学んでいたが、1997年香港返還後は北京語を学ぶ子どもが増え、中国本土からの新移民の流入増加も影響し、2007年から全クラスで北京語が教えられるようになった。

　以上から、1970年代に広東語を教える母語教育の場として開校された中国語補習校は、特に1990年代以降の新移民流入の影響を反映し、北京語クラスが急増し、さらに中国系アソシエーションによるコミュニティ・サービスとして提供されるのではなく、ビジネスとしての中国語学校が増加し、こ

の約30年間の変化が著しいことがわかった。

　また、筆者のオランダにおける中国系第2世代のインタビュー対象者27人の内、中国語補習校に通った経験があったのは14人であった。ファーイン中文学校に通った経験のあった5人は、広東語だけではなく週4時間の学習時間中1時間だけは北京語を学んでいた。他の9人は広東語を学んでいて、5年から10年間在籍していたが、広東語の読み書き能力は低かった。アムステルダム在住の2人(表3・事例16、事例23: 序章末34-35頁)は、中等教育レベルに上がる時に、学習時間が2時間のカイワ中文学校から学習時間が週4時間のファーイン中文学校に転校し、読み書き能力が上がったと言った。オランダのインタビュー対象者の内40代以上の者は、学齢期に中国語補習校がまだ設立されていなかったので通った経験はなかった。40代以上の者は、中国語の読み書き能力がないだけではなく、60代女性(表3・事例25)のように母親がオランダ人の場合、中国語は全くできない。

4. 中国語補習校の役割と課題——3国の比較から

　以上3国それぞれの中国語補習校について述べてきたが、3国の中国語補習校について、(1)母語教育としての役割、(2)正規の学校における中国語教育と中国語補習校との関係、(3)北京語クラスの増加、という3つの視点から比較考察をする。

(1)母語教育としての役割

　イギリスとオランダの中国語補習校においては、設立当初からほとんどの生徒の家庭で話されている広東語が教えられてきたので、母語教育の役割を果たしていた。これに対して、フランスの補習校においては、開校当初から現在に至るまで北京語が教えられてきた。フランスの中国系の子どもの多くは家庭では広東語、潮州語、福建語や海南語などの中国語方言を話しているので、中国語補習校は母語教育の役割を果たしていなかった。ただし、近年増加している家庭で北京語を話す中国本土出身者の子どもにとっては、母語

教育の役割を果たしている。

　この補習校の役割の違いを生み出した要因の1つとして考えられるのは、イギリスとオランダの場合は家庭で話されている言語が主に広東語で、少数の客家語話者はいるものの比較的均質であったのに対して、フランスの場合は家庭で話されている中国語方言がより多様であったことである。フランスは特に1970年代を中心に中国系インドシナ難民が流入したという歴史的経緯が、中国系移民の言語的多様性を生み出した。パリ13区にある法亜文化友愛会中文学校は、親の主流が中国系インドシナ難民であり、家庭で話されている中国語方言は多様であり、共通語として汎用性の高い北京語を教えたと考えられる。しかし、同じ方言話者によって設立された団体、例えば法国潮州会館や法国華僑華人会の運営する補習校に通う生徒の親のほとんどは、潮州語や温州語を話していても、補習校では北京語が教えられていた。それゆえ、家庭で話されている中国語方言が多様であるから北京語が教えられているだけではなく、次世代に中国語方言ではなく北京語を教えたいという親の意向が反映されていたと考えられる。近年では、家庭でも中国語方言ではなく北京語を用いる場合が多くなっている。

　これに対して、イギリスとオランダは香港出身者が主流であり、親は香港で主に広東語を使用し、子どもにも広東語を忘れてほしくないという思いが中国語補習校を開校させた。3国の中国語補習校は、第2世代が増加した1980年代に多く開校されたことは共通している。イギリスの中国系第2世代は中国語補習校に通った経験がある者の割合が最も高く、ほとんどの者が通った経験を持っていた。オランダはそれより少なく、フランスでは筆者のインタビュー対象者の半数しか通った経験を持っておらず、通学年数も短かった。これは、母語教育を受けさせる目的がある方が、親は子どもを補習校に通わせようとするからではないかと考える。

　またイギリスとオランダの中国語補習校は全国的組織があり、両国の中国系移民向けの教科書が編纂されているのに対して、フランスの補習校は全国的に組織されていない。この理由としては、第1にイギリスにおいては香港返還まで香港政庁が全国の補習校を把握していたこと、第2にイギリスとオ

ランダの補習校の運営母体である中国系アソシエーションは、フランスの中国系アソシエーションよりも連携していることが理由として考えられる[28]。

(2)正規の学校における中国語教育と中国語補習校との関係

　正規の学校における中国語教育については前節で検討したように、イギリスにおいては1980年代から1990年代にはロンドンの極く一部の学校で広東語の母語教育が実施されていたが、少なくとも2006年以降は正規の学校で広東語は教えられず、全生徒向けの外国語の選択肢の1つとして北京語を導入する学校が増加していた。フランスでは、パリやその近郊の中国系の子どもの多い正規の学校で、中国語教育が始められた1990年代後半から現在に至るまで簡体字とピンインを用いた北京語教育が行われている。家庭では中国語方言を話すほとんどの中国系の子どもにとっては、フランスの正規の学校の中国語教育は母語教育の役割を果たしていなかった。また、オランダにおける正規の学校で中国語が外国語として教えられるようになったのは2009年からである。2013年現在、3国の正規の学校では、外国語教育として簡体字とピンインを用いた北京語が教えられており、そのクラス数が増加している点は共通している。

　以上から、イギリスとオランダの中国語補習校では、母語教育として広東語が教えられてきたゆえに、正規の学校の外国語教育としての北京語教育とは役割が異なっていたが、近年は補習校でも北京語クラスが増加し、その役割が重なってきている。フランスの補習校は開校当初から正規の学校と同じように、汎用性の高い外国語としての北京語教育を行ってきた。以前は補習校では繁体字を用い、正規の学校では簡体字を用いるという違いがあったが、近年は補習校でも簡体字を用いるクラスが増加し、両者の違いは補習校の方が読み書きを重視していること以外はなくなっている。

　今後3国において正規の学校でも中国語補習校でも、簡体字とピンインを用いた北京語を教えるクラスが増加することが予想され、正規の学校と補習校の役割の違いはより小さくなっていくであろう。

(3) 北京語クラスの増加

3国の中国語補習校に共通して、近年、簡体字とピンインを用いて北京語を教えるクラスが急増しているのは注目すべきである。イギリスやオランダにおいて広東語を教える母語教育のために開校された補習校においてさえ、2000年代になって北京語クラスが急増し、広東語クラスは消滅しつつある。その理由として、以下の3点が考えられる。

第1に、3国において中国の改革開放政策以降、特に1990年代後半から中国本土からの移民の流入が急増していることである。中国語補習校に通うのは、中国本土から親に伴って幼少期に移住した子どもだけでなく、第2世代もいるが、普通語として北京語を子どもに学ばせようとした。今後も中国からの移民が増えれば、さらに簡体字とピンインを用いて北京語を教えるクラスの需要が高まると予想される。

第2に、1997年の香港返還以降、香港において北京語の重要性が増したことである。その影響で、香港出身の親も母語の広東語ではなく北京語を中国語補習校で子どもに学ばせようとしたことが、簡体字とピンインを用いて北京語を教えるクラスの増加につながった。

第3に、フランスにおいては、中国系インドシナ難民であった親は、自らが来仏前に使用していた繁体字と注音字母を用いて北京語を教えるクラスに子どもを通わせていたが、近年、中国の経済的上昇を鑑み、簡体字とピンインを用いて北京語を子どもに教えた方が将来性があると考えたことである。

簡体字とピンインによって北京語を教えるクラスの増加という近年の動向は、3国の正規の学校でも中国語補習校でも共通にみられた。これらは、今後のEUにおける中国系社会や文化のあり方を考えるための示唆となるであろう。様々な出身地や言語的多様性をもつ中国系の人々が、次世代に簡体字とピンインによる北京語を教えようとする動向は今後さらに強まると考えられる。それゆえ、移住先で育つ次世代にとっての中国文化の核となるものは、簡体字とピンインによる北京語になっていくといえる。

筆者による3国の中国系第2世代へのインタビューからは、中国語補習校に通っても読み書き能力という点ではそれ程効果がないことがわかった。ま

た中国語補習校には親に行かされたと捉え、年齢が上がると補習校をやめる子どもが多いことも3国において共通していた。年齢が上がってもいかに勉強意欲を持続させるか、また財政難や教師不足など運営上の諸問題も3国の中国語補習校が抱える共通の課題であった。しかしながら、様々な課題はあるものの、簡体字とピンインを用いた北京語を次世代に教えようとする動きが国境を超えて強まっていることは確かであり、こうした動きは中国系次世代をトランスナショナルに結びつける可能性を持つものだと考える。EUという枠組みで中国系社会の今後を考える場合、様々な出身地と言語的多様性をもった中国系の人々は、次世代への教育を通して、言語や出身地によって隔てられた壁を乗り越えて、簡体字とピンインを用いた北京語を中国系社会の文化の核にしていく可能性が指摘できる。ここには中国の経済発展や国際社会における政治的な発言力の大きさが関わっていることは確かである。中国語補習校は、移住国で生まれ育つ中国系次世代の担う「中国文化」の中身を決定する。運営する大人たちは、それを意識するような広い視野を持っていることが必要であり、これこそが今後の中国語補習校の担っている最大の課題であると考える。

注

1 統計上の「移民第2世代」の扱いは、出生地主義の国籍法を持つイギリスと、基本的には血統主義の国籍法をもつフランスとでは異なる。イギリスで生まれ育った移民第2世代は、両親が外国籍でも出生時からイギリス国籍を持ち、統計上は「エスニック・マイノリティ」として扱われる。しかし、フランスでは「エスニック・マイノリティ」という概念は用いられておらず、「外国人」と「移民」が用いられている。移民第2世代は、両親が外国籍の場合、一定の条件を充たせば国籍申請の手続は必要なく、満18歳の誕生日付けでフランス国籍者となる。それゆえ、両親が外国籍の移民第2世代は、満18歳未満を対象とする統計では「外国生まれの外国人」として「外国人生徒」に含まれるが、満18歳以上を対象とする統計では、「外国生まれのフランス国籍取得者」となる。統計上外国人の子どもとして数えられる20歳未満の子どもの64％（9歳未満では80％にもなる）はフランス生まれであると算定される［園山 1996: 29］。オランダの場合、外国人の子どもは2006年度に公式に撤廃されるまで、「文化的マイノリティ生徒」と呼ばれ、移民第2世代はこれに含まれる。「文化的マイノリティ生徒」とは、生来のオランダ人に対し

て社会的または文化的にマイノリティであり、またオランダ語と母語の間での言語的近似性がない親または保護者をもつ生徒のことを指す［見原 2009: 131］。
2 イギリスとフランスとオランダの学校系統図については、巻末の参考資料1、2、3を参照されたい。
3 イギリスの公立中学校「セカンダリー・スクール（Secondary School）」は大きく分けて2種類ある。11歳で試験選抜される「グラマー・スクール（Grammer School：昔、ラテン語の文法を教育していたのでグラマー（文法）の名前が残っている）」と無試験の「コンプリヘンシブ・スクール（Comprehensive School：総合制中学校）」である。私立中学校は「パブリック・スクール（Public School）」という。
4 本書における「北京語」とは、中国において公用語として定められた「普通語」を意味している。
5 1980年代に中国語教育を実施している正規の学校数に関しては、これ以外の資料はない。
6 中等教育修了一般資格（GCSE）とは、the General Certificate of Secondary Education の略であり、GCSE試験は、1988年夏から全国で実施されている公的試験である。5年間の中等教育終了後に受験する。
7 中等教育修了一般資格試験は、北京語でも広東語でも受験できる。
8 「簡体字」とは正しくは「簡化［漢］字」といい、主に中華人民共和国で使われている文字である。漢字の字画を減らし、より覚えやすくして識字率を高めることを目的として、1956年に中華人民共和国が「漢字簡化方案」を公布し、公式な文字と定めたのが、簡字体制定の起源である。これに対して、「繁体字」とは、日本で言うところの「旧字体」で、主に台湾や香港で使われている。中国語の表音方法も複数あり、現在中華人民共和国で使用されている「ピンイン」と呼ばれる表音方法は、1958年、文字改革委員会の定めた「漢語ピンイン方案」が公布されたことで普及・定着した。また現在台湾、香港等で使用されている表音方法は、「注音字母」である。これは、辛亥革命後の1913年に決定され、1918年に教育部より公布された「国音字母」という表音文字である。後に「注音符号」と改称されたが、一般には「注音字母」の名称で通用している［香山 2001］。
9 繁体字と注音字母を用いる台湾出身の中国語教師は、注音字母からピンインへの対照表を携帯してピンインに変換していた。この台湾出身の教師によると、生徒は台湾と中国大陸の違いを認識しておらず、その教師が台湾出身であることを意識していなかった。
10 中国語授業を始めて6年目のコンプリヘンシブ・スクールだけは、北京語を教える常勤教師を3人（2人は中国本土出身者、1人は中国滞在経験のあるイギリス人）雇用していたが、他の3校は中国語教師は1校に1人だけであった。イギリスで

は海外で取得した教員資格は認められていないので、筆者が話を聞いた中国語教師3人は、イギリスの大学を卒業後、北京語を教えるためにイギリスでさらに2年間学んで資格を取得していた。

11 授業ではグループをつくって会話をさせたり、大きなさいころを投げて、それを取った人が質問に答えたりするような工夫がされていた。

12 イングランドでは、市民性教育が小学校段階では2000年に非必修の学習要素として、また中等学校段階では2002年に必修科目として導入された。市民性教育は、英語ではCitizenship Education, Education for Citizenship, Civic Educationなどと表現されるが、実際には政治教育や多文化教育、人権教育なども含まれ得る［北山 2013: 80-81］。

13 この言語プログラムは、中国語だけではなく、英語、ポルトガル語、ドイツ語、ロシア語、アラビア語でも作成された。

14 パリでの筆者の調査対象小学校については、「表8 パリにおける調査対象小学校の概要」（第VI章269頁）を参照されたい。

15 パリでの筆者の調査対象高校については「表10 パリにおける調査対象高校の概要」（第VI章291頁）を参照されたい。

16 A小学校の付近に軍の社宅があるため、生徒の2割を占めるフランス人は、軍人の子どもがほとんどである。

17 「セクション・オリエンタル（Section Orientale）」「セクション・ユーロペンヌ（Section Europeenne）」「セクション・アンテクナショナル（Section Internationale）」等がある。これらは中等教育において外国語や外国の歴史、地理、経済、数学や化学等を学ぶことに重点を置いたクラスで、1992年に導入された。外国語としては、中国語、英語、ドイツ語、イタリア語、スペイン語、アラビア語、日本語、ベトナム語、ロシア語、ポルトガル語、オランダ語、イタリア語が学べる。2011年度には27万5835人の生徒が在籍している。
(Le Site d'Accompagnement pour les Sections Européennes ou de Langues Orientales (Emilangues HP)：http://www.emilangues.education.fr/questions-essentielles/qu-est-ce-qu-une-section-europeenne-ou-de-langue-orientale, 2013年7月2日最終閲覧）

18 バカロレアとは、フランスにおける大学入学資格を得るための統一国家試験を示す。中等教育終了時に受験をする。

19 Chinese Channel HP (http://www.chinese-channel.co.uk/eu/comm_3.php, 2013年2月20日最終閲覧）

20 例えば、ハリンゲイ中文学校の年間授業料は、2006年時には1人年間約80ポンドであった。

21 子どもを補習校に送ってきた親は、子どもが勉強している間、チャイナタウンで

買い物をすることもできる。
22 1977年に会員の寄付で5階建てレストランを10万ポンドで購入し、校舎として使用している。中国語補習校として使用される土日以外には、ウエストミンスター区(London Borough of Westminster)の英語成人教育に校舎を提供している。
23 筆者の訪問した3校とは、ロンドン共和協会中文学校(London Kung Ho Association Chinese School)、英国華商総会中文学校(Chinese Chamber of Commerce UK Chinese School)、ハリンゲイ中文学校(Haringey Chinese School)である。
24 パリの台湾文化センターは、2013年3月の調査時には閉鎖されていた。
25 法国華僑華人会の運営する補習校は、水曜日か土曜日か日曜日に1時間半のクラスが開かれ、生徒は週に2回通っている。
26 Stichting Chinees Onderwijs HP (http://www.chineesonderwijs.nl/index.php?id=8, 2013年6月24日最終閲覧)
27 この校長がまずは母語である広東語を子どもに学ばせるのを勧めるのは、親があまり北京語を話せない場合、子どもに北京語で質問されてもわからないし、子どもが広東語を話せると祖父母とも会話ができるからである。彼女は、母語としての広東語を保持することは大切であることを、補習校に子どもを通わせようとする広東系の親に話していた。
28 パリで筆者が聞いた中国系アソシエーション関係者の話によると、たとえ近くに位置していても中国系アソシエーション同士の交流はほとんどなく、お互いについて何も知らなかった。

第Ⅳ章

中国系第2世代と学校適応

ロンドンの中学校では、「Aspire・Achieve・Succeed」(上昇志向・達成・成功)が標語として掲げられていた。
(2012年筆者撮影)

本章では、正規の学校に適応しているといわれている、イギリスとフランスとオランダの中国系第2世代の学校適応の実態とその理由について検討する。

　第1節では、3国における中国系の子どもにみる学校適応の実態を、主に文献に基づいて検討する。そして、学校適応の理由を、第2節では3国それぞれの第1世代において、第3節では3国それぞれの第2世代において「成功の民俗理論」[Ogbu 1991]がどのように形成されているのかという視点から比較検討する。ここでの「成功の民俗理論」とは、主流社会の学校教育を成功のための手段としてどのように捉えているかであり、それによって学校適応・不適応を説明しようとするものである。第4節ではこれらをまとめ、抽出した成功の民俗理論によって3国の中国系第2世代の学校適応を説明できることを示す。

　方法としては、筆者による1990年代からの短期調査の積み重ねにおいて聞き取った3国の中国系第2世代へのインタビュー結果から、第1世代と第2世代における成功の民俗理論を読み取る。第2世代へのインタビューは、イギリスとフランスでは10代後半から20代の若者を、オランダでは主に30歳以上を対象に、教育の経験や親との葛藤や文化的アイデンティティに関するライフヒストリーを構成するものである（表1、表2、表3参照：序章末30-35頁）。特定の個人の語りを日本語に訳して引用したり、インタビュー全体から指摘しうる点を抽出した。

第1節　中国系の学校適応の実態

　本節では、イギリスとフランスとオランダの中国系の子どもに関わる学業成績、高等教育を受ける割合、留年や退学率等を文献に基づいて明らかにし、学校適応の実態について検討する。

1．イギリスの場合

　イギリスにおいては1960年代前半から、西インド諸島系の子どもの学業不振が問題となり議論され、エスニック・マイノリティ別の学業成績の調査が多くなされてきた。

　1990年代中頃までのエスニック・マイノリティ別の学業成績の調査は、「西インド諸島系」「白人」「アジア系」「その他」という4つのカテゴリーを設けたものが多かった。例えば、M．クラフトとA．クラフトは、グレーター・ロンドンの中学校16校の調査から、5年生の試験結果に基づいて、階級差も3段階に分けて考慮しながら、西インド諸島系は白人よりも成績が悪く、アジア系は白人よりも良いことを示している[Craft & Craft 1983]。イギリスでは「アジア系」とは通常「南アジア系」を示し、インド系とパキスタン系とバングラデシュ系が含まれ、前述のような調査では、中国系の子どもは「その他」のカテゴリーに入れられていた。1980年代の内政委員会の第2報告書[Great Britain Parliament 1985a]やスワンレポート[Great Britain Parliament 1985b: 653]では、中国系の子どもは学業成績が良く、特に理系の成績が良いとされ、高等教育を受ける割合も高いことが指摘された。

　D．オーエンは1991年の国勢調査に基づいて、Aレベル[1]以上の資格保持者の割合が、18〜29歳の中国系では49.9％（白人は40.4％）、30〜44歳の中国系では10.7％（白人は26.2％）、45歳以上の中国系では1％（白人は12.4％）であるとしている[Owen 1994: 8]。この数字から、18〜29歳の中国系の若者は親の世代とは対照的に、白人の若者よりも高等教育を受ける割合が高いことがわかる。筆者のイギリスにおける中国系第2世代のインタビュー対象者37人の内、高校生4人以外は全員が大学生か大学卒で、大学院卒は5人、大学院在学中は1人であった。中等教育の退学者についての調査では、1000人中西インド諸島系は約155人の退学者がいるのに対して、白人は約30人、中国系は10人以下で、退学者は最も少なかった[Gillborn & Gipps 1996]。

　図1は、2004年の教育技能省(Department for Education and Skills)による中等教育修了一般資格試験で5科目以上で合格点(C〜A[+])を獲得した者の割合(エスニ

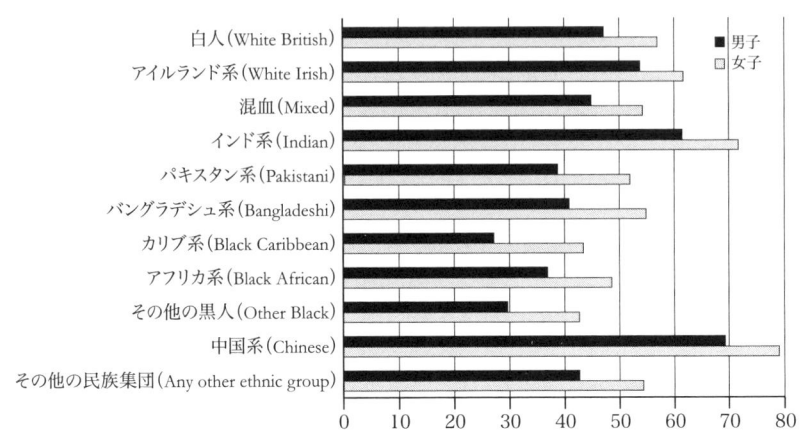

図1　GCSE試験で5科目以上C〜A⁺を獲得した者の割合（エスニシティ別、男女別）：2004年（イングランド）

出典）Department for Education and Skills, 2004, *National Curriculum Assessment and Equivalent Post-16 Attainment by Pupil Characteristics in England*, Statistical First Release 08/2005.

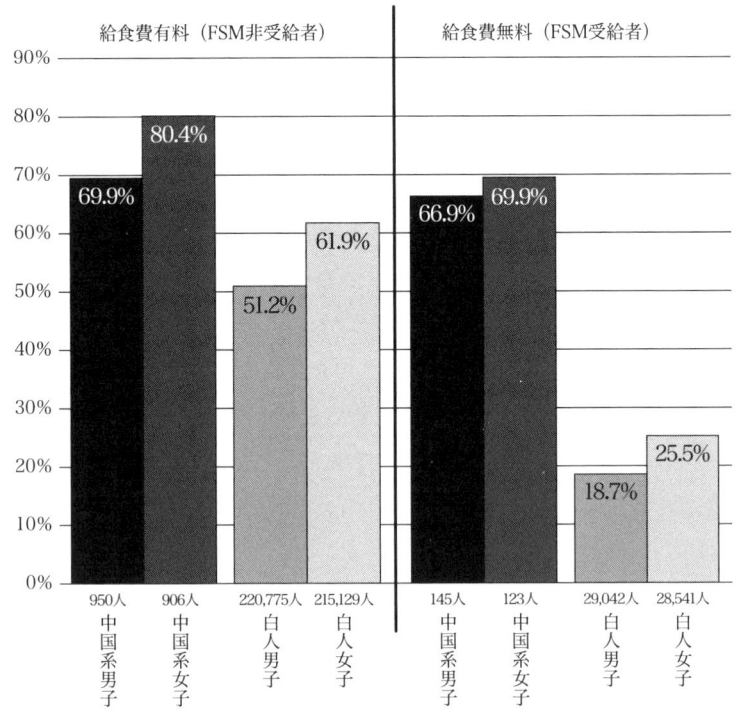

図2　GCSEでA〜Cを5つ以上獲得した中国系と白人の割合（給食費有料：無料別）

シティ別・男女別)の調査結果である。これによると、中国系男子の69.5%(1095人)、中国系女子の79.4%(1029人)が合格点(C～A$^+$)を獲得し、中国系全体では74.2%である。これに対して、白人男子の47.4%(24万9797人)、白人女子の57.4%(24万3672人)が合格点(C～A$^+$)を獲得し、白人全体では52.3%である。この統計では、中国系は他のエスニック・マイノリティの中で最も成績が良いことが示されている(図1参照)。

また学業成績は、エスニシティだけではなく、ジェンダーや階級など他の要因とも複雑に絡み合っている。ジェンダーについては、全てのエスニック・マイノリティにおいて男子よりも女子の方が良い成績を上げている。階級については、アーチャーとフランシスが「無料学校給食(FSM)」受給という指標を用いて、それを収入の低い家庭出身の子どもの指標としてエスニシティ別の統計に重ねて検討している[2][Archer & Francis 2007: 10-13]。中等教育修了一般資格試験で5科目以上で合格点(C～A$^+$)を獲得した者は、給食費有料(FSM非受給者)の場合、中国系男子は69.9%、中国系女子は80.4%であるのに対して、白人男子は51.2%、白人女子は61.6%である。給食費無料(FSM受給者)の場合、中国系男子は66.9%、中国系女子は69.9%であるのに対して、白人男子は18.7%、白人女子は25.5%である(図2参照)。上記の数字が示すように、給食費有料と無料の差異が白人の方が大きいことから、アーチャーとフランシスは、階級がエスニック・マイノリティの学業成績よりも白人の学業成績により影響を与える要因となっていると指摘している[Archer & Francis 2007: 13]。

ギルボーン[Gillborn 2008]も上記のアーチャーとフランシスと同じ指摘をしている。2006年の教育技能省による中等教育修了一般資格試験で5科目以上で合格点(C～A$^+$)を獲得した者の調査に基づいて、給食費有料の中国系女子が84・5%とその割合が最高で、給食費無料の白人男子が24.5%と最低であることを示した[Gillborn 2008: 53]。そして、給食費有料と無料の差異が25%以上あるのは、白人と、白人とアジア系の混血であり、階級に関連する不平等は、白人に最も顕著であり、階級はどの集団においても共通に学業成績に影響を与える要因ではないと指摘している[Gillborn 2008: 55]。

職業については、D.マンソンが第4次政策研究所の調査に基づいて、専門職や管理職に就いている経済活動の可能な中国系男性は46％であるのに対して、白人男性は30％であり、中国系女性は30％であるのに対して、白人女性は16％であるとしている[Manson 2003: 74-75]。男性も女性も中国系の方が白人よりも専門職や管理職に就いている割合が高いことを示している。

2. フランスの場合

　一般的に多くの移民家庭は、子どもの教育を支援していくうえで、極めて不利な環境にあり、移民の子どもの多くは落第を経験していると指摘されている。基本的な教育を受けている移民労働者はほとんどおらず、例えば、アルジェリア出身者はおよそ半数が手紙を書いたり読んだりするのに困難を覚えている[池田 2001: 50]。園山は、1989年度に国民教育省によって実施された中学1年生と特殊教育科の約2万7000人の生徒を対象とする留年率の調査に基づいて、留年を経験していない者はトルコ系が約45％であるのに対して、東南アジア系は7割近くであると指摘している[園山 2002: 438-439]。移民の中でも、特にトルコ系はいわゆる落ちこぼれが多いのに対して、東南アジア系はそうではないことが示されている。

　2008年の国立統計経済研究所(Insee)による出身国別のバカロレア取得率に関する調査によれば、非移民68％、イタリア・スペイン系64％、ポルトガル系56％、アルジェリア系53％、モロッコ・チュニジア系60％、トルコ系39％、東南アジア系70％である[Insee 2008]。東南アジア系のバカロレア取得率はマジョリティよりも高い[3]。「良い生徒」というステレオタイプで語られるアジア系の子どもにも、カンボジア系、ベトナム系、ラオス系、中国系、日系等が含まれ、実際には様々な差異があると指摘されているが[Simon-Barough 1995]、統計上では東南アジア系の学業成績が高いことが示されている。東南アジア系の内、半数以上が中国出自なので、フランスにおける中国系第2世代も学業成績が良く高学歴で、留年や退学を経験する者は少ないといえる。

宮島喬[2006]は、国立統計経済研究所による出身国別30～49歳の移民の獲得ディプローム水準に関する1999年データに基づいて、学業失敗者というべき「ディプロームなし」層は、トルコ、マグレブ3国、ポルトガルに目立って高いと指摘している。トルコ系の数字は突出しているが、ポルトガル系がヨーロッパ系移民でありながら、特に学業達成レベルが低い。マグレブ系の約半数は低学歴・低職業資格に終わり、親達の教育経験が乏しく、フランス語の読み書き文化がほとんど家庭に取り込まれていないことが原因であるとしている。他方「バカロレア以上」という高学歴者は、ポルトガルとトルコを除いて、いずれも20％以上となり、「その他アフリカ諸国」ではフランス全体の平均を超えていて、「分極化」とでも呼ぶべき傾向が進んでいる[宮島 2006: 112-113]。園山は、移民の子どもの学業成績について、社会的職能類別のデータに焦点を絞って検討し、同じ社会的職能類別の家庭出身の生徒の場合には、フランス全体より外国出身者の方が高い進学率を示すことを指摘している[園山 1996: 35]。

　筆者のフランスにおける中国系第2世代のインタビュー対象者23人の内、高校生6人以外は、全員大学生か大学卒で、大学院卒が2人、大学院在学中が1人であった。高校生6人も大学進学の意思を持っていた。そして、約半数は「学校時代は一生懸命勉強をして成績が良かった」と語り、退学者はいなかった。「中学校の終わりに落第をしたので、その時から非常に勉強をがんばるようになった」と述べた者もいた。また2006年9月に筆者の訪問したインドシナ難民集住地区であるパリ13区にあるG高校教師は、アジア系生徒はとても態度がいいのが特徴であると語った。

　以上から、フランスにおける中国系の子どもは、学業不振や落ちこぼれが問題となっているマグレブ系やトルコ系の子どもとは対照的に、学校に適応しているといえる。

3. オランダの場合

　オランダの中国系の学業成績に関する資料はほとんどない[Pieke 1991:

166]。ピークは、わずかな統計の中から、アムステルダムの中学校のタイプ[4]に基づいてエスニック集団別教育レベルを示す1987年のJ．ホールト(Jenny Hoolt)の研究を引用し、オランダ生まれの中国系生徒は、オランダ人を含むすべてのエスニック集団の中で学業レベルの高い中学校に通っている割合が最も高いとしている[Pieke 1991: 169]。オランダの中国系第2世代の若者の文化的アイデンティティについての調査を実施したL．ウィッテも、モロッコ系、トルコ系や中国系の親は教育レベルが低く仕事で忙しく家にいないことは共通しているが、モロッコ系やトルコ系第2世代が学校不適応の問題を抱えているのとは対照的に、中国系第2世代は学校で良い成績を収めていると指摘している[Witte 2009: 43]。

　ウィッテのインタビュー対象者30人の内、大学卒は18人、高等職業教育機関卒は11人、不明1人である。また、筆者のオランダにおける中国系第2世代のインタビュー対象者27人の内、大学院卒は6人、大学院在学中は2人、大学卒は11人、高等職業教育機関卒は3人、高等職業教育機関在学中は1人、中等職業訓練学校卒3人、中学校中退は1人である。また、筆者は2013年3月にユトレヒトのギムナジウムという全国的にも僅かしかないエリート教育を行う中学校を訪問したが、生徒はほとんどが白人であり、中国系生徒は全校に5人であった[5]。この学校で30年以上教職に就く教師の話によると、中国系の子どもは30年前から毎年数人程度は在籍するが、モロッコ系の子どもがこの学校に入学したのは2012年が初めてであった。

　以上から、オランダにおいてもモロッコ系やトルコ系第2世代が学校不適応の問題を抱えているのに対して、中国系第2世代は学校に適応しているといえる。

第2節　第1世代にみる成功の民俗理論

　本節では、筆者による中国系第2世代へのインタビュー結果から、3国における第1世代の形成した成功の民俗理論を抽出する。オランダの場合、筆者のインタビュー対象者は主に30歳以上であるが、20代を中心とする中国

系第2世代の若者へのインタビューを実施したウィッテ[Witte 2009]とキム[Kim 2009]による研究も参照する。

1. イギリスの場合

　イギリスの中国系第1世代は、香港新界出身者が主流で、教育程度は低く、約8割が中国料理に関わる飲食業に就いている。筆者のインタビュー対象者37人の父親の職業は、2人の父親が地方自治体公務員である以外は、中国料理レストランやテークアウェイ・ショップを自営しているか、コックやウェイターとして雇われていた。母親は、家で裁縫の内職をしていたり、チャイニーズ・コミュニティ・センターで料理や掃除をして働いて、店を自営している場合は父親と共に働いていた。第2世代の以下のような語りに、親の教育への態度が読み取れる。

>　両親は、テークアウェイ・ショップで暇なく1年中働いて、自分達が犠牲になることによって、子ども達は一生懸命勉強しさえすれば良い職に就けて未来が開けると考えて、私たち姉妹に夢を託して、勉強するように言った。
>（表1・事例11：25歳時）

　教育社会学的アプローチからイギリスの中国系の子どもがなぜ成績が良いのかを論じたアーチャーとフランシスは、中国系の親30人（父親9人と母親21人、全員香港出身者）にインタビューを行い、インタビュー対象者全員が子どもにとって教育が大切であると信じているとして、そうした親の教育への態度が子どもの高い学業成績につながっていると指摘している[Archer & Francis 2007: 75]。そして、親が教育程度が低いことは、子どもに高い教育を受けさせたいという思いを減少させていないと説明している[Archer & Francis 2007: 76]。子どもの教育を重視する背景には、アーチャーとフランシスも指摘するように、また上記の語りからも読み取れるように、レストランやテークアウェイ・ショップで働くしかない親が抱く、子どもには同じ職業

に就かないで新たな未来を開いてほしいという思いがある[Archer & Francis 2007: 76]。

　また、上記の語りは女性によるものだが、親は息子に対してだけではなく、娘に対しても高等教育を受けるよう望んでいた。多くのインタビュー対象者は、一般的には、両親は娘よりも息子の方に勉強して安定した職に就くことを望み、娘には職に就くことよりも結婚することを望む傾向があると言ったが、女性であることによって高等教育の機会を奪われた者はいなかった。

　イギリスにおける移民社会のジェンダー問題は、主にムスリム第2世代女性をめぐって論じられてきた。パキスタン系ムスリム女性について論じた笠間千浪[1993]は、女性は家庭内領域に本領があるとされ、結果として母や妻という地位を通してのみ自己実現ができるが、社会的参加や個人として生きることへの選択肢が少ないと指摘している[笠間 1993: 114]。こうした親の背景にあるイスラム的価値に基づくジェンダー規範によって、女性が高等教育を受けることは望まれていない。そして、男女平等という西欧的価値を内面化した第2世代女性は、イスラム的価値を持つ親との間に葛藤や衝突を経験する[笠間 1993]。

　筆者のインタビュー対象者の中では2人の女性(表1・事例6、事例7)が、特に父親との間に軋轢を経験していたが、この2人も含めて、女性だからという理由で高等教育を受ける機会を奪われた事例はなかった[6]。逆に、上記の語り(表1・事例11：25歳時)にあるように、娘も高等教育を受けることが望まれていた。第1世代女性と第2世代女性の間の世代間にみられるジェンダーの再編については、詳しくは別稿[山本 2006]で論じたが、第1世代女性は主婦として母として子どもに夢を託しながら低賃金の仕事に甘んじ、娘は学校教育を通して安定した職を得て、公的領域においても私的領域においても自己実現の道を探っていた[山本 2006]。以下の20代女性(表1・事例13)が語った母親の人生からも、母親が娘に高い教育を受けさせることを望み、娘も自らの成功を母親の成功として捉えていることが読み取れる。

　　母の人生とは本当に違う。母は幼少期は農業をしながら工場で働いてい

て、まさに労働者であり、労働者階級で、とても貧しかった。今でも母はきちんとした仕事に就いていない。よその家に掃除に行ったりして低賃金の仕事しかない。私はここで育ってここで教育を受けて大学に行って、専門職(会計士)に就いている。でも、母は、家庭をつくり子どもを育ててよくやってきたと思う。私も弟も大学を卒業して働いている。母は農家の出身で外国に来て家族を養って大変だったと思うけど、その面では彼女はとても成功したと思う。与えられた環境の中でがんばって生きてきたと思う。(表1・事例13：27歳時)

また、成績の良い子どもを持つことが親の威信を高め、面子を保つことにもなると考えられていた。以下は大学院博士課程に学ぶ20代女性(表1・事例23)の語りである。

両親は、私の成績が良いと喜んだし、教育を尊重し、高い教育を受けることを望んだけれども、プレッシャーはかけなかった。自分達と同じ飲食業には就いて欲しくないと思っている。でも、私は親にプレッシャーをかけられて勉強をしたのではなく、自分で興味を持った生態学の分野を追求した。良い成績を取れば、親も喜ぶと思った。両親は最初私が博士課程に進むと言ったら心配したけれども、奨学金や助成金をもらっているから、仕事に就いたようなもので心配することはないと説明した。今では、娘が博士課程で研究しているのをとても誇りにしている。中国人は、面子にこだわるから。(表1・事例23)

イギリスで発行されている中国語新聞である青島日報には中等教育修了一般資格試験で良い成績をとった子どもの名前が掲載されるが、インタビュー対象者の中には、幼少期からよくその記事を親から見せられ良い成績を取るように言われて、自分の名前が出た時には親がとても喜んだと語った者もいた。また、例えば英国海外彭氏宗親会では成績優秀者に奨学金を出して表彰している[7]。このように中国系コミュニティにおいて、成績優秀者が

評価されるので、子どもが良い成績を取ることによって、親は威信を高めることができる。しかし、実際には、親は「勉強をしなさい」と子どもに言っても、低学歴で英語能力も低く、子どもの勉強の手助けをすることはできなかったし、イギリスの教育制度についても知識がなかったので、子どもの学校選択や進路選択にアドバイスをすることはできなかった。学校での親の集まりへの出席率も、英語力もなく仕事が忙しいこともあり低かった。

　また、イギリスの中国系第2世代の特徴として、親がレストランやテークアウェイ・ショップを自営している場合、子どもは10歳頃から例外なく放課後や週末に親を手伝って働いた経験を持っていることがあげられる。筆者のインタビュー対象者の約半数は、親の店を手伝って働いた経験があった。親が「勉強しなさい」というのと「店を手伝いなさい」というのは矛盾するのではないかという筆者の質問に対しては、「両方とも一生懸命に物事に取り組みなさいという点で同じメッセージを持っていた」と言った者や、「親は子どもに店の手伝いよりも勉強を優先させた」と言った者もいた。パーカーは、イギリスの若い中国系女性を対象とする自ら実施したインタビューに基づいて、男性よりも女性の方が家族労働による束縛を感じていたと指摘している[Parker 1994: 625]。筆者のインタビューした女性の中にも、家族労働に束縛を感じた者はいたが、勉強の妨げになったという者はいなかった。店の手伝いの経験は、後述するように親とは同じ飲食業に就きたくないという思いを強めさせ、逆に学業への意欲を高める要因となった。どこの家庭にもリビングルームの壁には、子どもの大学卒業時のガウンを着て卒業証書を持った写真が飾られていた。

2. フランスの場合

　フランスにおけるインタビュー対象者23人の内、3人の両親は中国本土出身者で、それ以外の20人の両親は東南アジア出身であるが、祖父母の代の少なくとも1人が中国本土出身である場合に「カンボジア（中国系）」「ベトナム（中国系）」「ラオス（中国系）」とした（表2参照: 序章

末32-33頁）。東南アジア出身者の方が中国本土出身者より教育程度が高いといわれているが、フランスに移住後は教育程度に見合った職に就けず、第1世代にホワイトカラー層は少ない。フランスにおけるインタビュー対象者の父親の職業は、イギリスの場合よりも多様で、中国料理レストラン、電気会社、鞄店、靴修理店や洋服生地販売店を経営したり、ウェイター、自動車工場工員、家具店やドラッグストア店員、テレビ会社社員等であった。母親は、専業主婦や夫の仕事の手伝い、食料品店や洋服店の店員、工場工員、パティシエ、保母、洋服販売、公務員、レジ係等であった。

インタビュー対象者の多くは、「親は勉強しろといつも言っていて、良い成績を取ることを望んだ」あるいは「親は短大ではなく、大学に行って高い教育を受けてほしいと言った」と語った。そして、それは息子に対してだけではなく、娘に対しても同様であった。女性だからという理由で、高等教育の機会を奪われた者はいなかった。

　　小さい頃から両親に勉強するようによく言われた。今勉強するのは自分のためなんだからと言われた。特に算数は中国人が得意だから、全部暗記をする程やりなさいと言われた。(中略)良い成績を取って、先生もよくがんばったねと言ってくれたんだけど、母にとっては十分じゃなかった。母の考えとしては、今10点だったら、高校に行ったら9点、大学に行ったら8点だって取れないよ。先に進むにつれて難しくなるんだから、もっと取れなくてどうするという考えだった。(中略)親が勉強しなさいと言うことは結局正しいと思うけど、自分はすごくストレスを感じたし言いすぎだと思う。自分がどんなに努力しても、母はその努力を認めてくれない。(表2・事例19)

　　小学校の頃は棒でひっぱたかれて、勉強しなさいと言われた。それって中国文化ですよ。中学生ぐらいから、友人がやっているように外に遊びに行ったりした。夜遊びは実力行使でやらないとね。親はわかってくれないから。特に13、4歳の頃は、親との口論が激しかった。(表2・事例15)

また、以下の2人の語り（表2・事例17、事例21）は、親が勉強しなさいと言うのは、「親が子どもに自分達のような苦労をさせたくないからである」とか「自分達が外国人であるから」と解釈していることを示している。

　　親はいつもいつも勉強しなさいと言っている。ソファーに寝転がったりしていると、すぐに勉強しなさい勉強しなさいという。多分ぼくが思うに、自分達はこの国で外国人だから、成功するためにはたくさん勉強しなくてはならないと親は言っていると思う。（表2・事例17）

　　両親を手伝って家事をやったこともあったけど、それよりも両親は勉強することを望み、プレッシャーをかけてきた。成功するためには勉強しなさいといつも言われた。なぜなら、両親はフランスに移住してきたときの苦労を、子どもには経験してほしくないからだと思う。今まであんまりよく考えたことはなくて、両親がなぜ勉強しろというのかわからなかったけど、今はすごくよくわかる。（表2・事例21）

他方で「親は勉強しろとか全く言わなくて、自分でやっている」（表2・事例18）と言った者もいた。

　　両親は勉強を強制することはなかったし、あまり勉強しろとは言わなかった。3人兄弟とも勉強ができたので、両親は何も言う必要はなかった。（表2・事例22）

　　両親は子どもたちの学校生活に一般的にあまり興味がなくて、よほど問題があるとか成績が悪いとかいうことがなければ普段はあまり興味がなかった。いま大学と並行して通っている芸術学校については、別に行かなくてもという感じで賛成ではなかったけど、結果的には行かせてくれた。（表2・事例10）

2006年9月に筆者が訪問をした、アジア系生徒が6割を占めるインドシナ難民集住地区であるパリ13区にあるA小学校校長は、アジア系の親は子どもの学校での成績に非常に厳しく、親に「子どもの成績が悪い」と言うと家で子どもがお仕置きをされることがあるので、学校側はその点に神経を使っていると述べた。また、特定の子どもが勉強ができないことが他の親にわかるようなことがあるとアジア系の親は恥と感じるので、その点にも気を遣っているとのことであった。20代男性(表2・事例1)が、「もし息子が成功をしなかったら、親としては恥なわけで、今は大学に行った息子を誇りにしている」(表2・事例1)と言っていることにも、子どもの学校での成功が親の威信に結びついていることが示されている。

さらに、A小学校校長の話では、アジア系の親は、学校に対して敬意を抱き協力的で、たとえフランス語能力が低くても、土曜日の親の集まりには必ず参加すると述べた。しかし、親は実際にはフランス語能力も低く、子どもの勉強を手助けすることはできなかった。

3. オランダの場合

筆者のオランダにおけるインタビュー対象者は主に30歳以上なので、ほとんどの親は既に引退か死亡している。親が就いていた職業は飲食業が主流で、イギリスの場合と同様に教育程度の低い香港出身者が多い。1980年代以降は浙江省からの移民流入も再開しているが、それ以前は香港出身者が中国系コミュニティの主流であったことがインタビュー対象者の親の出身地に反映されている。

筆者のインタビュー対象者は、親に学校で良い成績を取るように言われた者が多かったが、一生懸命に努力するように言われたものの、成績だけにこだわることもなかったと述べた者もいた。30代男性(表3・事例13)は、高等職業教育機関準備学校(HAVO)を終えて自分が何をやりたいかわからなかった時に、母親に「教育が一番大切だからもっと上の学校に通いなさい」と言われ、それを受け入れ、研究大学進学準備学校(VWO)を経て大学にまで進んだ。

30代男性(表3・事例16)は、中学校卒業後、コンピューター専門学校に入ったが興味を持てずに退学した時、母親に別の分野の新しい学校に進みなさいと言われそれを受け入れた。親はオランダの教育制度については知識がなくとも、子どもが学校で学ぶことに価値を置いていたことがわかる。多くの者が、親に「自分たちのように飲食業で重労働をしたくないのなら学校で勉強しなさい」と言われていた。

　60代女性(表3・事例25)の場合は例外的である。この女性の父親は、彼女が中学生の時に勉強する気がないことを察知して、「学校で勉強したくなかったら、自分の経営するレストランで働いて実践から学びなさい」と言った。彼女はそれでも勉強しなかったので、父親に学校を辞めさせられレストランで働くことになった。彼女は「最初はいやいや働いていたけど、働くことを通して、考え方、行動の仕方、決断の仕方について本当に多くを学んだ」と語った。結婚して3人の子どもを出産後、28歳で大学に入り社会福祉学を学び、その知識を生かして中国系アソシエーションを立ち上げたが、今日の自分の原点には父親によって働くことから学ぶことができた考え方があると語った。

　ウィッテ[Witte 2009]とキム[Kim 2009]のインタビュー対象者は、20代が主流であるが、第2世代の学校適応の理由として、親の子どもの教育への態度、特に学校の成績への関心の高さを指摘している。ウィッテ[Witte 2009]は、インタビュー対象者の親は教育程度が低く、自分と同じ飲食業は重労働なのに儲からないので、子どもには学校で良い成績を取って他の職業に就くことを望んだと説明している[Witte 2009: 42-43]。ウィッテがインタビュー対象者に子ども時代の家庭環境について質問をすると、いつも学校で良い成績を取るように言われたことに話が及び、勉強の妨げになるので、恋人はつくらないように親に言われた者も多かった。親は良い成績を取ることを重視し子どもの成績を非常に気にしているが、オランダ語能力が低いので、実際に勉強を手伝うことはできなかった。そして親は子どもができる限り良い成績を取って、医者や弁護士のような社会的安定と地位が得られる職業に就くことを望んだ。人類学を専攻したいと思った20歳の学生は親に「人類学をやって

もお金が稼げないし、職もないでしょう」と反対され、親の言うことを受け入れて経済学を専攻した事例も取り上げられていた[Witte 2009: 44]。

温州系第2世代にインタビューをしたキムも、親が子どもの教育に熱心であったと指摘している[Kim 2009: 50]。キムのインタビュー対象者の1人は、「両親はいつも私の成績を知りたがったが、私が学校を好きかとか友達のことは聞かなかった。私の成績が良ければすべてがそれで良く、それだけが重要であった」と言った。そして、インタビュー対象者は全員、そのような親の子どもの教育への態度の背景には、家族に経済的保障を提供するのが親の義務であるという中国文化があると捉えていた[Kim 2009: 50]。

第3節　第2世代にみる成功の民俗理論

本節では、前節と同じ筆者による中国系第2世代へのインタビュー結果に基づいて、3国における第2世代の形成した成功の民俗理論を抽出する。

1. イギリスの場合

まず、中国系の進路選択について検討する。中国系の若者172人を対象に進路選択に関するアンケート調査を実施したパーカーによると、Aレベルでは数学や化学や物理を選択する者が172人中149人であり、大学では81人中43人が理系を選択していた[Parker 1995: 119-120]。そして、中国系の若者は堅実な職業に結びつくような選択をする傾向があり、その主な理由は、親の携わる飲食業に吸収されるという「わな」から逃れたいためであると指摘している[Parker 1995: 121]。イギリスの中国系の若者による最初の文芸書の序論では、イギリスの中国系の若者は、今までコンピュータ・プログラマーやエンジニアになる者ばかりであったが、少しずつ芸術家や作家になる人も出てきたと説明されている[Zhao 1994: x]。

筆者のインタビュー対象者には、堅実な職業に結びつく進路選択をするというよりも、男性も女性も様々な進路を選択し自分の好きな道を進もうとす

る傾向がみられる。芸術やデザインや社会福祉や経営など様々な分野を選択していた。

　幼い頃父親を亡くした20代女性(表1・事例21)は、言語療法士になることを選択し、母もそれを認めてくれたことを以下のように語っている。

　　母は、私が医者や法律家や会計士のような職業に就いたら、喜んだだろうと思う。最初、私は法律関係に進もうかと考えていて、母も喜ぶであろうと思っていた。でも、インド系の友人に「自分だったらそんなことはしない。自分の道を失うわよ」といわれて、私は大学で自分のしたい英語のコースを選んだ。母も認めてくれて、私に言語療法士になってほしいと思っている。母は、その点はとてもわかってくれていて、私が何をしたいのかに理解を示していてくれている。時々は心配して「税金を払うと家族を養う十分なお金がない」なんて言ったりもする。母は、働くことはお金を儲けて、私たち家族を養うための手段と考えている。母は、「働くことがつまらないなんて、大したことではない。家族を養うために働くの」と私たちに諭す。でもそう考えていながら、母は私の選んだようにさせてくれた。(表1・事例21)

　上記の語りには世代間にみられる労働観の違いが読み取れる。母親は働くことはお金を儲けて家族を養うためのものだと捉えているのに対して、娘は自分の興味を持つ分野を勉強し、それを職業に結びつけていこうとしている。彼女は、言語療法士として1年間働いた後、さらに勉強が必要だと感じて、大学院への進学を考えていた。学校教育を手段として自分のやりたい職業に就くための手段としていたといえる。それゆえ、インタビュー対象者の中には下記の20代女性(表1・事例37)のように、自分に適した分野を探すのに、学部や学科を何回も変更したりする者もいた。逆に、自分の好きなことをするために学校教育を手段として選ばない者はいなかった。

　　私は、最初ビジネスコースをとっていたけど、それは両親を納得させる

ためだった。ビジネスなら両親がいいと言うと思ったので。でも大学2年になると、卒業したら自分は何になりたいかを考えるようになって、社会学に専攻を変更した。(表1・事例37：27歳時)

そして、イギリスの学校教育を、出身にかかわらず平等にチャンスを提供してくれる場として、自己実現の手段として評価していた。

　　ここでの教育は、あなたのことをどこの出身ということではなく、人として扱う。そういう意味で皆平等であって、自分にできないことはない。(表1・事例14)

さらに、第2世代は親と同じ飲食業に就きたくないという思いも強く、そのための手段としても学校教育を重視していた。親の自営するレストランやテークアウェイ・ショップを手伝った経験を持つ者は、特にその思いを強く持っていて、それが学校で一生懸命に勉強しようという気持ちにつながっていた。

　　私は、テークアウェイ・ショップを手伝わなくてはいけなかったので、クラスメートがしているのと同じように放課後に外出することができなかった。私の両親は、自分のことは自分でしなさいという姿勢で、私にはとても厳しかった。私は、なぜ自分は外出できないのかと思い、中国人であることが嫌であった。私は、学校で一生懸命に勉強をしたかった。そうすればいつも両親の言うことを聞く必要がなく、これは両親がいつも言っていたことだけど、自立できると思った。(表1・事例11：26歳時)

上記の20代女性(表1・事例11)は、自分のような考え方をイギリスの中国系の若い世代は共有していると言った。そして、学校で一生懸命に勉強をして良い成績を取れば、良い成績を望む親を喜ばすことにもなると思ったと述べた。

進路選択時に誰かからアドバイスを受けたかという問いに対しては、親はあまり英語もわからずイギリスの教育制度や社会についてほとんど知識を持っていないので、自分で進路を決定したとほとんどのインタビュー対象者が語った。進路指導の先生は、生徒がやりたいと言ったことは後押ししてくれるが、何をやりたいかを見つけるには、あまり役に立たなかったと述べた者もいた。

　そして、自分の望む進路が親の望む進路と食い違った時は、ほとんどの場合親が子どもの意向を受け入れていた。

　　　両親は、私が美術コースを選ぶことが気に入らなかったけれど、私が選んだ後は口を出すことはなく、励ましてくれた。自分で選んだのだから、一生懸命にやってその分野で成功することを望んでいた。だから、自分はいつも両親に支えられていると感じていた。（表1・事例27）

　服飾デザイナーになった20代女性（表1・事例6）は、親が仕事に就いて数年も経つのに堅実な職業ではないという理由で自分の職業を受け入れてくれず、親との軋轢が続いていると言ったが、そういう事例は2人（表1・事例6、事例7）だけであった。親の意向を受け入れて自分の進路を曲げた者はいなかった。

2．フランスの場合

　筆者のインタビュー対象者23人の内、高校生6人以外は大学に進学していた。選択していた分野は、法学、経済学、財政学、情報工学、電子工学や中国語等様々であった。ほとんどの者が、他の人からアドバイスをもらうことなく自分で進路を選択したと述べた。

　　　好きな科目が物理と化学だったので、電子工学分野に進んだ。（表2・事例20）

親はフランスの教育制度についてよく知らなかったが、自分は経済が好きだったので、自然とそういう方向に進んだ。他の人にアドバイスをもらったわけではなく、自分で決めた。親に言われて高校まではすごく勉強したけど、大学ではもっと楽しんでいる。（表2・事例9）

そして、ほとんどの場合、親は子どもの意向を尊重していた。

　最初は自分で何をしたいのかよくわからなかった。アジア系は理系に進む人が多く、親族の中には医者やエンジニアや薬剤師が多い。でも、私は理系の分野が好きではなく、難しくて勉学上の問題も大きかったので、最も好きな財政学を選んだ。両親は自分の意見を尊重してくれて、押しつけられたことは一度もなかった。（表2・事例23）

　小さい頃は医者になってほしいとか、エンジニアになってほしいとか、親は色々思っていたみたいだけど、実際にプレッシャーをかけられたことは全くなかった。自分で自分にプレッシャーをかけた。何かの分野で重要な人物になりたいという自分の中での思いが強かった。（表2・事例14）

　親はやりたいことをやりなさいと言った。やりたいことがあるのなら、お金を出して支援すると言った。（表2・事例20）

親との間で進路に関して食い違いがあったのは、以下の3人（表2・事例1、事例3、事例21）である。3人とも、最終的には親の意向を受け入れていた。

　親はどうしてもエンジニアになってほしいと言って、高等教育を受けることを望んだ。今は親の望み通りの情報工学を専攻しているけど、親とは考え方が違う。もし息子が成功しなかったら親としては恥なわけだけど、親がイメージしているエンジニアではなく、自分がやりたいのは、ネット上で商品を売るような、もっと大きなことがやりたい。（表2・事例1）

高校では文系を選択したかったけど、両親は理系に進むように強いた。両親に従って理系を選択したけど、本当は教師になりたかった。でも両親は教師になるのはよくないと言った。今は、両親に従ったことを少し後悔しているけど、でも高い教育を受け（情報工学で大学院修士課程修了）、日本で良い仕事も得られたのでいいけどね。両親はお金がすべてで、理系の方がお金を稼げて給料がいいと思っているから。（表2・事例3）

　　　最初に2年で終わる実学的コースをやりたいと言ったら両親に反対されて、5年のコースを勧められて、材料工学を学んだ。就職難なので、親の勧めは良かったと思っている。（表2・事例21）

　2006年9月に筆者が訪問をしたパリ13区にあるG高校の教師は、アジア系の親の特徴として、たとえ子どもの理系科目の点数が悪くても理系に進むように強いることをあげた。文系科目の成績が良く数学の成績が悪い場合、人文系のバカロレアを受ければ未来が開けるのに、中国系の親は理系で受けることを強いる。どうしても子どもが人文系を選ぶ場合は、語学ではなく経済学を選ばせると述べた。中国系の親が理系を選ぶように強いるのは、上記のインタビュー対象者（表2・事例3）が述べるように、親は理系の方がお金を稼げると考えていたからであった。しかし、ほとんどの第2世代は、親の意向に従うのではなく、自らの意思で進路を選択していた。そして、上記の20代女性（表3・事例14）の「自分で自分にプレッシャーをかけた」という言葉に示されているように、親に強いられるのではなく、自ら進んで勉学に励んでいた。
　フランスの学校教育に対しては、「先生があまり生徒の面倒をみない」とか「時間割に問題があって忙しすぎる」というような否定的な意見もあったが、ほとんどの者がフランスの学校教育を肯定的に捉えていた。

　　　学校は、中国人の子どもがいるから中国人の先生を雇って、中国語の授業をしようとはしなかった。学校は移民の子どもを異質な生徒として捉え

筆者の中国系第2世代のインタビュー対象者の中で唯一親を継いだアムステルダム在住の30代男性（表3・事例24）の経営する中国料理レストランは、中国の城郭を模した外観が目立つ。
(2012年筆者撮影)

るのではなく、皆平等にフランス語で授業をしますよ、という態度であった。学校は移民の子どもに特別の教育を提供するのではなく、移民である自分達がフランスに適応していくのであり、私はとても学校に適応していたと思う。(表2・事例14)

3. オランダの場合

　オランダの中国系第2世代の文化的アイデンティティについて論じたウィッテ[Witte 2009: 44]やキム[Kim 2009]は、中国系第2世代は親の意向に従って進路選択をする傾向があるので理系に進む者が多いことを指摘している。筆者のインタビュー対象者の中では、大学卒業後、親の意向に従って親の中国料理レストランを継いだ30代男性(表3・事例24)以外は、自らの意思で進路を選択していた。この30代男性(表3・事例24)の父親は、1969年に香港から裸一貫でオランダにやってきて飲食業で成功し、中国系コミュニティのリーダーとなった人である。彼は父親にはすべての面で従ってきた。15歳から親のレストランを手伝い始めたが、他の世界を経験する機会がないので、外の世界をもっと見たいと父親に言ったら、「お店が最良の学校だ」と言

われた。父親に大学進学を勧められ、大学では経営学を学び、卒業後は2年間銀行で働いたが、その後は父親の意思に従ってレストランを継いだ。彼は研究大学進学準備学校(VWO)で学び、成績は良かったが、大学卒業後父親のレストランを継いでいる稀な例である。

筆者のインタビュー対象者は、進路選択では教師や兄や姉にアドバイスを受けた者もいたが、ほとんどの者が進路を自分で決定したと述べた。親にアドバイスを受けた者はいなかった。大学での専攻分野は、工学、薬学、経済学や経営学、心理学、コンピュータ・サイエンス、マーケティング、コミュニケーション学、数学や中国語等様々であり、特定の分野への偏りはなかった。

30代男性(表3・事例2)は、親の教育への態度とそれに対する自らの考えについて以下のように述べた。

> 両親が教育を非常に大切だと考えていることはわかっていた。両親のプレッシャーを重荷に感じなかったのは、自分がそういう性格だったからだと思う。オランダ人で落第する子がいても親はそれ程悲しんでいなかったけど、中国系の親だったら悲しむだろうなと、親の教育への態度の違いを感じた。
>
> 自分の親はこの国に移民してきて、レストランで12時間も働いていたから、オランダ人の親とは違って、子どもがこの国でチャンスを掴むために良い教育を受けさせようとするのだと思う。私は親の重労働を見て育って、親のようになりたくなかったし、親を失望させたくなかったから、一生懸命に勉強した。(表3・事例2)

2人の50代女性(表3・事例8、事例27)は、幼少期から中学校入学まで香港で過ごしたので、第2世代であってもオランダ語能力不足の問題に直面した。薬剤師助手として中等職業訓練学校卒業後20年以上働いてきた50代女性(表3・事例8)は、オランダで生まれた後、12歳まで香港に送られ祖父母のもとで育てられ、中学校入学時にアムステルダムに戻った。最初オランダ語が全

くわからず、国際学級で1年間オランダ語の特別授業を受けたが、通常5年で卒業する高等職業教育機関準備学校(HAVO)を9年かけて卒業した。また、家庭では精神を患った母親の面倒を見なければならなかった。母親が入院した経験を通して、看護婦やソーシャルワーカーになりたいと思ったが、そのためには家を離れなくてはいけなかったので、家を離れずにすみ学費も安い薬剤師助手になるために、中等職業訓練学校に通った。叔父の経営するレストランで皿洗いをして学費を稼いで中等職業訓練学校を卒業し、薬剤師助手として50代になるまで働いている。彼女は12歳まで香港の祖父母に育てられていたがゆえに、オランダ語の能力が不足し通常よりも長くかけて中学校を卒業しているが、学校教育を手段として自ら道を切り開いたといえる。

　30代男性(表3・事例23)は、成績が良かったわけではないが、学校教育を通して自分が好きな職業に就いていた。12歳での全国統一試験(シト・テスト)の成績が良くなく、農業関連の中等職業訓練学校準備学校(VMBO)に進んだが、自分の好きな分野ではないと思い、コンピューター関連の分野に進めばよかったと後悔した。4年間のコース修了後、たまたま友人の母親が宝石関連の仕事をしていたので興味を持った宝飾細工関連の中等職業訓練学校に入った。技術を磨くことに重点を置いた学習は自分に合っていて、特に2年目からの時計づくりが好きになり5年間学んだ。在学中に研修生として働いた時計製造会社で、中等職業訓練学校卒業後現在に至るまでの約10年間、時計職人として働いている。学業成績が良くなかったものの、オランダ社会で職業を得るために学校教育を手段としたといえる。

　30代女性(表3・事例14)は、大学で経済学を学んで卒業後、オランダの会社で働いたが社風が合わずに1年半後に退職した。会計士資格を取れば職業選択の幅が広がると考え、大学院に進んで会計士資格を取るために勉強中である。彼女自身が小学校の頃から学校での勉強が大切であると思っていることを両親はわかっていて、勉強することを強いられたことはなかった。

　30代男性(表3・事例16)は、中等職業訓練学校準備学校(VMBO)修了後、高等職業教育機関準備学校(HAVO)を通常より2年多い6年かけて終え、コンピューター関連の中等職業訓練学校に入学したが、興味を失い中退した。

母親に他の学校に行くべきだと諭されて芸術専門学校に入学し卒業後、コンピューターゲーム会社でグラフィック・デザイナーとして働いている。彼は、勉強は好きではなかったが、何しろ学校に行かなくては、親と同じ飲食業に就くしか道がなくなると思ったと述べた。彼は3人兄弟の1番下で、2人の兄は高等教育を受けなかったために親と同じ飲食業に携わっていたが、自分は親の仕事を手伝った経験から、絶対に飲食業には就きたくないと考え、学校を卒業することにこだわったと語った。

　また、オランダの中国系第2世代は、学校教育を通して親が携わっていた飲食業等から抜け出してホワイトカラー層に進出しているといえるが、起業する者も多いという傾向が指摘できる。筆者のインタビュー対象者の中では6人(表3・事例1、事例11、事例15、事例19、事例20、事例26)が起業していた。30代男性(表3・事例19)以外は、オランダの会社で働いた後に起業していた。オランダの会社で働いた経験がないまま起業した男性(表3・事例19)は、大学院で会計士資格を取得しているが、会計士として働いた経験はなく、中国系第2世代の友人3人と共に携帯電話販売店を起業していた。オフィスで働くよりも、ショップで働いた方が客とのやり取りができるので楽しいと言った。中国系第2世代の中には、30代の兄弟で携帯電話販売の全国チェーン店を立ち上げて成功して有名になった者もいる。また、30代男性(表3・事例26)は大学院博士課程修了後にオランダの会社で働いた経験があるが、中国人として働いていくことに限界を感じて、妹と2人でビジネス・コンサルタント会社を起業していた。

　インタビュー対象者の中には、学校教育を手段としては就けない職業を選んだ者もいる。40代男性(表3・事例21)は、大学で心理学を学んだ後、英語とオランダ語と中国語の高い能力が買われて7年間オランダの金融業界で働いた。人より早く昇進したが、「お金は自分を幸せにしない。自分の好きなことをしなければいけない」という信条に従って、周りの反対を押し切って辞職して、30代前半で俳優と歌手として生きていくことを決めた。最初は生計を立てるのは容易ではなかったが、人の評価を恐れず、自分に正直に独自性を出してやろうとしてから、段々仕事が上手くいくようになり、現在は

俳優として名を成すようになった。彼は、成績上位の子どもの通うギムナジウムを出て、大学でも通常よりも早く単位を取得しアメリカに1年間留学後、大手銀行に就職していた。学校教育を通して良い職業に就いた後で別の道を選択した事例である。彼は学校教育を通しては得られない「成功」を求めたといえる。

第4節　成功の民俗理論と中国系第2世代の学校適応

　以上3国それぞれにおいて、第1世代と第2世代の形成している成功の民俗理論を検討してきた。
　3国における第1世代は、教育程度が低く、移住先では飲食業やブルーカラーの職にしか就けなかったが、子どもに堅実な仕事に就いてお金を儲けることを望み、そのために学校教育を重視していた。息子だけではなく、娘に対しても良い成績を収めることが望まれていた。また、親は実際に勉強の助けをすることはなかったことも共通していた。さらに、学校で子どもが良い成績を取ることは、親の「面子」に関わることで、子どもが良い成績を取ることは誇らしいことであり、中国系コミュニティ内で威信を獲得するものとして捉えられていた。
　3国における第2世代は、高い学業成績を成功として誇らしく捉える親に育てられることによって、勉強を強いられたにしろそうでないにしろ、一生懸命勉強をして良い成績を収めることは成功であるという価値観を内面化し、それは親を喜ばすことにもなると捉えていた。親は良い成績は安定したお金の儲かる職業を得ることにつながるので大切だと考えているが、第2世代は学校で勉学に励むことは必ずしも親の価値観に従うことではなく、主流社会で自分の好きなことを追求し、職業に結びつけていく手段として捉え、進路は自分で決定していた。世代間に進路への意向に違いがある時はほとんどの場合、親が子どもの意向を受け入れて、子どもの進路選択を尊重していた。また、特に親の飲食業を手伝った経験のある第2世代は、親と同じ職業に就きたくないという思いが強く、その思いが第2世代をして学業を重視させる

要因となっていた。

　3国における筆者のインタビュー対象者の中でオランダの30代男性(表3・事例24)以外は、親の携わる職を継いだ者はいなかった。3国の中国系第2世代は共通して、主流社会の学校教育を通して職業に就き、自分の道を切り開き、学校教育を主流社会で生きていく道を見つける手段として、自らの中で重視しているので、中退や退学といった学校不適応に陥った者はいなかった。また、オランダの40代男性(表3・事例21)が大手銀行を退職して俳優になったように、オランダの30代男性(表3・事例19)が会計士資格を持っていながらそれを生かさないで起業したように、学校教育を通しては掴めない「成功」を求めた者もいた。オランダにおけるインタビュー対象者を30代以上にしたため学校教育を手段としては達成できない成功を求める者もいたことがわかった。だがこれは、3国の中国系第2世代の学齢期において、学校教育を成功のための手段として重視する民俗理論を親子共に形成していたことを否定するものではなかった。

　韓国系アメリカ人大学生の調査に基づいて、その職業選択について論じたE.-Y.キムは、調査対象となった大学生は、自分の望みよりも家族の意向を重視して進路や職業を選択していると指摘している[Kim 1993]。そして、学校での成功は、親の価値に従うことになるので、「韓国人であること」のエッセンスであると説明している[Kim 1993: 244]。しかし、3国の中国系第2世代の場合、学校での成功は、それを望む親を喜ばせたいという意識が後押しはしていたが、自分の意向を曲げて親の価値に従うことではなく、主流社会で自らの好きな分野で職を得ることにつながると捉えられていた。そのためキムが学校での成功を「韓国人であること」のエッセンスであるというのと同じ意味では、「中国人であること」のエッセンスとはいえない。

　結論として、3国の中国系移民の形成した学校教育を成功のための手段として重視する民俗理論は、第1世代においても第2世代においても共通しており、3国の中国系第2世代の学校適応を説明できるといえる。そして、3国において親子共に学校教育を成功のための手段として重視する民俗理論を形成していたのは、以下の4点が共通していたからであると考える。第1に、

第1世代は主流社会での自らの置かれた状況に満足しておらず、子どもには教育を受けることによってそこから抜け出してほしいと望んだこと、第2に、第2世代は親と同じ職業には就きたくないと思い、主流社会で自分の望む職業に就く手段として学校教育を重視していたこと、第3に、第1世代の日常的付き合いがほとんど中国系の人々に限られ[8]、中国系コミュニティ内では子どもの優秀な学業成績が評価され、子どもの成績が面子に関わるものとなっていたこと、第4に、第2世代が第1世代の価値観を受け入れるような親子関係が存在していたことである。

　以上のように筆者の第2世代へのインタビューに基づいて抽出した成功の民俗理論の検討を通して、3国共、第1世代の社会経済的地位が低いことは第2世代の学校適応を妨げることはなかったことが明らかになった。これは、イギリスにおいてはアーチャーとフランシス[Archer & Francis 2007: 13]やギルボーン[Gillborn 2008: 55]が、フランスにおいては園山[1996: 35]が量的調査に基づいて、階級は移民よりも白人の学業成績に、より影響を与える要因となっているという指摘と重なっている。

　最後に、アメリカに1965年の移民法改正以降に移住してきた移民第2世代の学業達成や適応様式を説明した理論であるA．ポルテスとM．シュウによる「分節化された同化理論(Segmented Assimilation Theory)」[Portes & Zhou 1993]に、本書の3国の中国系第2世代の事例を位置づけたい。この理論は、親世代の社会経済的地位、家族構造、エスニック・コミュニティの連帯の程度、受入社会の偏見や経済機会等の複数の要因が、第2世代の適応の経路を決め異なる帰結をもたらすことを、大規模な長期調査に基づいて示したもので、第2世代のアメリカ社会への適応には3つの経路があることを指摘している。第1は、親が十分な人的・経済的資本を持ち、家庭が安定し、肯定的編入様式で移住すれば、社会的上昇移動を果たす。第2は、親の人的・経済的資本が不足していても、エスニック・コミュニティの価値と連帯を保持することによってその不足を補うことができれば、社会的上昇を果たす。第3は、親の人的・経済的資本が不足し、否定的編入様式で移住し、エスニック・コミュニティの連帯も弱い場合、社会的上昇ができず都市下層に同化す

る。ここでいう編入様式とは移住先の移民に関する政治や、受入社会の価値観や偏見、エスニック・コミュニティの種類が組み合わさったものである。

本書における3国の中国系第2世代の事例は、第2の経路に当てはまるといえる。なぜなら、3国の中国系の親は、社会経済的地位は低く人的・経済的資本が不足しているが、第2世代は社会的上昇を果たしているからである。では、親の人的・経済的資本の不足はどのように補われているのであろうか。

本章では、イギリスとフランスとオランダの3国の中国系第2世代の場合、親の人的・経済的資本の不足は、親と同じ職業に就きたくないという思い、子どものために重労働をしている親を悲しませたくないという思い、親に頼ることなく学校教育を手段として自分のやりたいことを追求して職業に結び付けたいという思い等を生み出し、さらに親同士の日常的関わりの中で子どもの学校での成功が面子に結びつけられることによって学校教育を重視する成功の民俗理論が生み出され、学校適応に結びついていることを示した。

シュウは、エスニック・コミュニティが生みだす教育資本を検討するためには2つのレベルがあるとしている。第1は、エスニック・コミュニティ内の政治・商業団体、エスニック・メディア、公共施設などの公式制度がどの程度存在しているのか、第2は、社会資本を生み出し蓄積するために個人的人間関係がエスニシティによってどのように構造化されているかである[Zhou 2009: 1156]。3国の中国系第2世代の場合は、親子関係に基づく思いと親同士の日常的関わりの中で子どもの学校での成功が面子に結びつけられることが、親の人的・経済的資本の不足を補っていたので、シュウの指摘する第2のレベルである、エスニシティによって構造化された個人的人間関係によって教育資本が生み出されたと捉えることができる。3国の中国系コミュニティの場合、3国共に全国レベルの組織力が弱いので、第1のレベルである公式の制度によって生み出される教育資本は小さいといえる。

さらにシュウは、ニューヨークのチャイナタウンでの日常生活に焦点を当てた調査に基づいて、既製服工場で働く女性たちが日常的関わりにおいて、子どもの教育に関する情報や教育を重視する価値観を共有し、子どもも親からの期待をエスニック・コミュニティへの参加によってさらに強く感じるよ

うになり、親の地位や支配を抜けだす道は教育しかないと考えることが学校での成功に結びついていることを明らかにしている［Zhou 2005］。イギリスとオランダの中国系コミュニティは散住しているのが特徴で、シュウ［Zhou 2005］がエスニック・エンクレイブという概念で示したようなニューヨークのチャイナタウンのような集住地区を形成してはいない。しかし、本章において、学校教育を重視する成功の民俗理論が中国系第1世代と第2世代の日常生活において生み出され、学校適応に結びついていたことを明らかにしたことは、散住していても集住地区と同じような教育資本が生み出されることを示し、分節化された同化理論における第2の経路を、ヨーロッパの移民第2世代の事例において提示したといえる。

注

1 AレベルはAdvanced Levelの訳で、通常Aレベルと呼ばれている。大学の入学資格として最も広く認められている資格で、イギリスの大学へ進学するために中等教育の延長として通常16歳から18歳の2年間、シックス・フォーム(Six Form College)で学んで取得する。
2 教育科学省が「貧困」を示す指標として「無料学校給食(FSM)」受給を使用することには、議論がある。例えば、中国系はこのサービスを受けることによって国家に頼ることを嫌ったり、そもそもそうしたサービス自体を知らなかったりする［Archer and Francis 2007: 10］。しかし、ここでは、これを収入の低い家庭出身の子どもの指標とする。
3 アメリカのインドシナ難民の子どもについても、難民キャンプで1〜3年間義務教育期間を無駄にし、英語力やアメリカの歴史や文化の基礎的な知識が不足しているにもかかわらず、学校で非常に高い成績をあげていると指摘されている［Caplan et al. 1989: 81］。
4 オランダの学校制度は、4歳から小学校(基礎学校と呼ばれる)に入学し、12歳で「シト・テスト(Cito Toets)」と呼ばれる全国統一テストを受ける。その結果によって、中等教育は研究大学進学準備学校(VWO)、高等職業教育機関準備学校(HAVO)、中等職業訓練学校準備学校(VMBO)の3コースに分かれる。コース間の移動は可能である。研究大学進学準備学校は6年制で大学教育(WO)に、高等職業教育機関準備学校は5年制でその先は高等職業教育機関(HBO)に、中等職業訓練学校準備学校は4年制でその先は中等職業訓練学校(MBO)に進むことができる。巻末の「参考資料3. オランダの学校系統図」を参照されたい。

5 このギムナジウムに在籍する中国系生徒5人の内3人は第2世代で、1人は台湾出身の両親を、2人は広東省出身の両親をもつ。さらに1人は、オランダ人の父親と中国人の母親を持ち、1人は温州系第3世代であった。
6 この2人の女性の親との軋轢については山本[2006: 180-181]を参照されたい。
7 Overseas Pang's Clansmen Association・England HPを参照されたい。(http://www.overseapangs.co.uk/id2.html, 2013年6月25日最終閲覧)
8 世代間の人間関係のあり方の違いとエスニシティについては別稿[山本 2005]で論じた。この論文[山本 2005]では、イギリスの中国系移民の第1世代と第2世代が、それぞれどのような人間関係を構築しているのかを明らかにすることを通してエスニシティについて考察した。第1世代の人間関係は、1次的関係も2次的関係も中国系の人とのみ構築されていた。第2世代の場合は学校や職場においてマジョリティとの相互作用があったが、特に配偶者の選択において中国系第2世代を選択する傾向があり、それがエスニック集団のバウンダリーを保持する役割を果たしていた。

第V章

中国系第2世代と
文化的アイデンティティ形成

パリのオペラ座近くの日本料理レストランにおけるインフォーマントの中国系第2世代と筆者。
(2007年筆者撮影)

本章では3国の中国系第2世代が、主流社会の文化と親の背景にある文化の境界でどのように文化的アイデンティティを形成しているのかを比較検討する。それを通して、教育と文化とアイデンティティ形式の関係性について再考したい。

第1節では、中心的概念であるアイデンティティ概念を検討し文化的アイデンティティについて定義した後で、3国における中国系第2世代の文化的アイデンティティの多様性をそれぞれ検討し比較する。第2節では、3国の中国系第2世代の文化的アイデンティティ形成に関わる6つの要因を取り上げて検討する中で、学校適応と文化的アイデンティティ保持の関係性を再考する。最後に文化的アイデンティティとは何かを問い直し、3国の文化的アイデンティティ形成過程に違いを生み出しているものは何かを明らかにしたい。

なお、本章は、第IV章と同様に、筆者による1990年代からの短期調査の積み重ねの中での3国の中国系第2世代へのライフヒストリーを構成するインタビューに基づいている(表1、表2、表3参照:序論末の30-35頁)。

第1節　　文化的アイデンティティの多様性

筆者は既にイギリスにおける20代を中心とする中国系第2世代の若者へのインタビューに基づいて、彼らの教育の経験やライフヒストリーを辿りながら、親の背景にある文化と主流社会の文化との境界での文化的アイデンティティ形成過程について検討した[山本 2002]。その結論として、中国系第2世代の若者が、日常生活において周囲の人々と絶えず交渉する中で、他者として差異化されたり、自らを差異化したりして、位置取りとしての文化的アイデンティティを主体的に選んでいることを示した。本節ではまず、中心的概念であるアイデンティティ概念を検討し、文化的アイデンティティについて定義する。次に、既にまとめたイギリスにおける中国系第2世代の文化的アイデンティティ形成過程の研究[山本 2002]に、フランスとオランダの事例を重ね合わせて、3国のインタビュー対象者の文化的アイデンティティの

あり方を、3国それぞれにおいて分類しその多様性を明らかにし、最後に比較考察する。

1. アイデンティティ概念

　本章の中心的概念はアイデンティティであるが、ここでは、文化的アイデンティティ、エスニック・アイデンティティ、ナショナル・アイデンティティ、ジェンダー・アイデンティティ等の社会的アイデンティティは、自己アイデンティティの中に位置づけられていると捉える。原裕視［1995］は、社会的アイデンティティが自己アイデンティティと独立して存在するのかのような論じられ方に疑問を呈した。民族や文化への帰属、それ自体は、わざわざアイデンティティという言葉を使って論じなくてはならないような問題とはいえない。それが「アイデンティティの問題」になるかどうかは、そのことを本人がどのように認知するか、すなわち自己アイデンティティにとって重要な意味をもつかどうかによる［原 1995: 5-6］。すべてのアイデンティティは、自己の構造として位置づけられて理解されるべきであると指摘している［原 1995: 10］。

　では、自己アイデンティティとは何であるのか。本章では、近代化というマクロな影響と個人レベルでの自己アイデンティティの新しいメカニズムの出現との関係を論じたA．ギデンズ［2005］に依拠して自己アイデンティティを捉える。ギデンズは以下のように述べている。自己アイデンティティは、個人が所有している弁別的特性ではないし、特性の集合ですらない。自己アイデンティティは、生活史という観点から自分自身によって再帰的に理解された自己である。ここでもアイデンティティはなお時間と空間にわたる継続性を前提としている。しかし自己アイデンティティは、行為主体によって再帰的に解釈される継続性である［Giddens 1991: 53；ギデンズ 2005: 57］。ある人のアイデンティティは行為の中にあるものでも、他者の反応の中に（これは重要ではあるが）あるものでもない。むしろ、特定の物語を進行させる能力の中にあるものである［Giddens 1991: 54；ギデンズ 2005: 59］。

ここでは、ギデンズに依拠して、「生活史という観点から自分自身によって再帰的に理解された自己」としての自己アイデンティティを、個人の自己についての語りの中で捉える。そして、そのような自己についての語りの中で、いかに文化によるアイデンティティが語られているのかに着目して検討したい。

その際、S.ホールの示した、カリブ海系映画の表象にみられる文化とアイデンティティの関係を捉える2つの異なった視点は示唆的である。第1の視点は、1つの共有された文化によって文化的アイデンティティを定義するものである[Hall 1989: 69]。共有された歴史的経験と文化的コードが「1つの集団」という意識を与え、その意識こそ真なるものであり、「カリビアン性」の本質であるという捉え方である。この視点から中国系第2世代の文化的アイデンティティを捉えると、親の背景にある5千年の歴史をもつ本質的で固定的静的な中国文化によって、たとえ移住先で育っても、中国人の子どもは本質的な中国人性を保持しているとされる。もしそうでない場合は、本質的な中国文化に対する不純性として捉えられる。

第2の視点では、文化的アイデンティティは、発見されることを待っている永遠の過去を取り戻すことに基づいているのではなく、過去の語りの中への自己の位置づけ方に与えられた名づけであるという捉え方である[Hall 1989: 70]。つまり、文化的アイデンティティは、歴史や文化の言説における「アイデンティフィケーション(Identification)」の地点であり、本質ではなく、「位置取り(Positioning)」として捉えられている[Hall 1989: 71]。そして、アイデンティティは、決して完成されることはなく、アイデンティフィケーションの「過程」であり、固定的永続的なものではなく、状況に応じて変化するものである[Hall 1997]。また、複数のアイデンティフィケーションが共存することも可能となる。ギデンズはこれを「部分的アイデンティフィケーション(Partial Identification)」と呼んでいる[Giddens 1991: 46]。本節では、この第2の視点に基づいて、文化的アイデンティティをアイデンティフィケーション、つまり自己確認の地点であり、位置取りとして捉える。

第Ⅴ章　中国系第 2 世代と文化的アイデンティティ形成　223

2. 自己を位置づける言説

　3国において中国系第2世代の誰もが自らを位置づけることのできる言説、例えば「チャイニーズ・ブリティッシュ（中国系イギリス人）」とか「チャイニーズ・フレンチ（中国系フランス人）」とか「チャイニーズ・ダッチ（中国系オランダ人）」という言説はあるが、いずれも「チャイニーズ・アメリカン（中国系アメリカ人）」ほど一般的ではない。イギリスにはイギリス国営放送の略称BBCに掛けて「BBC（British Born Chinese）」という中国系第2世代を示す用語があるが、主流社会で一般的に用いられているわけではない。

　筆者の調査結果が示す3国の中国系第2世代の文化的アイデンティティのあり方は多様である。大まかに分類すれば、「イギリス人（フランス人、オランダ人）である」、「イギリス人（フランス人、オランダ人）でもあり中国人でもある」、「中国人である」という3つの位置取りを結ぶ線上のどこかに自らを位置づけ、その位置取りは固定的なものではなく、個人が年を重ねる過程で変化する場合もある点においては共通している。

　3国の中国系第2世代の自己を位置づける言説を比較して指摘できるのは、フランスの場合のみに、「アジア人」あるいは「カンボジア人」に自らを位置づける者がいたことである。これは、フランスにおける中国系第2世代の主流が、中国系インドシナ難民の親を持つからである。フランス社会においては、インドシナ難民が中国系か非中国系かという区別、あるいは中国本土出身か東南アジア出身かという区別は意味をなさない。学校においては、「中国系」は用いられず、「アジア系」という表現の方が一般的である。また、パリ13区のメトロ駅ポルト・ドゥ・ショワジー（Porte de Choisy）周辺は、インドシナ難民の集住地区であり、中国料理レストランだけではなく、ベトナム料理、ラオス料理やカンボジア料理等のレストランも立ち並び、まさに「アジア街」と言った方が適切ではあるが、「チャイナタウン（Quartier Chinois）」と呼ばれている。「アジア系」と「中国系」の区別はあいまいで、「アジア系」は、中国系及び非中国系のインドシナ難民だけではなく、中国本土出身者、韓国や日本出身者等も含んだ言葉として用いられている。そのため、フランスのインタ

ビュー対象者の中に、「アジア人」に自らを位置づけた者がいたと考える。

イギリスにおいては、2001年国勢調査まで「アジア系」とは「南アジア系」のことを示し、インド系とパキスタン系とバングラデシュ系移民の総称であり、「中国系」とは区別されてきた。2011年国勢調査から「中国系」も「アジア系」に含まれるようになった。オランダにおいて「アジア系」は、「中国系」も含み、広くインドネシア、ベトナム、タイ、韓国や日本等の出身者も含んで用いられるが、イギリスの場合もオランダの場合も、筆者のインタビュー対象者で「アジア系」として自らを語った者はおらず、「アジア系」は中国系第2世代が自らを位置づける言説にはなっていない。

3. イギリスの場合

イギリスにおけるインタビュー対象者37人の文化的アイデンティティの多様性は、6つに分類できる[1][山本 2002: 171-202]。

第1は、10歳頃から自らをイギリス人としてのみ位置づけている20代男性(表1・事例1)である。彼は、自らをイギリス人としてのみ位置づけるのは、白人が多数派を占めるパブリック・スクール[2]に通った経験によると語った。パブリック・スクールに通うようになって、それまでのロンドン訛りのある英語から、白人の上流階級の英語に変化し、完璧な英語を身につけていることに基づいて、見かけは中国人であると認識しているが、自らをイギリス人として位置づけていた。2013年調査時には、事務弁護士として働く彼は30代後半になっていた。筆者は彼の父親とは20数年来の付き合いがあるが、未婚で親戚とはほとんど付き合わない息子について、幼少期からもっと中国文化になじませて育てればよかったと心から嘆いていた。

第2は、「親といる時だけは中国人で、それ以外はイギリス人である」と語った4人(表1・事例2、事例3、事例4、事例5)である。4人は、中国系の友人を持たず、中国語を話すのは親との会話に限られ、自らを非常に西欧化していると捉えていた。中国語能力は、相手の話を聞いて理解できる程度で低い。軋轢を経験していない親との関係においては中国人であるが、一歩家を出れ

ば、イギリス人として自らを位置づけていた。

　第3は、上記第2の分類と同じように中国系の友人を持たず、中国語は聞いて理解できる程度であり、自らを非常に西欧化していると捉えているが、思春期において親との激しい軋轢を経験した2人(表1・事例6、事例7)である。この2人の20代女性は、10代中頃に父親に「中国人だから」と家事を強制され、外出を制限され、父親との間で激しい軋轢を経験していた。父親から押しつけられた「中国人である自分」から逃れたくとも、外見は中国人であるから逃れることのできない苦しみによって、アイデンティティの危機を経験した。その後、2人は、厳しい父親のいる家を離れて大学生活を送ることによって、「人としての自分」を見出し、中国人であるという枠から逃れることによって自信を回復し、イギリス人として自らを位置づけていた。しかし、事例6の場合、自らをイギリス人とだけ位置づけていては、父や過去の日々を切り捨てることになるので、もっと中国人になりたいとも語り、自らが中国人であることにこだわりを示していた。

　第4は、幼少期は中国人としての自分を意識していたが、その後、中国人であるよりもよりイギリス人として自己を位置づけている4人(表1・事例8、事例9、事例10、事例11)である。30歳女性(表1・事例8)は、幼少期から中国人としての自分を意識し、大学では中国系学生のアソシエーションに参加して中国系の友人が多かったが、就職後「自分のパーソナリティがとてもイギリス的で西欧化されている」ことに気づいた。中国系の友人とお酒を飲んだりカラオケしたりするのが嫌になり、付き合っていた中国系第2世代の恋人とも別れた。現在は白人の婚約者がいるが、彼と過ごしている時は自分を中国人として意識することは全くないと語った。

　30代女性(表1・事例9)は、小学生の頃は友人の家に遊びに行ったり誕生日パーティーに参加したりすることを親から禁止されたことによって、中国人としての自分を意識し白人の友人と同じになりたいと思っていた。しかし芸術大学入学以降は、中国系の友人との付き合いは全くなくなり、よりイギリス人として自分を意識するようになった。

　20代女性(表1・事例10)は、ロンドン近郊の小さな街で、白人が多数派を

占める自分しか中国人のいない小学校で差別された経験から、自分は他の人と異なっていることに気づかされ、中国人としての自分を意識するようになった。17歳で香港に行ったとき、香港の街が好きになれず、自分の所属する場所ではないと感じ、カルチャーショックを受け、自らをよりイギリス人として意識するようになった。

30代女性(表1・事例11)は、小・中学校において広東語のレッスンを受けたことや家庭では中国料理を食べていたことによって、自分が中国人であることを意識していた。18歳で香港を訪問した際、香港は生活ペースがとても速く、人々はお金儲けにしか関心がなく、礼儀正しくないところが嫌になった。それを機に、自らをよりイギリス人として意識するようになった。筆者は彼女とは10数年にわたって付き合っているが、27歳から29歳の頃に日本や中国を旅行してアジアの文化に触れることを通して、自らの生まれ育った文化との違いを認識し、自分はさらにイギリスに属していると感じるようになったという。他方で、年長者を敬ったり、家族を大切にするという自分の考え方に中国的側面も保持していると思うと語った。

第5は、中国人でありかつイギリス人であると自己を位置づけている19人(表1・事例12～30)である。19人中4人は「イギリス生まれの中国人」とか「ブリティッシュ・チャイニーズ」という語り方をしたが、それ以外の15人は、「完全な中国人でもなく、完全なイギリス人でもない」とか「両方である」「ミックスである」という語り方をした。完全なイギリス人と中国人の中間にいて、両方が混ざりあっている自分の状況を使い分け、そういう自己を肯定していた[3]。幼少期から自らを中国人として意識していた者が、10代後半になってイギリス人としても自らを位置づけるようになるという仕方で、両方のアイデンティティを持つに至った者が多い。

第6は、自らを中国人としてのみ位置づけた7人(表1・事例31～37)である。その内の6人(表1・事例31～36)は自らが中国人であることを肯定していた。また、20代女性(表1・事例37)は思春期に中国人である自分を否定的に捉えていたが、大学に進学し年を重ねる過程で肯定するようになった。20代男性(表1・事例33)は、イギリス人であるのはパスポートだけで、幼少期

から自らが中国人であることを意識し、大学では香港の留学生の輪の中にいて、香港への帰属意識を持っていた。20代男性(表1・事例36)は、親の意向に従って一生懸命に勉強して薬剤師になり、「親が中国人であるから自分も中国人である」と語った。30代女性(表1・事例35)は、幼少期は自らが中国人であることを意識していたが、10代前半では中国人であることをあまり意識しなくなり、大学で中国系第2世代の友人と多く出会うことを通して、再び中国人であることを意識するようになった。その後就職し年を重ねるにつれて、中国人であることをより意識するようになったと語った。以上の7人に共通しているのは、中国系の友人しか日常的付き合いがなく、たとえ中国系以外の友人がいても、親しい友人は中国系に限られていることである。

4. フランスの場合

フランスにおけるインタビュー対象者23人の文化的アイデンティティの多様性は、6つに分類できる。

第1は、中国人よりもフランス人という意識の方が強いと語った5人(表2・事例1〜5)である。

> 2つの文化を持ったフランス人だと思う。中国は自分に何も与えてくれていないし、得てきたものはフランスでだから。中国へ行くと人々はぼくのことをフランス人だとみるし、ここでは中国人とみられる。自分のことをフランス人だと思い、振る舞いとしてはフランス人なんだけど、中国人としてみられるから変な感じではある。(表2・事例1)

> もちろんフランスで生まれてフランスの教育を受けているから、中国人よりもフランス人であると感じる。ずっと中国系フランス人と思ってきた。まさにフランス系フランス人とは違うことはわかっているし、本当のフランス人ではないと感じる。でもこれは豊かなことだと思っていて、否定的に捉えたことはないし、誇りである。他の人と違うということはフランス

ではとても大切なことだと思っている。(表2・事例2)

　もう1人の20代男性(表2・事例3)に筆者がインタビューをしたのは、彼がフランス本社から日本支社に転勤し、日本で働いて半年経っていた時であった。彼は、中国文化と西欧文化の両方を理解することができ、日本に来てからも日本文化が中国文化と似ているので理解することができると述べた。大学卒業後中国を訪問して親戚に会った経験を通して、中国人としての意識が少し強くなり、「中国に行く前は80％自分のことをフランス人と思っていたけど、今は60〜70％に減ったかな」と語った。

　20代女性(表2・事例5)は、通った小・中学校には中国系の子どもが多かったにもかかわらず、幼少期から中国系の友人はおらず、いつも固まっている中国系の友人とは関心が異なりずっと違和感を抱いてきた。そのため自らを「中国人であるよりもフランス人である」と位置づけている。両親はカンボジアに生まれ育っているけど、両親も自分もカンボジア人という意識はないと言った。

　第2は、フランス人としての意識が強いが、10代前半において自らを「中国人」ではなく「アジア人」として位置づけていたと語った3人(表2・事例6、事例7、事例8)である。3人共両親は東南アジア出身者で、少なくとも親の一方とは中国語を話しているが、自らを位置づけるのに「中国人」ではなく「アジア人」を使用していた。

　　生き方がフランス的だし、ぼくの文化的アイデンティティの中には、確かにアジア的なものは残っているけど、フランス人だと思う。中学生になった頃は、香港の音楽が好きで、自分をアジア人だと思っていて、春節のお祭りでドラゴンを持ったこともあるけど。(表2・事例6)

　20代女性(表2・事例8)は、中学生の頃は自分のことをアジア人と思っていたが、高校入学後からフランス人であるという意識が強くなったと以下のように語った。

中学生の頃は、家庭が厳しかったのであまり外出することもできなかったし、アジア人だけのクラスにいたので、自分がアジア人だという気がしていた。その後、フランス人が多い高校に入って、ヨーロッパ文化と対面した気がした。中学校まではものすごく強く自分をアジア人と思っていたけど、今はフランス人だと思う。(中略)幼少期からフランスの文化の中にいたにもかかわらず、中学校でアジア人の中に閉じ込められたので、フランスのことをあまり知らなかった。高校生になって、友人や環境を通してフランスに触れて、フランス人と感じるようになった。(表2・事例8)

　上記の20代女性(表2・事例8)は、パリ13区のインドシナ難民集住地区にある中学校に通い、全員がアジア系生徒で構成されている特別クラスにいた。中学校ではすべての授業をアジア系生徒だけで受けていたので、学校があまり楽しくなかったが、その後高校に入った時の変化を以下のように語った。

　中学生の時は特別クラスの構成上、いつもアジア系の友人ばかりといて、あまりに閉鎖された世界にいる気がした。「外の世界」と接触がなかった。アジア人を嫌いなわけではないが、あまりに同じ文化の人が集まっていたので、何かを話すにしても、わざわざ説明しなくてもすむこともあった。その後高校生になって、「外の世界」と自分を混ぜていくことを非常に難しく感じた。高校にはフランス人生徒が多かったので、今までいちいち説明しなくて良かったことを説明しなくてはいけない生活に急に変化した。(表2・事例8)

　第3は、中国人でありフランス人であると位置づけている2人(表2・事例9、事例10)である。
　20代男性(表3・事例9)は、「自分に2つの側面があるのは、2つの文化を分かち合うことができることなので、すごいチャンスである」と述べた。そして、両親が仏教徒で、特に父親は中国系アソシエーション会長で、週に1回北京語で仏教の説法を10年前からしていることや、家庭で中国料理を食べ

ることや自らの外見から中国人であるという意識を持った。「でも、フランスで生まれて、フランスの学校に行って、ここでしか住んだことがないのだからフランス人でもある」と語った。

20歳女性（表2・事例10）は、2つの文化がミックスしていると以下のように述べた。

> 私の出自は中国系だけど、私の生き方はどちらかといえばフランス人で、それは好きだけど、自分の中国人としてのオリジンを忘れることもない。両親にとって、カンボジアは住むところであっても、文化のルーツではなかった。（表2・事例10）

第4は、自らを中国人として位置づけた10人（表2・事例11〜20）である。10人中2人（表2・事例18、事例20）の両親は、中国本土出身であるが、それ以外の8人の両親あるいは一方は、東南アジア出身（中国系）である。

父親がベトナム（中国系）出身で母親が香港出身の20代女性（表2・事例12）は以下のように語った。

> 父はベトナムで育ったので、確かにアジア系と言ってもいいのだけれども、私の受けた教育は中国的だったので、自分のことは中国人であると思う。例えば、死者のことを話してはいけないとか、家具の位置を決める風水の習慣が家の中にはあったし、中国の歴史についてもよく家庭での話題になって、中国を自分のルーツだと感じていた。（表2・事例12）

父方と母方の祖父が中国出身で両親がラオス生まれの20代女性（表2・事例14）は、両親が北京語を話すことが中国人としての位置づけと関係していると以下のように述べた。

> もし、父や母が自分にフランス語で話しかけていたら違ったかもしれないが、両親が中国語で話しかけてくれたことによって、中国人としての自

分のオリジンを尊重するようになった。(中略)両親が祖先をすごく大切にして、いつもお祈りをしていた家庭で育ち、家の中が中国的であったので、親から受けた教育によって自分のことを中国人であると思う。(表2・事例14)

　上記の女性(表2・事例14)の場合、親がラオスで生まれ育っていても中国人としての意識を持ち、家庭では中国語を話し、来仏後も子どもに中国人としての意識を持って教育したことによって、彼女は自らを中国人として位置づけるようになったといえる。
　また、自らを中国人として位置づける者の中には、「フランス人とは感情的に統合できない」とか「フランス人の価値観には合わない」という者もいた。こうしたフランス社会に違和感を抱くことも中国人としての位置取りと結びついていた。しかし、自らを中国人と位置づけても、中国とフランスという2つの文化は自分の中でうまく混ざり合っていると、上記の20代女性(表2・事例14)は、以下のようにも語った。

　　自分の中でフランスの文化と中国文化がすごくうまく混ざり合っている。中国文化の例えば過去だとか祖先を大事にするような面をとても尊敬するけど、フランスという自分の両親を受け入れてくれた国に対する尊敬の念もすごく大きいので、2つの文化は全く違うけど、自分の中ですごくいいように混ざり合っている。(表2・事例14)

　30代男性(表2・事例11)は、12歳で移住した当初、中学校の受入学級で学んだが、高校卒業時になっても大学に進学するにはフランス語に問題があり、フランス社会に適応するのが非常に大変だった。思春期は暗かったけど、専門学校卒業後20代になって、子どもに絵を教えていたアソシエーションで出会ったフランス人女性が自分の話をよく聞いてくれる人で、だんだんと自分自身に自信が持てるようになり、年を重ねるにつれて性格が明るくなった。そして、自らの出自である中国文化に非常に興味を持ち、ライフワークとし

て中国茶を見出し、その勉強の為に台湾に渡った。彼は、自らを中国人として位置づけている。

　20代女性(表2・事例20)の場合は、両親が中国浙江省温州市出身である。第1次世界大戦中に曽祖父がフランスに来て以来、代々フランスとは行き来があった。彼女は、両親よりも考え方がフランス的なので、100％の中国人ではないと思うが、自らを中国人として位置づけていた。そして現在はアジア系の友人だけしかおらず、アジア系の友人の方が、尊敬できるしわかり合うことができるので、何かあると相談するのはアジア系の友人であると述べた。

　さらに、上記の20代女性(表2・事例20)は、中国語や中国の歴史や文化についてもっと学びたいという気持ちが強い。

> 文化大革命などの中国の本を読んで、中国のことをもっと知りたいと思う。フランス人の恋人に中国のことを説明しきれないこともあって、そういう時は残念で悔しい。これから中国に行くことがあったら、中国語を話せるともっと現地になじめるので、独学で中国語の勉強を始めている。(表2・事例20)

　第5は、自らをアジア人と位置づけた2人の20代男性(表2・事例21、事例22)である。1人(表2・事例21)は、父親はラオス出身で母親はベトナム出身であるが、母方の曽祖父が中国出身であり、家庭ではベトナム語を話す。もう1人(表2・事例22)は、両親共ラオス出身であるが、父方と母方の祖父が中国の出身である。父親はラオス語、タイ語と潮州語を、母親はラオス語、タイ語とフランス語が話せる。彼は、両親にはフランス語で話しかけるが、返事はラオス語で返ってくる。アジア人として自らを位置づけた2人共、曽祖父母か祖父母の誰かが中国の出身であるが、自らを中国人ではなくアジア人として位置づけ、家庭では中国語は話されていない。また、2人共日本や韓国やベトナムの音楽が好きであり、日本や韓国のアニメ番組や漫画[4]に親しんでいた。

第6は、自らをカンボジア人と位置づけた20代女性(表2・事例23)である。彼女は、父方の祖父母が中国出身で両親はカンボジア生まれである。家ではカンボジア語を話す。彼女はフランスで幼少期からカンボジア人の母方の祖母に育ててもらい、自分のことをずっとカンボジア人と思ってきた。

　　フランスで生まれ育ったけれども、両親から伝統的なものをたくさん受け継いでいて、自分をすごくカンボジア人だと思う。フランス人の友人もいて、フランス文化もわかるけど、結局自分はカンボジア人だと思う。(表2・事例23)

彼女は、自分のことをカンボジア人と思うが、フランス社会の中で違和感を抱いたことは全くなく、この国の文化や食べ物や美術館も好きだと言った。

5. オランダの場合

オランダにおけるインタビュー対象者27人の文化的アイデンティティの多様性は、5つに分類できる。

第1に「中国人であるよりもオランダ人である」と自らを位置づけた2人(表3・事例1、事例2)である。

40代男性(表3・事例1)は、9歳でオランダに両親と共に移住するが、すぐに学校に慣れオランダ語が第1言語になった。見かけで中国人としてからかわれるのが嫌で、海で肌を焼いたりした。大学時代は中国系学生のアソシエーションに参加し中国系の友人もできた。オランダの会社に就職後、上司にもっと自己主張するように言われてそうしなければと努力し、45歳になった現在では自分のことを8割くらいはオランダ人であると思うと述べた。

30歳男性(表3・事例2)は、自らの文化的アイデンティティについてあまり意識したことはなかったが、自分の「ホーム」はオランダで、どちらかと問われれば、中国人ではなくオランダ人であると答えた。

第2は、中国人でもありオランダ人として自らを位置づけた18人(表3・事

例3～20)である。

　40代男性(表3・事例3)はロッテルダム近郊の小さな村の小・中学校に通い、学校時代は中国人は自分1人で他はオランダ人であって、17、8歳まで自分の出自を意識することなく自らをオランダ人と思っていた。学校時代に「中国人、黄色い人」なんて呼ばれたりしたこともあったけど、気にしなかったし、親もそんな言葉にはやり返さず、無視しなさいと教えてくれた。その後、姪との出会いをきっかけに中国系第2世代の友人が増え、中国人としても自らを意識するようになった。

　　　18歳で姪に出会って、彼女が中国系第2世代の学生による集まりを紹介してくれたことで、それまで付き合いのなかった中国系第2世代の友人が増えて、そこに居心地の良さを感じ自らの中国人としての出自を意識するようになった。完全に中国人でもなく、完全にオランダ人でもなく、両方の世界の中間にいる。(表3・事例3)

　30代男性(表3・事例4)は、アムステルダム近郊の小さな街の中国系の子どものいない小・中学校に通い、17、8歳頃まで自分のことをオランダ人であると思っていた。アムステルダムの大学入学後は、中国系の友人が増えていって2、3年間中国系の友人とばかり付き合っていた。しかし、中国人同士はゴシップが多く複雑で嫌になり、その後自分はオランダ人か中国人のどちらかではなく、中間にいることがわかった。「2つの文化の間で育って、2つを混ぜているのだと思う」と語った。彼の姉である30代女性(表3・事例5)は、中国人とオランダ人の中間に自らを位置づけて両者のバランスを取り、状況によって両者を「カメレオンのように使い分けている」と言った。弟(表3・事例4)は、姉(表3・事例5)は女性であるために両親から自分よりも自由を拘束されてきたので中国文化への反発が強く、自分よりもオランダ人としての側面が強いと述べた。

　40代男性(表3・事例6)は、中国人でもありオランダ人としての自らの位置取りを以下のように語った。

私はいつ自分がよりオランダ人になり、より中国人になるのかわからない。ある時はよりオランダ人と感じ、ある時はより中国人だと感じるけど、その前に自分自身でありたいと思っている。(表3・事例6)。

　第3は、オランダ人でもあり中国人でもあると捉えているが、中国人であることを出自に由来する自己の内部に沈潜するものとして30歳前後に再解釈している2人(表3・事例21、事例22)である。
　40代男性(表3・事例21)は、大学院卒業後オランダの大手銀行に就職し人よりも早く昇進したが、自らが本当にやりたいことをやろうと周囲の反対を押し切って退職し、歌手兼俳優となった。彼は、大学入学後は狭い中国系コミュニティから意識的に離れようとして、中国系の友人を遠ざけオランダ人の友人と付き合い、アメリカに1年間留学した。しかし、俳優や歌手としての仕事をするようになった30代前半で、「中国人の友人、中国文化、中国語や武術が恋しくなった。内面的に自分の文化への枯渇を感じた」と語った。その後意識的に遠ざけていた中国系の友人が増えた。

　　自分は西欧的な特徴をたくさん有している中国人なのだ。アジアにいるととてもリラックスして、自分のルーツだと感じる。中国料理が好きだし、自分のエッセンスは、とても中国人でありアジア人だ。私の脳は西欧的な直線的な思考もするけど、アジア的なホールスティックな思考もする。(中略)もし、1人になって仕事もせず、寝て食べるだけなら、自分のエッセンスはアジア的であると思う。(中略)私は俳優の訓練を通して色々な人を演じることができ、ヨーロッパ人の恋人がいればストレートに振る舞えるけど、実際にドイツ人女性と付き合った時には自分が自己主張を強くすることに疲れ、アジア文化が自分の中に自然に持ち上がってきて、アジア的な部分が自分にあることがわかった。(表3・事例21)

　50代女性(表3・事例22)は、祖父が中国広東省出身でインドネシアに移住して製薬会社を興し、父親はインドネシア生まれで中国式に育てられ、10

代後半にバイオリンの勉強のためにオランダに留学した。父親はオーケストラのバイオリニストになり、オランダ人女性と結婚し彼女が生まれた。彼女は中国系の友人知人との付き合いは全くなくオランダ語の話されている家庭環境にあり、学校でも中国系の子どもはおらず、オランダ人の子どもと同じ環境で育った。オランダ人とは外見が違うことは無視し、自分はオランダ人であると思っていた。大学で音楽学を学び、大学在学中から音楽評論家として活躍するが、30歳頃の1人の中国人作曲家との出会いが、彼女に自分の中国的出自に興味を持たせた。その中国人作曲家の音楽にある「中国的特徴(Chinese Twist)」は、理論的に分析できても、感覚として自分がそれまで親しんできた西洋音楽にはないもので、その中国人作曲家と話すと深いレベルで相互理解ができた。それをきっかけに、彼女の意識は少しずつ変化し、それまで無視していた自分にとっての「中国人性」とは何であるのかを掘り下げてみようと思うようになった。音楽や料理を通して中国文化を求め、2008年にはそれをまとめた本を出版し[5]、祖父の故郷である中国広東省も訪問した。50代になった今も自己の内面にある中国人性を探求していると語った。

　第4は、「オランダ人よりもより中国人である」と自らを位置づけている3人(表3・事例23、事例24、事例25)である。

　3人の中の1人である30代男性(表3・事例23)は、アムステルダムで生まれ育ち、移民の子どもの多い小・中学校に通ったが、幼少期から現在に至るまで中国系の友人しかいない。中国語補習校に5歳から20歳まで毎週末に通っていたので、多くの中国系の友人ができ、週末の補習校終了後に遊ぶことができ、オランダ人の友人は必要なかった。職場の同僚は皆オランダ人であるが距離を感じ、職場だけの付き合いである。26歳でクリスチャンになり中国系教会に毎週通い、そこでも中国系の人と付き合っている。文化的背景を共有する中国系第2世代の友人は彼のことを中国人として捉えていて、彼もオランダに住む中国人として自己を位置づけている。

　もう1人の30代男性(表3・事例24)は、第2世代がホワイトカラー層に進出する中、大学を卒業しているが親の意向に従って親のレストランを継いだ稀な例である。彼は「幼少期はオランダにいるときは中国人で、中国にいる

時はオランダ人と感じていたが、父親のレストランを継いでからはもっと自分が中国人であると感じている」と語った。

3人目の60代女性(表3・事例25)の場合、父親に勉学意欲がないので中学校を退学させられ父親の経営するレストランを手伝うことになった。後に結婚して3人の子どもを出産後、28歳で大学に入り社会福祉学を学び、その知識を生かして中国系アソシエーションを立ち上げた。彼女は、父親の考え方が自分の基盤にあることによって、自分がより中国人でいられると語った。

> 父によって退学させられレストランで働いたけど、半年働いただけで、物事をいかに組織し運ぶのかを学んだ。働くことから学ばせる父親の考え方こそが、中国人的であり私の中に根づいている。中国人は家族のために朝早くから夜遅くまで働いているけど、私もそうしている。仕事は楽しんで心を広くもってやらなくていけないという父の教えは正しいと思う。(表3・事例25)

第5は、中国人としてのみ自らを位置づけている2人(表3・事例26、事例27)である。

30代男性(表3・事例26)は、大学院で博士号取得後、オランダの大手通信会社に就職したが、その時初めて差別を感じ「自分が異なっていること」を認識した。それまでは自分はオランダ人であると思ってきた。職場の上司に「きみは良く働いて仕事ができるけど、会議で意見を言うのを聞いたことがない。もっと自分自身を主張する必要があるから、自己主張するための訓練コースを受けなさい」と言われた。訓練コースを受講し努力したが、上司にそれではまだ不十分だと言われた時、自分はオランダ人とは違うと認識した。中国人の親には教師の言うことを聞いて目上の人に従うことが良いことだと教えられたが、オランダ人は全く違っていて、自分はこの職場でどれだけがんばって働いても意味がないことがわかって転職をした。彼は最初の職場を退職後に中国語放送局を立ち上げてスタッフとして仕事の合間に関わったことによって、それまでほとんどコンタクトのなかった中国系の友人が増えて

いった。彼は現在に至るまでこの中国語放送局のスタッフとして関わっていて、第2世代だけではなく、中国本土から来た友人もいるが、オランダ人よりも親近感を抱く。その後2回オランダの会社に転職をしたが、自分と同じ時期に入社したオランダ人が昇進しているのに、より業績をあげている自分はなぜ昇進できないのかと上司に言ったら、「オランダ人の方が自己主張する」と言われた。この時にオランダの会社で雇われている限り、決してトップにはなれないことがわかり、退職して妹と2人で起業した。オランダに住むことに違和感を抱き、将来的には香港やシンガポールに移住することも考えている。中国人として自らを位置づけ、中国系の人と結婚したいと語った。

　50代女性(表3・事例27)は、自らが親になって子育てをする時になって初めて、自らの文化的アイデンティティについて考えた。彼女は中国系教会で出会った中国系第2世代の男性と20代で結婚後、3人の子どもを出産した。子育てをするまで、自らの文化的アイデンティティについて考えることはなかったが、30代前半で3人の子育てをするにあたって初めて、自分は中国人として子どもを育てるのか、オランダ人として子どもを育てるのかを考えた。そして、自分はオランダ人の考え方が嫌いで中国人であることに気づき、中国人として子どもを育てた。彼女は中国人として子どもを育てるということは、親としての威厳を保つことであると捉え、オランダ人の親子は友だちのような関係で子どもに自由を与え過ぎていると述べた。息子は2年間しか中国語補習校には通わなかったが、自分が中国人として育てたことによって何かが伝わっていると思うと語った。

6. 最も多い位置取り

　以上3国の中国系第2世代の文化的アイデンティティの多様性について検討した。定性的アプローチを用いているので、3国の文化的アイデンティティの多様性を定量的に比較検討することはできない。しかし、イギリスとオランダの場合に比べてフランスの場合は明らかに違いがあることには着目したい。

それは、中国人であるとだけ位置づけている人、つまり部分的にでも自らを主流社会の文化に位置づけていない人の割合が、イギリスとオランダの場合に比べて、フランスの場合に多いことである。イギリスの場合37人中7人、オランダの場合27人中2人であるのに対して、フランスの場合23人中10人が中国人であるとだけ位置づけている。アジア人と位置づけている2人とカンボジア人と位置づけている1人を加えると、23人中13人という過半数が自らを部分的にでもフランス人として位置づけていない。これに対して、イギリスとオランダのインタビュー対象者の最も多い位置取りは、「イギリス人(オランダ人)でもあり中国人である」で、イギリスの場合37人中19人、オランダの場合27人中20人である。

　この違いを生み出す理由は何であろうか。まず、第Ⅲ章第1節でイギリスとフランスにおける正規の学校での中国系第2世代への中国語教育に焦点を当てて文化的背景に関連した教育のあり方を比較した結果からは、大きな違いはなかった。第Ⅲ章第2節で比較検討した3国における中国語補習校での中国語教育に関しては、フランスの場合、母語教育としての役割を果たしていなかったので、イギリスやオランダの場合に比べて補習校に通った人の割合が低く、通った年数も短かった。それゆえ、正規の学校や中国語補習校での文化的背景に関連した教育のあり方が、フランスにおいて中国人であるとだけ位置づけている人が多いことに影響を及ぼしているとはいえない。

　筆者のインタビュー結果からいえるのは、家庭教育のあり方が、フランスにおける中国系第2世代の文化的アイデンティティに影響を与えていることである。フランスにおいて中国人であると位置づけた10人中8人は、少なくとも両親のいずれかが東南アジア(中国系)出身であるが、親は東南アジアで生まれ育っていても中国人としての意識を持ち、家庭では中国語を話し、来仏後も子どもに中国人としての意識を持って教育していたことがわかった。来仏前のベトナム、ラオスやカンボジアにおける中国に出自をもつ親世代が、中国人としての意識をかなり保持してフランスに移住し、それが家庭教育を通して次世代に伝わっていた。また、インドシナ難民の親は、香港や中国本土出身の親とは違って、信仰心の篤い仏教徒としてフランスへ移住後も仏教

寺に通っている人や、中国系教会に通うクリスチャンも多い。パリ13区のインドシナ難民集住地区には、仏教祭壇を併設している中国系アソシエーションや中国系教会があり、日常的に祈りを捧げるアジア系の人々で賑わっている。こうした第1世代の家庭教育や宗教への態度が、第2世代の中国人であるという位置取りと関連しているのではないかと考える。

また、3国の中国系コミュニティの特徴を比較した場合、イギリスとオランダでは、職業が飲食業に集中し全国に散住しているのに対して、フランスでは、職業は多様で集住地区があり、集住地区に位置する学校では半数以上がアジア系の子どもで占められる学校もあった。また、フランスの中国系移民はたとえ引っ越したとしても、過去には集住地区に住んだ経験のある人が多い。これらも第2世代の中国人(あるいはアジア人)であるという意識を強めることにつながっていると考える。

以上から多文化主義を主流の言説とするイギリスやオランダよりも、移民の統合を理念として掲げるフランスの方が、中国系第2世代にみる限り文化的に統合されていないといえる。小坂井敏昌[2004]は、多民族・多文化主義では、外部と内部を隔てる壁を取り去るのではなく、反対に両者の融合を阻止するがゆえに外部が馴到される。それに対して普遍主義においては、外部の痕跡を内部において消し去る過程を通して、かえって外部の異質性が実質的に残存すると述べている[小坂井 2004: 121]。この小坂井の指摘[2004]の妥当性を検討することは本書で扱う範疇を超えるが、フランスにおいて自らを中国人として位置づける者の中に、「フランス人とは感情的に統合できない」とか「フランス人の価値観には合わない」と言った者がいたことが思い起こされる。小坂井の指摘[2004]は、3国における移民の統合について考えていく上で示唆に富む。

第2節　文化的アイデンティティ形成に関わる6つの要因

本節では、3国の中国系第2世代の文化的アイデンティティの多様性を生み出す要因として、第1に中国語能力、第2に親子関係、第3に友人関係、

第4にパートナーの選択、第5に職場での経験、第6に香港や中国訪問の経験、の6つを取り上げて、それぞれ検討する。最後に文化的アイデンティティとは何かを問い直し、3国の文化的アイデンティティ形成過程に違いを生み出しているものは何かを明らかにする。

1. 中国語能力

3国の中国系第2世代の第1言語は主流社会の言語であり、親とは母語である中国語方言で会話はできても、複雑な部分は中国語では表現できないのが現状である。ヨーロッパには全日制華僑学校はないので、3国の中国系第2世代が中国語を学習できる主な教育機関は週末の中国語補習校であった。しかし、オランダにおける40代以上のインタビュー対象者の学齢期には、まだ中国語補習校が開校されていなかった。オランダの60代女性（表3・事例25）の場合は、父親が広東省出身で、母親がオランダ人であったため、家庭ではオランダ語が話されていたので、中国語の読み書きができないだけでなく、聞いたり話したりすることもできない。この世代が育った時代は、学校時代に香港や中国の音楽や番組をテレビやラジオで視聴することもできなかったために、メディアを通して中国語を耳にする機会もなく、40代以上の第2世代の中国語能力は低い。

3国の40代以下のインタビュー対象者は、中国語補習校に約3〜10年通った経験のある者がいるが、中国語の読み書きができるのは少数派である。大学で中国語を学んだり、就職後に中国語補習校の大人向けコースに再入学した場合は、読み書き能力は比較的高い。ただしこの場合、北京語を学んでいる。正規の学校での中国語教育については、イギリスにおいて1980年代から1990年代にロンドンにおける小・中学校数校で広東語の母語教育が実施されていたこともあり、これを受講したインタビュー対象者の中には広東語で中等教育修了一般資格試験に合格した者や、フランスの正規の学校での北京語学習によってバカロレアを取得した者もいたが、少数であった。

それでは、中国語能力と文化的アイデンティティの保持はどのような関

係にあるのであろうか。中国語能力があることは中国人としての意識を強めることはあり、また自らを中国人として位置づけることが中国語を学ぶ意欲を高めることもある。しかし、中国語能力の低いオランダの40代以上のインタビュー対象者が自己を中国人として位置づけていないわけではない。上述した中国語がほとんどできないオランダの60代女性(表3・事例25)は、自己の内部に沈潜する労働から学ばせる父親の考え方を自らの中国人性として捉え、自らを中国人としても位置づけていた。つまり中国語能力があるので、中国人としての位置取りを選ぶとはいえず、逆に中国語能力がなくても、中国人としての位置取りを選ぶこともある。そのため、3国において自らを中国人として位置づけた第2世代が必ずしも中国語能力が高いわけではなかった。

　また、中国系第2世代同士の兄弟間や夫婦間では、中国語と主流社会の言語の両方が使われている。オランダの30代男性(表3・事例13)のように広東語を話す家庭で育ち、妻は温州語を話す家庭で育った中国系第2世代同士の夫婦の場合は、オランダ語で会話をしている。そういう家庭で育った第3世代は、家庭でもオランダ語を話し、もし中国語補習校に通った場合は北京語を学ぶ。現在、イギリスとオランダの中国語補習校では広東語クラスがほとんどなくなり、北京語クラスになっており、フランスの中国語補習校では開校以来北京語のみが教えられてきた。第3世代が学齢期になっている2013年現在、広東語等の中国語方言は正規の学校でも中国語補習校でもほとんど教えられていないので、次世代の中国語方言能力はさらに低下するといえる。

　他方で、TVやインターネットを通して中国や香港の歌や映画やドラマ等のポピュラー・カルチャーは簡単に手に入るようになった。イギリスやオランダの30代以下の第2世代は、学校時代には親が仕事で忙しくて家にいなかったので、放課後は毎日テレビで広東語のテレビ番組や、香港の祖父母が送ってくれたビデオを見たことで、広東語を聞く力が身についたと言った。しかし、学校時代に香港のポピュラー・カルチャーに親しんでいても、10代後半になっても興味を持ち続ける者と離れていく者とに分かれる。さらに日本や韓国を含むアジア全体のポピュラー・カルチャーに興味を持つ者もい

る。中国人として自らを位置づけている者は、香港や中国やアジアのポピュラー・カルチャーが西欧のものより好きな者がほとんどである。特にフランスの場合、中国人やアジア人として自らを位置づけている者は、日本、韓国、ベトナムやタイの音楽や映画にも興味を持っていた。

　イギリスの中国系の若者の文化的アイデンティティについて論じたパーカーは、中国語の読み書き能力がほとんどなくても、家族や友人を通して香港のポピュラー・カルチャーを部分的に理解し親しむことが、中国人としてのアイデンティティの要素になっていると指摘している［Parker 1995: 146］。このパーカーの指摘は、10代後半以降でアジアのポピュラー・カルチャーに興味を持ち続ける者とそうでない者がいる点を考慮していないが、ポピュラー・カルチャーと中国人としてのアイデンティティの結びつきを指摘している点は評価できる。

2. 親子関係

　3国の中国系第2世代にとって、親との関係は中国人としての位置取りにつながっているといえる。3国における第2世代の中には、親との軋轢を全く経験しなかったと言った者もいるが、10代中頃から親に夜や放課後の外出を禁止されたり、放課後や週末に親の店を手伝わなければならずにイギリス人の友人のように遊べなかったことで、親との間に軋轢があったと語った者は多かった。イギリスの30代女性（表1・事例29）は、10代で親が経営するレストランを手伝わなくてはならなかった頃は、父親が世の中で一番冷徹な人だと思っていたと言った。フランスの10代男性（表2・事例1）は、「親は自分が中国人と結婚して、お金を稼いで、親を養うことが良いと考えていて、全く考えが合わなくて、いつもけんかをしている」（表2・事例1）と述べた。これらは、いわゆる思春期における親との軋轢といえ、20代を過ぎるとこうした軋轢は小さくなったとほとんどのインタビュー対象者が述べた。3国におけるインタビュー対象者の中で、親との激しい軋轢を長年にわたって経験していたのは、前述したイギリスの20代女性2人（表1・事例6、事例7）だ

けであった。

　ここで筆者が指摘したいのは、中国系第2世代は、親への反発といった諸々の感情を抱くことを、自らの中国人性と関連づけていることである。「親が中国人であるから中国人」という語り方は、第2世代が親との日常的な関係の中で様々な感情を抱くことから生みだされた語りである。親との激しい軋轢を経験したイギリスの20代女性(表1・事例6)が、長年衝突してきた父親に受け入れられたいという感情を、「自分はすごく西欧化されているけど、まだ中国人である」と中国人へのこだわりを通して語ったことに示されているように、第2世代は親への個人的感情を、中国人としての文化的アイデンティティに結びつけて捉えている。

　それは、親との軋轢がない場合も同様である。オランダの温州系第2世代のアイデンティティ形成について論じたキムは、第2世代は親の意向に従うことが子どもとしての責任であり、親は子どもの将来を思って重労働に耐えているので、子どもとして出来ることはそれに応えて親に感謝を示すことだと考えていると説明している。そして、第2世代はそうした親への親愛の情を中国人性の表れとして捉えていると指摘している[Kim 2009: 62-65]。親への感謝や親愛の情を抱くのは中国人だけではないが、第2世代はそうした親への感謝や情愛、そして反発等の諸々の感情を通して、自らが中国人であることを意識しているといえる。

　そして、第2世代の親への感情と結びついた中国人であるという位置取りは、前述したような学校教育を成功の手段として重視する民俗理論の形成につながる。なぜなら、オランダの30代男性(表3・事例2)が「親はこの国に移民し、レストランで12時間も働いていたから、オランダ人の親とは違って、子どもがこの国でチャンスを掴むために良い教育を受けさせようとするのだと思う。私は親の重労働を見て育って、親のようになりたくなかったし、親を失望させたくなかったから、一生懸命に勉強した」と語ったように、親への感情が学校教育を成功の手段として重視する民俗理論を支えているからである。その意味で、中国人としての文化的アイデンティティの保持は学校適応につながっているといえる。また、筆者のインタビュー対象者の多くが、

親が子どもの勉強に熱心であることを「中国人の親はみなそうだけど」「それは中国文化なんだけど」という語り方をしたことにも、第2世代が中国人性と親の学校教育を重視する価値観とを結びつけて捉えていることが示されている。

学校適応と文化的アイデンティティの保持との関係性について、ギブソンはアメリカのパンジャブ出身のシーク教徒の事例から、家族やエスニック・コミュニティへのアイデンティティを保持しながら、同時に学校で成功し主流社会において生きる能力を身につけるという複線的な適応の仕方を「同化なき適応(Accommodation without Assimilation)」という概念で示している[Gibson 1988]。これは、学校適応が主流社会の文化に同化することにつながるとする単線的な適応モデルに対抗して提出された概念である。

本章の事例では、中国人としての位置取りと結びつく親への感情が、学校教育を成功の手段として重視する民俗理論を支えている点において、学校適応と文化的アイデンティティの保持は関連していると指摘できる。しかしながら、親への感情を通した文化的アイデンティティの保持が主流社会での成功を支えていることを「同化なき適応」という概念で捉えると、永続的に同化しないで適応するという戦略を思い起こさせるので適切でないと考える。なぜなら、これまで検討してきたように、3国の中国系第2世代の文化的アイデンティティは固定的なものではなく、個人の経験を通してライフヒストリーの中で変化するものだからである。

また、中国系第2世代は20代になっても男女問わず親と同居する者が多いことも指摘しておきたい。オランダの40代男性(表3・事例18)は85歳の父親と同居し、独居老人の世話をするボランティアにも関わっている。

> 子どもとの同居を望む中国人と、1人で老人ホームで暮らすオランダ人とは、考え方に大きな違いがある。親は自分達子どものために重労働をしてくれたのだから、年を取ったら子どもと暮らした方がいいと思う。自分はこの点はとても中国的だと思う。(表3・事例18)

また、この男性(表3・事例18)には2人の小学生の子どもがいるが、中国系第2世代の妻とはオランダ語で話し、また自分の子育ての仕方はとてもオランダ的であり、子どもに何事も選択の自由を与えて押しつけていないと言った。例えば子どもが中国語補習校に行きたくないと言ったので行かせていない。前述したようにオランダの50代女性(表3・事例27)は、30代で3人の子育てをする時に、子どもをオランダ人として育てるのか中国人として育てるのかを考えることによって、自らの文化的アイデンティティを意識し、中国人として自らを位置づけ、中国人として子どもを育てたと述べた。つまり、上記のオランダの40代男性(表3・事例18)とこの50代女性(表3・事例27)の事例は、親との同居・別居や子育ての仕方にオランダ人と中国人との違いを意識していた。また、働きながら子育てをしている中国系第2世代女性は、自分の母親に子どもの世話を頼んでいる場合が多く、ベビーシッターを頼む主流社会のやり方に対して、母親に頼む子育ての仕方を中国式であると捉えていた。以上から、親への親愛の情や軋轢、あるいは親との同居・別居や子育ての方法を通して、中国系第2世代は中国人としての位置取りを意識しているといえる。

もう1点指摘しておきたいのは、親子関係は自己アイデンティティを確立する核であり、親子関係の不安定さは自己アイデンティティを揺さぶるゆえに文化的アイデンティティにも悩むことになる点である。

たとえば、オランダの50代女性(表3・事例8)の場合、母親が精神を病み、6人兄弟の中で彼女1人が10代中頃から一緒に母親と住んで面倒をみてきた。母親が彼女の学校の勉強も含めて自分のことを気にかけてくれたことはなく、彼女が母親の面倒をみる立場であった。そうした家庭環境によって彼女は他人と心を通わすことができなくなり、10代後半でクリスチャンになった後も長い年月にわたって自己確立に悩み続けた。彼女の友人である50代女性(表3・事例27)は、自分の家庭では母親が専業主婦で子どもの面倒をみており、母親の愛情を感じて育ったので、そのような悩みはなかったと言った。これは特殊な事例であるといえるが、親子関係が自己を確立する核であることを示している。文化的アイデンティティは自己アイデンティティの一部であり、

この女性(表3・事例8)の場合、自己アイデンティティの確立に悶々としていた時期は、オランダ人でもなく中国人でもない自分に悩んでいた。30年もの長きにわたってもがき苦しんだ後、40代後半になってやっと神との関係においてクリスチャンとしての自己を見出したと語った。そうした過程で文化的アイデンティティは彼女にとってそれ程重要なものでなくなっていた。

　親と激しい軋轢を経験したイギリスの20代女性の2人(表1・事例6、事例7)は、父親によって中国人であるという枠とその意味を押しつけられ、外見が中国人であるためにそこから逃げられずに、完全なイギリス人でも中国人でもないことによる不安定さを経験していた。大学に進学し、家を離れて学生生活を送る中である程度自信を回復していた。

　また、親との軋轢がなくとも10代中頃から後半で自分が何者かわからなくなって悩んだ経験があると語った第2世代は、3国において各4、5人いた。しかし、それ程深刻なものではなく、年を重ねることによって解消していた。移民第2世代は2つの文化の狭間で自己形成することによって、世代間の軋轢やアイデンティティの危機に悩む存在であるとする言説は、実際の自己形成のあり方を捉えていないといえる。親との関係が不安定である場合は、それが自己アイデンティティの確立を揺さぶり、そのために文化の言説への自己の位置取りが定まらないのであって、複数の文化に跨って自己形成すること自体が世代間の軋轢やアイデンティティの危機を導くわけではない。ギデンズのいう「基本的信頼」[Giddens 1991: 54]が親子関係において構築されていることが、自己アイデンティティの安定には不可欠であるといえる。

3. 友人関係

　3国におけるインタビュー対象者の友人関係は、3つに分類できる。第1は中国系(アジア系)の友人を持たない者、第2は中国系(アジア系)の友人もそれ以外の友人も両方共持つ者、第3は親しい友人はほとんどが中国系の者である。イギリスとオランダの場合は「中国系の友人」が、フランスの場合は「アジア系の友人」という用語が用いられた。フランスの中国系第2世代にとっ

て、友人関係を筆者に説明するのに、中国系と非中国系の違いは重要ではなかった。また、第1の分類と第2の分類では、都会の学校に行った場合、中国系ではない友人には様々な文化的背景の友人も含まれる。

第1の中国系(アジア系)の友人を持たない者が「中国人(アジア人)であるよりも、イギリス(フランス・オランダ)人である」と、第2の両方の友人を持つ者が「イギリス(フランス・オランダ)人であり中国人である」と、第3の中国系(アジア系)の友人しか持たない者が「中国人である」と自らを位置づけると例外なくいえるわけではないが、相関関係があることは指摘できる。また、友人関係と文化的アイデンティティの関係性は固定的なものではなく、個人のライフヒストリーの中で変化する。

小・中学校時代の友人関係のあり方は、地域や学校に中国系の子どもが多いか少ないかという環境的な要因が作用する[6]。イギリスとオランダの中国系移民は、全国に散住しているという特徴を持っているのに対して、フランスの場合はパリやパリ郊外に集住している。こうした居住形態の特徴が友人関係のあり方に影響を与えているのは、3国の中国系第2世代を比較してみえてきたことである。

イギリスとオランダの中国系第1世代は、飲食業に集中し、都会に定住していた事例もあるが、全国の小さな街を転々と引っ越していた事例も多い。飲食業で儲けると数年後にはその店を売却してより大きな店を購入していたような場合は、学校時代に何回も引っ越しを経験している。小さな街の小・中学校には中国系の子どもは少なく、白人がほとんどである。そうした環境で学校時代を過ごした場合、中国系の友人とは親の知り合いや中国語補習校を通して知り合う場合もあるが多くはない。イギリスの20代男性2人(表1・事例2、事例4)の場合、学校時代からずっと20代まで中国系の友人はいなかった。

そして、中国系の子どもがいない学校に通っていて、自分だけが親の店を手伝わなくてはならなかったり、外見が異なることによっていじめられたりして、自らの他者性を認識して中国人として自己を位置づけていたと語った者と、逆に自らをイギリス(オランダ)人と同じであると捉えていた者

第Ⅴ章　中国系第2世代と文化的アイデンティティ形成　249

がいた。オランダの温州系移民の文化的アイデンティティについて論じたキムは、中国系移民は全国に散住しているので学校時代に他の中国系第2世代に出会うことがなく自分の経験を分かち合うことができないことが、自らの他者性の認識を遅らせていると指摘している[Kim 2009: 53]。しかし、筆者のインタビュー対象者の場合、中国系の友人に出会うことがないことは、キムの指摘するように他者性の認識を遅らせる場合と、逆に他者性の認識を促す場合との両方があった。

　集住地区のあるフランスの場合、集住地区にあるアジア系生徒が半数近くを占める学校に通い、アジア系ばかりの特別クラスで中学生時代を過ごした者もいた。「アジア人が多い小・中学校に通っていたが、高校に入ってアジア系ではない友人に出会うことによって自分が小さい世界にいたことを認識した」（表2・事例8）という語りは、イギリスやフランスでは聞くことはなかった。

　そして、3国いずれの場合も、10代後半で行動範囲が広がると、地域や学校の環境に友人関係のあり方がそれ程制約されなくなる。特に大学には中国系第2世代学生によるアソシエーションもあり、それに参加すれば多くの中国系の友人と出会う。1990年代以降に増加している中国や香港や台湾からの留学生によるアソシエーションと中国系第2世代学生によるアソシエーションとは別々になっていた。

　オランダのロッテルダムで中国系学生のアソシエーションの設立に関わった30代男性（表3・事例13）は、小さな街で中国系の友人とほとんど付き合ったことがなく、ロッテルダムのような都会に出てきた中国系第2世代の中には、最初中国系学生のアソシエーションのイベント等に参加するように誘っても拒否する人もいたと言った。しかし、一度イベントに参加したら楽しかったので入会した人もいた。いずれにしろ、イギリスとオランダの場合、これまで中国系の友人と出会う機会が少なかった人でも10代後半で中国系の友人が増えている。そして、イギリスとオランダの第1世代は職業が飲食業に集中しているために、第2世代は幼少期に親が忙しく寂しい思いをしたとか、親の店を手伝ったという同じ経験をしていた。これまで分かち合うこ

とのできなかったそうした経験を、10代後半で同じ経験をしてきた中国系の友人と出会って分かち合うことで生じる居心地の良さを感じ、もっと中国系の友人を求めることで、中国系第2世代向けのウェブサイトやパーティーに人気が集まった。

アジアン・パーティーとは、ヒップホップやエレクトロニカといった最先端の音楽が流れる中、スタイリッシュなファッションに身を包んだアジア系の若者が踊るパーティーで、オランダでは1980年代からみられるようになり、1990年代に広まり現在でも人気がある[Or 2007]。参加者のほとんどがアジア系の若者で、インドネシア、ベトナムやタイに出自を持つ若者もいるが、多数派は中国系第2世代である。

オールは、なぜアジアン・パーティーがオランダのアジア系の若者の間で人気があるのかを22人の参加者へのインタビューに基づいて分析している。結論として、アジア系の若者にとって、インターネット上でのチャットやコミュニティサイト[7]と並んで、アジアン・パーティーは他のアジア系の若者と知り合う機会であり、アジア系の若者はアジア系の友人をつくったり会いに行くためにアジアン・パーティーに参加していると説明している[Or 2007: 30]。参加者は10代から20代前半が主流であるが、アジアン・パーティーの方が同じ文化やエスニシティを共有していることによってお互いにわかり合え居心地が良いと感じていた。オールは、このような参加者に共有されている同一性がアジア系の若者に「絆」を生み出すと共に、非アジア系との差異化にもつながっていると指摘している[Or 2007: 47]。

また、社会において自らの声を反映させてこなかったイギリスの中国系の若者の間で2000年代になって普及している2つの代表的なインターネットサイト[8]の内容を分析したD. パーカーとM. ソングは、中国系の若者同士が意見を交わすことができるこれらのインターネットサイトは、自らの不可視性を自覚している彼らにとって、アイデンティティや社会的地位に関する問題を把握できる重要な場として出現してきていることを指摘している[Parker & Song 2006, 2007]。

フランスの場合は、集住地区があることによって既に学校時代にアジア系

の友人に囲まれていた者も多く、大学入学後に中国語コースで中国系の友人と新たに出会った者はいたが、イギリスやオランダで指摘できるような10代後半でそれまでにいなかった中国系の友人と出会い、一緒にいることに居心地の良さを感じることはなかった。フランスの場合、親の職業が多様であることも、イギリスやオランダの第2世代にみられた親の店を手伝うという経験の共有による共感を生み出さなかった。

　そして、3国いずれの場合も、10代後半で中国系の友人といることに居心地の良さを感じるか、あるいはいったんはそうであったとしても違和感を抱くようになるかに分かれていく。居心地の良さを感じる者はその後友人関係が中国系に限定されていき、違和感を抱く者は中国系の友人と疎遠になっていく。オランダの20代男性（表3・事例4）は、10代後半でそれまで少なかった中国系第2世代の友人と、アジアン・パーティや友人からの紹介を通じてよく付き合うようになったが、「中国人同士はゴシップが多く複雑で嫌になった」と述べた。ここでは、中国系の友人とオランダ人の友人の違いが、例えば「中国系の友人は周りを気にして他の人の持ち物にこだわるが、オランダ人の友人はオープンで気兼ねをしない」「中国系の友人はいつも一緒に行動するがオランダ人はそうではない」「オランダ人はストレート過ぎるけど、中国人は自己主張をしない」というように語られた。つまり、第2世代は10代後半で変化する友人関係の中で、中国系（アジア系）の友人とイギリス（フランスあるいはオランダ）人の友人との違いを、共同性を想像して認識することを通して、どちらかに自らを位置づけていた。

　また、30歳前後に「中国人であること」を出自に由来する自分の内部に沈潜するものとして再解釈していたオランダの40代男性（表3・事例21）と50代女性（表3・事例22）の場合は、30歳頃から中国人としての出自を模索していく過程で、それまでになかった中国系の人との付き合いも増えていた。また、オランダの30代男性（表3・事例26）は、職場での人間関係を通して中国人として自らを位置づけるようになった後で、中国系第2世代や中国出身者との付き合いが増えていった。

4. パートナーの選択

　10代後半で変化する友人関係の中で、中国系第2世代の友人といることに居心地の良さを感じた者は中国系の友人が多くなり、その後パートナーも中国系第2世代になる可能性が高い。逆に中国系第2世代の友人に違和感を抱く場合は、中国系以外の人をパートナーに選ぶ可能性が高まるといえる。しかし、オランダの50代女性(表3・事例10)は、オランダ人の友人しかいなかったが、たまたま出会った香港出身の男性と結婚している。また、オランダの30代女性(表3・事例14)は中国系の友人といるよりもオランダ人の友人といる方が居心地がいいと言いながら、配偶者は親と会話ができる中国系の人がいいと思っていると言ったように、友人関係のあり方とパートナーの選択は重ならない場合もある。

　筆者のインタビュー対象者においては、イギリスの場合、既婚者7人中の1人の30代女性(表1・事例7)はアイルランド人と結婚をしているが、それ以外の6人は中国系第2世代と結婚をしていた。結婚はしていないがパートナーとして、女性3人(表1・事例8、事例11、事例24)がイギリス人男性を、女性1人(表1・事例9)がフランス人男性を選んでいた。中国系以外の人をパートナーに選ぶのは、中国系男性よりも圧倒的に中国系女性の方が多いという話はよく聞くが、筆者の事例にもそれが反映されていた。

　フランスの場合、既婚者は1人で中国系第2世代と結婚していた。オランダの場合、既婚者9人中の1人の50代女性(表3・事例10)は香港出身の男性と結婚し、もう1人の50代女性(表3・事例22)はドイツ人男性と結婚していたが、それ以外の7人は、中国系第2世代と結婚していた。配偶者やパートナーが中国系第2世代の場合、親同士の出身地は同じではなかった。オランダの温州系移民のアイデンティティの世代間変遷について論じたキムは、中国系移民でも例えば客家系か温州系か広東系かという出身地の違いは、第2世代にはほとんど意識されていないと指摘している[Kim 2009: 53]。また、40代男性(表3・事例1)は日本人女性と、40代女性(表3・事例15)はオランダ人男性と離婚をしていた。

では、第2世代が中国系以外のパートナーを選ぶことは文化的アイデンティティとどのように結びついているのであろうか。これには2通りある。1つにはイギリスの30歳女性(表1・事例8)のように、「イギリス人のパートナーと一緒にいる時はほとんど自分が中国人であるとは思わない」という場合であり、もう1つはオランダの50代と40代男性2人(表3・事例6、事例21)のように、オランダ人の恋人と一緒にいると違和感を抱き、自分の中国人性を感じたという場合である。後者の場合、関係は破たんしていた。つまり、一概には言えないとはいえ、中国系以外のパートナーと上手くやっていくことによって、第2世代は中国人として自らを位置づけることが少なくなるのではないかと考える。また、中国系第2世代同士のカップルの場合、パートナーを「自分よりもよりイギリス的(フランス的・オランダ的)だとか、中国的である」という表現を使って言い表すことがよくある。中国系第2世代同志のカップルであるので共有している背景によって、パートナーをこのような表現を使って言い表わすのだと考える。

そして、第1世代は、子どもには中国系のパートナーを望む場合がほとんどである。キム[Kim 2009]によると、オランダの温州系の親は、子どもの結婚や社会的地位への期待が高い。中国系の結婚相手を望む親と、それにはこだわらない第2世代との間で対立があるときには、ほとんどの第2世代は親を悲しませたくないという思いから親の意向を尊重しその意向を受け入れる。親の意向を受け入れることが子どもとしての責任であり、親は子どものために重労働を強いられているので、子どもとしてできることはそれに応えて親に感謝を示すことであると考えている。親を幸せにすることが自分も幸せになることであり、親が自分の職業や結婚相手の選択に大きな影響を与えたことを認識している。そして、そのような親密な親子関係を、第2世代は自己の内にある中国人性あるいは温州人性であると捉えているとキムは指摘している。他方で、親の意向に従わず、自分の好きな分野を専攻し、中国系以外の結婚相手を選んだ事例も紹介されている[Kim 2009: 62-65]。

筆者のインタビュー対象者の親は、子どもが中国人以外のパートナーを選んでも、イギリスの30代女性(表1・事例7)以外は、たとえ時間がかかっても、

それを受け入れていた。このイギリスの30代女性(表1・事例7)の場合、父親はアイルランド人の夫を結婚後子ども2人が生まれて数年経っても受け入れてはくれず、父親はまだ孫に会ったことはなかった。イギリスの30代女性(表1・事例11)はイギリス人のパートナーと同棲し、30代になった兄弟3人みな結婚していないが、「両親はあきらめている」と笑っていた。彼女は、イギリス人のパートナーとは同棲は続けるが、将来的に結婚はしないと言った。

5. 職場での経験

3国における筆者のインタビュー対象者は、起業したり親の飲食業を継いだりした事例以外、主流社会の会社で働いている。イギリスの30代女性(表1・事例11)は、大学院卒業後1回転職し、イギリスのマーケットリサーチ会社で働いている。会社には中国系社員はおらず、ほとんどが白人である。終業後パブによく誘われるが彼女はお酒が好きではなく、たまに付き合いでパブに短時間同行するくらいで、会社の人間関係はあくまで仕事上の関係であり、それを超えた私的関係に発展してはいない。ホワイトカラー層に進出した第2世代の働く主流社会の会社は、白人が多数派を占めているが、職場での人間関係を通して白人の友人が増えたという話はほとんど聞かなかった。また、職場で差別される経験をし文化的アイデンティティを意識したという者も少ない。

筆者の3国におけるインタビュー対象者の中で、職場での経験が文化的アイデンティティを意識することにつながった最も顕著な事例は、オランダの30代男性(表3・事例26)である。前述したように、彼はオランダの会社で、上司にもっと自己主張することを促され、自己主張をしないことによって昇進できなかった経験を通して、自己主張しないのは中国人であるゆえと捉えることによって、自らの他者性を認識し、それまでのオランダ人としての位置取りを中国人としてのそれに転換させた。オランダの会社で雇われている限り、決してトップにはなれないことがわかり、退職して妹と2人で起業した。彼は大学院博士課程を修了したエリートであるが、教育を受けている間

第Ⅴ章　中国系第2世代と文化的アイデンティティ形成　255

は努力すればトップになれても、会社では中国人であるゆえ自己主張しないことで昇進が拒まれたことによって、自らの他者性を認識することになったと考える。イギリスの30代男性(表1・事例30)もトップクラスの大学を卒業し大企業で働くエリートであるが、中国人でイギリスの会社でトップの座に就いている人は彼の知る限り2人で、イギリスのビジネス界での中国人の成功モデルがないと言った。なぜ中国人で会社のトップがいないのかは、それが中国人ゆえの、例えば中国人は特定の専門分野で優れていても、自分の意見を表明できないという特徴に起因するかどうかはわからないとしながらも、ネットワークがないことを理由の1つにあげた。しかし、それによって彼が自らの他者性を認識することはなかった。

　オランダの40代男性(表3・事例1)の場合は、オランダの会社に就職後、上記のオランダの30代男性(表3・事例26)と同じように上司にもっと自己主張するように言われたが、他者性を認識することはなく、それを受け入れ、そうなるように努力したことによって、自らが変化したと捉えていた。彼は自らのことを中国人であるよりはよりオランダ人であると思うと述べた。また、自らをオランダ人でもあり中国人でもあると捉えている30代男性(表3・事例4)は、オランダの会社にも中国系の会社にも勤めた経験があるが、中国系の会社での個人的な噂話の多い人間関係が窮屈でなじめず、中国系の会社には今後就職したくないと言った。この2つの事例(表3・事例1、事例4)は、オランダの会社で働く経験を通して、オランダ人としてのアイデンティティを強めたといえる。

　イギリスの30代女性(表1・事例9)は、フランス人男性と同棲するためにパリに住んで3年になる。ロンドンで働いていたアパレル関連会社のパリ支社に転勤している。彼女はパリ支社でフランス人に、人種に関わるジョークを多く言われるようになってとても嫌だと言った。ロンドンでは様々な文化的背景の人が混ざり合った環境で育って友人の文化的背景も様々であったが、自分の中国的出自に関わるジョークを言われたことは1度もなかった。パリには最近中国人の娼婦が街角に立っていて、そのためかフランス人は中国人を見下しているとも感じる。パリの職場での人種に関わるジョークは、彼女

に出自を意識させただけでなく、そういう経験を通して、彼女はロンドンが懐かしくなり、自らがイギリス人であることをより意識するようになったと語った。また、パリ13区のチャイナタウンに行っても母語である広東語を耳にすることはなく、パリの中国人と自分との間には溝を感じた。彼女はパリ支社で人種に関わるジョークを言われたことで、パリとロンドンの文化的違いを意識し、イギリス人としての意識を強めたといえる。

6. 香港や中国訪問の経験

イギリスのインタビュー対象者の中には、親や祖父母の出身地である香港や中国訪問によって文化的アイデンティティに影響を受けた者がいた[9]。21歳のときに1年間香港で働いた経験がある20代女性(表1・事例6)は、以下のように語った。

> 香港に行って自分の民族の人に「イングリッシュ・ガール」と呼ばれて本当に当惑した。私は、なぜ「イングリッシュ・ガール」と呼ばれるのかと思い、嫌だった。私は、イングランドに育ったのだけれども、イングランドにいる時はこんな気持ちにならなかった。(表1・事例6: 26歳時)

以下の2人(表1・事例5、事例10)も香港訪問の経験によって中国人としての位置取りを揺さぶられていた。

> 5年前に香港に初めて行った時、30分もすると自分の広東語があまりにへたで、親族と話すことができないことがわかり、とてもカルチャーショックを受けた。そのとき、自分は中国人ではないと思った。(表1・事例5)

> 4年前に香港に行った時に、カルチャーショックを受けた。香港が大嫌いでとても帰りたくて仕方がなかった。香港が自分の所属する場所であると思っていたけど、行ってみるととても嫌だった。だから自分はどこに属し

ているのかわからなくなってしまった。(表1・事例10)

　上記のように、イギリスのインタビュー対象者の中には、香港を訪問し、広東語の能力不足を認識したり、香港の人が拝金主義で礼儀正しくないので嫌いになって、自らを中国人として位置づけられなくなったと語った者がいた。フランスやオランダのインタビュー対象者には、中国や香港訪問によって中国人として位置づけられなくなったと語った者はいなかったが、良い印象を持たなかったと述べた者はいた。フランスの20歳大学生(表2・事例10)は、中国旅行をした時に、建物はきれいだったけど人間がつっけんどんで親切でなかったので、将来はフランスに住みたいと思ったと言った。

　逆に、フランスの20代男性(表2・事例2)は、中国訪問によって自らの中国人としての意識をより強めていた。彼は、父親がカンボジア(中国系)出身で母親がフランス人であるが、3年前に初めて中国旅行に行って「祖父母の住んでいた場所を訪れて、何か強く惹かれるものを感じた」と言った。彼はそれ以来、自らの中国出自に非常に興味を持ち、1年前から中国語を学ぶようになった。また、フランスの20代男性(表2・事例3)は、両親がカンボジア(中国系)出身で、1年前に中国の祖父母の故郷を訪れた際、今まで会ったことのなかった親戚に会ったこともあり、中国人としての意識が旅行前よりも強くなったと言った。

　さらに、幼少期から両親に連れられて中国や香港の親族を毎年訪れていたので、中国や香港は自分にとって身近な場所で、カルチャーショックを感じたことはないと言った者や、「旅行や短期滞在するにはいいけど住みたくはない」と言った者もいた。交換留学生として中国の大学で中国語の勉強をした者や、イギリスのインタビュー対象者の中には香港で働いた経験がある者もいた[10]。

　3国のインタビュー対象者にとって、香港や中国は生まれ育った土地ではない。しかし、部分的にでも自らを中国人として位置づけている者にとって、香港や中国は祖父母や両親の出身地という以上の意味を帯びていく。それゆえ、実際に訪れた時に他者性を認識する者もいるし、逆に居心地が良いと感

じ、より愛着を抱く者もいる。自らを中国人としてのみ位置づけている者の中には、中国や香港やアジアにいると居心地が良く「ホーム（home）」にいるようで、イギリスやフランスやオランダにいると違和感を抱くと語った者もいる。逆に現在住む場所を「ホーム」として語った者もいるが、この場合はイギリス人（フランス人・オランダ人）と中国人の両方に自己を位置づけるか、主流社会の文化への帰属意識の方が強かった。イギリスの香港出身の20代男性（表1・事例30）は香港で8歳まで育ち、その後ロンドンで生活してきたことによってロンドンに愛着を抱いていた。インドを旅行中に出身を聞かれた時のことを以下のように語った。

　　休日にインドに行った時、どこから来たのと聞かれたので、ロンドンと答えた。イングランドから来たとは言わなかった。私はロンドンに住んでいて、実際にロンドンからインドに来ているからね。香港の出身だとは言わないし。（表1・事例30）

　文化的アイデンティティは、個人がどの場所を「ホーム」として捉えるかということと関連がある。C．ワンとS．-L．ウォンは、「ホーム」とは、出自と感情と機能という3つの次元によって構成され、ルーツとハートと住居によって象徴されるものとして捉えている［Wang & Wong 2007: 185］。中国系第2世代の場合、出自に結びついた土地は、生まれ育っていないので、機能的次元では「ホーム」ではない。しかし、感情的次元で愛着を抱くことによって「ホーム」として語られる。出自に結びついた土地につながる文化に自己を位置づけるということは、感情的次元でのその土地への愛着と関連性があるゆえ、文化的アイデンティティは「ホーム」の概念と複雑に結びついているのである。

7．文化的アイデンティティの形成過程——3国の比較から

　以上から、第2世代の文化的アイデンティティは、親子関係、友人関係、パー

第Ⅴ章　中国系第2世代と文化的アイデンティティ形成　259

トナーとの関係、職場での人間関係、親や祖父母の出身地の人々との関係という具体的な周囲の人々との日常的関係の中で、「中国人であること」や「イギリス人(フランス人・オランダ人)であること」の違いを意識した時に、自らをどちらかに位置づけることによって形成されるといえる。例えば「オランダ人は自己主張が強いが、中国人は目上の者に従う」「中国人は複雑で、オランダ人は単純である」「中国人はゴシップ好きで自分のことは話したがらず、オランダ人はオープンでストレート」というパターン化された語りは、個人が固有の日常的関係の中で両者を差異化するための解釈として生成され、どちらかに自らを位置づけるのである。つまり、中国人と主流社会の人を差異化するパターン化された語りは、親や友人や職場の上司との具体的な関係性に依存して生成され、そこで創造/想像される共同性に自らを位置づけることが文化的アイデンティティであるといえる。これは、ホールが、文化的アイデンティティとは過去についての語りに自らを位置づける位置取りであり[Hall 1989: 70]、歴史や文化の言説におけるアイデンティフィケーションの地点である[Hall 1989: 71]と捉えていることに重なる。

　フランスにおけるマグレブ系第2世代女性のスカーフをめぐる語りを分析した植村清加は、彼女たちが様々な固有の関係性のつながりから、様々な共同性を創造/想像しており、語りで固定された共同性を、自分の固有の関係を理解したり、関係を変換するのに利用していると説明している[植村 2000: 144]。文化的アイデンティティは、固有の日常的関係に依存して創造/想像された共同性への自己の位置取りであり、植村[2000]の指摘するように、創造/想像された共同性は具体的関係性を理解したり変換したりするのに利用されているのである。中国人であることを出自に由来する自己の内部に沈潜するものとして30歳前後に再解釈しているオランダの2人(表3・事例21、事例22)の場合、中国人性はより抽象度の高いものとして意識されている。しかし、この2つの事例においても、文化的アイデンティティは、具体的な周囲の人々との日常的関係を通して意識されていた。

　そして、3国の中国系第2世代の文化的アイデンティティは、具体的な周囲の人々との日常的関係の中においての位置取りの選択によって、その多様

性が生み出されていたことは共通していた。では、3国の中国系第2世代の文化的アイデンティティ形成過程を比較した場合は、どうであろうか。筆者は1989年にイギリスの調査を始め、2005年からフランスの調査を、2009年からオランダの調査に着手した。オランダにおいて中国系第2世代へのライフヒストリーを構成するインタビューをした時、そこで語られた文化的アイデンティティ形成過程がイギリスの場合と似ていることに驚いた。

　イギリスとオランダの第2世代は、親の職業が飲食業に集中していることによって、幼少期に親が忙しく寂しい思いをしたことや、親の店を手伝ったという同じ経験をしていた。そして、全国に散住しているゆえに、小・中学校では中国系の子どもは少なく、そういった経験を共有できる相手がいなかったことが、共感できる中国系第2世代の友人との思春期以降の出会いを居心地の良いものと感じさせ、それゆえ中国系の友人を求める者が多く、中国系の若者向けのインターネットサイトやパーティーが流行っていた。つまり、イギリスとオランダの中国系コミュニティに共通する飲食業に集中し散住しているという特徴が、両国の第2世代の幼少期からの家庭での経験を似たものにし、中国系第2世代の友人との出会いのあり方に共通性をもたらしていた。中国系コミュニティの特徴を形成する親の職業は、第2世代の日常生活に店の手伝いという共通の経験を与え、居住形態は中国系の友人との出会いのあり方を左右していた。イギリスやオランダとは異なる、フランスの中国系コミュニティにみられる職業が多様で集住しているという特徴は、10代後半で出会った中国系第2世代の友人と一緒にいることに居心地の良さを感じされることはなかった。つまり、3国の中国系コミュニティの特徴が友人関係のあり方を左右することによって、第2世代の文化的アイデンティティ形成過程に影響を与えていることが明らかになった。

　文化的アイデンティティ形成に関わる要因の中で、特に親との関係は、3国において中国人としての文化的アイデンティティに結びついていた。第2世代は親への感謝や情愛、そして反発等の諸々の感情を通して、自らが中国人であることを意識し、親への感情が学校教育を手段として成功を掴もうとする民俗理論を支えているという意味において、中国人としての文化的アイ

デンティティの保持が学校適応につながっていることは、3国において共通していた。

第Ⅲ章では3国における中国系第2世代への正規の学校や中国語補習校での中国語教育のあり方を検討したが、3国において文化的背景に関連した教育はあまり実施されておらず、簡体字とピンインによる北京語を教えようとする志向性の高まりが共通してみられた。文化的背景に関連した教育のあり方は、3国の第2世代の文化的アイデンティティ形成過程に違いを生み出してはいなかった。

以上から3国の文化的アイデンティティ形成過程に違いを生み出していたのは、文化的背景に関わる教育のあり方ではなく、エスニック・コミュニティの特徴であったことが明らかになった。これは、これまで指摘されたことはない結論であり、文化的背景を共有するエスニック・マイノリティへの教育とアイデンティティ形成に関わる課題をトランスナショナルな視点から比較検討したゆえに導き出されたものであるといえる。

そして最後に、中国系コミュニティの特徴は、変化するものであることを付け加えておきたい。第Ⅰ章で1980年代以降の新移民流入後も、3国の中国系コミュニティの特徴は変化しなかったことを明らかにしたが、オランダには戦後から1970年代までは、ロッテルダムやアムステルダムには集住地区がありそこで生まれ育った第2世代もいた。また、フランスの場合、移住後金銭的余裕ができると集住地区を離れる者も多く、特に2000年代になってその傾向は顕著になり、散住地区で生まれ育った第2世代も生まれている。今後もそうした中国系コミュニティの変化を捉え、それが文化的アイデンティティ形成にもたらす影響を追っていくことが重要である。

注
1 イギリスにおける中国系第2世代のアイデンティティの多様性についての詳細は、既に検討した［山本 2002: 171-202］。ここでは山本［2002: 171-202］において取り上げていない事例を中心的に言及しながら、概要を記す。
2 イギリスでは私立学校を「インディペンデント・スクール（Independent School）」、公立学校を「ステート・スクール（State School）」といい、「パブリック・スクール

(Public School)」は私立中学校を指す。もともと王侯貴族や僧侶等、国のために高い教養を求められていた特権階級の人々のための教育機関だったものが、中世期以降には学校として設立され始め、授業料を払えば階級に関係なく誰もが入れるようになった。しかし、実際には学費が非常に高く、入学基準が厳格なため、富裕層の子どもが多い。この事例(表1・事例1)は、奨学金を得ることによって入学できたのであり、中国系第2世代の中でパブリック・スクールに通った者は少ない。

3 イギリスの中国系若者の文化的アイデンティティ形成について論じたD．パーカーは、完全にイギリス人でも中国人でもなく、両方であるようなアイデンティティを「異種混淆性(Hybiridity)」という概念で示した[Parker 1995]。

4 フランスでは日本の漫画はブームになっていて、パリの本屋には漫画(Manga)コーナーが設けられ、フランス語に翻訳された日本語の漫画がたくさん置かれている。

5 Pay-Uun Hiu, 2008, *Oranje Soep van Witte Wolk: Een Culinaire Zoektocht Naar Mijn Chinese Oorsprong* , De GEUs.

6 フランスの20代女性(表2・事例5)のように、小・中学校には中国系の子どもが多かったにもかかわらず、中国系の友人には違和感を抱き、付き合わなかった事例もある。

7 オランダにおける中国系の若者向けのオランダ語ウェブサイトの主な3つは以下のようである。対象を中国系第2世代に限定しているわけではないが、主なユーザーは中国系第2世代である。http://www.jonc.nl, http://www.cjo.net/ , http://asn-online.nl

8 ここで分析対象となっているイギリスにおける中国系第2世代向けのウェブサイトは、以下の2つである。
http://www.British Chinese Online.com, http://www.simsum.co.uk

9 イギリスのインタビュー対象者の香港での経験については、山本[2002: 142-147]を参照されたい。

10 イギリスの20代女性(表1・事例13)は、会計士資格を取りイギリスで2年間働いた後、25歳で香港に渡って以来ずっと香港で働いている。

第VI章

中国系新移民の子どもと学校不適応

パリ13区のチャイナタウンの中央に位置するG高校。
（2012年筆者撮影）

本章では、イギリスとフランスとオランダの正規の学校において、特に1990年代以降流入が増加した中国系新移民の子どもがどのように学校適応・不適応を示し、それに対して学校側はどのような取り組みを実践しているのかについて、筆者による学校関係者や中国系アソシエーション職員へのインタビューと、授業の参与観察に基づいて検討する。3国の学校において中国本土出身新移民の子どもの不適応問題が顕在化していたのは、フランスの場合であった。イギリスとオランダの学校では不適応問題は顕在化していなかったので、本章ではフランスの場合に焦点を当てて検討する。

なお、序章で述べたように、「新移民の子ども」とは親が1990年代以降に移住した場合であり、中国生まれで移住先の親に後で合流した者が多いが、移住先で生まれ育った者も含むものとする。フランスにおける中国系新移民の子どもには、温州出身者の子どもが圧倒的に多い。これに対して、イギリスの場合は中国東北部出身者の子どもが、オランダの場合には温州出身者と中国東北部出身者の子どもが多いとはいえ、フランスの温州出身者のように、1つの出身地からの子どもが集中的に多いということはない。

第1節では、まず、パリの学校への中国系新移民の子どもの流入時期や移住形態について検討する。次に、筆者によるパリの学校での調査に基づいて、中国系新移民の子どもの中でも、特に温州系の子どもが抱える問題とそれに対する学校の取り組みについて、第2節では初等教育段階を、第3節では中等教育段階を取り上げて検討する。第4節では、第2節と第3節で取り上げたパリの学校の事例に基づいて、温州系の子どもの抱える問題を整理し、さらにパリの学校での温州系の子どもへの取り組みをフランスにおける移民の子どもへの教育全体の中に位置づけて考察する。第5節では、中国系新移民の子どもによる学校での不適応問題が顕在化していないオランダの場合について検討し、同じく不適応問題が顕在化していないイギリスと比較し、さらに顕在化しているフランスの場合も加えて、3国の場合を比較考察する。ここではオランダの場合をイギリスとフランスの場合と比較するが、その理由は、オランダには新移民としてフランスに流入した温州出身者が同じく流入し、他方で中国系コミュニティの飲食業に集中し散住するという特徴は、イ

ギリスの場合と同じだからである。フランスにもイギリスにも共通点のあるオランダと比較することによって、3国の相違点と共通点が明確にできると考える。それを通して、3国の学校における中国系新移民の子どもへの取り組みの違いは、何によって生み出されているのかを明らかにする。

第1節　フランスの学校への中国系新移民の子どもの流入

1. パリの学校への中国系新移民の子どもの流入時期

　フランスの学校におけるニューカマーとは、来仏2年以内で出身地域が仏語圏でない義務教育年齢者を指す。2008年におけるニューカマーは、全国で小学校では1万7280人、中学校では1万7627人の合計3万4907人である。そのうちの約85％が何らかの学習支援を受けている。これは全生徒の3.7％にあたり、ここ10年間ほぼ一定の比率での推移を保っている［園山 2009b: 236］。2010年には小学校のニューカマーは1万8490人、中学校では1万9600人の合計で3万8090人になり、多少増加している［Ministère de Éducation Nationale 2012: 1］。ニューカマーは、フランスの学校への適応及びフランス語の習得のための特別な受入学級に原学級と合わせて二重登録される。初等教育段階では入門学級(CLIN)[1]あるいは補習授業(CRI)に、中等教育段階では受入学級(CLA)[2]に在籍する。フランス語の能力に応じて、学年中いつでも原学級に編入できることになっている［園山 2009b: 235］。

　ニューカマーの就学支援に当たっているのが「ニューカマーと移動生活者の就学のための大学区センター（以下、CASNAV[3]と略記する）」である。CASNAVの前身は1990年に設置された「移民の子どもの学校教育のための養成・情報センター（以下、CEFISEM[4]と略記する）」であった。特に、外国語としてのフランス語教育のための教師研修、教材開発、資料センターに力を入れている［園山 2009a: 260］。

　パリ大学区CASNAVに登録された中等教育段階でのニューカマー総数は、

2000年は931人、2001年から2005年までは1000人代で推移し、2006年は969人、2007年は918人、2008年は805人と減少したが［CASNAV de Paris 2009: 8］、2011年は1531人と増加している［CASNAV de Paris 2012］。中国系の子どもは、2003年にはパリ大学区のニューカマーの18％、2004年には17％、2005年には22％、2006年と2007年に32％とピークを迎え、2008年には28％、2009年には19.6％［CASNAV de Paris 2009: 9］、2011年には13％と徐々に減少している［CASNAV de Paris 2012］。推移を示す初等教育段階での統計はないが、2011年に流入したニューカマー2212人の内、初等教育段階681人の内中国系の子どもは15％を占める約100人である［CASNAV de Paris 2012］。

1999年におけるフランスの中国系移民の65％は1990年代以降に入国していたが［Cattelain (ed.) 2002: 3］、1990年代後半から2000年代中頃にかけて流入者数が最も多かった。第Ⅰ章第2節でも述べたように、言語文化サポート協会は政府からの要請を受けて、中国からの入国者の約9割の庇護申請事務手続きを行っているが、筆者による2013年3月の会長へのインタビューによれば、2000年から2005年は年間約5000人の主に温州からの入国者が登録したが、2007年に70％減の約1500人と激減した。その後年々入国者数は回復し、2012年には約2020人になった。筆者によるパリの学校での調査は、2005年から2013年にかけて実施されたものなので、中国系新移民の子どもの流入のピーク末期から流入が下降した時期のものである。

2. 中国系新移民の子どもの移住形態

中国系新移民の子どもに関する先行研究としては、カテュレイン他の共同研究［Cattelain (ed.) 2002］がある。筆者が2006年9月に実施したカテュレインへのインタビューによれば、この研究は、2002年にフランス政府から委託されて実施されたものであった。困難な状況にある子どもを助ける使命のある政府は、これまでマグレブ系の子どもに注目してきたが、近年中国本土からフランスへの子どもの流入が急増し、その実態を知る必要に迫られ、

1993年にパリに設立されたピエール・デュサーフ仏中協会を通してカテュレイン他に調査を依頼した。

　この共同研究[Cattelain (ed.) 2002]では温州出身10代の若者8人にインタビューをし、移住経緯や移住後の生活を明らかにしている。ここでは、移住の2つのパターンが指摘されている。第1は、両親が移民計画のために13〜17歳の子どもを先にフランスに送り、後で合流する場合であり、第2は、親が先にフランスに移住後、生活がある程度安定した数年から10年後に子どもが親のもとに合流する場合である。第1のパターンでは子どもが斡旋業者を通して色々な国を通って陸路でフランスに来ることによって、偽装パスポートの名前を変えるという苦い経験を強いられたこと等、移住過程における様々な問題が明らかにされた。イタリア名、フランス名、いとこの中国名、本来の中国名と4つの名前を持っていた若者もいて、アイデンティティ確立に問題が生じていた。自分がどこの国を通っていたのかもわからず、強姦されたような例もあった。このような例を親が知った後には陸路ではなく飛行機で送られるようになった。2007年3月の筆者による言語文化サポート協会会長への聞き取り調査によると、仲介をしていた斡旋業者が逮捕された後は、第1のパターンである子どもを先にフランスに送ることはなくなったが、それまでに合計500〜600人の子どもが親より先にフランスに送られた。

　そして、この研究では、子どもが親よりも先に移住する場合も後に移住する場合も、両親の移住計画に子どもが利用されているのであり、子どもは移住のための準備をほとんど何もしていなかったと指摘されている。さらに、親にとって学校は子どもにフランス語を学ばせるためだけの場所であって、それ以上子どもに勉強させたいとは考えておらず、将来は自分たちの仕事を手伝わせようと思っていた。子どもは成績が良ければもっと勉強しなさいという学校との板ばさみで悩んだ末、親の意向を受け入れ結局16歳で学校を止めてしまう子ども達を、学校側は理解できず、思春期特有の反抗と捉えた。また、子どもは移住前に抱いていたフランスのイメージと、実際に移住後住んでいる郊外地区との違いに戸惑い、窃盗等が頻繁に起こる治安の悪い郊外問題に直面してしまうことも明らかにされた[Cattelain (ed.) 2002]。

2000年代中頃までは子どもが親のもとに後で合流する第2の移住パターンが多かったが、2000年代後半からは、パリの小・中学校に在籍する温州系の子どもはフランス生まれがほとんどになっている。さらに、1980年代に両親がフランスへ移住し、約10年後の1990年代にフランスに10代で来た子どもは、既に20代から30代となり、現在はその子どもである第3世代が学齢期になっている。

　筆者は2005年からパリの中国系移民の調査を開始したが、パリの小・中学校に在籍する温州系の子どもは、ニューカマーとしても流入していたが、第2世代も増加している時期であった。2005年から2009年までの調査時には、入門学級や受入学級には温州系の子どもが目立っていたが、2013年には入門学級や受入学級から温州系の子どもは姿を消していた。ここにはサルコジ元大統領の不法移民取締強化が影響を与えた2007年以降からの温州出身者の流入数激減が反映されていた。また、2010年代になってからは、両親より先に10代半ばから後半の子どもが中国から1人で留学生として合法的に入国し、その後家族が移住する場合の方が多くなっている。以上のように流入が増加した1990年代後半から2013年現在までの約15年間で、中国系新移民の子どもの移住形態は大きく変化したといえる。

第2節　パリの初等教育における中国系新移民の子ども受け入れの現状

　本節では、筆者のパリでの2005年11月、2006年3月と9月、2007年9月、2008年9月、2009年9月、及び2013年3月の現地調査に基づいて、パリの中国系移民集住地区である13区のA小学校、ベルビル地区のB小学校とC小学校において、中国系新移民の子どもがどのような問題を抱え、それに対して学校がどのような対応や取り組みを実践しているのかを明らかにする。さらに、中国系アソシエーションにおける中国系新移民の子どもへの教育の取り組みと小学校との連携についても検討する。

表8 パリにおける調査対象小学校の概要

学校名	所在地	中国系生徒の割合と取り組み	調査日
A小学校	13区	●全生徒の6割がアジア系 ●インドネシア難民の子どもは「良い生徒」で、中国東北部出身者の子どもは「かなり問題のある生徒」という対照 ●1996年から正規のカリキュラム内で中国語教育を実施	2006年9月
B小学校	18区	●全生徒の2割弱が温州系 ●入門学級在籍生徒9人中5人が温州系 ●「パポテック」開催	2005年11月
C小学校	18区	●全生徒の約1割が温州系 ●中国人民族精神科医が主導する「パポテック」開催	2008年9月 2009年9月 2013年3月

筆者作成

1. パリ13区のA小学校

　A小学校[5]は、1970年代にインドシナ難民が住み着いてできたパリ13区のアジア系移民の集住地区に位置する。2006年9月の筆者によるA小学校校長へのインタビューによると、この小学校は1933年に設立され、当時の全校生徒数は現在の2倍の約380人であった。当時この地区には工場が立ち並び、労働者階級の子どもがこの小学校に通っていたが、戦後工場は次々に郊外に移転した。1970年から1974年にインドシナ難民が多く住みつき、この地区の様子が一変した。さらに、2000年頃から中国東北部出身者の子どもが急に多く入学するようになった。A小学校の生徒の民族的出自は28種類に及び、6割の生徒がアジア系、2割がフランス人、その他マグレブ系やアフリカ系である。

　筆者は、A小学校校長と併設幼稚園園長、及び13区の教育コーディネーターにインタビューをした。13区はセーヌ川左岸で唯一の「学業成功ネットワーク(Réseaux de Réussite Scolaire：RRS)[6]に指定されているので、小学校から中学校までの一連の過程を観察するコーディネーターが配置されている。上記3人へのインタビューによると、インドシナ難民の子どもはフランス生まれで、親は学校に敬意を抱き、子どもは学校ではほとんど問題はない。しかし、近年急増した中国東北部からの新移民の子どもは、インドシナ難民の子どもとは全く違っていて、義務教育を受けたことがなかったり、靴を履いたこと

がなかったりはさみを使ったこともない子どももいて、かなり問題があった。また親が地方出身で、インドシナ難民の親よりも社会階層が低くフランス語能力が低いので、学校とのコミュニケーションがとれない。小学校高学年になると子どもに良い成績を取らせることに非常に熱心なインドシナ難民の親に比べて、中国東北部出身の親は子どもの教育にも熱心ではなかった。

　外国から来たばかりの子どもは、3～6歳の場合には特別の教育は行われないが、7～13歳の場合は最長1年間入門学級に入る。13区には入門学級が4クラスある。中国系新移民の子どもは入門学級でフランス語だけではなく、普通学級に適応できるようにするための教育を受け、最長1年間で普通学級に入っていた。1年間にわたって入門学級で過ごすのではなく、例えば普通学級の数学の授業には出たりして、普通学級で受ける授業の数を増やしていく。2006年訪問時のA小学校の入門学級には13人が在籍していたが、子どもの出身地はチュニジア、モロッコ、アルジェリア、カンボジア、中国他であり、入門学級に特に中国系の子どもが多いわけではなかった。入門学級担当教師[7]によると、フランス語がわからない子どもには体育やゲームを取り入れていた。

2. ベルビル地区のB小学校

　パリ第2のチャイナタウンといわれるベルビル地区には特に2000年代以降、新たに温州出身者の流入が急増し集住地区になっている。2005年11月に調査を実施したB小学校の全校生徒数は210人で、その内温州系の子どもは34人で、温州系の子どもは約10年前から増えていた。

　筆者が2005年11月に参与観察をした入門学級在籍生徒数は9人で、その出身地は温州5人、アフリカ3人、エジプト1人であった。9人の年齢は6～11歳まで様々で、フランス人教師1人が担当していた。この教師は外国人向けにフランス語を教える資格を持っていなかった。動物が描かれたカードを利用して、動物の模様を書かせてフランス語の形容詞を覚えさせるという授業内容であった。特別な教材はなく、教師によって教授内容が異なり、教師

個人の裁量に任されていた。この入門学級担当教師によると、入門学級の生徒の在籍期間は通常1年間で、なるべく普通学級に戻すようにしていた。温州系の子どもは小学校入学まで中国の祖父母に育てられ、先にフランスに移住している両親に呼び寄せられている。フランス語を学ぶことは非常に難しく、温州系の子ども同士集まって中国語を話していることが多く、アフリカ系の子どもを恐れている子もいて、新しい環境に慣れるのには時間がかかった。

　またB小学校では4年前から「パポテック (La Papothèque)」[8]と呼ばれる親の会を開催していた。アフリカ系、中国系、スリランカ系と3つの集団ごとに2ヵ月に1回学校で開催され、毎回各集団約20人の親が参加していた。これは全国的な企画ではなく、開催するかどうかは各学校の校長の判断に委ねられていた。校長の話によると、パポテックは親が学校について知ることのできる機会となり、そこで学校への要望も聞いていた。中国系の親からは、学校側にもっと宿題を出してほしいとか、規律を厳しくしてほしいという要求が出ていた。各集団に親の使用する言語がわかる通訳をつけ、民族精神科医が同席していたが、B小学校にはアフリカ系民族精神科医はいるが、中国系民族精神科医はいなかった。また移民の親向けのフランス語教室も開催されていた。

3. ベルビル地区のC小学校

　筆者は2008年9月、2009年9月と2013年3月にベルビル地区のC小学校を訪問した。2008年9月のC小学校の全校生徒数は237人で、その内温州系の子どもは約30人であった。2013年3月には全校生徒数は横ばいであるが、温州系の子どもは約20人に減っていた。温州系の子どもは全員がフランス生まれであった。学校は2003年に設立されたが、設立当初から温州系の子どもが1割以上を占めていた。C小学校には入門学級は設置されておらず、ニューカマーが入学した場合は、近隣にある他の学校の入門学級に通うことになる。

校長によると、この学校の特色は、第1に親との個人面接を何回も行い、親との関係を大切にしていること、第2に子どもの発達段階に応じて子どもが必要としている学習内容を提供するために各教科で「免許状(Brevet)」という教材を導入していることであった。温州系の親との個人面談では温州語通訳を付けているので、親全体を対象にした父母会よりも出席率はよかった。温州系の親は教育熱心な人とそうでない人が両極端に分かれ、仕事で忙しく、ベビーシッター任せで子どもの面倒をほとんどみない人もいた。C小学校は学業成功ネットワーク(RRS)に入っているので、美術館訪問の費用が無料になったり、少人数クラスの実施や教師研修に補助金が出た。数年前は中学校と共同で算数の教材開発プロジェクトを実施していたが、近年プロジェクトは実施されていない。

　C小学校では、2007年9月から6週間に1回、中国系の親のためにパポテックが開催されていた。毎回約20人の母親が参加し、母親は温州語を話すが、パポテックは北京語で実施されていた。校長がパポテックを開催した理由は、学校と家庭とのコミュニケーション強化のためであった。特に中国系の子どもがフランスで生まれて育ってもフランス語能力が不足しているという実態の背景には、親の問題があることがわかり、学校側は親とのコミュニケーションが必要だと考えた。また中国系の子どもには、完璧に答えられないと発言しないという問題があることも指摘された。C小学校には、中国系の親のパポテック以外、2008年にはインドの少数民族の親のパポテックがあったが、2013年にはアラブ系とスリランカ系とフランス人で問題のある子どもの親のためのパポテックも新たにできた。

　2008年9月筆者が訪問した日の午前中にパポテックが開催されていた。パポテックの中心として話を率いているのは民族精神科医である。C小学校の民族精神科医はフランス在住20年以上の中国人で、ソルボンヌ大学で民族心理学の博士号を取った研究者であった。2008年9月の筆者によるこの中国人民族精神科医へのインタビューによると、パポテックは親の発言が中心となり、次回のテーマは毎回最後にある程度は決められるが、流れによっては前回と同じテーマが繰り返されることもあった。回数を重ねることに

よって議論が深まっていくので、同じテーマが繰り返されることはいいことで、これまでパポテックで取り上げられたテーマは、以下のようであった。

　第1は、新学期開始に伴う問題や、その時々の学校についての問題である。子どもが学校に慣れずに泣いてしまうという問題が出されると、それを経験した母親が、自らの経験を語って交流の場になっていた。また校長が参加して、学校の情報を伝達したり、新入生の母親が紹介されたりしてお互いを知る機会となった。

　第2は、教育方法の文化的違いに関する問題である。中国は暗記をさせることを重視するが、フランスはゲームやスポーツを通して子どもの知性を発達させようとする。あるいは、親が子どもをきつくしかるとフランスでは虐待と捉えられかねない。これらの教育方法の文化的違いについて、お互いに意見を交換した。

　第3は、子どものフランス語能力の問題である。3〜5年間この学校に通っても、フランス語ができない子どもがいるという実態がある。それはフランス語の文法が難しいからではなく、子どもがフランス語を話そうとしない背後には、親がフランス語を話そうとしないことが関係していた。親がそうであると、子どももフランス語を話そうという意欲が沸いてこないことが話し合われた。

　第4は、給食に関わる文化の違いの問題である。中国系の子どもは箸しか使ったことがないのでスプーンを使えないとか、普段はご飯しか食べないのでパンが食べられないという問題が出された。

　第5は、遊びに関わる認識の違いの問題である。中国系の親は教育熱心で、学校におもちゃがあると遊ばせないで勉強させてほしいという。おもちゃを使って遊ぶことも子どもの知性を発達させる大切な手段であるという学校側の考えを示して話し合った。

　第6は、ストライキについてである。学校がストライキによって閉校になることについて、なぜストライキをしているのかその意義について話し合った。

　2008年9月においてパポテックに参加している親は温州出身者28人で、

その内7家族が庇護申請をしていた。子どもが教育を受ける権利を得るためには親がこの国に滞在する必要があるので、学校では親が庇護申請をするのを積極的に後押ししていた。親の職業はレストランで働いている2人以外は既製服縫製業であった。この民族精神科医によると、パポテックに対する親の満足度は高い。通常の親の会とは違って親が話の中心となって発言していき、最も問題となっていた子どものフランス語能力不足も解消されていった。言葉の問題は個人的問題に起因しているので、パポテックでは個人面談もやっていた。みんなで話し合うことも大切ではあるが、最終的には個別に話を聞くことが重要であった。

　筆者は2013年3月に、C小学校でパポテックに継続して関わっているこの民族精神科医に、再度インタビューをする機会を得た。2008年からの変化としては、以前は6週間に1回開催していたのが、2週間に1回と開催が頻繁になっており、1回毎の開催時間は2時間から1時間半になっていた。また、参加する親は全員が温州出身者であることに変わりはなかったが、人数が約10人に半減していた。これは親のフランスでの滞在期間が10年以上になり、ほとんどの人が正規滞在許可証を取得して、この学校の位置するベルビル地区から引っ越した人もいたからであった。親の職業も、2008年には既製服縫製業がほとんどであったが、2013年には飲食業が主流となり、母親も飲食業で働いている場合が多い。父親は地方の工事現場に出稼ぎに出ている人もいるが、パポテックに参加する父親もいた。サルコジ政権時代に、正規滞在許可証を取得するためにはフランス語試験が課されるようになり、親もアソシエーションでのフランス語教室で学ぶので、親のフランス語能力は以前より上がっていた。家庭では親は子どもに温州語ではなく、将来の汎用性を鑑みて、北京語で話しかけているとのことであった。

　パポテックで取り上げられているテーマは、5年前とほとんど変わりはないが、新しいテーマとしては、親としての威厳の問題があげられた。中国では1人っ子政策のため家庭に1人だけの子どもは甘やかされている。しかし、温州からフランスに移住してきた親は、滞在期間が長いとほとんどの場合には子どもが数人いるが、祖父母がいない環境で子育てをしなくてはならない

ことが不安で、親として子どもにどう対応していったらいいのか親としての威厳をどう保ったらいいのかがわからなかった。フランスと中国の子育てに対する考え方の違いも、親の子育てへの困惑を増大させていた。

　なお、C小学校は中国系アソシエーションとの連携はなく、中国語の通訳が必要な時は、移民通訳派遣サービス(ISM)[9]に通訳の派遣を依頼していた。

4. アソシエーションにおける中国系新移民の子どもへの教育

　多文化共有(Cultures en Partage)は、中国系新移民の子どもへの教育援助を活動の中心として1999年にパリに設立されたアソシエーションである。筆者は2009年9月に創設者にインタビューを実施した。彼女は、香港出身で、1990年代に留学のため来仏し、大学在籍中に、パリ3区に流入した温州系の子どもに関して2年間にわたる調査に基づいて修士号を取得した後、CEFIZEMの教師研修で中国系新移民の子どもについて講義をするようになった。そうした経験を通して、学校と地域や家庭をつなぐネットワークが必要なことを痛感し、ネットワークをつくることを目的に、1999年にCEFIZEMのフランス人職員2人と共に多文化共有を創設した。学生や地域の住民数人がボランティアとして加わった。

　活動としては、第1に学校と家庭の仲介があげられた。新学期や学期の途中や終わりに教師と親が同席した説明会を開催し、フランスの学校の役割や中国の学校との違いを説明した。例えば、フランスは人権宣言以来「個人」を尊重していて学校は個人を開化させるために子どもを教育しようとするが、中国には「個人の開化」に相応するような概念がない。多文化共有では、そうした文化の違いを、学校と家庭双方に説明しコミュニケーションすることを通して文化的違いのもたらす溝を埋めていくことを目指していた。学校側が中国系の親だけを集めて説明会を開く場合は、1回に30～50人の中国系の親が参加し、文化的背景の異なる親を一堂に集めて開く説明会の場合は、全体で約100人の親の内、中国系の親は約10人と少なかった。

　また、学校で中国系の子どもに問題があった場合、学校からの連絡を受

けて問題解決に当たる場合もあった。例えば学校から中国系の子どもに欠席が目立つという連絡を受けたら、親に子どもの欠席状況を説明し、親と学校側と協力して解決の道を探った。問題を解決するに当たって、「困難を抱える子どもへの援助ネットワーク（以下、RASED[10]と略記）」に関わる教師や学校心理カウンセラーと協力することもあった。温州出身者の家庭は、中国の祖父母のもとで育てられ、後からフランスにいる親に合流した子どもと、フランス生まれの子どもの2人を持つ場合が多い。ここ数年はRASEDに入る中国系の子どもが多くなっていて、特にフランス生まれの5～7歳の温州系の子どもがRASEDに入っていた。その場合最も問題とされているのが「話さないこと」であった。フランスの学校では子どもが発言することがとても重視されるので、話さない子どもがいると学校側はそれを問題視した。しかし、学校が話さないので問題があるとした小学校1年生の温州系の子どもを観察したところ、確かにその子はこちらが質問しないと答えないが、質問すればちゃんと論理的に話すので、問題がないことがわかった。

　第2の活動は学校での学習を補助する補習教室の開催で、週に2、3回、学校や市民センターの一角で実施し、小学生12～13人が通っていた。設立当初から小・中学校の入門学級や受入学級担当教師と連携して子どもの学習を援助していたが、入門学級や受入学級の抱える問題も指摘された。それは、2000年代になって、それまでの外国語としてのフランス語を教える資格を持っている契約教師に代わって、資格を持っていない一般教師が教えるように制度改革がされたことによって教育の質が低下し、また入門学級や受入学級担当教師と普通学級担当教師との連携が弱くなったことである。しかし、アソシエーションは学校が抱えるフランス語教育の問題自体には介入できないので、多文化共有ではフランス語の習得に遊びを取り入れたりして別のやり方で取り組んでいた。

　多文化共有が1990年から2009年までに関わった子どもの数は150～180人にのぼり、初めは中学生も対象としていたが、徐々に小学生のみを対象とするようになった。8割以上が中国系の子どもを対象としているものの、教育における文化の違いに関わる問題を、他の移民にも共通する問題として相

対化していくことの必要性も強調された。

多文化共有は少数の子どもに長い期間関わるという特徴があるが、長期に子どもと関わることを通してわかった家族の移住形態が子どもにもたらす心理的問題が指摘された。特に重要な問題としては、両親が先に移住し、子どもは中国の祖父母に育てられて数年後にフランスに呼び寄せられるために、子どもは両親との間に距離感を抱くことや、不法滞在による生活が不安定であることが子どもに及ぼす心理的悪影響も指摘された。両親とのコミュニケーション不足によって、なぜ両親がフランスに来ていて自分もここにいるのかがわからなくなり、勉学意欲を喪失してしまう子どももいた。

2010年、経済危機の影響で政府からの助成金が得られなくなったことによって、多文化共有は閉鎖された。

第3節　パリの中等教育における中国系新移民の子ども受け入れの現状

本節では、パリの中学校と高校における中国系新移民の子どもがどのような問題に直面し、どのような教育を受けているのかを、温州出身者の集住するベルビル地区に位置するD中学校とE中学校、ベルビル地区に近いパリ北東部19区に位置するF中学校、インドシナ難民の集住地区である13区に位置する普通高校であるG高校、11区に位置するパリ大学区で最も温州系生徒の占める割合が高いH職業高校の5事例に基づいて明らかにする。

D、E、F各中学校では、温州系の子どもがここ約10年間にわたり全校生徒の約15～25％を占めてきた。2010年以前までは、受入学級やフランス語集中学級[11]在籍生徒の半数以上を温州系の子どもが占めていたが、2010年以降から温州系の子どものほとんどはフランス生まれになり普通学級に在籍し、受入学級やフランス語集中学級に温州系の子どもはほとんどいなくなった。また、D中学校とE中学校は学業成功ネットワーク（RRS）に、F中学校は成功願望ネットワーク（RAR）に入っている。RRSとRARの指定は外国人の割合や親の社会文化的カテゴリーを基準にしているが、特にF

278

表9 パリにおける調査対象中学校の概要

D中学校	19区	●全生徒の約25％が温州系の子ども ●「学業成功ネットワーク(RRS)」に指定 ●2008年には受入学級在籍生徒21人中11人が温州系であったが、2013年には受入学級に在籍する温州系の子どもはいなく、普通学級に在籍している。 ●2008年には言語文化サポート協会の運営するフランス語補習校と連携していたが、2013年には連携はない。	2008年9月 2013年3月
E中学校	10区	●全生徒の約7割がマグレブ系で、約2割から3割が温州系 ●「学業成功ネットワーク(RRS)」に指定 ●2009年にはフランス語集中学級生徒15人中6人が温州系であったが、これは2012年10月に廃止された。 ●2013年には受入学級に在籍する温州系の子どもはいなく、普通学級に在籍。 ●親のためのフランス語教室を開催 ●2009年には言語文化サポート協会の経営するフランス語補習校と連携していたが、2013年には連携はない。 ●生徒指導主任専門員が温州系の子どもに目立つ2通りの欠席パターンを指摘 ●(親の仕事の手伝いによる欠席と、勉学意欲喪失による欠席)	2009年9月 2013年3月
F中学校	19区	●全生徒の約15％が温州系 ●RARに指定 ●受入学級16人中6人が温州系 ●受入学級の中国系の子どもを中国語教師にする中国語教室を開催 ●受入学級担当教師の関わる「国境を越えた教育ネットワーク」	2009年9月

筆者作成

中学校はパリ大学区に4つあるRARの1つに入っているので、親の社会経済的水準は低い。

1. ベルビル地区のD中学校

(1)受入学級の現状

　ベルビル地区に位置するD中学校では、約10年前から温州系の子どもが2割以上を占めてきた。筆者による2008年9月調査時には、D中学校の受入学級に在籍している21人中11人が温州系の子どもであった。しかし、筆者による2013年3月の受入学級担当教師へのインタビューによると、2008年以降受入学級の全生徒数は約20～25人で変化はないが、その内温州系の子

第Ⅵ章　中国系新移民の子どもと学校不適応　279

パリのD中学校における受入学級の授業風景。生徒は温州系の子ども。
(2012年筆者撮影)

どもは2010年には6人、2011年には2人、2012年には1人、そして2013年にはゼロとなった[12]。2010年以前の受入学級には、マグレブ系や温州系の子どもが多かったが、2010年以降はアフガニスタンやハイチを含む世界各国出身者が入ってくるようになった。受入学級に温州系の子どもがいなくなった2013年現在、全校生徒の約25％を占める温州系の子どもは全員、普通学級に在籍している。

　D中学校にはフランス語集中学級はなく、ニューカマーは他の学校で3ヵ月間のフランス語集中学級を経て、この学校の受入学級に入る。2012年10月からは制度としてフランス語集中学級が廃止されていたので[13]、全くフランス語ができない子どもも受入学級に直接入ってくるようになった。2008年9月に筆者が実施した受入学級担当教師へのインタビューによれば、受入学級では、1週間にフランス語18時間、数学4時間、英語3時間、歴史と地理2時間、美術2時間、体育1時間の計30時間を1年間学習する。D中学校の受入学級でのフランス語週18時間はこの教師が1人で担当していた。この教師は嘱託で普通学級は担当していなかった。他の教科は、普通学級も担当している13人の教師が普通学級と並行して受入学級の授業を0.5〜3時間ずつ受け持っていた。受入学級の生徒は、中学1年と2年の普通学級5クラ

スにも二重登録をし、普通学級と受入学級の両方を行き来しながら、少しずつ普通学級での授業を増やしていく。受入学級の登録の期間は、最短で6ヵ月、最長で2年である。受入学級は固定した生徒によるクラスを形成しているわけではなく、普通学級の授業と受入学級の授業の混合によって各生徒ごとに編成された時間割に従う。それゆえ、この教師は、受入学級は「クラス」というよりも「グループ」と言った方が正確であると述べた。

2008年9月、筆者はD中学校でフランス語担当のフランス人教師による受入学級の授業3コマを参与観察した。3コマとも中学1年生と2年生が混って授業を受け、教材は教師が作成したプリントを使用していた。1時限目は全生徒8人の内、6人が温州系、1人がチェチェン系、1人がコートジボワール系であった。温州系の6人はフランス語集中学級を終えてこの受入学級に入っていたが、コートジボワール系の1人は教育無経験者向け受入学級を経てこの受入学級に入っていた。

2時限目は5人全員が温州系であった。中学1年の2人には「s」「ss」「cs」「t」の入っている単語を集めて紙に書かせ、中学2年の3人には動詞の未来形について教えていた。温州系の子どもはわからないことがあると中国語で「わからない」と他の子どもに聞いていたが、教師にフランス語で何か言うことはなかった。教師はフランス語で話すことを促していたが、他の子どもと中国語を話すことを禁止していなかった。

3時限目は2時限目に出席していた温州系の子ども5人にもう1人の温州系の子どもが加わり、6人全員が温州系の子どもであった。動詞の意味を考えさせて、簡単なフランス語で説明させたり、それを使って作文をさせたりしていた。この日この教師の担当する3コマずっと授業に参加している子どももいれば、そうでない子どももいた。子どもによってフランス語のレベルが違うので、教師は理解できない子どもには個別に対応していた。理解できた子どもができない子どもに中国語で説明するという場面もあり、中仏辞典も用いられていた。

この教師は2006年からD中学校の受入学級を担当してきたが、問題点として、普通学級を受入学級より優先するので、例えばある子どもは週5時間

フランス語を学ぶが、ある子どもは週2時間しか学べず、成果が出しにくいことを指摘した。また、温州系の子どもは、フランスの文化との違いに戸惑うことが多いという。中国では集団的な教育を受けてきたので、個人に積極的な発言が求められるフランスの教育に最初はなじめないが、最終的にはなじんでいった。さらに、受入学級を終了しても、フランス語のレベルは何とか普通学級についていくことのできる程度で、普通学級で良い成績を上げるにはその後約4年はかかった。

(2) 中国系アソシエーションとの連携

　D中学校は、ベルビル地区に1996年に設立された言語文化サポート協会が運営するフランス語学校である巴里同済学校と連携していた。巴里同済学校は、2003年から子ども向けのフランス語クラスも開いている[14]。巴里同済学校は2008年には中学校16校と連携していたが、D中学校はその内の1校であった。D中学校の受入学級フランス語担当教師の話によれば、担当した受入学級では、2006年には温州系の子ども全員が巴里同済学校に通っていたが、2007年には誰も通っておらず、2008年に通っていたのは1人であった。受入学級で学びながら巴里同済学校に通っている子どもが、必ずしもフランス語ができるわけではなかった。学校側が巴里同済学校のようなフランス語補習校に放課後通うことを勧めることはなく、親が子どもにもっとフランス語を勉強させたいと相談してきた場合に、巴里同済学校を紹介していた。2013年には受入学級に温州系の子どもは在籍しておらず、巴里同済学校との連携はなくなっていた。

　2013年に実施した筆者によるD中学校の生徒指導主任専門員(CPE)[15]へのインタビューによれば、中国語通訳が必要な時は、中国系アソシエーションではなく、24時間対応しているので利用しやすい移民通訳派遣サービス(ISM)[16]に依頼していた。2013年には温州系の子どもの新たな入学はなかったので、中国語通訳を依頼したことはなかった。また、この生徒指導主任専門員はD中学校に赴任して8年になるが、温州系の子どもは赴任以来全校生徒の約2割以上を占め、8年間で退学処分になった温州系の子どもは3人だ

けであった。

2. ベルビル地区のE中学校

(1) フランス語集中学級の現状

　筆者は2009年9月と2013年3月に、ベルビル地区に位置するE中学校を訪問した。2009年9月訪問時のE中学校は、全校生徒の約7割がマグレブ系、約2割が温州系によって占められていた。2013年3月の訪問時には、全校生徒約500人中、マグレブ系が約6割、温州系は約3割を占める150人であった。E中学校はフランス語集中学級と受入学級を設置していたが、2012年からはフランス語集中学級は廃止されていた。筆者が2009年9月にインタビューをしたフランス語集中学級の教師は、2013年3月には受入学級を担当していた。2009年頃からE中学校のフランス語集中学級と受入学級に在籍する温州系の子どもは減り始め、2013年には1人もいなくなり、全校生徒の約3割を占める温州系の子どもは全員、普通学級に在籍していた。

　2009年9月訪問時には、フランス語集中学級の参与観察とフランス人担当教師にインタビューを実施した。この教師はE中学校に赴任して8年目で、最初の5年間は受入学級を、2年間はフランス語集中学級を担当していた。フランス語集中学級で教えるためには、年に数日間だけ研修はあるが、特別な資格は必要なく、特別なメソッドや教材もあるわけではなく、教育内容は各教師に任されていた。筆者が参与観察をした授業は、初歩的なフランス語の語順や動詞の活用を教えるものであった。

　この教師によれば、生徒のフランス語はフランス語集中学級に在籍している3ヵ月間で非常に早く上達した。温州系の子どもは引っ込み思案であることが多いが、それでもかなり上達した。上達が非常に遅い生徒はさらに3ヵ月間この学級で勉強する場合もあるが、まれであった。

　フランス語集中学級では、フランス語だけではなく、数学、歴史や美術を教えたり、演劇や庭いじりも取り入れられていた。特にクラス全員で演劇をやったり映画をシナリオづくりから始めて制作をしたりする活動を通して、

3ヵ月間で生徒は新しい環境に慣れて変わっていった。昨年はクラス全員で制作した映画が全校の映画祭で賞を取った。また温州系の子どもは、引っ込み思案の子が多く目を見て話さないが、演劇を通して人前で話すことに慣れて、人と目を合わせることも学んでいった。演劇の効果は大きいと述べた。

　この教師がE中学校に赴任してから7年間ずっと、受入学級やフランス語集中学級には温州系の子どもは多かった。2009年9月訪問時にこの学級に在籍している生徒数は15人で、その出身地は温州6人、チェチェン2人、アフガン2人、チュニジア2人、モロッコ1人、トルコ1人、ペルー1人であった。温州出身6人中2人は女子生徒で、とても引っ込み思案でいつも2人で一緒にいて中国語を話しているが、他の13人がすべて男子生徒なので、2人にとってはその方がよいと教師は容認していた。

　3ヵ月間のクラスが始まる初日に、生徒全員の親に必ず学校に来てもらい、フランス語集中学級の重要性を説明するために、この教師は親に直接電話をしていた。親がフランス語がわからない場合は、親の知人でフランス語がわかる人を介して説明していた。ほとんどの親が電話をしたら初日に学校に来た。初日にここでどんなことをするかを話すが、初日に親が来ないと、その後子どもも勉強についていけなかった。2008年から実験的に親のために学校で週2回のフランス語教室を開催し、そこでフランスの教育制度についても話していた。フランス語教室に参加する親は多かったが、フランス語習得は子どもの教育のためだけではなく、自らの正規滞在許可証申請のためでもあった。しかし、温州出身の親はフランス語教室に登録はしても1回だけしか来ない場合が多く、これは正規滞在許可証書を持っていないことを恐れているのではないかということであった。

(2) 受入学級の現状

　2009年9月に筆者は受入学級担当のフランス人教師にもインタビューをした。この教師は受入学級での経験が9年目であり、E中学校の受入学級を担当して5年目になる。2009年訪問時には受入学級の生徒は4人しかおらず、その内温州系は1人だけだったが、2005年から2008年までの4年間、受入

学級の在籍生徒数は20人以上で、毎年半数以上が温州系であった。温州系の子ども同士は温州語を話していた。

　この教師によると、この4年間に受入学級で教えてきた温州系の子どもは、やる気があり成功した子もいれば、落ちこぼれた子もいて非常に差があったという。勉学意欲を喪失した子どももいて、通訳を介してその理由を探ったこともあった。そういう子どもは幼少期に両親が移民して、中国で祖父母に数年育てられた後フランスの両親に合流したので、中国に帰りたいとしか思わず、フランスで勉強して成功しようとは全く思っていないことがわかった。そういう子どもは、毎年クラスに2、3人はいたが、受入学級には2年以上は在籍できないので、普通学級に行かざるをえなかった。

　また、親に年に3回は学校に来てもらって成績表を手渡ししていたが、温州出身の親は学校に来なかった。通訳を通してその理由を聞いてもらったところ、温州出身の親は学校を全面的に信頼しているので、学校に来るのは教師に失礼に当たると捉えていることがわかった。この教師は、学校が依頼した中国語通訳に親への中国語の手紙を書いてもらい、学校に来るのは親の義務であることを伝えた。

　温州系の子どもは、数学ではあまり問題はないが、受入学級での1年間では、特に国語と地理、歴史で普通学級のレベルに達するのは難しかった。非常に驚くのは、温州系の子どもが中国の歴史も知らないことで、それゆえフランスの歴史を教えることが難しかった。また、この教師は以下のようなエピソードを語った。7年前に彼女の担当していた受入学級を卒業した女子生徒と再会する機会があったが、その子どもは受入学級にいた時15歳だと年齢を偽っていたが、本当は当時22歳であったと告白した。フランス語をどうしても学びたかったので年齢を偽っていた。今振り返れば、自分の担当していたクラスには年齢を偽って入ってきた子どもが結構多いのではないかと思うと語った。フランスの学校では子どもの生年月日を証明する書類を提出する必要がないので、自己申告を信じるしかなく、こうした子どもはフランス語を学びたいという勉学意欲が強かった。また言語文化サポート協会の運営する巴里同済学校と連携していて、彼女が出した宿題を巴里同済学校で

チェックしてもらったりもしていた。

　また、この教師は、受入学級で「グローバル・シミュレーション」と称して市民性教育[17]を実施していた。例えば1つの想像上の村をつくって、選挙投票をして村長を選ぶ過程を実際に体験させ、民主主義について学ばせた。あるいはゴミ処理に関わる環境教育もテーマとして扱っていた。こうした取り組みは、受入学級で市民性教育に重点を置いているということではなく、これを通して生徒がフランス語を書いたり話したりすることを学べるので実施していた。

(3) 欠席問題

　筆者は2009年9月と2013年3月に温州系の子どもの抱える問題について、E中学校の生徒指導主任専門員にインタビューをした。2009年にインタビューをした生徒指導主任専門員は転校し、2013年には新しい生徒指導主任専門員が赴任していた。2009年9月訪問時にはフランス語集中学級担当教師も同席し、両者からの意見も聞いた。

　2009年9月に筆者が実施した生徒指導主任専門員へのインタビューにおいて、温州系の子どもの問題として指摘されたのは欠席問題であった。温州系には欠席をしがちな子どもがいて、学校はそういう子どもがいると、多文化共有や言語文化サポート協会やピエール・デュサーフ仏中協会に連絡をして専門家の派遣を求め、問題のある子どもや親に接触をしてもらい、問題を解決しようとした。そして、この生徒指導主任専門員は欠席には2種類あることを指摘した。第1は親の仕事を手伝わなくてはならないために学校に来ない場合、第2は学校に来ないで昼間にインターネットカフェなどでぶらぶらしているような欠席で、後者の方がここ数年で顕著になっていた。

　同席をしていたフランス語集中学級教師は、温州系の子どもの欠席問題には、中国人の面子を重んじる文化が関わっているのではないかと個人的には考えていると述べた。フランス語集中学級終了時には学校の勉強に慣れたようにみえた子どもでも、2年後には完全に落ちこぼれてしまっている例をよくみかける。フランス語集中学級にいる時は、教師である自分が、昼食に何

を食べたかや[18]、病気から欠席まで1人1人の子どもの状況を把握しているから、子どもは守られていると感じている。しかし、この学級が終わるとそうはいかず、受入学級で慣らすわけだが、なかなか学校になじんでいくのは難しく、退学せざるをえなくなる場合もあった。

　これは他の移民の子どもも抱えている共通の問題ではあるが、特に温州系の子どもの場合、親がフランス語をほとんど話さないことが子どもの学校への適応を妨げていた。親と連絡を取るために、中国人留学生を雇ったこともあったが、短期間で中国に帰国してしまい、あまり効果は上がらなかった。また、温州系の子どもは家庭で年下の兄弟の面倒をみなくてはならず、学校側が勉強の遅れを取り戻すために放課後に補習教室を用意しても出席できない場合が多かった。温州系の子どもの中には、特に数学や物理の成績が非常に優秀で、フランス語の遅れを少しずつ取り戻しながら、良くできる理系でカバーして高校で成功する者もいた。大体、最初に数学や物理ができる子どもは成功する確率が高かった。温州系の子どもは普通高校よりは職業高校に進学する者が多いが[19]、これはフランス語能力が低いことに起因していた。特に中学校高学年でフランスに来た子どもは、フランス語能力の問題を克服できないことが多かった。

　新しく赴任した生徒指導主任専門員への2013年3月の筆者によるインタビューでは、温州系の子どもの問題として2009年9月の調査時と同じ欠席問題が指摘されたが、これは親の手伝いのための欠席ではなく、学校に来ないで昼間にインターネットカフェなどでぶらぶらしているような欠席であった。そして、2009年の調査時にはあった中国系アソシエーションとの連携は、2013年にはなくなっていた。それゆえ、問題がある子どもがいても、中国系アソシエーションの専門家に助けを求めることができなくなった。この生徒指導主任専門員は、欠席しがちな温州系女子生徒に自ら時間をかけて話しかけ、心をほぐしていった話をしてくれた。この女子生徒は、パリ郊外から郊外列車で通学していてそれに伴うストレスやボーイフレンドの問題を抱えていても、忙しい家族に話すこともできずに悩んでいることがわかった。ゆっくり時間をかけて彼女の悩みを聞き出し解決策を一緒に探った結果、登

校するようになった。フランスでは子どもが長期欠席をすると、家族は政府からの就学助成金を受けられなくなり、移民家庭にとっては経済的に大打撃となる。現在E中学校には長期欠席生徒が17人いるが、その中に温州系の子どもは含まれていなかった。

　また、欠席をしない温州系の子どもは、マグレブ系の子どもに比べて勉強熱心でほとんど問題はなかった。問題として指摘されたのは、温州系の子どもはミスをするのを恐れる傾向が強いために、フランス語の読み書きはできても話すことが苦手であったり、温州系の子どもだけで固まってしまって、トランプ遊びをしたり漫画を読んだりするのに中国語を話し、フランス語を話さないことであった。E中学校のフランス語教師も、温州系の子どもはシャイで、授業中ミスを恐れて積極的に発言しないと述べた。

3. パリ19区のF中学校

(1) 受入学級の現状

　筆者が2009年9月に訪問したF中学校は、ベルビル地区に近い19区に位置し、成功願望ネットワーク（RAR）に入り、温州系の子どもが全生徒の約15％を占めていた。F中学校では受入学級の参与観察をし、担当教師にインタビューを実施した。この教師は14年前から受入学級で教えているが、それ以前は外国人の大人向けにフランス語を教えていた。F中学校の受入学級在籍生徒数は全員で16人で、その出身地は温州6人、アルジェリア2人、モロッコ1人、アンゴラ1人、セネガル1人、ルーマニア1人、マリ1人、スリランカ1人、コートジボアール1人、ハイチ1人であった。

　受入学級在籍生徒のフランスへの入国時期は2007年1月から2009年8月で、2008年に入国した生徒が1番多かった。両親と一緒にフランスに来た子どもは5人で、他の11人は1人でフランスに来ていた。温州系の子ども6人は、全員の両親が先にフランスに来ていた。温州系の子ども6人中2人は、父親が1歳時で母親が6歳時に来仏し、1人は父親が3歳時で母親が5歳時、他の3人は両親共が5歳時、6歳時、8歳時に来仏していた。6人共、両親が来仏

後は中国の祖父母に育てられていた。CASNAVは受入学級に1年間在籍後は普通学級へ戻す方針であるが、この教師によると、温州系の子どもは1年で普通学級に行かせてもついていけないので、2年間受入学級に在籍する場合が多かった。

　筆者が参与観察をした受入学級の1時限目はフランス語の授業で、フランスへの移住のもたらす長所と短所を生徒に話させ、その後で紙に書かせるものであった。フランス移住の長所としてあげられた点は、学校教育が無償であること、社会福祉の充実、安全性、街がきれい、地下鉄があること、ユーロの価値が高いのでこの国で働いてお金を稼げば儲かることであった。短所としては、フランス語が難しいこと、住居が狭い、故郷の祖父母や友人に会えなくて寂しいこと、正規滞在許可証がなかなかもらえないことがあげられた。温州系の子どもの中には、温州では親の教育程度が低く生活が苦しく、子どもは学校に行けなかったが、フランスでは学校にも行けるし、親は店の経営者になれると答えた者もいた。

　2時限目は地理の授業で、1時限目の受入学級担当教師と普通学級の地理担当教師が2人で教えていた。受講していた生徒は1時限目と同じであった。世界地図とフランス全土やパリの地図を使って、方位や自分達のいる位置を認識させることを目的とした内容であった。地理担当教師によると、同じ地理の授業でも受入学級の授業内容は、生徒がフランス生まれでないことを意識して、強調する点を変更しているとのことであった。

(2) 自信喪失

　前述の受入学級担当教師は、温州系の子どもの抱える問題として、やる気や自信の喪失を指摘した。両親はお金を稼ぐために子どもを中国に残してフランスに移住して一生懸命働いているが、子どもとしては親が自分から離れていってしまった理由が理解できず、数年後にフランスに呼び寄せられても、冬でも暖房のないような小さなアパートに住まわされて、その現状が受け入れられなかった。そして、温州系の子どもはフランス語ができないので、自分のことを「バカ」で「ダメな人間」と思ってしまう。また周りの友人からも

「CLA（受入学級）のやつ」と言われて、やる気や自信をなくした。

F中学校では、温州系の子どもに自信を取り戻させるために、受入学級の温州系の子どもを中国語の教師にする中国語教室を開催する試みを始めた。例えば、先日、アフリカ系の子どもが温州系の子どもを「CLAのやつ」とバカにしていたけど、この受入学級担当教師は、温州系の子どももフランス語が十分ではないから考えていることが言えないだけで、頭ではちゃんと考えていて中国語の教師になっていることを伝えた。するとアフリカ系の子どもは温州系の子どもから自分も中国語を習おうと言った。

また、F中学校では校長や美術教師からも話を聞いたが、一般的に温州系の子どもは真面目に勉強をすると捉えられていることがわかった。他の子どもはほとんど勉強しないので、温州系の子どもはフランス語能力が劣っていても学習に対する姿勢が真面目で教師に好感をもたれていた。温州系の子どもは、受入学級を経て普通学級に入ってきても成績の良い子どもが多く、職業高校よりも普通高校に行く子どもの方が多く、一生懸命勉強をして良い仕事に就こうという意欲があった。筆者が、フランスに移住することにより自信喪失をして落ちこぼれてしまう子どももいると聞いたことを話すと、温州系の子どもには落ちこぼれる者と成功する者が両方いて、半々であるとのことであった[20]。

さらに、受入学級担当教師からは、「国境を越えた教育ネットワーク（Réseaux Education Sans Frontière：RESF）」という2004年6月に設立された不法滞在の親や子どもを支援するアソシエーションについての話も聞いた。入門学級や受入学級担当教師が主な会員で、この教師も会員の1人であった。不法滞在の親が強制国外退去となることによって、子どもに影響が及ぶことを阻止し支援する活動をしていた。不法滞在の親にとって、頼れる唯一のフランス人は子どもの入門学級や受入学級担当教師であった。この教師は、自分の受け持った受入学級の温州系の子ども2人の「代母（Parrainage Marrain Républican）」[21]になっていた。その内の1人は2006年9月からこの教師の担当する受入学級にいた子どもで、父親が地下鉄の検札で尋問された時に不法滞在が発覚し警察に検挙された。国外退去にならないように、48時間以内

に子どもが学校に通っていることやフランスで子どもを産んだという証明書を見せ、拘束を解かれた。その後、教師はこの子どもの「代母」になり、弁護士を頼んだり法廷に出かけたりして尽力し、ついに2009年2月に父親は正規滞在許可証を取ることができた。この教師は、「代母になることはすごく大変で、情熱もいるし人間としての寛容さも必要とされる」と語り、正規滞在許可が下りた後この家族と一緒に中国料理の食卓を囲んだ時の写真をうれしそうに見せてくれた。この家族の住むアパルトメントは冬でも節約のために暖房も入れられず、この教師があまりにもかわいそうなので買ってあげようとしたら、燃料費がかかることを理由に断られた。父親も子どもも将来はレストランの経営者になることを目標としていた。

4. パリ13区のG高校

G高校は13区のインドシナ難民の集住地区に位置する普通高校である。アジア系の子どもが4割を占めている。「アジア系」とは、インドシナ難民第2世代が大半であるが、近年、中国東北部や温州からの新移民の子どもも流入してきた。G高校は、第2外国語として中国語が学べるだけではなく[22]、週に1時間、中国の地理と歴史と書道を学ぶことのできる「セクション・オリエンタル」が開講されているために、それを受講するために他の地区から通学してくるアジア系の子どももいる。

筆者は2006年9月にG高校を訪問し、フランス人教師による国語の授業を参与観察した。この授業を受講していた34人の内、アジア系の子どもは22人であった。このクラスは中国語を第2外国語として履修しているクラスなのでアジア系が多かった。その内5人は中国本土から来たばかりでフランス語の能力はかなり低く、他の生徒とは別にして、宿題の量も調整されていた。この授業担当のフランス人教師によると、G高校ではニューカマーに対する特別学級はないので、普通学級の中でフランス語の能力不足に配慮して教えていた。週1時間フランス語を特別に教える学級をつくろうと検討中であった。参与観察をした授業では、担当教師が中国から来仏したばかりの5

表10 パリにおける調査対象高校の概要

G高校	13区	●全生徒の約4割がアジア系 ●正規のカリキュラム内で中国語教育を実施 ●「セクションオリエンタル」がある。 ●インドシナ難民第2世代は「良い生徒」、中国系新移民の子どもは「問題のある生徒」という対照がされた。 ●中国系新移民の子どもは中国語の授業中だけリラックスして教師に反抗をする。	2006年9月
H職業高校	11区	●全生徒の約15％が温州系 ●パリ大学区で最も温州系生徒の占める割合が高い高校 ●商業科と被服科がある。 ●温州系生徒の半数は1年で退学し、親の縫製業を手伝う。	2009年9月

筆者作成

人に「もっと授業に参加しなさい。もっとフランス語を話しなさい」と何度も語りかけていた。教材として、中国の歴史や地理を学べるフランス語の本を選ぶように工夫していた。

　また、中国系新移民の子どもは中国語ができるので「セクション・オリエンタル」を選択するのが有利であるが、それを知らない子どもも多いとのことであった。中国系新移民の親はフランス語ができないために学校とコミュニケーションが取れず、学校の集まりには働いているので出席しなかった。親が学校の集まりに参加した場合は、中国語の教師が通訳をした。また中国系新移民の子どもはレストラン等でアルバイトとして働いている子どもが多く、フランス語能力を必要とされて親の仕事を手伝っている子どももいた。中国系の子ども同士中国語を話すので、中国系以外の子どもとの間に溝ができてしまうという問題も指摘された。

　この教師は、対照的にフランス生まれのインドシナ難民第2世代は態度が良いのが特徴であると述べた。フランス語に問題はないし、「よく統合されている」と表現した。特に女子生徒は学習意欲が高いが、男子生徒は理系に力を入れていて、国語のクラスではまじめにやらない子どももいた。

　G高校では、週に3時間の中国語授業があり、簡体字とピンインを用いて北京語が教えられていた。中国語授業担当教師の話によると、中国系新移民の子どもは中国語のレベルは高いがフランス語ができないため、通常の授業ではおとなしくしているが、この中国語授業ではリラックスしていた。その

ため中国語授業担当教師へ敬意を払うことがなく、中国語の授業中はおしゃべりをしたりして、態度が良くなかった。中国系新移民の子どもは、中国語教師を家族の一員のように混同して、母親に反抗するように教師に反抗してくることもあった。中国語教師がこれをフランス語教師に話すと、「あの子はいい子だよ」と驚いた。この中国語教師は、中国系新移民の子どもがフランス語がわからずに日常に抱えているコンプレックスが、中国語授業の際に出てくるのではないかと述べた。

5. パリ11区のH職業高校

(1) 被服科のある職業高校

　H職業高校はここ10年間一貫して、全校生徒の10～15％を温州系が占めていた。H職業高校に温州系の子どもが多い理由は、被服科があることと1990年代後半から温州出身者による衣料品仲買店が立ち並ぶ11区スデーヌ・ポパンクール地区に近いので、縫製業に携わっている温州出身者が学校の近くに多く居住し、子どもに被服科で技術を身につけて仕事を手伝わせようとするからである。

　H職業高校には3年課程と2年課程があり、3年課程には商業科と被服科が、2年課程には被服科がある。被服科3年課程は洋服と皮革製品を扱う2コースに分かれ、被服科2年課程は、裁縫、皮革製品、皮の洋服と毛皮製品を扱う4コースに分かれる。またこれらの課程の前段階として、1年間にわたって中学校レベルのフランス語を教える受入学級が3クラスある。3クラスの内2クラスはフランス語を話すことに重点が置かれていて、クラスの半数が温州系の子どもであった。もう1クラスはフランス語を話せるが読み書きができない生徒のためのクラスで、マグレブ系の子どもが多かった。

　2009年9月の筆者による校長へのインタビューによると、校長はこの学校に赴任して9年目になるが、赴任以来現在に至るまでずっと全校生徒数の内10～15％を温州系が占めていた。全校生徒数は2000年には約250人であったが、2009年には約400人に増加していた。少ない年で37ヵ国、多い

年で41ヵ国出身の生徒がいて、フランス人は半数であった。他にはマグレブ系が10％、ブラック・アフリカ系が10％、東ヨーロッパ系が8％で、近年東ヨーロッパ系が増えていた。温州系は文化的背景の異なる生徒の中では常に最多集団であった。

(2) 孤立化と退学問題

インタビューをした校長は、温州系の子どもの抱える問題として、第1にフランス語の能力不足によって温州系だけで孤立してしまうことを指摘した。温州系以外の文化的背景の異なる子どもはフランス語を話せるが、温州系の子どもはフランス語が話せないゆえに、子ども同士で固まって孤立していた。1クラスに1〜2人しか温州系の子どもがいない場合は固まらないで温州系以外の子どもとも関わろうとするが、1クラスに4〜5人以上温州系の子どもがいると固まってしまう。最もフランス語ができる温州系の子どもが他の温州系の子どものために宿題をやってあげたりテストの答えを教えたり、事務的手続きにおいては通訳をして助けていた。

第2に退学問題が指摘された。温州系の子どもの半数は2年課程の1年を修了時に退学してしまう。理由は1年間技術を身につけた後、パリの被服関連の店で働くためであった。多くが中国からの不法移民が営んでいる店で働く。子どもが欠席をすると学校側は親に連絡をするが、温州系の親はフランス語ができないこともあり全く返答がなく音信不通になって、子どもは退学することになってしまう。温州系の親は経済的に困窮しており、移民斡旋業者に借金もしているので、子どもにすぐ働いてお金を稼いでほしいと思っているからであった。

しかしながら、1年後に退学してしまう子どももそのまま学業を続ける生徒も、学習態度はまじめで、遅刻や欠席の問題はなかった。ただし、教師の1人によると、近年は温州系の子どもの学習態度が悪くなる傾向があり、温州系以外の子どもの方が態度がよくなっているとのことであった。

H職業高校の生徒は、入学時に普通高校に入学する生徒よりも1歳半から2歳の遅れをとっていて、17歳から18歳で入学していた。その理由は家庭

の経済状況が悪いために、弟や妹の面倒をみたり、親の仕事を手伝わなくてはならず勉強をする環境が整っていないことによって留年する生徒が多いからであった。この高校の約8割の生徒が何らかの奨学金を受けていた。

第4節　フランスにおける温州系新移民の子どもの抱える問題と学校の取り組み

　本節では、第2節と第3節で取り上げたパリの小学校3校と中学校3校と高校2校の事例に基づいて、まず中国系新移民の子どもの中でも圧倒的多数を占める温州系の子どもの抱える問題を整理し、次にパリの学校での温州系の子どもへの取り組みを、フランスにおける移民の子どもへの教育全体の中に位置づけて考察する。

1. 温州系新移民の子どもの抱える問題

　パリの学校における中国系新移民の子どもとは、大半が温州系の子どもであった。しかし、13区のA小学校やG高校には温州系だけではなく中国東北部から来た子どももいて、ベルビル地区のように温州系の子どもが集中しているわけではなかった。13区の学校には教師から良い生徒として捉えられているインドシナ難民第2世代が多く在籍し、問題の多い中国系新移民の子どもとは対照的に捉えられていた。

　温州系の子どもに関しては、1990年代後半から2000年代後半までは、特に温州出身者の集住するベルビル地区やその付近に位置する小学校の入門学級や中学校のフランス語集中学級や受入学級における最多集団となり目立っていた。それゆえ、温州系の子ども同士で中国語を話したり固まってしまうという問題が生じていた。温州系の子どもは最長2年間受入学級に在籍し、受入学級から普通学級に完全に移行してもフランス語能力には問題があった。

　中学校や高校における欠席問題を社会学的アプローチから研究しているM．E．エディベル[Hedibel 2009]は、2009年9月の筆者によるインタビュー

の中で、近年中国から来た子どもの欠席問題が目立っていて、それまではアジア系生徒に問題がなかったので、学校側が困惑していると指摘した。エディベルは自らの調査に基づいて、多くの温州系の子どもは、経済的理由によってレストランか縫製店で働いて、疲れていることが欠席につながっていると説明している。温州系の子どもは学校では子どもだが家族の中では大人として経済的に貢献せざるをえず、欠席が重なり結局退学に追い込まれる者もいた。

　また、D中学校の生徒指導主任専門員によって、温州系の子どもに目立っている欠席には2種類あることが指摘された。親の経済的状況から働かなくてはならないための欠席と、無為に遊ぶための欠席であり、近年後者が増えていた。エディベル[Hedibel 2009]の指摘した欠席理由は前者であり、後者は勉学意欲喪失と関連していた。ベルビル地区やその付近に位置する中学校の受入学級担当教師や多文化共生の創設者は、温州系の子どもにみられる勉学意欲喪失を指摘した。その背後には、両親が先に来仏して子どもは中国の祖父母に育てられ、後にフランスに合流するという家族の移住形態が影響していて、現状を受け入れられずにフランスで勉強して頑張って生きていこうという意欲を失ってしまうことが欠席につながっていた。

　温州系の子どもは、フランス語集中学級や受入学級に在籍しているだけではなく、特に2010年以降、小・中学校では大半が普通学級に在籍するフランス生まれになっている。1990年代後半から2000年代中頃までをピークに流入した温州出身者は、ほとんどが不法滞在者であったが、フランスで子どもを産み約10年間で正規滞在許可証を取得していたし、2007年以降温州からの移民流入者数も激減していた。それゆえ、2010年以降は、小学校の入門学級や中学校の受入学級には、温州系の子どもはほとんど在籍しなくなった。多文化共有の創設者やD中学校とE中学校の生徒指導主任専門員、あるいはエディベル[Hedibel 2009]の指摘する温州系の子どもにみられる欠席問題は、フランス語集中学級や受入学級に在籍する温州系の子どもに限定された問題ではなく、フランス生まれの温州系の子どもにもみられる問題であることがわかった。

子どもがフランス生まれであっても、中国の祖父母のもとに送られる場合もあったり、親がまだ正規滞在許可証を取得する前で、不法滞在による法的・経済的不安定さから、子どもを働かせたり、子どもの教育に注意を払う余裕がなく、学校での勉強を妨げる家庭環境を生み出していたと考えられる。それによって落ちこぼれた子どもが欠席・退学問題を顕在化させることにつながっていた。つまり、2000年代は温州系の子どもがニューカマーからフランス生まれになる移行期であり、顕在化している学校不適応問題は、どちらかに限定された問題ではなかったといえる。温州系の子どもは、ニューカマーでもフランス生まれでも、移住形態や親が不法滞在であることによる法的・経済的不安定さによって、フランス語能力不足やそれによる自信や勉学意欲喪失、そしてそれに伴う欠席や退学問題を抱えていた。他方で、欠席・退学問題が顕在化しているものの、温州系の子どもはニューカマーでもフランス生まれであっても、勉強態度が真面目で、学校に適応して成功する者もいて、その差が大きいこともわかった。

2. 言説と実践のずれ

　1990年代後半から特に温州系の子どもが急増したパリの小・中学校や高校は、文化的差異に起因する問題に注意を向け、温州系の親を対象にパポテックや親への説明会を開催したり、子どもに問題があった場合、中国系アソシエーションと連携し、文化的差異に起因する問題に詳しい専門家に援助を求めていた。
　ではこのような温州系の子どもへの学校の取り組みの現状は、フランスの移民の子どもへの教育全体からみるとどのように捉えることができるのであろうか。フランスは学校教育において子どもを国籍や出自によって区別することはないという、憲法に定める「単一不可分」の原則に基づいている。そして第II章で検討したフランスの移民教育政策の歴史的展開からみると、特に1990年代以降は異質性の共存を統合化政策として具体化すべく、1990年に統合高等審議会が設置され、共和国の理念を核とした市民社会の形成が提言

され、市民になる教育が中心に据えられた。

　言説レベルでは市民としての統合を目指すことが強調され、文化的特殊性には注意が向けられていないが、学校教育の現場では、実際に流入が急増し問題が顕在化した温州系の子どもへの文化的特殊性に配慮した実践がなされ、統合を強調する言説と文化的特殊性に配慮した実践が共存していたといえる。学校で温州系の子どもに顕在化した問題を解決するためには、特殊性をもつ文化的差異に注意を払う必要があった。例えば、教育方法においてフランスでは遊ばせることを重視するが、中国では暗記を重視する、あるいは、しかり方、先生への対し方、発言の仕方、生活様式における違いは文化的特殊性に起因するものであり、多文化共有の創設者が指摘したように、これらの違いの背後には歴史的に形成された個人観などの固有な価値観の違いも横たわっていた。またその抱える問題の背後には、温州系の家族の移住形態や不法滞在による法的・経済的不安定が指摘でき、それが勉学意欲喪失や欠席や退学問題を顕在化させていた。日本におけるフランスの移民教育に関する研究としては、前平や池田や吉谷や園山らの研究があげられ、教育方針や施策の変遷について、移民の子どもを一括りにして言説レベルの分析を中心に据えてきた［前平 1985；池田 1995, 2000, 2001；吉谷 1996, 2001；園山 2005, 2009a］。しかし、本章では1990年代以降温州出身者の流入が急増したため問題が顕在化した温州系の子どもに焦点を当てることによって、実践レベルでの学校の対応を明らかにすることができ、それによって言説と実践のずれが明らかとなった。

　教育優先地域(ZEP)政策との関連でみると、ＺＥＰ政策では「社会的に恵まれない」環境にあれば移民もフランス人も同等に扱われてしまうため、結果的に移民を不可視な状況にしてしまい、移民の子どものもつ異文化的背景を教育的に考慮する視点に欠けると指摘されている［鈴木 2007: 155-156］。しかし、調査対象となった小・中学校は成功願望ネットワーク(ＲＡＲ)と学業成功ネットワーク(ＲＲＳ)に入っているものの、筆者の調査によって明らかになった学校と親やアソシエーションとの連携は、鈴木が指摘するようなＺＥＰ政策に特徴的にみられる地域・領土性を強調することによって、学業失

敗を移民に固有のものとせず地域の問題として捉えるという発想に基づいているのではなく［鈴木 2007: 156］、文化的特殊性を背景とする特定の移民の子どもの抱える問題を解決するためのものであった。鈴木は学校とアソシエーションとの連携を学校と「地域」との結びつきとして捉えている［鈴木 2007］。しかし、本章で検討した学校と中国系アソシエーションとの連携は、学校を温州系コミュニティと結びつけるものではあっても、温州系コミュニティを超えた「地域」には結びつけていなかった。

　最後に、このような温州出身者の急増に対応した文化的特質に配慮した教育実践は、一時的なものであったことも付け加えておきたい。2000年代後半以降の経済危機による財政難と温州出身者流入の激減によって、2013年3月の調査時にはパポテックは続いているものの、学校と中国系アソシエーションとの連携は、少なくともC小学校とD中学校とE中学校ではなくなっていた。2013年3月の調査時のピエール・デュサーフ仏中協会や言語文化サポート協会のスタッフの話では学校との連携は続いているので、中国系アソシエーションと学校との連携が消滅してしまったわけでないが、提携校が縮小していた。逆の見方をすれば、2000年代は温州出身者の流入増加と問題の顕在化、そして政府の財政的基盤が整っていたからこそ、温州系の子どもへの文化的特殊性に配慮した実践が可能となったといえる。そういう時期に筆者によるフィールドワークを通して明らかとなった温州系の子どもへの学校の取り組みは、短期的なものであったゆえに、ここでそれを書き留めることができたことの意義は大きい。

第5節　オランダの学校における中国系新移民受け入れの現状──イギリス・フランスとの比較から

　本節では、オランダにおける中国系新移民の子どもへの学校の取り組みの現状を明らかにした後、それをイギリスとフランスの学校における中国系新移民の子どもへの取り組みと比較し、3国における違いを生み出す要因を検討する。

1. オランダの学校における中国系新移民受け入れ

　新たにオランダに流入した移民の子どもを多く抱える地方自治体には、集中的にオランダ語を学習するための、初等教育段階では「入門学級(ZIOP)」、中等教育段階では「国際学級(ISK)」が設置されている。国際学級は1970年代に、入門学級は1990年代中頃に開設された。国際学級は学校に併設されている場合もあれば、学校として独立した形態をとっている場合もある。入門学級と国際学級では、新しく流入した子どもを対象にオランダ語習得のための隔離教育が実施され、普通学級に移行できるレベルにまでオランダ語能力を高めることが目指されている。2010年現在、アムステルダムにおける入門学級は1校が独立した学校の形態で、12クラスが小学校12校に併設されている。国際学級は3クラスが中学校3校に併設されている。ユトレヒトの場合は、独立した学校の形態で初等教育段階と中等教育段階に各1校がある。2011年9月に筆者が訪問した教師研修センター職員によると、ニューカマーの子どもの約15％は国際学級に入っておらず、国際学級を修了して普通学級に移行した子どもは、その後もオランダ語の強化が必要であり、この教師研修センターではそのための教師向け教材の開発をしていた。

　オランダの中国系移民は、半数以上が飲食業に携わり全国に散住しているために、中国系の子どもが特に多く在籍する学校はない。また、国際学級や入門学級において中国系の子どもが多数派を占めて目立った存在となったことは現在に至るまでなかった。2011年に筆者がインタビューをした1989年から20年以上にわたってアムステルダムの国際学級を担当している教師によると、国際学級で教えている期間中、中国系の子どもの人数は年によって増減していた。2011年現在では国際学級に在籍する110人のニューカマーの中には中国本土出身の子どもはおらず、中国出自のチベット出身の子どもが8人在籍していた。

　2010年9月に筆者が訪問したユトレヒトの国際学級は独立した学校で、15歳から18歳までの全校生徒250人が在籍し、その内6人が中国出身であった。福建出身が3人、廣州出身が1人、温州出身が2人であった。教師への

インタビューによると、全クラス数は9クラス、レベルは初級・中級・上級の3つに分かれていた。2009年には全校生徒数約190人で、全5クラスあり、1年間で60人も生徒が増えていた。1年中いつでも生徒を受け入れ、オランダ語と数学と一般教養のテストをしてクラスを決める。通常は国際学級には2年間在籍して、普通学級に移行する。

　筆者はユトレヒトの国際学級の中級クラスの参与観察をした。このクラスの生徒数は20人で、その内中国系の子どもは3人であった。1時限目は4人ずつのグループをつくってグループごとにオランダ語の自習をしていた。中国系の子ども3人は同じグループであった。2時限目は、皆で輪になって、目、鼻、耳、肩、膝等の体の部分を触りながら、皆でそれをオランダ語で発音していた。体を動かしながらなので、笑いもあった。このクラスには同じ生徒が常時在籍し、1週間の時間割は、オランダ語が毎日4時間あり、他に数学週6時間、演劇週2時間、美術週2時間、体育週4時間、カウンセリング週2時間であった。このクラスを担当する教師はオランダ人1人で、他に大学生が手伝っていた。この大学生によると、国際学級の生徒は普通学級に比べて学ぶ意欲が高い。担当を望む教師は市役所で登録すると国際学級に配置され、特別な資格は必要なかった。

　2011年9月に筆者が訪問したユトレヒトの入門学級も独立した学校で、1998年に設立された。36ヵ国出身のニューカマーが在籍し、東欧からの子どもが多く、中国系の子どもは6人であった。通常1年から1年半在籍するが、3ヵ月に1回オランダ語能力のテストをする。カウンセラーによると、中国系の子どもに特別な問題はなく、ここで学ぶ子どもは、自分の国を離れて様々な経験をしているので、この学校で守られていると感じていた。母語は教えられておらず、オランダ語の学習が中心で、数学の他は動物園やスケート場への遠足もあった。親は移民当初は色々困難を抱えて忙しいことを学校側が鑑みて、親の集まりはなかった。

2. オランダにおける中国系新移民の子どもの抱える問題

　学校では中国系新移民の子どもの問題は顕在化していないので、以下、2つの事例を取り上げて、それぞれ検討する。

　第1の事例は、筆者が2011年9月にインタビューをした廣州出身の29歳の女性である。彼女は、1995年に12歳で、彼女より3年前に北ホランド州の小さな町に移住した両親のもとに合流した。移住前もコックであった父親が、オランダのレストランのコックとしての労働許可証を取得することができたので母親と共にオランダに移住した。オランダに親戚や知り合いは誰もおらず、両親に合流するまでは中国の祖父母に育てられた。

　オランダに移住した当初、北ホランド州には近くの都市の学校に国際学級が1クラスしかなく、空きがなかったので、9ヵ月間待った後でその国際学級に入学し3年間学んだ。国際学級はオランダ語学習が中心で1年目は1クラス23人、2、3年目はオランダ語のレベルによって3クラスに分かれ、1クラス13人であった。少人数クラスで教師がとても親切で、ミスを恐れずオランダ語を話すことを促され、1年目はシャイだった彼女は、段々と打ち解けて積極的にオランダ語を話すようになっていった[23]。中国と違って宿題もなく楽しかった。中国語とオランダ語は全く違うために他の生徒[24]よりもオランダ語の上達はかなり遅く、普通は1年から2年で国際学級を修了するのが彼女の場合は3年かかり、その後5年制の高等職業教育機関準備学校3年に編入した。オランダ人が多数派の学校で、初めて「オランダ文化」を体験し、カルチャーショックを受けた。白人の友人はとても人に対してストレートであることに違和感を抱いた。また編入した高等職業教育機関準備学校3年生は科目内容が難しくなっていた。今考えると国際学級での3年間は長すぎるので、2年間で終えて高等職業教育機関準備学校2年に編入した方が良かった。高等職業教育機関準備学校ではオランダ語と、特に中国で2年間しか学んだことのない英語能力不足に悩まされたが、他の教科の成績は良かった。しかし、彼女が高等職業教育機関準備学校5年生になる前に仕事の関係でロッテルダムに引っ越す両親に同行しなくてはならず、結局中退して

しまった。その後中国系旅行会社他の職を転々としたり、小学校の教員資格を取ろうとしたが中途半端になり、今でも自分の人生の目標が定まらないと語った。

　第2は、中国系アソシエーションのオランダ語教室でオランダ語を学んでいた、広東省から2011年9月にアムステルダムに来てまだ1ヵ月も経っていない4歳の子どもである。彼女は、入門学級に入らず直接近くの小学校の普通学級に通っていた。彼女の在籍する小学校のクラス担任教師に2011年9月に筆者が話を聞いたところ、このクラスにはモロッコ系やトルコ系の子どももいるが第2世代なのでオランダ語は理解できる。オランダ語が全くできないのはこの中国系の子どもだけで、ニューカマーの担任は初めての経験であったので、試行錯誤であると言った。筆者がこの少女の母親に話を聞いたところ、この母親は仕事でオランダから中国に来ていた中国系第2世代の男性と出会って結婚し、5年前にオランダに来て、現在4歳と2歳半になる2人の子どもがいる。子どもはオランダ語を学ぶ前に中国語を学んだ方が良いと考えて、3、4ヵ月のスパンで中国とオランダを行き来した。4歳になった娘は中国では1歳半から学校に通っていたので、北京語と広東語を話せるが、オランダ語は全くできない。子どもがオランダでの小学校入学の4歳になったので、アムステルダムの小学校に9月から通わせたばかりであった。

　以上2つの事例は年齢が違い、親のオランダへの移住時期は、前者は1990年代前半で後者は2000年代後半であるが、本書では親の移住時期が1990年代以降の場合、その子どもを「中国系新移民の子ども」としている。そして、この2つの事例が示すように国際学級や入門学級に入る場合も入らない場合も、オランダ語習得が最も大きな問題であるといえる。しかし、中国系新移民の子どもは、普通学級でも国際学級や入門学級でも少数派で目立った存在ではなく、個々の事例においてオランダ語能力不足という問題は把握できるが、学校において中国系という集団としての問題は顕在化していなかった。

3. 中国系新移民の子どもへの教育実践——3国の比較から

　以下、まずオランダの学校における中国系新移民の子どもへの教育の取り組みを、中国系の子どもが特に多く在籍する学校がないという特徴を共有するイギリスの場合と比較する。最後に、オランダとイギリスの場合を、フランスの場合と比較し、3国における中国系新移民の子どもへの教育実践に違いを生み出す要因を明らかにしたい。

(1) オランダとイギリスとの比較

　イギリスにおいては、中国系移民が最も多く在住するロンドンにおいてさえ、中国系新移民の子どもも含めて中国系の子どもが特に多く在籍する学校はなく、この点はオランダと共通している。これは、イギリスでもオランダにおいても、1980年代以降の新移民流入後も、散住というコミュニティの特徴が変化しなかったからである。

　イギリスにおけるニューカマーに対する教育は、来たばかりで英語のわからない子どもに1週間に2〜3回、期間を限定し取り出しによって集中特訓を行った後は、通常授業に「追加言語としての英語(English as an Additional Language：EAL)」[25]を教える教師がついて教える。学校によっては、取り出しによる集中特訓を実施しないところもあり、マジョリティとの隔離期間を最小限にしようとしている。以前は、語学センターで英語特訓する形態もあったが現在はない。「ニューカマーへのガイダンス(New Arrivals Excellence Programme Guidance)」においても、ニューカマーへの教育は通常の教室で実施されることに焦点が置かれていると説明されている[Department for Education, UK government 2007: 5]。こうしたニューカマーの扱いには、様々な分野においてマイノリティをマジョリティと区別して扱うことを違法とした人種関係法の影響があることが指摘されている[佐久間 2007: 39]。

　オランダの場合は、ニューカマーを対象に国際学級や入門学級が設置されていて、ニューカマーの8割以上が1〜2年間、前述した事例では3年間オランダ語を集中的に学習していた。ニューカマーの隔離期間を極力短くしよう

としているイギリスと、30年以上前からニューカマーへの隔離教育を実施してきたオランダでは、制度的には異なっている。しかし、英語を理解しない者を自集団の一員とは認めないという意識が伝統的に強いイギリスだけではなく、オランダ語へのこだわりが少なく[26]、異言語習得が社会経済的に利益をもたらすと判断すれば、その言語を習得するという方向性を持つオランダ[小林 2004: 44-47]においても、近年、多文化社会をつなぐものがオランダ語であり、これを共有しない者は自集団の一員とはみなされないという、これまでにない言語観がオランダ人に共有されるようになっている[小林 2004: 47]。イギリスにおいてもオランダにおいても、ニューカマーに対して主流社会の言語学習を重視する点は共通している。

　次に、イギリスにおける中国系新移民の子どもの事例を2つ取り上げて、その抱える問題についてオランダの場合と比較する。第1の事例は、筆者が2008年9月に訪問したロンドンのイーストエンド（East End of London）にある公立中学校に2年前に広東省から来た、当時14歳の女子生徒である。この生徒の通う学校は、家庭で英語を話す生徒が34％で、ベンガル語を話す生徒13％、クレオール英語9％、リトアニア語8％、ヨルバ語7％、その他ウルドゥ語やパンジャブ語を話すエスニック・マイノリティの多い学校であった。中国系の子どもは全校で7人しかいなかった。追加言語としての英語教師は3人で、リトアニア語、フランス語やヨルバ語も話すバイリンガル教師が各1人ずつであった。筆者によるリトアニア出身バイリンガル教師へのインタビューによると、各学年10〜15人のニューカマーを朝7時50分から8時半と放課後14時半から15時半に取り出して、個別にサポートしていた。あるいは、通常授業で生徒に付き添ってサポートしていた。最近のニューカマーは、リトアニア、ラトビア、ブルガリアやバングラデシュ出身の子どもが多い。また第2、第3世代のアフリカ系やカリブ系の低学力問題にも取り組んでいた。

　筆者によるこの中国系の子どもへのインタビューによると、彼女の父親はレストランで、母親はハンバーガーチェーン店で働いていた。入学時は、北京語[27]の話せるボランティアに週1回、6週間付き添ってもらった。さらに

1年間、週1回追加言語としての英語教師による取り出しサポートを受けた。彼女の場合は1年間であったが、追加言語としての英語教師の判断で取り出し期間は決められ、学校にはその評価基準のためのガイドラインがある。彼女は最初イギリスに来た時はとてもおびえていたが、約1ヵ月でその状態を脱し、約4ヵ月で日常会話では問題がほとんどなくなった。学校には中国系第2世代の友人はいるが、中国から直接来た友人はいなかった。リトアニア出身バイリンガル教師によると、最初シャイであった彼女は、数ヵ月でとても自信をつけて変わっていったという。

　第2の事例は、7割がナイジェリア系生徒で占められている私立女子高校に通う、北京から来た17歳の女子生徒である。彼女の場合、学校に中国系の子どもは1人だけであった。筆者は2008年9月と2009年9月にインタビューをした。北京ではトップクラスの高校にバスケットボールの奨学生として通っていた彼女は、7年前に先にイギリスに働きに来ていた母親が永住権を取得したのを機に2008年4月に北京からロンドンに来て、この学校に入った。北京の高校の多くの友人は世界中に留学していた。両親は大卒で、母親は中国の工場のロンドン支社で、父親は中国で公務員として働いていた。彼女は11歳から中国で英語を学んでいたが、最初イギリスに来てから4ヵ月間1週間に1回、昼休みや放課後に追加言語としての英語（EAL）教師による取り出しサポートレッスンを1人で受けた。他に英語に問題がある生徒としてポーランド人、フランス人やスペイン人もいたが、英語のレベルが違うので、個別にレッスンを受けた。その教師が学校を辞めた後は、特別なサポートは受けていなかった。北京の高校は優秀な生徒が集まる学校で、1クラスの生徒数が北京では50人だが、ロンドンの学校は20人であること以外、彼女は教育内容にそれ程違いは感じなかった。

　1年後の2009年のインタビュー時には、この1年間で英語や学校にもかなり慣れ、英語の授業についていくことができるようになったが、英語を話す力も書く力もまだ不十分であると言った。英語の中等教育修了一般試験に落ちたため、難関大学に入ることができず落胆していた。英語力不足が克服できず、勉強で思うような成績があげられないので落ち込み、イギリスでの生

活を楽しんでいるとは言えないが、現在の自分が不幸せであるとは思っていないと語った。

　オランダとイギリスの中国系新移民の子どもの抱える問題を比較した場合、オランダ語や英語能力不足が克服できないことによって自分の望む道が掴めないことが最大の問題である点が共通していた。さらに、両国の中国系コミュニティが、飲食業に集中し全国に散住するという同じ特徴を有し、新移民流入後もこの特徴を保持したことによって、特定の学校に中国系新移民の子どもが集中することがなく学校では目立たない存在であるので、個々の事例として問題は把握できるが、学校において中国系という集団として問題が顕在化しておらず、中国系の子どもに対する特別な取り組みもされていないことも共通していた。

(2) 3国の比較

　3国の中国系新移民の子どもが抱える問題と教育のあり方を比較すると、オランダとイギリスの場合、主流社会の言語能力不足が共通の問題であったが、学校では中国系として特に問題が顕在化することなく特別な取り組みもされていなかった。また上記で取り上げたオランダとイギリスにおける中国系新移民の子どもの4事例は、親が不法滞在ではなかったので、それによる社会経済的不安定さが子どもの教育に影響を及ぼしてはいなかった。フランスの場合は温州系の子どもの欠席や退学問題が学校で顕在化していたが、それはオランダやイギリスよりも数の上で圧倒的に多い温州出身者が不法移民として集住し、集住地区の特定の学校にその子どもが集まり、親の不法滞在による社会経済的不安定さや家族の移住形態が子どもの教育に悪影響を及ぼしていたからであった。そして、それを解決するために、本章第2節と第3節で検討したように温州系の子どもの文化的特質に配慮した教育が2000年代において実践されていた。

　以上から、言説レベルでは文化的異質性を排除してきたフランスの学校において問題が顕在化したゆえに中国系移民の文化的特質に配慮していた教育が行われ、多文化主義に基づいてきたイギリスとオランダの学校では問題が

顕在化していないので特別の取り組みはされていなかった。現在EU各国における移民統合に関する言説はシティズンシップを基調とする共和主義的な社会統合に収斂しているといえるが、文化的特殊性に配慮した教育実践の違いを生み出す要因としては「問題の顕在化」の方が、移民の社会統合に関わる言説や政策よりも強く作用していたことが結論として指摘できる。

注

1 入門学級(CLIN)は、1970年1月13日付の通達により誕生する。しかし実際には、通達以前に、1965年よりパリを中心に先導的な試みが開始されていた。すなわち、教師が複数の学級を掛け持ちで補習授業を行う形で統合補習学級と呼ばれていたものが、その通達以降、正式に外国人の特設学級として設置された。入門学級は基本的に1学級15人まで、対象年齢は7〜13歳としている。受け入れ可能年限は原則として1年である。第2言語としてのフランス語の習得が目的であり、子どものフランス語能力及び学校文化への適応状況に応じて、随時、原学級に受け入れられることになっている。一般的には、音楽・美術・体育などの教科から原学級での授業を受け始め、徐々に他の教科に拡大していく方法がとられている［園山 2013a］。

2 受入学級(CLA)は12〜16歳を対象としている。1973年に設置され、ほとんどが中学校に設置されている。16歳以上の義務教育後の生徒に対して受入学級が設置されているのは、普通・技術高校の約5％、職業高校の10％未満に過ぎない［園山 2013a］。パリ大学区には、中等教育段階の場合、以下の7種類の学級がある。［CASNAV de Paris 2009］。

①フランス語集中学級：FLEI (Classe de Français Intensif)

　フランス語集中学級は、3ヵ月間、週に18時間1人の教師がフランス語を集中的に教えるクラスである。コミュニケーション能力を伸ばすことを重視するクラスで、担当教師はそれぞれが教材を工夫して教えている。来仏するまでフランス語を全く学んだことのない中国系生徒はまずこの学級に入る。この学級はパリ大学区にしかなかったが、2012年10月に廃止された。

②中学校受入学級：CLA-CLGE (Classe d'Accueil Collège)

　授業を受けることのできるレベルのフランス語を身につけさせることを目的としたクラスで、FLEIを終了した生徒や少しフランス語がわかる子どもが入ってくる。普通学級へも登録して、両方を行ったり来たりする。受入学級と普通学級を受講する割合は、生徒によって異なっている。文学的なフランス語も教える。中学1年と2年にだけ受入学級がある学校もあれば、1、2年と3、4年の2つに分けて受入学級を設置している学校もある。

③普通高校受入学級：CLA-LGT (Classe d'Accueil Lycée General et Technique)
　数学が中学3年までのレベルがある生徒のための受入学級であり、37時間半フランス語を学び、普通学級にも出席する。
④職業高校受入学級：CLA-LP (Classe d'Accueil Lycée Professional)
　職業高校の受入学級で、2年間のコースで普通学級には出席しない閉じたクラスである。
⑤教育無経験者向け受入学級：CLA-ENSA (Classe d'Accueil pour Élèves Non-Scolarisés Antérieurement)
　来仏前に、内戦や学校が遠い等の何らかの理由で学校教育が受けられなかった生徒のために、アルファベットや基本的なことを教えるクラスである。フランス語能力が他のフランス人の日常レベルまで達するようになることを目的にしている。成績によって普通高校や職業高校の普通学級に入ったりすることもある。企業で研修を受けることが義務付けられている。
⑥フランス語記述重点学級：FLER (Classe de Français Langue Écrite Renforcé)
　フランス語の会話はできるが、読み書きができない生徒のためのクラスである。職業高校受入学級(CLA-LP)に入るのが難しい生徒が入るクラスであり、このクラスを出てCLA-LPに入ることはない。1年間で読解能力を会話力と同じレベルにまですることを目的としている。来仏前にフランス語を話していた旧仏領のマグレブ系やアフリカ系生徒がこのクラスに入ることが多い。実験的につくられたもので、パリ大学区にしかないクラスである。
⑦フランス語補習教室
　フランス語に問題のある生徒を集めたフランス語の補習教室である。クラスとはいえず、放課後や休日に、フランス語に問題のある生徒を集めて開かれる。なぜフランス語が上達しないのか等を考えさせたりする。
　その他に、企業と提携して、落ちこぼれた生徒を再教育して就労できるように導く試み(Mission General Insertion)も実施されている。どの学級に入るかは、ニューカマーの子どもの学習能力をCASNAVで評価して決める。評価基準は第1にフランス語能力(読み書きの能力と聞く話す能力をそれぞれ測る)、第2に数学の能力である。フランス語能力はヨーロッパで統一して定められている評価基準CECR (Cadre Européan Commun de Réference par l'Apprentissage des Langues)を用いる。また数学の能力はフランスの教育課程のどの学年に編入するかを判断する決め手となるもので、様々な言語によってテストを受けることができる。例えば、12歳で来仏したら中学2年であるが、数学の能力があれば中学3年として受入学級に入り、中学3年の普通学級に編入する。しかしアルジェリア出身者の場合に多いが、フランス語ができても数学ができないと、中学1年として受入学級に入り、中学1年の普通学級に編入する。第3に、まれに理科の

試験も実施する。
3 CASNAV は Centre Académique pour la Scolarisation des Nouveux Arrivants et des Enfants du Voyageの略。「移動生活者」とは主にサーカス団などの旅芸人やロマ人を指す。
4 CEFIZEMはCentre de Formation et Information sur des Élèves Migrantsの略。
5 A小学校の中国語教育については、第Ⅲ章第1節2（158-159頁）を参照されたい。
6 1981年、パリに6つのZEP地区が設置され、小学校110校、中学校21校、高校8校の計4万人の生徒が対象となった。1990年にはパリのZEP地区は14になり、小学校172校と中学校21校の4万8000人の生徒が対象となった。1997年には「教育優先ネットワーク（Réseaux d'Education Prioritaire：REP）」を形成することによるZEP地区の改革が目指され、パリには20のREPが作られ、小学校212校と中学校31校の5万8000人の生徒が対象とされた。2006年からはREPが廃止され、「成功願望ネットワーク（Réseaux d'Ambition Réussite：RAR）」と「学業成功ネットワーク（Réseaux de Réussite Scolaire：RRS）」に代わった。RARの方がより困難が多い地区で、パリにはRARが4地区とRRSが18地区ある［Académie de Paris 2009］。
7 13区の教育コーディネーターによると、パリ13区はパリ左岸で唯一のRRSに入っているので、教師の移動があまりなく、この地区に愛着のある教師が多いとのことであった。
8 フランス語「Papoter（くちゃくちゃしゃべる）」から名付けられた。親たちによる「おしゃべり会」。子どものパポテックもある。
9 ISMはInter-Service Migrantsの略で、1970年に設立されたフランス語通訳を派遣するためのアソシエーションである。100言語に365日24時間対応する。（ISM HP：http://www.ism-interpretariat.com, 2013年4月5日最終閲覧）
10 RASEDはRéseaux d'Aide Scolaire aux Enfants Difficultésの略。
11 フランス語集中学級については、本章の注2①を参照されたい。
12 D中学校の受入学級担当教師は、2013年にパリの受入学級担当教師ネットワークを利用して、温州系の子どもを受け持っている受入学級担当教師を探してくれたが、誰もいなかった。ここから、2013年にはパリの受入学級には温州系の子どもはほとんど在籍していないといえる。
13 入門学級と受入学級は、学級レベルではなく教育単位として扱う「フランス語を習得していないニューカマー児童のための教育単位：UPE2A（Unité Pédagogique pour Élèves Allophones Arrivants）」として2012年に統合された。
14 2000年代後半には、言語文化サポート協会の運営する巴里同済学校には約80人の温州系の子どもが在籍していた。
15 生徒指導主任専門員（Conseiller Principal d'Éducation：CPE）とは、フランスの

中等教育機関に通常各校1人ずつ配置されている生徒指導担当の専門職員である。生徒指導主任専門員はすべての高校とほとんどの中学校に配置されていて、欠席や遅刻の管理、喧嘩や暴力の予防や仲裁、校則を守らせる等、生徒の生活を管理する役割を果たし、生徒とよりインフォーマルな関係を築いており、生徒のことをよく知っている［アッシュ 2007: 90］。それゆえ、筆者は生徒指導主任専門員から中国系生徒の抱える問題について授業担当教師とは異なった視点からの意見が聞けた。

16 本章の注9を参照されたい。
17 フランスにおいて市民性教育は100年を越える公民教育の歴史の一部である。フランスでは公民教育（Instruction Civique）は他のヨーロッパ諸国よりも早く、1世紀も前から公教育制度の導入とともに実施されており、世俗性（Laïcité）の概念とともに共和制を確立する上で重要な役割を果たしてきた。その後、教育理念の刷新によって「公民教育（Éducation Civique）」、「市民性教育（Éducation à la Citoyenneté）」と名称を変えても、共和国にとってその重要性は変わらない［鈴木 2013: 103］。
18 昼食は学校で食べる子どももいれば、帰宅して食べる子どももいる。中国系の場合は帰宅して食べる子どもが多い。
19 フランスにおける学校系統図は、巻末の参考資料2を参照されたい。
20 両親と共に11歳で浙江省温州から中学校の受入学級に入った20歳大学生に筆者はインタビューする機会があった。彼は、最初フランスに来た時はフランス語ができなかったが、フランス語を学びだしたらフランス語が自分の中に入ってきて、学校での成績も良かったと述べた。成功者の事例である。両親は中国料理惣菜店を経営していた。
21 代母を「パレナージ・マレー・リパブリカン（Parrainage Marraine Republican）」、代父を「パレナージ・パレー・リパブリカン（Parrainage Parrain Republican）」という。「共和国（フランス）の親」という意味で、不法滞在者を助ける人を示す。
22 G高校の中国語教育については、第Ⅲ章第1節2（159-160頁）を参照されたい。
23 筆者が2011年9月にインタビューをした国際学級担当教師によると、中国系の子どもは一生懸命に勉強するが、オランダ語は一生懸命に勉強するだけでは上達せず、リラックスして、ミスを恐れずに話してみることが必要であるのに、中国系の子どもはそれが苦手である。
24 国際学級に在籍した3年間、他に中国系の子どもは北京出身の女子生徒が1人だけしかおらず、その子どもと友達になり北京語で会話をし、母語が広東語の彼女は、北京語の能力を上げることができた。
25 以前は「第2言語としての英語（English as a Second Language：ESL）」と呼ばれていた。「追加言語としての英語（English as an Additional Language：EAL）」に名

称変更されたのは、英語を第1言語としている生徒でも、英語の補助が必要な子どももいるという認識が高まったからである。
26 30年前に設立された国際学級についてほとんど文献がないのは、当時のオランダにおけるニューカマーへのオランダ語教育の関心の低さを示しているといえる。
27 彼女の第1言語は広東語であるが、北京語も話せる。

終　章

EUにおける中国系移民と
学校適応・不適応

筆者が長年関わってきたロンドンのW家3人の子どもとパートナーと母親。両親はテークアウェイ・ショップを経営し現在は引退。(向かって左から、母親・長男・長女・長女のイギリス人パートナー・次女のフランス人パートナー・次女：写真は長女提供)。

本書は、文化的背景を共有する中国系次世代が、EU内の異なった移住先でどのような教育を受け、どのように学校に適応し文化的アイデンティティを形成しているのかを、主に1980年代から2013年現在までの変化をたどり、イギリスとフランスとオランダの3国間で比較検討することを試みた。終章としてこれまでの章をまとめ、本書が取り組んだ2つの課題に対して、結論を示したい。第1の課題は、3国の正規の学校での中国系の子どもへの教育の比較検討である。第1節で、筆者によるフィールドワークから明らかになった3国の学校現場での中国系の子どもへの教育実践が、主流社会の移民教育政策や中国系コミュニティのあり方とどのような関連があったのかをまとめる。第2の課題は、3国における中国系第2世代の学校適応と新移民の子どもの学校不適応の実態とその要因の比較検討である。それについては第2節で、比較検討した結果を整理し、何によって学校適応と不適応が生み出されたのかを明らかにし、教育人類学への理論的貢献を示したい。

第1節　正規の学校での中国系移民への教育
　　　　　──3国の比較から

　中国系の子どもはイギリスとフランスとオランダ、3国の正規の学校でどのような教育を受けていたのであろうか。それは同じなのか異なるのか、異なるとしたらその違いを生み出したのは何であろうか。筆者はこの課題を解明するために、学校関係者や中国系アソシエーション職員へのインタビューや授業の参与観察を実施し、3国の学校現場での中国系の子どもに対してどのような教育がなされているのかを明らかにした。第Ⅲ章では第2世代への特に中国語教育に焦点を当てた文化的背景に関わる教育を、第Ⅵ章では新移民の子どもの学校不適応問題に対する学校の取り組みを取り上げて比較検討した。そして、そうした3国の学校における中国系の子どもへの教育が、第Ⅰ章で取り上げた3国の中国系コミュニティの歴史的展開や、第Ⅱ章において比較検討した3国の移民教育政策と、どのような関係性があるのかを明らかにした。

ここでは、まず、3国における移民教育政策の歴史的展開をまとめる。次に、第2世代への中国語教育と新移民の子どもへの学校の取り組みを3国の場合において比較検討した結果を整理し、移民教育政策や中国系コミュニティのあり方が、学校での中国系の子どもへの教育とどのような関係性があったのかについての結論を示す。

1. 3国の移民教育政策の歴史的展開

第Ⅱ章において3国の移民教育政策の歴史的展開について比較検討したが、イギリスの場合、1980年代において移民の子どもの文化的言語的特殊性を尊重する文化的多元主義に基づく政策が地方教育当局でとられたが、1980年代後半から新自由主義の影響を受けた競争原理が強まり個人の学業成績が重視されるようになった。2000年代になってブリティッシュネスや市民権という差異を超えた抽象的価値が強調されるようになり、市民性教育が導入されフランス的な共和主義に接近し、文化的多元主義が弱まる方向に転換している。

フランスの移民教育政策の歴史的展開は、共和国原理に基づくゆえに移民の子どもの文化的言語的特殊性への扱いに苦慮し、それへの配慮が弱まったが、特に1990年代以降は、共和国原理に反する市場原理導入に傾き個人の学業成績を重視する傾向が強まっている。

オランダのそれは、イギリスと共通点が多い。1980年代、移民の子どもの文化的・言語的特殊性を尊重する文化的多元主義に基づく政策がとられたが、その後1990年代から競争原理の導入によって個人の学力が重視されるようになり、文化的多元主義が弱まった。

異文化への対応をめぐる言説として、イギリスとオランダにおける多文化主義とフランス共和主義の対立は、安達[2011]の指摘するように、もとを辿れば市民革命にも遡る国家形成の伝統にも関連している。イギリスとオランダの異文化の共存に対する主流の言説は多文化主義で、フランスは共和主義であるという捉え方は、3国の移民教育政策の歴史的展開にみられる言説と

して、1980年代まではある程度当てはまる。しかし、その後の歴史的展開は、多文化主義対共和主義という対立があいまいになったといえる。

佐久間[2007]はイギリスの学校や地域における多文化的状況について論じる中で、移民の受け入れ政策をまず「アングロサクソン・モデル」と「共和国モデル」の2類型に分類している。そして、第3のタイプといえるのがオランダやスウェーデンの移民受け入れ策であり、これはエスニシティや宗教的な中間集団が積極的に是認され、かつコミュニティ間で相互に交流が図られ隔離化は少ないと説明している[佐久間 2007]。

筆者は、この佐久間のモデル化において、オランダを隔離化が少ないとして第3のタイプとしている点には同意できない。なぜならアムステルダムのような大都市では移民の集住地区がゲットー化し、マイノリティが多数派を占める「黒い学校」と主流の子どもが多数派を占める「白い学校」の分離が深刻化し、マイノリティの隔離化という点においてオランダはイギリスとそれ程違いはないと考えるからである。しかしながら、佐久間の「アングロサクソン・モデル」と「共和国モデル」の2類型は本書において3国の移民教育政策を比較する上での比較の枠組みを提供している。

エスニック・マイノリティを集団単位に受容する「アングロサクソン・モデル」に分類できるイギリスとオランダは、1980年代に多文化主義を採用した。しかし、特に1990年代以降は個人の学業成績重視の傾向が強まり、集団ではなく個人に焦点が移り、市民権のような抽象的価値が重視され、フランス的な「共和主義モデル」に近づいていると捉えられる。これに対して「共和主義モデル」に当てはまるフランスは、私的利益を優先させるアングロサクソン型自由主義を退けてきたが、近年市場原理を教育分野にも導入し学力重視の政策がとられ、イギリスやオランダに接近している。つまり、3国の移民教育政策の歴史的変遷は、類型化による差異が縮小し、近年、個人の学業成績に焦点を当てた「統合」を重視する方向に収斂しているといえる。歴史的に移民教育政策を個別に展開してきた3国の差異が縮小してきているのは、EUレベルの移民教育政策の影響力が強まったというよりも、むしろ3国それぞれが個別の状況に対処した結果として捉えた方が適切であった。

また、近年の諸外国の教育改革や学力政策をつかさどっている原則を、「新自由主義的なもの」と「社会民主主義的なもの」に大きく分けている鈴木勇・志水宏吉の分類［鈴木・志水 2012］に従って、3国の移民教育政策を捉えることもできる。「新自由主義的なもの」は競争原理や市場原理の導入によってパフォーマンスや「顧客」の満足度の向上をはかるものとして、「社会民主主義的なもの」は学校・家庭・地域のネットワークやコンセンサスによって、格差是正と教育の機会均等をめざすものとして捉えられている。鈴木・志水は、調査対象とした8ヵ国の学力政策を、当初この新自由主義と社会民主主義の2分法によって整理したいと考えていたというがそれ程単純ではなく、いずれの国の政策にも、両方の要素が混在してみられるという。そして、2000年代以降は、新自由主義の波が各国に押し寄せ、こちらの方が強くなっていると指摘している［鈴木・志水 2012: 235］。

イギリスは1970年代末に政権についた保守党のサッチャー首相が「サッチャリズム」と呼ばれる新自由主義的路線を教育分野でも推進しているのであり、新自由主義的政策の歴史は古い。対照的に、社会民主主義が強いフランスでは、特に近年の移民教育政策において新自由主義の影響が強まり、個人の学業成績を重視する政策が取られている。オランダの移民教育政策は、フランスのようには社会民主主義的な要素が強かったとはいえないが、特に2000年代以降、新自由主義の影響が強くなっている。

2. 学校教育現場における中国系移民への教育

本書では、筆者のフィールドワークに基づいて、3国の学校教育現場において中国系移民が実際にどのような教育を受けてきたのかを検討した。ここでは3国の正規の学校における中国系の子どもへの教育実践を、第1に第2世代への文化的背景に関連した教育として特に中国語教育について、第2に新移民の子ども流入への取り組みについて、3国の場合を比較検討した結果を整理する。そして、3国の移民教育政策や中国系コミュニティの特徴や変化が、学校現場での実際の中国系の子どもへの教育実践とどのような関連が

あったのかを示す。

(1) 正規の学校における中国語教育

　第Ⅲ章第1節では、イギリスとフランスの正規の学校において、中国系第2世代への文化的背景に関連した教育が実際にどのように行われているのかを、ロンドンとパリの正規の学校での筆者によるフィールドワークに基づいて中国語教育に焦点を当てて比較考察した。

　1980年代から1990年代にロンドンの正規の学校において、母語教育として広東語が教えられていたことがわかった。これを多文化主義の実践の1つとして捉えることはできるが、実施された学校は数校であった。また早くから正規の学校に母語教育を取り入れて、1980年代は多文化主義が隆盛であったオランダにおいては、第Ⅱ章第1節で検討したように中国系移民が「エスニック・マイノリティ」に含まれなかったことによって、正規の学校で中国系の子どもに対する母語教育は実施されたことはなく、また外国語としての中国語教育もほとんど実施されてこなかった。オランダの正規の学校における中国系の子どもへの教育は、多文化主義の影響を受けなかったといえる。

　他方で、イギリスとフランスの正規の学校においては、近年、簡体字とピンインを用いた北京語が、全生徒を対象とした外国語教育として導入され、クラス数が増加していた。イギリスとフランスの正規の学校における、中国の経済力上昇を鑑みての外国語教育としての北京語導入の加速という近年共通の現象は、中国系の子どもの文化的背景を尊重しようとするものではなく、全生徒を対象とするものであった。また、3国における中国語教育以外の中国系の子どもの文化的背景に関連した教育は、春節を祝う以外はほとんど行われていなかった。

　以上から、3国の正規の学校における中国系第2世代の文化的背景に関連した教育は、異文化の共存に対する言説や移民教育政策にはあまり影響を受けずに、それ程実施されておらず、違いがないことが明らかになった。

(2) 中国系新移民の抱える問題と学校の取り組み

　1990年代以降中国系新移民の流入が増加し、3国の正規の学校へもその子どもが流入したが、第Ⅵ章では新移民の子どもに対する学校での取り組みについて3国の場合を比較した。新移民の集住地区のあるフランスの場合、パリの集住地区に位置する学校の中には温州系の子どもが全校生徒の2、3割を占める学校もあった。筆者によるパリの集住地区の学校現場の調査に基づいて、第Ⅵ章第2節では初等教育段階において、第Ⅵ章第3節では中等教育段階において、温州系の子どもの抱える問題と、それを解決するための学校の取り組みを検討した。その結果、温州系の子どもに、勉学意欲喪失や欠席や退学問題が顕在化していることがわかり、その背後には、親が先に移住し子どもがその後で合流するという移住形態や不法移民である親の不安定な社会経済的地位が横たわっていることが明らかになった。そして、顕在化した問題を解決するために、文化的背景の差異に起因する諸問題を親同士で話し合う「パポテック」という中国系の親のための会が開かれたり、フランス語能力向上や問題がある子どもの援助のために学校が中国系アソシエーションと連携して、温州系の子どもによる問題を解決するための取り組みがされていた。このような学校と親と中国系アソシエーションの連携は、温州系の子どもの文化的特殊性に配慮したものであった。

　フランスは学校教育において子どもを国籍や出自によって区別することはないという、憲法に定める「単一不可分」の原則に基づき、言説レベルでは文化的特殊性を排除し、1980年代から移民の子どもの学校での問題を移民に特有のものではなく地域の問題として捉える教育優先地区政策が実施されてきた。筆者の調査対象となったパリの学校はすべて教育優先地区に入り、特別の財政援助を受けていた。この政策では移民の子どもの持つ異文化的背景を教育的に考慮する観点が欠けていることが指摘された［池田 2001］。しかし、実践レベルでは問題が顕在化した温州系の子どもの文化的差異に起因する問題を解決するために文化的特殊性に配慮した取り組みが実施されていて、移民教育政策の表出する言説レベルとのずれが明らかになった。

　他方、イギリスとオランダにおいては、中国系新移民の子どもも含めて中

国系の子どもが特に多く在籍する学校はなく、学校では中国系新移民の子どもの流入によって問題が顕在化することはなく、特別な取り組みもされていなかった。それは、オランダとイギリスの中国系コミュニティが1980年代以降の新移民流入後も飲食業に集中し散住するという特徴が変わらなかったことによって、特定の学校に新移民の子どもが集中することがなかったことと、不法移民の子どもの数が少なかったことが関係していた。親の法的地位や家族の移住形態、職業形態や居住形態によるエスニック・コミュニティの特徴によって生み出される「問題の顕在化」は、各国の移民統合に関わる言説や政策よりも学校での中国系新移民の子どもへの教育実践に違いをもたらしていたことが明らかになった。

　3国の移民教育政策は特に2000年代になって差異が縮小する一方、フランスの中国系コミュニティは不法移民が正規滞在許可証を取得し集住地区を離れる者が増え、さらに飲食業に従事する者が増えることによって競合しないように、近年は散住傾向がみられる。そして、2000年代後半以降の経済危機による財政難と温州出身者の流入の激減によって、2010年以降は中国系アソシエーションと学校との連携は減っている。つまり各国の移民統合に関わる言説や政策、そしてエスニック・コミュニティの特徴は、固定的なものではない。数年にわたるフィールドワークに基づいて導き出したここでの結論は、正規の学校における移民への教育について議論する場合、政策レベルの議論に留まることなく、実際に各エスニック・マイノリティに対してどのような教育が実践されているのかを明らかにすること、またその際にエスニック・コミュニティの時代の流れの中での変化に留意することの重要性を示したといえる。

第2節　中国系移民と学校適応・不適応

　本書では、3国の中国系第2世代に関しては、彼ら/彼女らにライフヒストリーを構成するインタビューを実施し、親の背景にある文化と、主流社会の文化の境界で生きる第2世代の文化的アイデンティティ形成過程を明らか

にした。それに基づいて論じた結果として、ここでは、第1に第2世代への文化的背景に関わる教育が文化的アイデンティティ形式に与えた影響、第2に学校適応と文化的アイデンティティ保持の関係性、第3に3国の第2世代の文化的アイデンティティ形成過程は何によって違いを生み出されているかについて整理する。

最後に、3国における中国系第2世代の学校適応と新移民の子どもの学校不適応の実態とその要因を比較検討した結果を整理し、何によって学校適応と不適応が生み出されたのかを明らかにし、教育人類学における学校適応・不適応をめぐる議論に対する本書の理論的貢献を示したい。

1. 中国系第2世代の文化的アイデンティティ形成と学校適応

第Ⅴ章では、親の背景にある文化と主流社会の文化の境界で生きる3国の第2世代の文化的アイデンティティ形成過程を、イギリスとフランスでは20代を中心に、オランダでは30代以上の中国系第2世代を対象として、教育の経験、進路選択の過程や親との軋轢についてのライフヒストリーを構成するインタビューに基づいて検討した。第Ⅴ章第1節では国ごとにその多様性について検討し比較したが、イギリスとオランダの場合に比べて、フランスの場合に中国人としてだけ位置づけている人、つまり部分的にでも自らを主流社会の文化に位置づけていない人の割合が多かった。そして、この違いを生み出す理由として、中国系コミュニティの特徴と家庭教育のあり方を指摘した。イギリスとオランダの場合、職業が飲食業に集中し全国に散住しているのに対して、フランスの場合、集住地区にある学校では半数以上が中国系の子どもで占められる学校もあり、第2世代の中国人という意識を強めることにつながっていたと考えられた。さらに、家庭教育のあり方もその要因として指摘した。フランスにおいて中国人として位置づけた10人中8人は、少なくとも片親が東南アジア(中国系)出身であるが、親は東南アジアで生まれ育っていても中国人としての意識を保持し、家庭では中国語を話し、来仏後も子どもに中国人としての意識を持って教育していた。また、中国系第2

世代の文化的背景に関連した教育が積極的に行われていないことが共通している正規の学校教育は、文化的アイデンティティ形成にほとんど影響を与えていなかったことがわかった。

　そして、本書では、文化的アイデンティティとは何であるのかを再考した。筆者が聞き取った中国系第2世代の文化的アイデンティティの形成は、親子関係、友人関係、パートナーとの関係、職場での人間関係という具体的な周囲の人々との日常的関係の中で、「中国人であること」や「イギリス人(フランス人・オランダ人)であること」の違いを意識したときに、自らをどちらかに位置づけることによるものであった。「イギリス人(フランス人・オランダ人)」と「中国人」を差異化するパターン化された語りは、個人が固有の日常的関係の中で両者を差異化するための解釈として生成され、どちらかに自らを位置づけることによって文化的アイデンティティは形成されていた。換言すれば、パターン化された語りは、親や友人や職場の上司等具体的な関係性に依存して生成され、そこで創造/想像されている共同性に自らを位置づけることが文化的アイデンティティであるといえる。

　さらに、第Ⅴ章第2節では、3国の中国系第2世代の文化的アイデンティティ形成に関わる6つの要因を取り上げて検討する中で、学校適応と文化的アイデンティティ保持の関係性を再考した。6つの要因の内、特に親との関係が学校適応と関連していた。第2世代は親への感謝や情愛、そして反発という諸々の感情を通して、自らが中国人であることを意識し、親への感情が学校教育を手段として成功を掴もうとする民俗理論を支えているという意味において、中国人としての文化的アイデンティティの保持が学校適応につながっていることが、3国において共通していたことを論じた。

　また、中国系コミュニティの特徴が特に友人関係のあり方に影響を与えることによって、3国の文化的アイデンティティ形成過程に違いを生み出していることが明らかになった。イギリスとオランダの中国系コミュニティに共通する、飲食業に集中し散住しているという特徴が、両国の第2世代の幼少期からの家庭での経験を似たものにし、中国系第2世代の友人との出会いのあり方に共通性をもたらしていた。それは親の職業が多様で集住地区のある

フランスの場合とは異なっていた。中国系コミュニティの特徴は、特に友人関係という固有の日常的関係に依存する共同性の創造/想像のされ方に同一性や相違性を与えることによって、文化的アイデンティティ形成過程に影響を与えていることを論じた。これは、3国の中国系第2世代の文化的アイデンティティ形成過程を、中国系コミュニティの歴史的変遷を踏まえて比較検討したゆえにみえてきたことであった。

　母語教育や多文化教育というマイノリティの文化的背景に関連する教育は、当事者の文化的アイデンティティを強化するものとして捉えられることが多い。しかし、本書では、文化的アイデンティティとは何かを根本から問い直し、固有の日常的関係に依存して創造/想像のされた共同性への位置取りとして文化的アイデンティティが捉えられることを明らかにし、それが学校現場での文化的背景に関連する教育よりもエスニック・コミュニティの特徴に影響され、個人の人生において変化する複雑性を帯びているものであることを、3国の90人近くにも及ぶ第2世代へのインタビューに基づいて明らかにした。母語教育や多文化教育という文化的背景に関連する教育を、文化的アイデンティティとは何かを問うことはなく、安易にそれに結びつけて論じることはできないことを示した。

2. 第2世代の学校適応と新移民の子どもの学校不適応

　3国の中国系第2世代は、比較的成績の良い子どもが多く、留年者や退学者が極めて少なく高学歴者が多い。本書ではこれを「学校適応」とし、第Ⅳ章において、3国の中国系第2世代を対象としてライフヒストリーを構成するインタビューを実施し、そこに第1世代と第2世代の日常生活において形成された学校教育を成功の手段として重視する「成功の民俗理論」［Ogbu 1991］を読み取り、その共通性を通して第2世代の学校適応を説明した。序論で検討したように、このオグブの理論をめぐっては、個別事例に基づきながら様々な議論が交わされてきたが、教育人類学の分野においてマイノリティの学校適応・不適応を説明する理論として現在においてもこれを超えるものはなく、

本書もこれに依拠した。

　成功の民俗理論に基づいた学校適応・不適応の説明は、日常生活に焦点を当てている点に特徴がある。主流社会においてマイノリティ集団が置かれた状況が、何を成功として何を手段としてそれを求めるのかという個人の考え方に共通性を与える日常をもたらす。それゆえに、個人が日常生活の中で形成する成功の手段としての学校教育の捉え方を読み取ることを通して学校適応・不適応を説明できる。これは、主に中国系アメリカ人の学校適応を中国系というアプリオリに備わっている文化的背景にある儒教的価値によって説明してきた従来の研究アプローチとは異なっていた。

　本書の3国の事例の場合、第1世代の社会経済的地位が低く、子どもには学校教育を受けることによってそこから抜け出すことを望み、中国系コミュニティ内では子どもの成績が面子に関わるものとなっていたこと、そして第2世代は親と同じ職業には就きたくないと思い、主流社会で自分の望む職業に就く手段として学校教育を重視していた、という成功の民俗理論を3国において共通に導き出すことによって学校適応を説明した。

　さらに本書では、第2世代が学校に適応しているのとは対照的に、特にパリの中国系新移民の集住地区に位置する学校において、温州系の子どもに欠席や退学問題が顕在化していることも研究対象とした。特にパリの学校現場での調査に焦点を当てて、学校関係者や中国系アソシエーション職員へのインタビューや授業観察を実施し、中国系新移民の子どもの抱える問題と学校の取り組みを明らかにした。その結果から、第2世代の学校適応と、新移民の子どもの学校不適応を分ける要因として以下の3点が明らかになった。

　第1の要因は、親の法的地位である。20代以上の中国系第2世代の場合、親は教育程度や社会経済的地位は低かったが合法移民であったし、フランスのインドシナ難民の場合は合法的に受け入れられた難民であった。これに対して、新移民の子どもの場合には親に不法移民が多く、社会経済的地位が不安定であったために、子どもは働かされたり、移住先で根を下ろして生きて行こうという意欲を培うことができず、欠席や退学問題を抱えることになった。

第2の要因は、新移民の子どもの移住形態である。親が後に移住する形態は、移住の過程で子どもが危険な目に遭うこともあり、斡旋業者が逮捕された現在はなくなったが、親が先に移住して数年後に子どもを呼び寄せる場合、親との距離感があることや、なぜ親の移住先にいなければならないのかが納得できず、祖父母のいる中国に帰りたいというような心理状態に陥り、勉学意欲喪失に繋がっていた。

　第3の要因は、主流社会の言語能力である。第2世代は幼稚園や小学校入学時から主流社会の学校で主流社会の言語を学んでいるので、たとえ家庭では中国語が話されていても主流社会の言語能力不足はほとんど問題とはならず、主流社会の言語が第1言語になっている。それに対して、新移民の子どもの場合は、途中から主流社会の学校に編入されるので、第2世代よりも言語の壁を乗り越えるのが難しく、言語の壁が学校適応の妨げになっていた。

　しかし、本書における第2世代の中には、10代前半まで故郷の香港や中国に送られて祖父母に育てられた経験がある者や10代前半で移住した者を含み、また新移民の子どもにはフランスで生まれ育った者も含んでいる。それゆえ、移住形態と主流社会の言語能力に関しては、第2世代と新移民の子どもを隔てる境界が不明瞭な点もある。本書では、親の移住時期を主な指標に第2世代と新移民の子どもを分けて論じたゆえに、こうした境界の不明瞭さが生じたが、これは本書の議論を妨げるものではない。換言すれば、子どもが移住先生まれか10代前半での移住かという違いよりも、親の移住時期を優先させて第2世代と新移民の子どもを分けた点に本書の特徴がある。

　本書がそうした分類を用いたのは、長年にわたるフィールドワークに基づき、また第2世代のライフヒストリーを構成するインタビューを実施したことによって、マイノリティの学校適応・不適応を検討するにあたって時間軸を考慮に入れることができ、それを重視したからである。第2世代のインタビュー対象者の最年長である60代女性(表3・事例25)の語ったライフヒストリーは、父親の移住した戦前にまで遡っている。そして、1980年代末までは中国系第2世代は学校に適応している良い生徒であったが、1990年代末から特にフランスで新移民の子どもの学校不適応問題が顕在化してきた。前

述したように、移住形態と主流社会の言語能力からみて、第2世代と新移民の子どもを隔てる境界を明瞭にできない面もある。第2世代にも主流社会の言語能力不足の問題を抱えた者もいるし、新移民の子どもの半数は学校に適応しているといわれているので過度な一般化は避けたい。しかし、本書では、特に1990年代からの新移民流入という変化が、それまでの中国系の子どもの学校適応に変化をもたらしたことに着目した。さらに、フランスでは2010年代になり新移民の親のほとんどが合法移民になり、子どももフランス生まれが多くなり、第2世代の状況に近づき、2013年現在、学校不適応問題がなくなったわけではないが減っている。本書は、このように個人のライフヒストリーと1980年代以降の中国系新移民の流入増加という時代の流れの中で学校適応・不適応をめぐる問題を捉え、その変化を検討した。

　さらに、近い将来、親が1990年代以降に移住した新移民の子どもの多くが移住先で生まれ育つようになったとしても、親が1980年代以前に移住した第2世代と同じような成功の民俗理論を形成し学校に適応するとは限らないことを指摘したい。なぜなら、成功の民俗理論を生み出す日常生活を取り巻く環境は、時代の移り変わりと共に様々な局面で急速に変化しているからである。現在学齢期の中国系の子どもには第3世代も多くなっているが、筆者が2012年9月にアムステルダムを訪れた時には、「フェイスブック殺人」と呼ばれる10代中頃の中国系第3世代間のフェイスブックの書き込みを発端とする殺人事件が明るみに出て話題になっていた。これは時代と世代の移り変わりを象徴的に示しているといえる。親子共、どの時代を生きるのかによって日常生活を通して生み出される成功の民俗理論は異なってくるのであり、新たな世代がたとえ移住先で生まれ育ったとしても、筆者がインタビューをした第2世代にみられた成功の民俗理論を形成し、学校に適応するとはいえない。世代を重ねることによって積み重なっていく家族やエスニック・コミュニティの歴史は、時代の移り変わりの中で、個人の人生に影響を与えていくのであり、学校適応・不適応問題も、そうした時間軸で捉える必要があった。そうした考えに基づき、本書は主に親の移住時期を指標に第2世代と新移民の子どもとを分け、時代の移り変わりの中で学校適応・不適応の変化を

明らかにした。

　では、3国における第2世代の学校適応と新移民の子どもの不適応は、文化モデルアプローチ[Gibson & Ogbu (eds.) 1991]で説明できるのであろうか。3国の第2世代の学校適応は、移民的マイノリティの文化モデルを構成する要素の1つである成功の民俗理論の共通性で説明できたが、新移民の子どもの学校不適応は、非自発的マイノリティの文化モデルで説明できない。オグブの説明では、非自発的マイノリティは、自らの意思に反して主流社会に組み込まれ、歴史的に差別を受け続け社会の中枢への参入を妨げられることによって、反抗的アイデンティティと主流社会の文化や教育への不信感に特徴づけられる文化モデルを形成する。いくら学校で成功しても、現在の周縁的な位置や下層労働からは逃れられないと考え学校不適応に陥る[Ogbu 1991]。しかし、中国系新移民は不法ではあっても、自ら進んでヨーロッパに移住しているのであり、自らの意思に反して主流社会に統合されたのではないので非自発的マイノリティとはいえない。

　新移民の子どもの学校不適応は、家族の移住形態や親の法的・社会経済的地位の不安定さという要因が、第2世代を学校適応に導いたような成功の民俗理論の形成を阻んでいたと捉えられる。親子が別々になる移住形態が親子関係を疎遠にしたために、心理的距離が生まれたことによって、子どもが親の価値観を受け入れることができなかった。さらに親が不法移民であることによる社会経済的地位の不安定さが、子どもを退学させて働かせたり、子どもに移住先で根を下ろして生きて行こうという意欲を培わせることができずに退学や欠席問題につながっていた。3国の中国系第2世代が成功の民俗理論を形成した基盤として、子どもが親の価値観を受け入れられるような親子関係が必要であることは第2世代の場合において指摘していたが、親の法的地位が合法であることと親子が共に移住する形態が重要であることは、中国系新移民の子どもの不適応問題の検討を通して明らかになった。

　不法移民の学校適応・不適応に関する研究は極めて少ないが[Gibson 1997: 434]、シュウ他は、ロサンゼルスでのメキシコ系、中国系やベトナム系の子どもの教育達成の調査から、親の法的地位の安定性が移民の子どもの社会的

上昇には必要不可欠であることを論じた[Zhou et al. 2008: 57]。メキシコ系の親は、人的・経済的資本が十分でないことに加え、不法移民であることによって、子どもは学校不適応を示しているが、ベトナム系の親は、人的・経済的資本が十分でないが、難民としての地位の安定性が子どもの学校適応につながる望ましい条件となっていることが指摘されている[Zhou et al. 2008]。本書では、シュウ他のように2つのマイノリティ集団の比較ではなく、同じ中国系でも第2世代の学校適応と不法移民が多い新移民の子どもの学校不適応を示すことによって、安定した法的地位と親子が共に移住する形態が、親子が共に学校教育を成功の手段とする民俗理論を共有するための基盤として重要であることを、時間軸を含めて示した点に独自性がある。従来の研究でも、1つのマイノリティ集団内において、学校適応・不適応をめぐる差異が生まれていることは指摘されてきたが、それは学校不適応が顕著な集団に同時期に一部の成功者が生まれるという状況であった[1][e.g. Crul & Vermeulen 2003]。本書のように、学校に適応している移民的マイノリティ集団内に、法的地位と移住形態が学校教育を成功の手段とする民俗理論の形成を妨げることによって、不適応者が生み出されることを時間軸を含めて示した研究は管見の限りではない。

　以上のように本書は、教育人類学において学校適応・不適応を説明する理論的基盤である文化モデルアプローチ[Gibson & Ogbu (eds.) 1991]に対して、3国の中国系第2世代の事例を通して成功の民俗理論の有効性を検証しただけではなく、同じ移民的マイノリティ集団内の不法移民の学校不適応について検討することによって、成功の民俗理論の基盤として安定した法的地位と親子が共に移住する形態が必要であることを明らかにした。これは、移民的マイノリティと非自発的マイノリティの文化モデルの特徴によって、学校適応・不適応を説明することの限界を示しただけでなく、民族的背景を共有する移民的マイノリティ集団内において差異が生み出される時間軸を含めたメカニズムを提示することを通して、類型化に留まることなくその有効性を発揮できる方法の1つを示したといえる。それによって、本書は少しでも教育人類学における学校適応・不適応をめぐる議論に対して理論的貢献ができた

のではないかと考える。こうした方向性は、マイノリティ集団内のサブグループを、マイノリティ集団の枠組みを超えて比較する可能性にもつながる。この課題を検証するために、2012年度からイギリス、フランス、ドイツ、オランダとベルギーにおけるムスリム第2世代と中国系第2世代との共同比較研究に着手し、2013年現在継続中である[2]。

　マイノリティを取り巻く状況として、前述したように、各国の移民教育政策よりも居住形態や職業形態が形づくるエスニック・コミュニティの特徴や変化が、学校現場での新移民の抱える不適応問題への取り組みや、中国系第2世代の文化的アイデンティティ形成過程に影響を与えていた。そして、1つのマイノリティ集団内に親の法的地位や家族の移住形態によって学校適応・不適応の差異が生み出されていることを時間軸を含めて明らかにした本書が導き出したマイノリティ側の認識とそれを取り巻く中国系コミュニティやマジョリティ社会のあり方が結びついて学校適応・不適応を生み出すメカニズムの一端は、EUという枠組みで移民教育のあり方を考えるにあたって何を示唆しているのであろうか。

　具体的な施策の提案をすることは筆者の射程を大きく超えるが、以下の点を指摘したい。まず、EU加盟国は、歴史的に移民教育政策を個別に展開してきたが、近年母語教育よりも主流社会の言語習得を重視する点では共通し、その差異は縮小している。本書で取り上げた3国の中国系移民の事例からは、主流社会の言語習得が学校適応・不適応を分ける要因の1つであり、それを重視する方向性は肯定できる。そして、今後の移民教育を考える上で、エスニック・コミュニティの生み出す教育資本及び親の法的地位や家族の移住形態に留意することの重要性を示唆している。3国の学校での中国系移民への教育をみる限り、EU加盟各国の移民教育政策が実際の学校教育現場に与える影響が小さくなっている現在、エスニック・コミュニティの生み出す教育資本及び親の法的地位や家族の移住形態に留意したEUレベルの移民教育政策を立案し、加盟各国の移民教育政策にその影響力を強めていくことができるのでないかという点を指摘したい。

　最後に、日本における外国にルーツをもつ子どもの研究に対して、示唆で

きることを述べたい。日本の今後のそれを考えるのに、EU各国のどの移民教育政策が適しているのかという視点から論じられることが多いが、本書で取り上げた3国の実際の学校現場での中国系移民への教育の現状からは、移民教育政策の違いがそれ程影響を与えていないことが明らかになった。その結果は、そうした視点からEUの事例を参照する意義がないことを示したといえる。以下3点、本書から示唆できる点をあげたい。第1は、永吉・中室が指摘するように、これまでの研究では単一の要因に関心が集中し、複数の要因間の関連を見落としがちであった点である［永吉・中室 2012: 71］。学校教育現場だけではなく、移民教育政策やエスニック・コミュニティの変化、民族教育のあり方や親の法的・社会経済的地位や家族の移住形態、さらには当事者の文化的アイデンティティ形成過程というマイノリティ側の認識を踏まえた包括的視点から学校適応・不適応をめぐる問題をトランスナショナルな枠組みで比較検討した本書は、複数の要因が絡まって次世代の学校適応・不適応を生み出すメカニズムの一端を時間軸も含めて明らかにすることによって、日本における外国にルーツをもつ子どもの研究に対して、こうした包括的視点を用いる有効性を示したといえる。

　第2に、日本における外国にルーツをもつ子どもに関する研究関心の多くは、本書の研究対象よりも世代深度の浅いニューカマーの日本語教育の問題に向けられてきた。本書は、今後そうした子どもが家庭をつくり次世代が生まれ世代を重ねる一方、さらに新しい移民も受け入れ、教育に関わる問題が時の経過と共に多層化していく1つの未来図を提示していると考える。移住先での歴史が長くなれば、1つのマイノリティ集団内にも学校適応・不適応に関わる差異が生じる可能性があり、今後日本においてもそうした多様性に対処していかなければならないことを示唆している。

　第3に、日本においては、外国にルーツをもつ子どもへの学校教育の取り組みに対しては、基本的には地方自治体が権限を持っている。今後この課題を検討していく際、本書がEU加盟国をトランスナショナルな視点から捉えたように、地方自治体の枠組みを超えて、文化的背景を共有する子どもを取り巻くエスニック・コミュニティの特徴や変化、親の法的地位や家族の移住

終章　EUにおける中国系移民と学校適応・不適応　331

形態に目を向けることが有効であるのではないかと考える。外国にルーツをもつ子どもをめぐる問題は学校だけでは解決できないが、これまで1地域のエスニック・コミュニティのあり方に目が向けられることはあっても、地方自治体の枠組みを超えて文化的背景を共有する複数のエスニック・コミュニティの特徴と変化を比較し、それを子どもの教育問題との関連で検討するようなアプローチは少なかった[3]。そうしたアプローチに、学校教育が直面するであろう諸問題解決の1つの糸口を提供する可能性があると考える。

　これまでほとんど研究対象とされず解明されてこなかったEUにおける中国系移民の教育問題に時間軸を含めた包括的視点からアプローチした本書が、複雑化する移民教育問題の一端を解き明かし、今後のあり方に何らかの示唆を与えることができればと考える。

注

1　オランダのトルコ系やモロッコ系第2世代においても、ひとくくりに学校不適応の問題を抱える集団として論じることのできない状況が生じている。ヨーロッパの移民第2世代の社会統合についての比較研究であるTIES調査を率いてきたM.クルール（Maurice Crul）は、2012年9月に筆者によるインタビューの中で、オランダのトルコ系やモロッコ系第2世代の多くはオランダ人に比べて成績が悪く、学校不適応問題が顕在化しているが、一部の良い学業成績を上げて社会的上昇を果たしている者もいると述べた。少数の成功者は、ほとんどが年上の兄弟や従兄の何らかの助けを受け、ホームワーククラブという学習援助団体に参加した経験を持っていた。そして、成功者はエスニック・コミュニティから離れることなく、恩返しのために自分も同じトルコ系の子どもの学習援助に関わっていた。

2　EUにおける学校適応・不適応に関する他の移民集団との比較研究は、文部科学省科学研究費補助金基盤研究（B）（海外学術調査）（課題番号 24402047）研究課題「EUにおける移民第2世代の学校適応・不適応に関する教育人類学的研究」（研究代表者：山本須美子、平成24年度～27年度）において継続中である。本研究の目的は、EU（特にイギリス・フランス・ドイツ・オランダ・ベルギー）における移民第2世代の学校適応・不適応の実態とその要因を、文化人類学的調査に基づいて多角的視点から比較考察し解明することである。従来の研究が対象としてきた学校不適応問題を抱えるイスラム移民第2世代だけではなく、成功モデルである中国系第2世代も対象とし、移民集団間だけではなく集団内部の学校適応・不適応の多様性を、集団を超えて比較することによって、何が学校適応と不適応

を分ける要因であるのかを解明し、移民の子どもの教育に関する教育人類学理論に新しい視座を提供することを目指している。

3 例えば、乾美紀[2007]は兵庫県姫路市の定住センターを出所したラオス難民の義務教育後の進路選択について、兵庫・広島・岡山で調査を実施し、非進学家庭の特色として、全家庭が集住地区の居住者であることを指摘している[乾2007: 87]。しかし、乾の研究では3地域におけるエスニック・コミュニティの特徴や変化が中心的に取り上げられているわけではないし、広島と岡山については各1事例が取り上げられているにすぎない。

おわりに

　本書は、2005年度から2013年度までの9年間にわたるイギリス、フランスとオランダにおける中国系次世代の学校適応・不適応をめぐるフィールドワークの結果をまとめたものである。筆者がイギリスの中国系移民の調査を始めたのは1989年である。20代を中心とする中国系第2世代の若者へのインタビュー調査に基づいて、彼らの教育の経験やライフヒストリーを辿りながら、親の背景にある文化と主流社会の文化との境界での文化的アイデンティティ形成過程について博士論文としてまとめた[山本 2002]。
　その後、中国系という文化的背景を共有しているが、EU内でも異文化に対する言説や移民政策がイギリスとは異なるフランスで生まれ育った第2世代は、移住先でどのような教育を受けて文化的アイデンティティを形成しているのであろうかという問いが浮かんだが、それを明らかにしてくれる先行研究はなかった。フランスでの調査を立案し、2005年度から2007年度まで文部科学省科学研究費補助金基盤研究(C)（課題番号17530622）「EUにおける中国系第2世代の学校適応に関する教育人類学的研究」（研究代表者：山本須美子）を受け調査を実施した。フランスの中国系第2世代は、インドシナ難民(中国系)を親にもつ人が主流で、少数の中国浙江省出身者を親を持つ人もいたが、香港新界出身者が主流であったイギリスの中国系移民とは出身地が異なり、また中国系移民の集住地区があったり、フランス人と中国人が共同で立ち上げるという形態の中国系アソシエーションがあったり、中国語補習校では北京語のみが教えられていたりと、イギリスの中国系移民の調査に長年携わってきた筆者には両国の中国系移民をめぐる様々な局面での違いが驚きであった。しかし同時にその違いは新鮮でもあり、トランスナショナルな視点を持つことによってこれまで見えなかったものが見えてくる面白さを感じた。名古屋大学文学部時代にフランス文学を専攻していたことは、フラン

ス語は錆ついてはいたものの調査の役に立った。

　フランスの中国系第2世代への調査は、イギリスの場合と同様に20代を中心とする若者へのライフヒストリーを構成するインタビューに焦点を当てた。フランスの中国系第1世代も子どもの教育に熱心で、第2世代はフランスの学校では比較的良い成績を上げている問題のない生徒であることはイギリスの場合と共通していた。しかし、パリの学校を何校も訪問する折に、「第2世代は良い生徒であるが、新しく中国から来た子どもには問題がある」という学校関係者からの声をよく耳にした。これまで第2世代に研究の焦点を置いてきたが、1990年代からヨーロッパの中国系コミュニティには新移民の流入が顕著であり、調査を始めた頃から中国系コミュニティは様々な局面でかなり変化していた。例えば、広東語しか耳にしなかったロンドンのチャイナタウンでは、北京語を耳にすることも多くなり、また広東語クラスしかなかった週末の中国語補習校では、北京語クラスも増加していた。そこで、研究対象を新移民の子どもをめぐる教育問題にシフトさせ、2008年度から2011年度まで文部科学省科学研究費補助金基盤研究(C)研究課題(課題番号20530785)研究課題「EUにおける中国系新移民の学校不適応に関する教育人類学的研究」(研究代表者：山本須美子)を受け、イギリスとフランスの次にEUで中国系人口の多いオランダを加えた比較研究を実施した。

　イギリスとフランスの中国系移民の出身地は異なっていたが、オランダの中国系移民はイギリスともフランスとも出身地を同じくする者を含み、飲食業に集中し全国に散住するという中国系コミュニティの特徴はイギリスと似ていた。また、EU内でもイギリスとオランダは多文化主義が主流の言説を構成しているのに対して、フランスは共和国モデルに基づいているといわれている。オランダの中国系移民を比較の対象に加えることによって、EU内でも異なった言説や政策と同種のそれが中国系移民への教育実践にどのような影響を与えているのかという比較を可能にした。また、オランダにおいて第2世代のライフヒストリーをめぐるインタビューを始めた当初、エスニック・コミュニティの特徴の似ているイギリスで聞き取った文化的アイデンティティ形成過程と共通点が多いことに気づいた。3国の比較の結果として、

移民教育政策やそれが基づく言説よりも中国系コミュニティの特徴が第2世代の文化的アイデンティティ形成過程や新移民の子どもへの教育実践に大きな影響を与えていることが明らかになり、トランスナショナルな視点から中国系コミュニティを捉えることの意義を実感した。また、中国系第2世代の学校適応に対して、同じ中国系でも新移民の子どもの学校不適応を比較検討するという研究はこれまでになく、マイノリティの学校適応・不適応をめぐる教育人類学的研究として価値があると確信した。

　以上のような経緯で、筆者は23年前にイギリスの中国系第2世代を対象に研究を始め、その後フランスの中国系第2世代、そしてイギリス、フランスとオランダの中国系新移民へと研究対象をシフトさせてきた。本書は2005年度から2013年度までのフィールドワークの結果を中心にまとめたものであるが、それ以前に実施したイギリスの中国系第2世代に対する調査結果にも言及した。イギリスにおけるインフォーマントの中には調査当初から関わっている方も何人かいて、生涯の友となっている。そして、3国における第2世代へのインタビューでは、筆者が年を重ねるに従って一人ひとりのライフヒストリーへの共感が深くなり、自分の人生との重なりを感じながら聞き取った。こうした調査を支えてくださった多くの方々との数々の出会いは、筆者にとって何よりの財産である。

　また、本書は2005年度から2013年度までに発表してきた論文を基に新たにまとめ直したものであるが、調査の進行に合わせて、イギリスでの調査にフランスでの調査を重ねて比較し、その後イギリスとフランスの比較にオランダの調査を重ねて3国を比較検討している。EU加盟国の中で中国系人口の多い3国しか取り上げていない点は本書の限界であり、近年中国系新移民が多数流入しているイタリアやスペイン、さらにはEUの中心的存在であるドイツや東欧のハンガリーの中国系移民も対象とすることは今後の課題である。しかしながら、ヨーロッパの中国系移民に関する研究が少ない中、教育に焦点を当てた文化人類学的調査に基づいた「教育エスノグラフィ」としての本書が、マイノリティの学校適応・不適応をめぐる問題に対する理論的・実証的視野の拡大に何らかの貢献できれば幸いである。

なお、本書刊行にあたっては、日本学術振興会より平成25年度科学研究費(研究成果公開促進費)と平成25年度東洋大学井上円了記念研究助成金の交付を受けた。国際医療福祉大学の加藤尚子氏には、草稿を読んでもらい貴重なコメントをいただいた。夫の山本盤男には、草稿への細かい指摘と共に、ここに至るまでの研究を常に支えてもらった。本の編集経験のある娘の山本真悠子には、図表の作成や細い校正作業を手伝ってもらった。また、編集作業に携わってくださった東信堂の下田勝司氏には本書の出版に向けて大変お世話になった。ここに記して心より感謝の意を表したい。

　2013年9月

　　　　　　　　　　　　　　　　　　　　　　　　　　　　山本 須美子

引用参考文献

[外国語文献]

Académie de Paris, 2009, *Historique de l'Éducation Prioritaire à Paris.*

Amicale des Teochew en France, *Amicale des Teochew en France et Son Temple Bouddhiste* (Pamphlet).

Association Pierre Ducerf, 2007, *Rapport d'Activité 2007.*

─────, 2011, *Rapport d'Activité 2011.*

Archer, Louise & Becky Francis, 2007, *Understanding Minority Ethnic Achievement: Race, Gender, Class and 'Success',* Abingdon: Routledge.

Beck, Sean, 2007, 'Meeting on the Margins: Cantonese 〈Old-timers〉 and Fujianese 〈Newcomers〉, *Population, Space and Place* 13(2): 141-152.

Béja, Jean-Phillippe & Chunguang Wang, 1999, ' Migrations Chinoises, Un Village du Zhejiang à Paris ? ', *Hommes & Migrations* 1220: 61-72.

Benton, Gregor, 1998, 'Preface', In Benton, Gregor & Frank.N.Pieke(eds.), *The Chinese in Europe,* London: Macmillan Press, pp. ⅶ-ⅷ.

Benton, Gregor & Edmund Terence Gomez, 2008, *The Chinese in Britain, 1800-Present: Economy, Transnationalism, Identity,* New York: Palgrave Macmillan.

Benton, Gregor & Frank N. Pieke (eds.), 1998a, *The Chinese in Europe,* London: Macmillan Press.

Benton, Gregor & Frank N. Pieke, 1998b, 'The Chinese in the Netherlands', In Benton, Gregor & Frank. N. Pieke(eds.), *The Chinese in Europe,* London: Macmillan Press, pp.125-167.

Beraha, Richard, 2012a, *La Chine à Paris: Enquête au Cœur d'un Monde Méconnu,* Paris: Robert Laffont.

─────, 2012b, 'Sortir de l'Ombre', In Beraha, Richard(ed.), *La Chine à Paris: Enquête au Cœur d'un Monde Méconnu,* Paris: Robert Laffont, pp.53-167.

Bourdieu, Pierre, 1974, 'The School as a Conservative Force: Scholastic and Cultural Inequalities', In Eggleston, John (ed.), *Contemporary Research in the Sociology of Education,* London: Methuen, pp.32-46.

Callejo, María Bruquetas, 2012, *Mind the Gap!: Policies and Practices of Educational Reception in Rotterdam and Barcelona,* PhD Thesis, University of Amsterdam.

Caplan, Nathan S., John K. Whitmore, & Marcella H. Choy, 1989, *The Boat People and*

Achievement in America: A Study of Family Life, Hard Work, and Cultural Values, Michigan: The University of Michigan Press.

CASNAV de Paris, 2009, *Rapport d'Activité 2008-2009.*

―――――, 2012, *Bilan de l'Année 2011-2012,* Académie Paris.

Cattelain, Chloé(ed.), 2002, *Les Modalités d'Entrée des Ressortissants Chinois en France: Direction de la Population et des Migrations,* Ministère des Affaires Sociales, du Travail et de la Solidarité.

Chao, Ruth K., 1996, 'Chinese and European American Mothers' Beliefs about the Role of Parenting in Children's School Success', *Journal of Cross-Cultural Psychology* 27(4): 403-423.

Chann,V.Y.F., 1984, 'Paper to National Conference on Chinese Families in Britain', In *The Silent Minority,* The Report of the Fourth National Conference on the Chinese Community in Great Britain, Huddersfield: National Children's Centre.

The Chinese in Britain Forum & The Chinese Information and Advice Centre, 2001, *UK Chinese Community Service Directory.*

Christiansen, Flemming, 1998, 'Chinese Identity in Europe', In Benton, Gregor & Frank N. Pieke(eds.), *The Chinese in Europe,* London: Macmillan Press, pp.42-66.

―――――, 2003, *Chinatown, Europe: An Exploration of Overseas Chinese Identity in the 1990s,* London & New York: RoutledgeCurzon.

Craft, Maurice & Alan Craft, 1983, 'The Participation of Ethnic Minority Pupils in Further and Higher Education', *Educational Research* 25(1): 10-20.

Crul, Maurice & Hans Vermeulen, 2003, 'Immigration, Education, and the Turkish Second Generation in Five European Nations: A Comparative Study', In Parsons, Craiq A. & Timothy M. Smeceding (eds.), *Immigration and the Transformation of Europe,* Cambridge: Cambridge University Press, pp.235-250.

Crul, Maurice & Jens Schneider, 2009, 'Children of Turkish Immigrants in Germany and the Netherlands: The Impact of Differences in Vocational and Academic Tracking Systems', *Teachers College Record* 111(6): 1508-1527.

―――――, 2010, 'Comparative Integration Context Theory: Participation and Belonging in New Diverse European Cities', *Ethnic and Racial Studies* 33(7): 1249-1268.

Crul, Maurice, Jens Schneider & Frans Lelie (eds.), 2013, *The European Second Generation Compared: Does the Integration Context Matter?,* Amsterdam: Amsterdam University Press.

Department of Education and Science, UK Government, 1975, *A Language for Life, (the Bullock Report),* London: Her Majesty's Stationary Office.
―――, 1977, *Education in Schools: A Consultative Documents,* London: Her Majesty's Stationary Office.
―――, 1981, The Report of the Committee of Inquiry into the Education of Children from Ethnic Minority Groups, *West Indian Children in Our Schools,* London: Her Majesty's Stationary Office.
Department for Education and Skills, 2004, *National Curriculum Assessment, GCSE and Equivalent Attainment and Post-16 Attainment by Pupil Characteristics in England 2004,* Statistical First Release 08/2005.
Department for Education, UK Government, 2007, *New Arrivals Excellence Programme Guidance: Primary and Secondary National Strategies.*
Department of the Environment, UK Government, 1977, *A Policy for the Inner Cities,* London: Her Majesty's Stationary Office.
Dong, Liwen, 2013, 'De Wenzhou à Paris: Le Témoignage d'un Immigré Chinois', In Beraha, Richard(ed.), *La Chine à Paris: Enquête au Cœur d'un Monde Méconnu,* Paris: Robert Laffont, pp.17-51.
Driessen, Greet, 2000, 'The Limits of Educational Policy and Practice? The Case of Ethnic Minorities in the Netherlands', *Comparative Education* 36(1): 55-72.
Eldering, Lotty, 1989, 'Ethnic Minority Children in Dutch Schools: Underachievement and its Explanations', In Eldering, Lotty & Jo Kloproqqe (eds.), *Different Cultures Same School: Ethnic Minority Children in Europe,* Amsterdam: Swets & Zertlinger, pp.107-136.
―――, 1997, 'Ethnic Minority Students in the Netherlands from a Cultural-Ecological Perspective', *Anthropology & Education Quarterly* 28(3): 330-350.
Elizabeth Garrett Anderson School, 1993, *Spring Newsletter.*
Entzinger, Han, 1993, 'Changing Policy Approaches and Scenarios for the Future', In Entzinger, Han, Jaques Siegers, & Frits Tazelaar (eds.), *Immigrant Ethnic Minorities in the Dutch Labour Market: Analyses and Policies,* Amsterdam: Thesis Publishers Amsterdam, pp.149-165.
Erickson, Frederik & Gerald Mohatt, 1982, 'Cultural Organization of Participant Structures in Two Classrooms of Indian Students', In Spindler, George D. (ed.), *Doing the Ethnography of Schooling: Educational Anthropology in Action,* New York: Holt, Rinhart and Winston, pp.132-174.
Eurydice, 2004, *Integrating Immigrant Children into Schools in Europe,* Brussels: European Commission.

Gao, Yun(ed.), 2010, *Concealed Chains: Labour Exploitation and Chinese Migrants in Europe,* Geneva: International Labour Office.

Gao, Yun & Véronique Poisson, 2005, *Le Trafic et l'Exploitation des Immigrants Chinois en France,* Genève: Bureau International du Travail.

Gibson, Margaret A., 1988, *Accommodation without Assimilation: Sikh Immigrants in an American High School,* Ithaca & London, Cornell University Press.

―――――, 1997, 'Conclusion: Complicating the Immigrant/ Involuntary Minority Typology', *Anthropology & Education Quarterly* 28(3): 431-454.

Gibson, Margaret A. & John U. Ogbu (eds.), 1991, *Minority Status and Schooling: A Comparative Study of Immigrant and Involuntary Minorities,* New York: Garland.

Giddens, Anthony, 1991, *Modernity and Self Identity: Self and Society in the Late Modern Age,* Stanford: Stanford University Press.

Gillborn, David, 1995, *Racism and Antiracism in Real Schools: Theory, Policy, Practice,* Buckingham: Open University Press.

―――――, 1997, 'Ethnicity and Educational Performance in the U.K.: Racism, Ethnicity, and Variability in Achievement', *Anthropology & Education Quarterly* 28(3): 375-393.

―――――, 2008, *Racism and Education: Coincidence or Conspiracy?* , Oxon & New York: Routledge.

Gillborn, David & Caroline Gipps, 1996, *Recent Research on the Achievement of Ethnic Minority Pupils,* London: Her Majesty's Stationary Office.

Great Britain Parliament, 1985a, House of Commons, Home Affair Committee, *Chinese Community in Britain,* Second Report HAC. Session 1984-5, London: Her Majesty's Stationary Office.

―――――, 1985b, House of Commons, *Education For All: The Report of the Committee of Inquiry into the Education of Children from Ethnic Minority Groups, (Swann Report)* , London: Her Majesty's Stationary Office.

Grillo, Ralph, 2010, 'British and Others: from ⟨Race⟩ to ⟨Face⟩', In Vertovec, Steven & Susanne Wessendorf (eds.), *The Muticulturalism Backlash: European Discourses, Policies and Practices,* Oxon & New York: Routledge, pp.50-71.

Gundara, Jagudish, 1986, 'Education for a Multicultural Society', In Gundara, Jagudish, Crispin Jones, & Keith Kimberley(eds.), *Racism, Diversity and Education,* London: Hodder & Stoughton, pp.4-27.

Hall, Stuart, 1989, 'Cultural Identity and Cinematic Representation', *Framework* 36: 68-81.

―――――, 1997, 'Old and New Identities, Old and New Ethnicities', In King,

Anthnoy D. (ed.), *Culture, Globalization and the World System: Contemporary Conditions for the Representation of Identity,* New York: Palgrave Macmillan: pp.41-68.
Haringey Chinese Centre, 2001, *Annual Report: 2000-2001.*
―――――, 2007, *Annual Report: 2006-2007.*
Heckmann, Friedrich & Dominique Schnapper (eds.), 2003, *The Integration of Immigrants in European Societies: National Differences and Trends of Convergence,* Stuttgart: Lucius & Lucius.
Heckmann, Friedrich, Herald W. Lederer, & Susanne Worbs, 2001, *Effectiveness of National Integration Strategies towards Second Generation Migrant Youth in a Comparative European Perspective,* Final Report to the European Commission, Bamberg, Germany.
Hedibel, Marysee Esterle, 2009, *Recherche Action Autour de la Lutte contre l'Absentéisme et le Décrochage Scolaire et pour le Renforcement de l'Assiduité des Élèves, Collèges, Lycées Généraux et Professionnels,* Paris: Académie Paris.
Herweijer, Lex, 2009, *Making Up the Gap: Migrant Education in the Netherlands,* The Hague: The Netherlands Institute for Social Research.
Ho, M., 1991, *Attitudes To Bilingualism and Mother Tongue Teaching in Chinese Language Schools,* MA Thesis, St.Mary's College.
Hong Kong Government Office (London), 1992, *Chinese Organizations in the United Kingdom* (Pamphlet).
Inner London Education Authority(ILEA), 1986, *Review of Language Education,* London: ILEA.
―――――, 1989, *1989 Language Census,* London: ILEA.
Institut National de la Statistique et des Études Économiques(Insee), 2008, *Rececsement de la Population 2008.*
―――――, 2009, *Rececsement de la Population 2009.*
Jones, Douglas, 1979, 'The Chinese in Britain: Origins and Development of a Community', *New Community* 7(3): 397-402.
―――――, 1980, 'Chinese Schools in Britain: A Minority's Response to its Own Needs', *Trends in Education*(Spring): 15-18.
Kim, Eun-Young, 1993, 'Career Choice among Second-Generation Korean-Americans: Reflections of a Cultural Model of Success', *Anthropology & Education Quarterly* 24(3): 224-248.
Kim, Kuo, 2009, *Migrants from the Wenzhou Region in the Netherlands: A Generational Perspective,* MA Thesis, International School for Humanities and Social Sciences,

University of Amsterdam.

Lam, Tom, Rosemary Sales, Alessio D'Angelo, Nicola Montagna, & Xia Lin, 2009, *The Changing Chinese Community in London: New Migration, New Needs,* Final Report, Middlesex University, Social Policy Research Centre.

Lee, Stacey J., 1994, 'Behind the Model-Minority Stereotype: Voices of High- and Low-Achieving Asian American Students', *Anthropology & Education Quarterly* 25(4): 413-429.

Li, Jun, 2004, 'Parental Expectations of Chinese Immigrants: A Folk Theory about Children's School Achievement', *Race Ethnicity and Education* 7(2): 167-183.

Li, Minghuan, 1999a, *We Need Two Worlds: Chinese Immigrant Associations in a Western Society,* Amsterdam: Amsterdam University Press.

―――――, 1999b, 'To Get Rich Quickly in Europe: Reflections on Migration Motivation in Wenzhou', In Pieke, Frank N. & Hein Mallee (eds.), *Internal and International Migration: Chinese Perspectives,* Richmond: Curzon Press, pp.181-198.

―――――, 1999c, *The Chinese in Europe,* Amsterdam: European Federation of Chinese Organizations.

―――――, 2004, 'A Changeable Social Status: Immigration between Legal and Illegal Approaches', In Guerassimoff, Eric(ed.), *Migrations Internationales, Mobilités et Développement,* Paris: L'Harmattan, pp.99-130.

Lijphart, Arend, 1968, *The Politics of Accommodation: Pluralism and Democracy in the Netherlands,* Berkley: University of California Press.

Live, Yu-Sion, 1998, 'The Chinese Community in France: Immigration, Economic Activity, Cultural Organization and Representations', In Benton, Gregor & Frank N. Pieke(eds.), *The Chinese in Europe,* London: Macmillan Press, pp.96-124.

London Kung Ho Association, 1990, *London Kung Ho Association Fund-Raising Campaign for the Chinese Education Trust & Purchase of School Property Special Journal.*

Luk, Wai-ki E., 2008, *Chinatown in Britain: Diffusions and Concentrations of the British New Wave Chinese Immigration,* New York: Cambria Press.

Man, Wan Loi, 2011, *The Man lineage in the Netherlands and Europe (1950-2010): A Migration Narrative,* MA Thesis, Leiden University.

Manson, David, 2003, 'Changing Patterns of Ethnic Disadvantage in Employment', in Manson, David (ed.), *Explaining Ethnic Differences: Changing Patterns of Disadvantage in Britain,* Bristol: The Policy Press, pp.69-86.

Marc, Paul, 2002, 'The Dongbei: The New Chinese Immigration in Paris', In Nyíri, Pál & Igor Saveliev(eds.), *Globalizing Chinese Migration: Trends in Europe and Asia,* Aldershot: Ashgate, pp. 120-126.

Médecins du Monde, 2013, *Rapport d'Enquête, Travailleuses du Sexe Chinoises à Paris: Face aux Violences.*

Ministère de l'Éducation Nationale, 2012, 'Les Élèves Nouveaux Arrivants Non Francophones en 2010-2011', *Note d' Information* 12-01: 1-6.

Ng, Kwee Choo, 1968, *The Chinese in London,* London: Oxford University Press.

Nyíri, Pál, 2007, *Chinese in Eastern Europe and Russia: A Middleman Minority in a Transnational Era,* London & New York: Routledge.

Office National d'Information sur les Enseignements et les Professions(ONISEP), 2006a, 2011a, *Après la 3e,* Académie de Paris, Ministère de l'Éducation Nationale, de la Jeunesse et de la Vie Associative, Ministère de l'Enseignement Supérieur et de la Recherche.

―――, 2006b, 2011b, *De la 6e à la 3e,* Académie de Paris, Toute l'Info sur les Métiers et les Formations, Ministère de l'Education Nationale, de la Jeunesse et la Vie Associative, Ministère de l'Enseignement Supérieur et de la Recherche.

Office for National Statistics, April 2001, *Census 2001, Population of the United Kingdom: by Ethnic Group.*

Office for National Statistics, March 2011, *Census 2011, Ethnic Group, Local Authorities in the United Kingdom*(Table KS201UK).

Ogbu, John U.,1991, 'Immigrant and Involuntary Minorities in Comparative Perspective', In Gibson, Margaret A. & John U. Ogbu (eds.), *Minority Status and Schooling: A Comparative Study of Immigrant and Involuntary Minorities,* New York: Garland, pp.3-33.

Ogbu, John U.& Herbert D.Simons, 1998, 'Voluntary and Involuntary Minorities: A Cultural-Ecological Theory of School Performance with Some Implications for Education', *Anthropology & Education Quarterly* 29(2): 155-188.

Or, Kai Yin, 2007, *Asian Parties: The Role of Ethnic Identities,* MA Thesis, International School for Humanities and Social Sciences, University of Amsterdam.

Owen, David, 1994, *Chinese People and 'Other' Minorities in Great Britain: Social and Economic Circumstances,* (National Ethnic Minority Data Archive, 1991 Census Statistical Paper No. 8), Centre for Research in Ethnic Relations, University of Warwick.

Pai, Hsiao-Hung, 2008, *Chinese Whispers: The True Story Behind Britain's Hidden Army of Labour,* Penguin.

Parker, David, 1994, 'Encounters across the Counter: Young Chinese People in Britain', *New Community* 20(4): 621-634.

―――――, 1995, *Through Different Eyes: The Cultural Identities of Young Chinese People in Britain,* Research in Ethnic Relations Series, Aldershot: Avebury.

Parker, David & Miri Song, 2006, 'New Ethnicities Online: Reflexive Racialisation and the Internet', *The Sociological Review* 54(3): 575-594.

―――――, 2007, 'Inclusion, Participation and the Emergence of British Chinese Websites', *Journal of Ethnic and Migration Studies* 33(7): 1043-1061.

Peng, Samuel S. & Deeann Wright, 1994, 'Explanation of Academic Achievement of Asian American Students', *The Journal of Educational Research* 87(6): 346-352.

Pharoah, Robin, Eona Bell, Zhang Hui, & Fan Yeung, 2009, *Migration, Integration, Cohesion: New Chinese Migrants to London,* The Chinese in Britain Forum.

Picquart, Pierre, 2003, 'Le Mouvement Associatif Chinois et Franco-Chinois en France', *Migrations Études* 111: 1-16.

Pieke, Frank N., 1988, 'The Social Position of the Dutch Chinese: An Outline', *China Information* III (2): 12-23.

―――――, 1991, 'Chinese Educational Achievement and 〈Folk Theory of Success〉', *Anthropology & Education Quarterly* 22(2): 162-180.

―――――, 1998, 'Introduction', In Benton, Gregor & Frank N. Pieke (eds.), *The Chinese in Europe,* London: Macmillan Press, pp.1-17.

Pieke, Frank N., Pál Nyíri, Mette Thunø, & Antonella Ceccagno, 2004, *Transnational Chinese: Fujianese Migrants in Europe,* Stanford: Stanford University Press.

Pieke, Frank N. & Biao Xiang, 2009, 'Legality and Labour: Chinese Migration, Neoliberalism and the State in the UK and China', *Geopolitics, History, and International Relations* 1: 11-45.

Poisson, Véronique, 1993, 'Ces Chinois de Wenzhou qui ne Jurent que par la France', *Hommes & Migrations* 1168: 38-42.

Prins, Baukje & Sawitri Saharso, 2010, 'From Toleration to Repression: The Dutch Backlash against Multiculturalism', In Vertovec, Steven & Susanne Wessendorf (eds.), *The Multiculturalism Backlash: European Discourses, Policies and Practices,* New York: Routledge, pp.72-91.

Portes, Alejandro & Min Zhou, 1993, 'The New Second Generation: Segmented Assimilation and its Variants', *The Annuals of the American Academy of Political and Social Science* 530: 74-96.

Rijkschroeff, Rally, Geert ten Dam, Jan Willem Duyvendak, Marjan de Gruijter, & Trees Pels, 2005, 'Educational Policies on Migrants and Minorities in the

Netherlands: Success or Failure? ', *Journal of Education Policy* 20(4): 417-435.

Schneider, Barbara & Yongsook Lee, 1990, 'A Model for Academic Success: The School and Home Environment of East Asian Students', *Anthropology & Education Quarterly* 21(4): 358-377.

Shewbridge, Claire, Moonhee Kim, Gregory Wurzburg, & Gaby Hostens, 2010, *OECD Reviews of Migrant Education: Netherlands 2010,* OECD Publishing.

Simon-Barouh, Ida, 1995, 'Le Stéréotype du Bon Élève <Asiatique>: Enfants de Cambodgiens, Chinois, <Hmong>, Japonais, <Lao>, Vietnamiens et Enfants Eurasiens au Collège et au Lycée de Rennes' , *Migrants-Formation* 101: 18-45.

Siu, Sau-Fong, 1994, 'Taking No Chances: A Profile of a Chinese-American Family's Support for School Success', *Equity and Choice* 10(2): 23-32.

Sue, Stanley & Sumie Okazaki, 1990, 'Asian-American Educational Achievements: A Phenomenon in Search of Explanation', *American Psychologist* 45(8): 913-920.

Taylor, Monica Jean, 1987, *Chinese Pupils in Britain: A Review of Research into the Education of Pupils of Chinese Origin,* Windsor: Nfer-Nelson.

Thunø, Mette, 1999, 'Moving Stones from China to Europe: The Dynamics of Emigration from Zhejiang to Europe', Pieke, Frank N. & Hein Mallee(eds.), *Internal and International Migration: Chinese Perspectives,* Richmond: Curzon Press, pp.159-180.

―――― (ed.), 2007, *Beyond Chinatown: New Chinese Migration and the Global Expansion of China,* Copenhagen: NIAS Press.

Tomlinson, Sally & Maurice Craft, 1995, 'Education for All in the 1990s', In Tomlinson, Sally & Maurice Craft (eds.), *Ethnic Relations and Schooling: Policy and Practice in the 1990s,* London: The Athlone Press, pp.1-11.

Tsow, Ming, 1984, *Mother-Tongue Maintenance: A Survey of Part-Time Chinese Language Classes,* London: Commission for Racial Equality.

Van Zanten, Agnès, 1997, 'Schooling Immigrants in France in the 1990s: Success or Failure of the Republican Model of Integration?', *Anthropology & Education Quarterly* 28(3): 351-374.

Wang, Canghai & Siu-lun Wong, 2007, 'Home as a Circular Process: The Indonesian-Chinese in Hong Kong', In Thunø, Mette (ed.), *Beyond Chinatown: New Chinese Migration and the Global Expansion of China,* Copenhagen: NIAS Press, pp.182-209.

Wang, Gungwu, 2007, 'Liuxue and Yimin: From Study to Migranthood', In Thunø, Mette(ed.), *Beyond Chinatown: New Chinese Migration and the Global Expansion of China,* Copenhagen: NIAS Press, pp.165-181.

Watson, James L., 1974, 'Restaurants and Remittance: Chinese Emigrant Workers in London', In Foster, George McClelland & Robert V. Kemper(eds.), *Anthropologist in Cities,* Boston: Little, Brown, pp.201-222.

———, 1975, *Emigration and the Chinese Lineage: The Mans in Hong Kong and London,* Berkeley: University of California Press.

———, 1977, 'Chinese Emigrant Ties to the Home Community,' *New Community* 5(4): 343-352.

Witte, Lilly, 2009, *I Feel Like a Banana, Yellow from the Outside, White from the Inside: Ethnic Identification of Second Generation Dutch Chinese People,* MA Thesis, Faculty of Social Sciences, Vrije University Amsterdam.

Wong, L.Yuen-Fan, 1988, *Education of Chinese Children in Britain: A Comparative Study with the United States of America,* PhD thesis, Institute of Education, University of London.

Wright, David, 1985, 'Teaching Chinese in a Comprehensive School', *Modern Languages* LXVI(2): 109-113.

Xia, Fengzhen & Shicheng Xia, 2012, 'L'Histoire de l'Émigration Vue du Zhejiang', In Beraha, Richard(ed.), *La Chine à Paris: Enquête au Cœur d'un Monde Méconnu,* Paris: Robert Laffont, pp.169-210.

Yamamoto, Sumiko, 2008, 'School Performance of Second Generation Chinese in the EU: A Comparison of the U.K. and France', *Hakusan Review of Anthropology* 11: 95-118.

Youth Service Development Council, Great Britain, 1967, *Immigrants and the Youth Service,* London: Her Majesty's Stationary Office.

Yuen, Tai Hong, 1997, 'L'Immigration Chinoise en France: Histoire et Caractéristiques', *Migrations Société* 9(No.54): 31-88.

Zhao, Yiheng, 1994, 'Introduction', In Lim, Jessie & Li Yan (eds.), *Another Province: New Chinese Writing from London,* London: Lambeth Chinese Community Association, pp. x-xiv.

Zhou, Min, 2005, 'Ethnicity as Social Capital: Community-Based Institutions and Embedded Networks of Social Relations', In Loury, Glenn G., Tariq Modood, & Steven M. Teles(eds.), *Ethnicity, Social Mobility, and Public Policy: Comparing the U.S. and U.K. ,* Cambridge: Cambridge University Press, pp.131-159.

———, 2009, 'How Neighborhoods Matter for Immigration Children: The Formation of Educational Resources in Chinatown, Koreantown and Pico Union, Los Angeles', *Journal of Ethnic and Migration Studies* 35(7): 1153-1179.

Zhou, Min, Jennifer Lee, Jody A. Vallejo, Rosaura Tafoya-Estrada, & Yang S.Xiong,

2008, 'Success Attained, Deterred, and Denied: Divergent Pathways to Social Mobility in Los Angeles's New Second Generation', *The Annuals of the American Academy of Political and Social Science* 620(1): 37-61.

[**日本語文献**]

青柳真智子 2004「イギリス―植民地の大宗主国として」、青柳真智子(編)『国勢調査の文化人類学―人種・民族分類の比較研究』、古今書院、15-34頁。

安達智史 2011「フランスとイギリスにおける社会統合の比較―伝統・政治・実践に着目して」『コロキウム』6: 152-170。

アッシュ、ロベール 2007「生徒指導主任専門員―中等教育における市民性教育の推進者」、武藤孝典・新井浅浩(編)『ヨーロッパの学校における市民的社会性教育の発展―フランス・ドイツ・イギリス』、東信堂、86-103頁。

天野正治・村田翼夫(編) 2001『多文化共生社会の教育』、玉川大学出版部。

池田賢市 1995「フランスにおける移民子弟教育の問題点」『フランス教育学会紀要』7: 5-16。

―――― 2000「フランス―異文化対応としての市民性への注目」、江原武一(編)『多文化教育の国際比較―エスニシティへの教育の対応』、玉川大学出版部、156-175頁。

―――― 2001『フランスの移民と学校教育』、明石書店。

―――― 2007「フランス―理想的市民像のもつ排他性」、嶺井明子(編)『世界のシティズンシップ教育―グローバル時代の国民/市民形成』、東信堂、159-170頁。

石川真作・新海英史 2012「EUにおける共通移民政策とEU市民権」、石川真作・渋谷努・山本須美子(編)『周縁から照射するEU社会―移民・マイノリティとシティズンシップの人類学』、世界思想社、22-41頁。

伊東俊彦 2006「フランスの公立学校における「スカーフ事件」について」『東京大学大学院人文社会系研究科・文学部哲学研究室応用倫理・哲学論集』3: 88-101。

稲葉奈々子 2003「「共和主義的統合」の終わりと「多文化主義」のはじまり―フランスの移民政策」、駒井洋(監修)『移民政策の国際比較』(講座：グローバル化する日本と移民問題 第Ⅰ期 第3巻)、明石書店、83-116頁。

乾美紀 2007「ラオス系難民子弟の義務教育後の進路に関する研究―「文化資本」からのアプローチ」『大阪大学大学院人間科学研究科紀要』33: 79-96。

植村清加 2000「固有の関係を辿る共同性―フランスのマグレブ系移民第2世代のスカーフをめぐって」『成城文芸』172: 124-151。

江原武一(編) 2000『多文化教育の国際比較―エスニシティへの教育の対応』、玉川大学出版部。

――――（編）2003『世界の公教育と宗教』、東信堂。
遠藤乾 2013『統合の終焉―EUの実像と論理』、岩波書店。
OECD（編）2007『移民の子どもと学力―社会的背景が学習にどんな影響を与えるのか』（斎藤里美・監訳）、明石書店。
大橋健一 2005「フランス―複合化する華人社会」、山下清海（編）『華人社会がわかる本』、明石書店、202-205頁。
小口功 1986「イギリスの有色人分散教育政策―Ealingのバス通学を中心に」『日本比較教育学会紀要』12: 41-48。
――――1990「多民族社会イギリスにおける1988年教育改革法の意義―人種差別の視点からの分析」『早稲田教育評論』4: 227-238。
――――1993「イギリスの多文化教育」『異文化間教育』7: 55-68。
――――1996「イギリスの多文化教育に対する逆風」、文部科学省科学研究費補助金総合研究(A)（課題番号06301036）研究課題「外国人子女教育に関する総合的比較研究」（研究代表者：江淵一公、平成6～7年度）、『平成6年度中間報告書』、44-49頁。
小山晶子 2010「移民系子女に対する教育政策のEUレベルにおける新たな展開に対する加盟国の期待についての一考察」『慶應法学』17: 19-44。
――――2012「移民系児童に対する教育政策の仏英比較－政治社会学的考察の意義」『国際教育』18: 45-53。
柿沼秀雄 1991「英国華僑と華僑教育」、西村俊夫（編）『現代中国と華僑教育－新世紀に向う東アジアの胎動』、多賀出版、294-312頁。
笠間千浪 1993「イスラム系女性移民のイミグリチュードの地平―イギリスの事例から」、梶田孝道（編）『ヨーロッパとイスラム―共存と相克のゆくえ』、有信堂高文社、111-130頁。
柄谷利恵子 2003「英国の移民政策と庇護政策の交錯」、駒井洋（監修）『移民政策の国際比較』（講座：グローバル化する日本と移民問題 第Ⅰ期 第3巻）、明石書店、180-218頁。
香山聡子 2001「二つに引き裂かれた文字／繁体字中国語と注音字母」MM NEWS 4: 24-26 。
川上幸恵 1998「ムスリム移民の統合と柱状化」『日蘭学会会誌』23(1): 107-125。
川野辺創 2001「イギリス―マイノリティの子どもをめぐる教育政策」、天野正治・村田翼夫（編著）『多文化共生社会の教育』、玉川大学出版部、217-229頁。
河野健一 2008「イスラム系移民増に揺れるオランダ―伝統のリベラリズムと多文化主義は守れるか」『長崎県立大学研究紀要』9: 79-90。
北山夕華 2013「イングランドの市民性教育」、近藤孝弘（編）『統合ヨーロッパの市民性教育』、名古屋大学出版会、80-102頁。

ギデンズ・アンソニー 2005『モダニティと自己アイデンティティ―後期近代における自己と社会』（秋吉美都・安藤太郎・筒井淳也訳）、ハーベスト社。
久保田治郎 1987「オランダにおける外国人移民（マイノリティ）対策の動向―オランダに学ぶ「国際化の影の側面」への対応」『自治研究』63(10): 81-100。
小坂井敏昌 2004「開かれた国家理念が秘める閉鎖機構―フランス同化主義をめぐって」、石井洋二郎・工藤庸子（編）『フランスとその「外部」』、東京大学出版会、107-126頁。
小林小百合 1997「「多文化社会オランダ」の異文化間教育」『異文化間教育』11: 110-124。
――――2004「多文化社会をつなぐことば・分けることば―オランダの学校言語教育から」『天理大学学報』56(1): 35-48。
――――2005「多文化社会の質的変化と寛容の変容―オランダの移民「母語」教育政策30年の変遷から見えてくるもの」、佐藤群衛・吉谷武志（編）『ひとをわけるもの・つなぐもの―異文化間教育からの挑戦』、ナカニシヤ出版、119-156頁。
呉呂南 2006「英国華人簡史」、游海龍（編）『英国華人総覧』、ロンドン：亜美企業有限公司、30-34頁。
近藤孝弘（編）2013『統合ヨーロッパの市民性教育』、名古屋大学出版会。
佐久間孝正 1998『変貌する多民族国家イギリス―「多文化」と「多分化」にゆれる教育』、明石書店。
――――2007『移民大国イギリスの実験－学校と地域にみる多文化の現実』、勁草書房。
佐藤実芳・小口功 2000「イギリス―多文化教育の理念と政策の変遷」、江原武一（編）『多文化教育の国際比較―エスニシティへの教育の対応』、玉川大学出版部、95-121頁。
庄司克宏・山下晶子 2000「EU地域における移民系子女の言語教育政策と文化の多様性―仏英比較研究」『青山国際ビジネス紀要』11: 19-38。
自治体国際化協会 1997『オランダにおける移民労働者等統合化政策』、自治体国際化協会。
志水宏吉・山本晃輔 2012「世界の学力政策のいま」、志水宏吉・鈴木勇（編）『学力政策の比較社会学（国際編）－PISAは各国に何をもたらしたか』、明石書店、9-27頁。
鈴木勇・志水宏吉 2012「各国の学力政策の理論的整理」、志水宏吉・鈴木勇（編）『学力政策の比較社会学（国際編）PISAは各国に何をもたらしたか』、明石書店、232-246頁。
鈴木規子 2007「教育優先地域（ZEP）における市民性教育」、武藤孝典・新井浅浩（編）

　　　　　『ヨーロッパの学校における市民的社会性教育の発展―フランス・ドイツ・イギリス』、東信堂、139-159頁。
――――――2013「フランス共和政と市民の教育」、近藤孝弘(編)『統合ヨーロッパの市民性教育』、名古屋大学出版会、178-194頁。
瀬川昌久 1993『客家―華南漢族のエスニシティーとその境界』、風響社。
園山大祐 1996「フランスの移民の子どもの教育と学業成績―S．ブロとD．ボイゾン・フラデにみる第2世代の学業成績への批判的考察」『フランス教育学会紀要』8：29-40。
――――――2002「フランスにおける移民の子どもの学業達成からみた学習権の保障」『大分大学教育福祉科学部研究紀要』24(2): 433-446。
――――――2005「ZEP政策の展開と教育の民主化―教育不平等論に対する教育学的アプローチ」『フランス教育学会紀要』17: 59-68。
――――――2009a「移民の子どもの教育と優先教育」、フランス教育学会(編)『フランス教育の伝統と革新』、大学教育出版、259-267頁。
――――――2009b「フランスの移民の学業達成から何を学ぶか」、園山大祐・ジャン=フランソワ・サブレ(編著)『日仏比較―変容する社会と教育』、明石書店、231-244頁。
――――――2013a「フランスにおける外国人の子どもの教育の現状と課題」『Mネット(移住労働者と連帯する全国ネットワーク情報誌)』158：8-9。
――――――2013b「フランスにおける移民教育の転換」、近藤孝弘(編)『統合ヨーロッパの市民性教育』、名古屋大学出版会、178-194頁。
樽本英樹 2009『よくわかる国際社会学』、ミネルヴァ書房。
中島久朱 2011「現代イギリスの多文化主義と社会統合―公教育における多様性の容認と平等の問題」、江原裕美(編)『国際移動と教育―東アジアと欧米諸国の国際移民をめぐる現状と課題』、明石書店、287-301頁。
中野裕二 2009「移民の統合の「共和国モデル」とその変容」、宮島喬(編)『移民の社会的統合と排除―問われるフランス的平等』、東京大学出版会、15-29頁。
永吉希久子・中室牧子 2012「移民の子どもの教育に関する一考察―なぜ日本に住む移民の子どもの教育達成は困難なのか」、大西仁・吉原直樹(監修)『移動の時代を生きる―人・権力・コミュニティ』、東信堂、43-90頁。
成宮千恵 1985「イギリスにおける少数民族集団と教育」、小林哲也・江淵一公(編)『多文化教育の比較研究―教育における文化的同化と多様化』、九州大学出版会、29-51頁。
原裕視 1995「異文化接触とアイデンティティ」『異文化間教育』9: 4-18。
藤井佐知子 2003「反市場主義の教育改革―フランス公教育の伝統と変容」『教育制度学研究』10: 36-50。

前平泰志 1985「フランスにおける移民労働者の子どもの学校教育」、小林哲也・江淵一公(編)『多文化教育の比較研究』、九州大学出版会、53-76頁。
松井清 1994『教育とマイノリティ―文化葛藤のなかのイギリスの学校』、弘文堂。
三浦信孝 2002『現代フランスを読む―共和国・多文化主義・クレオール』、大修館書店。
三橋利光 2011『国際社会学の実践―国家・移民・NGO・ソーシャルビジネス』、春風社。
見原礼子 2009『オランダとベルギーのイスラーム教育―公教育における宗教の多元性と対話』、明石書店。
嶺井明子(編) 2007『世界のシティズンシップ教育―グローバル時代の国民/市民形成』、東信堂。
宮島喬 1994「フランスにおけるインドシナ難民―その受入れと社会編入をめぐって」、加藤節・宮島喬(編)『難民』、東京大学出版会、81-111頁。
―――― 2006『移民社会フランスの危機』、岩波書店。
望田研吾 1996「イギリス労働党の多文化教育政策」、文部科学省科学研究費補助金総合研究(A) (課題番号06301036)研究課題「外国人子女教育に関する総合的比較研究」(研究代表者：江淵一公、平成6〜7年度)、『平成6年度中間報告書』、40-43頁。
山下清海・小木裕文・張貴民・杜国慶 2012「浙江省温州市近郊青田県の僑郷としての変容―日本老華僑の僑郷からヨーロッパ新華僑の僑郷へ」『地理空間』5(1): 1-26。
山本須美子 1992「カナダにおける中国系移民に関する一考察―トロントの香港系移民の子弟の教育について」『九州教育学会紀要』20: 79-86。
―――― 2002『文化境界とアイデンティティ―ロンドンの中国系第2世代』、九州大学出版会。
―――― 2005「イギリスにおける中国系移民のエスニシティ―第1世代・第2世代における人間関係構築の比較から」『東洋大学社会学部紀要』42(2): 81-99。
―――― 2006「中国系女性移民にみるジェンダーの再編―イギリスの事例から」『東洋大学社会学部紀要』43(2): 173-190。
―――― 2007a「EUにおける中国語補習校の役割と課題―イギリスとフランスの比較から」『(東洋大学)人間科学総合研究所紀要』7: 175-194。
―――― 2007b「EUにおける中国系第2世代のアイデンティティ―イギリスとフランスの比較から」『(東洋大学)アジア文化研究所研究年報』42: 43-60。
―――― 2007c「EUの正規の学校教育における異文化への対応」『東洋大学社会学部紀要』45(1): 89-108。
―――― 2008「ヨーロッパ華僑華人研究のフロンティア」『華僑華人研究』5: 242-

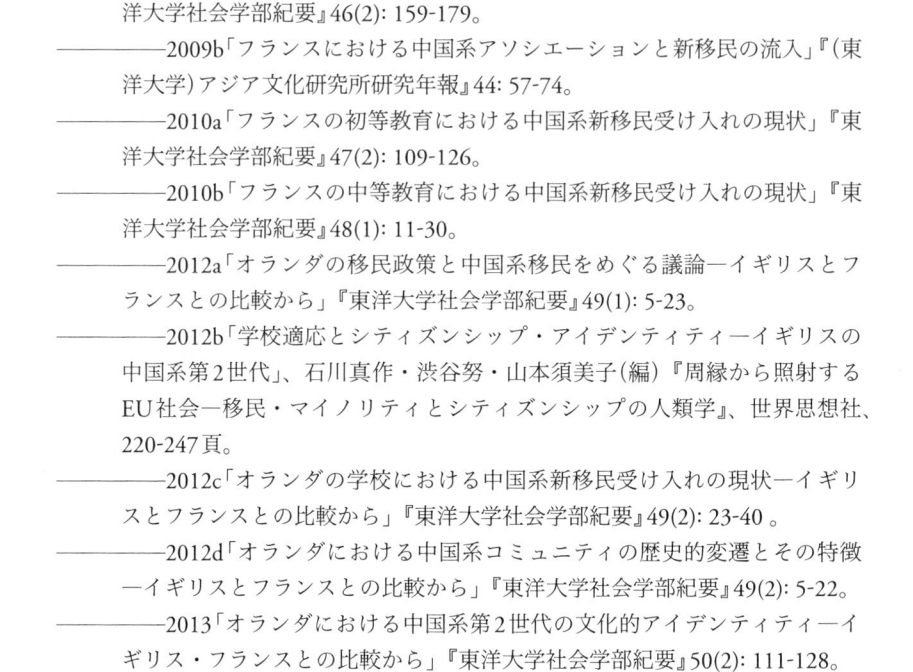

　　　　249。
────2009a「イギリスにおける中国系アソシエーションと新移民の流入」『東洋大学社会学部紀要』46(2): 159-179。
────2009b「フランスにおける中国系アソシエーションと新移民の流入」『(東洋大学)アジア文化研究所研究年報』44: 57-74。
────2010a「フランスの初等教育における中国系新移民受け入れの現状」『東洋大学社会学部紀要』47(2): 109-126。
────2010b「フランスの中等教育における中国系新移民受け入れの現状」『東洋大学社会学部紀要』48(1): 11-30。
────2012a「オランダの移民政策と中国系移民をめぐる議論─イギリスとフランスとの比較から」『東洋大学社会学部紀要』49(1): 5-23。
────2012b「学校適応とシティズンシップ・アイデンティティ─イギリスの中国系第2世代」、石川真作・渋谷努・山本須美子(編)『周縁から照射するEU社会─移民・マイノリティとシティズンシップの人類学』、世界思想社、220-247頁。
────2012c「オランダの学校における中国系新移民受け入れの現状─イギリスとフランスとの比較から」『東洋大学社会学部紀要』49(2): 23-40。
────2012d「オランダにおける中国系コミュニティの歴史的変遷とその特徴─イギリスとフランスとの比較から」『東洋大学社会学部紀要』49(2): 5-22。
────2013「オランダにおける中国系第2世代の文化的アイデンティティ─イギリス・フランスとの比較から」『東洋大学社会学部紀要』50(2): 111-128。
游海龍(編) 2001、2006、『英国華人総覧』、ロンドン: 亜美企業有限公司。
游仲勲 1990『華僑─ネットワークする経済移民』、講談社現代新書。
吉田信 2003「移民から市民へ─オランダ移民政策にみる統合パラダイムの転換」『日蘭学会会誌』28(1): 1-17。
吉谷武志 1996「移民の子どもたちへの教育の成立と変容─フランス政府政策の動きから」『フランス教育学会紀要』8: 43-50。
────2001「フランス─移民の教育から異文化間教育へ」、天野正治・村田翼夫(編)『多文化共生社会の教育』、玉川大学出版部、230-243頁。

参考資料

参考資料1 イギリスの学校系統図
参考資料2 フランスに学校系統図
参考資料3 オランダに学校系統図

参考資料1　イギリスの学校系統図

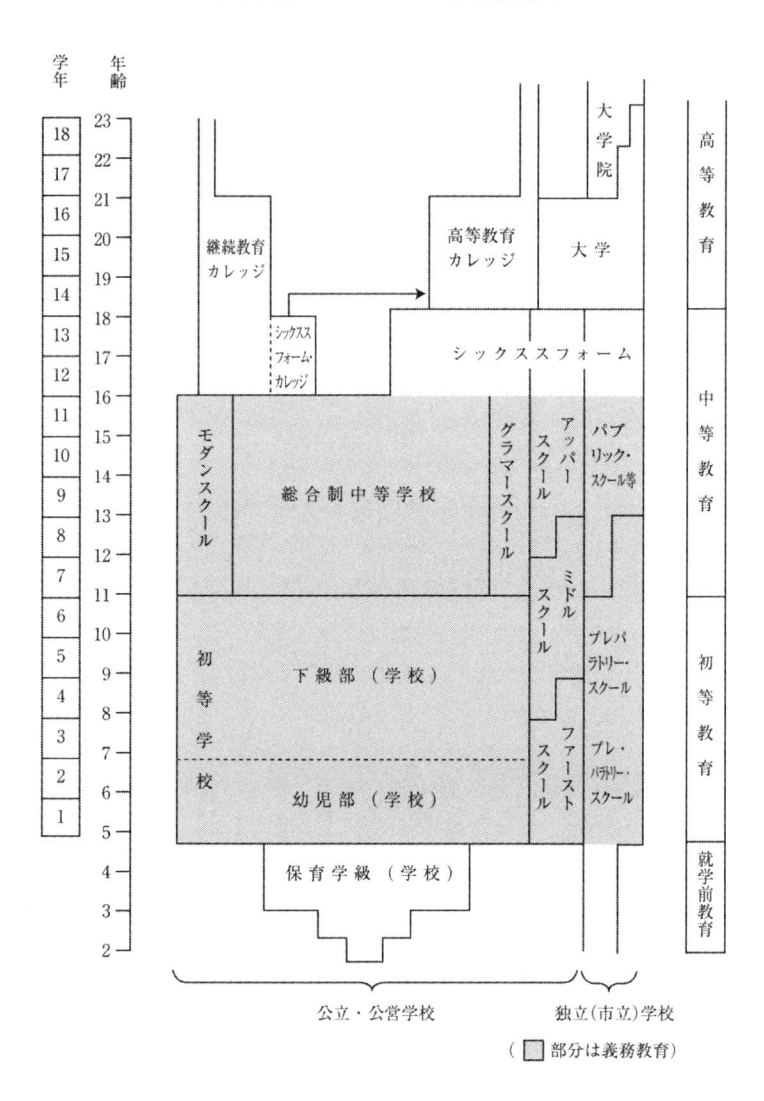

出典：文部科学省『諸外国の教育動向』2013年度版。

参考資料 355

参考資料2　フランスの学校系統図

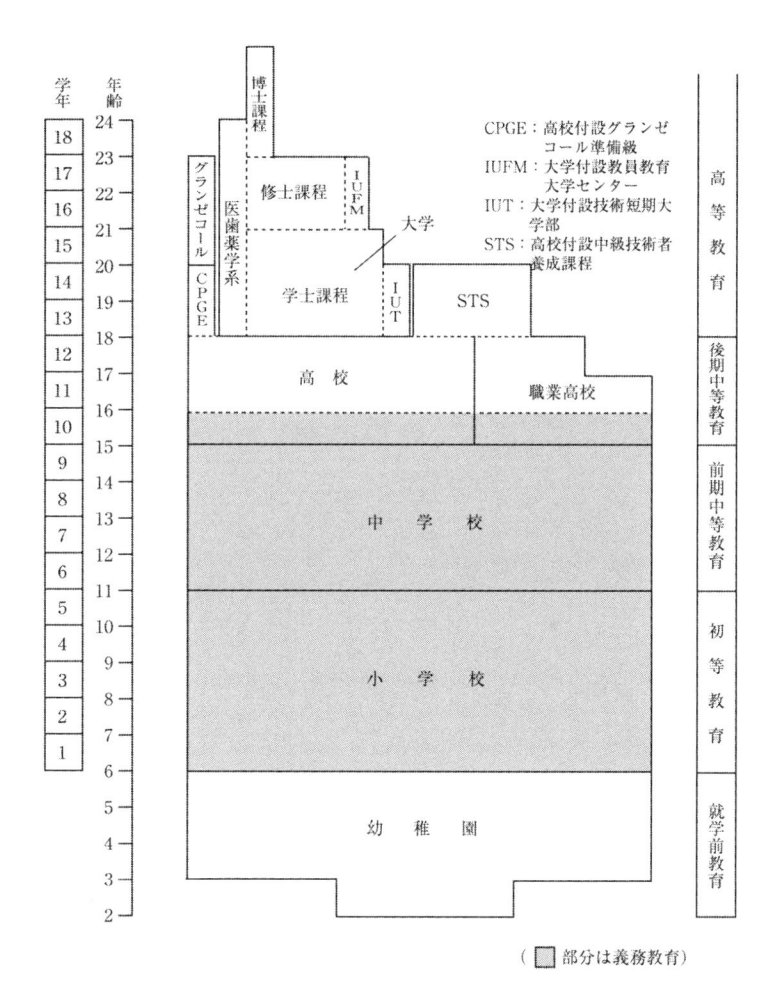

学年	年齢			
18	24	博士課程		高等教育
17	23			
16	22	修士課程 IUFM		
15	21	グランゼコール 医歯薬学系	大学	
14	20	CPGE	IUT	
13	19	学士課程	STS	
12	18			
11	17	高校	職業高校	後期中等教育
10	16			
9	15			前期中等教育
8	14	中学校		
7	13			
6	12			
5	11			初等教育
4	10	小学校		
3	9			
2	8			
1	7			
	6			
	5	幼稚園		就学前教育
	4			
	3			
	2			

CPGE：高校付設グランゼコール準備級
IUFM：大学付設教員教育大学センター
IUT：大学付設技術短期大学部
STS：高校付設中級技術者養成課程

（■部分は義務教育）

出典：文部科学省『諸外国の教育動向』2013年度版。

参考資料3　オランダの学校系統図

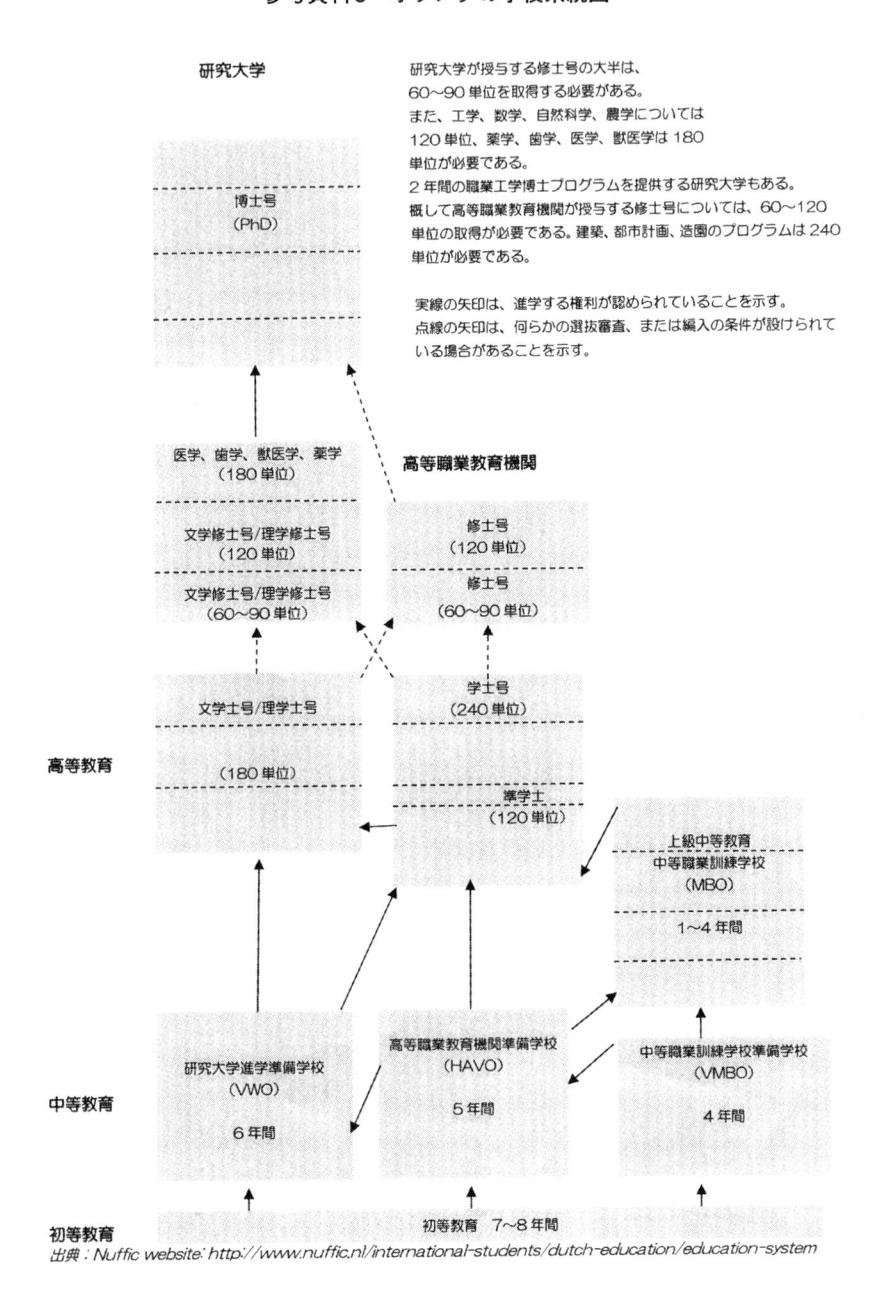

研究大学

研究大学が授与する修士号の大半は、60～90単位を取得する必要がある。
また、工学、数学、自然科学、農学については120単位、薬学、歯学、医学、獣医学は180単位が必要である。
2年間の職業工学博士プログラムを提供する研究大学もある。
概して高等職業教育機関が授与する修士号については、60～120単位の取得が必要である。建築、都市計画、造園のプログラムは240単位が必要である。

実線の矢印は、進学する権利が認められていることを示す。
点線の矢印は、何らかの選抜審査、または編入の条件が設けられている場合があることを示す。

- 博士号（PhD）
- 医学、歯学、獣医学、薬学（180単位）
- 文学修士号/理学修士号（120単位）
- 文学修士号/理学修士号（60～90単位）
- 文学士号/理学士号（180単位）

高等職業教育機関

- 修士号（120単位）
- 修士号（60～90単位）
- 学士号（240単位）
- 準学士（120単位）

高等教育

- 上級中等教育 中等職業訓練学校（MBO）1～4年間

中等教育

- 研究大学進学準備学校（VWO）6年間
- 高等職業教育機関準備学校（HAVO）5年間
- 中等職業訓練学校準備学校（VMBO）4年間

初等教育

初等教育　7～8年間

出典：Nuffic website: http://www.nuffic.nl/international-students/dutch-education/education-system

事項索引

あ行

アイデンティティ　5, 7, 9, 10 〜 13, 15, 16, 20, 25, 38, 41, 63, 94, 107, 113, 140, 142, 188, 194, 209, 219 〜 228, 233, 238 〜 241, 243 〜 250, 252 〜 256, 258 〜 261, 267, 314, 320 〜 323, 327, 329, 330, 333 〜 335
　　自己——　221, 222, 246, 247
アイデンティフィケーション
　　（Identification）　222, 259
アジア系アメリカ人　16, 18, 19
アジアン・パーティー　250
アヘン戦争　99
アングロサクソン・モデル　25, 316
EC指令　127, 151, 163
EU　4 〜 7, 9 〜 12, 22 〜 25, 110, 115, 126 〜 128, 145, 150, 162, 181, 182, 306, 313, 314, 316, 329 〜 330, 333 〜 335
　　——市民権　126
　　——という枠組み　9, 11, 182, 329
移住形態　10, 264, 266, 268, 277, 295 〜 297, 306, 319, 320, 325 〜 330
位置取り（Positioning）　5, 220, 222, 223, 231, 234, 238 〜 240, 242 〜 247, 254, 256, 259, 323
移民斡旋業者　50, 56, 78, 293
移民教育政策　5, 7, 8, 10 〜 14, 21, 24, 26, 109, 110, 126 〜 128, 131, 135, 143 〜 145, 296, 314 〜 320, 329, 330, 335
移民教育問題　14, 331
移民制限政策　39
移民政策　5, 11, 12, 72, 109 〜 111, 113, 114, 116, 119, 120, 122 〜 126, 333
移民の子ども　4, 5, 7 〜 9, 11, 13, 14, 17, 18, 21 〜 23, 26, 58, 80, 110, 127 〜 129, 132, 134 〜 145, 152, 155, 157, 192, 193, 208, 209, 236, 263 〜 266, 268 〜 270, 275, 278, 286, 290 〜 292, 294, 296 〜 299, 301, 302 〜 304, 306, 314, 315, 317, 319 〜 321, 323 〜 328, 334, 335
連鎖移民　73, 89, 96, 98
移民通訳派遣サービス（ISM）　275, 281
移民的マイノリティ　15, 327, 328
飲食業　5, 40, 46, 51 〜 55, 60, 61, 63, 75, 85, 88, 89, 94, 95, 98, 99, 118, 124, 125, 151, 195, 197, 198, 201 〜 203, 205, 209, 212 〜 214, 240, 248, 249, 254, 260, 264, 274, 299, 306, 320 〜 322, 334
インドシナ難民　18, 63, 64, 66 〜 70, 73, 74, 84, 86, 98, 123, 125, 157, 158, 161, 172, 173, 179, 181, 193, 201, 223, 229, 239, 240, 269, 270, 278, 290, 291, 294, 324, 333
中国系——　223, 333
受入学級（CLA）　134, 231, 265, 268, 276 〜 289, 292, 294, 295
英国華商総会（Chinese Chamber of Commerce・UK）　46, 164 〜 169
　　——会長　166
　　——中文学校（Chinese Chamber of Commerce UK Chinese School）　164, 165
エスニシティ　7, 25, 59, 120, 122, 123, 130, 132, 191, 216, 250, 316
エスニック・アイデンティティ　20, 221
エスニック・エンクレイブ　19, 217
エスニック・コミュニティ　5, 10, 20, 21, 26, 215, 216, 245, 320, 323, 326, 329, 330 〜 331, 334
エスニック・マイノリティ　12, 25, 110, 112 〜 114, 116, 〜 120, 122, 124, 126,

133, 134, 189, 191, 261, 304, 316, 318, 320
――概念　113
――政策　12, 110, 112, 120
EFFNATISプロジェクト　22, 28
欧州委員会　127
欧州教育情報ネットワーク（Eurydice）　4
欧州評議会　5
OECD　21, 22
親子関係　18, 215, 216, 240, 243, 246, 247, 253, 259, 322, 327
親の背景にある文化　5, 8, 13, 220, 320, 321, 333
荷蘭華僑総会（Algemene Chinese Vereniging in Nederland）　91, 95
荷蘭華人親睦会（Chinese Vereniging in Netherland 'Fa Yin'）　92, 96, 175
温州　13, 32, 62, 65, 68, 70～77, 79～84, 86～90, 94, 95, 99, 119, 159, 160, 172, 176, 177, 179, 203, 232, 242, 244, 249, 252, 253, 264, 266～299, 306, 319, 320, 324
――語　32, 72, 73, 81, 159, 160, 177, 179, 242, 272, 274, 283
――出身者　62, 70, 71, 72, 74～76, 80, 84, 86, 87, 95, 172, 177, 264, 268, 270, 273, 274, 276, 278, 292, 294, 295, 297, 298, 306, 320
――系の子ども　13, 264, 268, 270, 271, 275～289, 292～298, 306, 319, 324

か行

改革開放政策　6, 62, 63, 90, 181
カイワ中文学校（Chinese School Kai Wah）　176, 178
学業成功ネットワーク（RRS）　269, 272, 277, 278, 297
学業成績　118, 133, 134, 145, 188, 189, 191～193, 195, 211, 213, 215, 315～317
学業不振　14, 15, 133, 136, 189, 193
学校教育　8, 10, 15～17, 21, 117, 130, 134, 139, 140, 142, 188, 196, 204, 205, 208, 211～217, 244, 245, 261, 265, 288, 296, 297, 317, 319, 322～324, 328～331
学校適応　8～24, 38, 187, 188, 202, 213～217, 220, 244, 245, 261, 264, 313, 314, 320～330, 333, 335
学校適応・不適応　8, 10～12, 14～18, 21～24, 38, 188, 264, 313, 320, 321, 323～331, 333, 335
学校不適応　8～10, 13, 15, 17, 21, 194, 214, 263, 296, 314, 321, 323～328, 334, 335
――問題　8, 13, 296, 314, 325, 326, 家庭教育　239, 240, 321
カラーブラインド（Colour-Blind）　129, 132
華励中心（Chinees Centrum Wa Lai）　176
簡体字　155, 159, 160, 162, 168, 172～175, 177, 180～182, 261, 291, 318
広東語　30, 32, 34, 40, 48, 52, 58, 60, 61, 63, 72, 81, 89, 92, 93, 97, 152～156, 159～162, 167～171, 174～181, 226, 241, 242, 256, 257, 302, 318, 334
――クラス　167～169, 175～177, 181, 242, 334
――話者　52, 58, 61, 63, 72, 92, 93, 97
広東省出身者　44, 45, 88, 90, 94, 98, 218
基本的信頼　247
教育実践　7, 9, 13, 14, 17, 24～26, 110, 129, 132, 298, 303, 307, 314, 317, 320, 334, 335
教育人類学　13, 14, 24, 314, 321, 323, 328, 333～335
教育優先政策（ZEP政策）　137, 141
共通移民政策　5, 126
共同性　259, 322, 323
共和国原理　26, 144, 145, 315
共和国モデル　7, 16, 25, 144, 316, 334

共和主義　　26, 115, 123, 124, 126, 144, 306, 315, 316
居住形態　　26, 98, 248, 260, 320, 329
近代国民国家体制　　11
グラマー・スクール（Grammar School）　　152, 154〜156
黒い学校（Awarte Scholen）　　142, 316
経路依存性　　25
言語文化サポート協会（Association for Language and Cultural Support）　　71, 75〜79, 81〜84, 266, 267, 278, 281, 284, 285, 298
────会長　　76, 78, 84, 267
国際学級（ISK）　　139, 140, 211, 299〜303
公的空間　　7
国際比較研究　　4, 11, 14, 21〜24
国籍　　6, 41, 51, 59, 70, 113, 123, 135, 296, 319
困難を抱える子どもへの援助ネットワーク（RASED）　　276
コンプリヘンシブ・スクール　　151, 152, 154〜156

さ行

差異化　　5, 144, 220, 250, 259, 322
サイレント・マイノリティ　　59
サッチャリズム　　317
自己実現　　20, 196, 205
私的空間　　7
市民性教育　　5, 24, 156, 285, 315, 347〜350
────民主的──　　5
社会経済的地位　　10, 113, 116, 120, 215, 216, 319, 324, 327, 330
社会統合　　4, 5, 22〜26, 115, 124, 126, 133, 137, 143, 307
社会民主主義的なもの　　317
社会的上昇　　15, 19, 20, 94, 215, 216, 327
集住地区　　63, 71, 73, 74, 77, 79, 86, 98, 99, 158, 172, 193, 201, 217, 223, 229, 240, 249, 251, 261, 268〜270, 278, 290, 306, 316, 319, 320〜322, 324, 333
儒教的価値　　324
主流社会の文化　　5, 8, 13, 15, 220, 239, 245, 258, 320, 321, 327, 333
職業形態　　26, 320, 329
新移民流入　　6, 7, 9, 12, 37, 38, 57, 59, 64, 79, 85, 86, 95, 98, 99, 177, 261, 303, 306, 320, 326
新自由主義　　132, 133, 138, 144, 145, 315, 317
────的なもの　　317
新人種主義　　132
新中国成立　　40, 47, 62, 72, 89, 90, 96
進路選択　　9, 23, 198, 203, 206, 209, 210, 213, 321
スカーフ　　26, 109, 137, 144, 259
正規滞在許可証　　76, 99, 274, 283, 288, 290, 295, 296, 320
正規の学校　　7〜9, 12, 13, 17, 135, 145, 149, 150, 152, 154, 156, 157, 159〜162, 167, 172, 173, 178, 180, 181, 188, 239, 241, 242, 261, 264, 314, 317〜320, 322, 351
成功願望ネットワーク（RAR）　　277, 287, 297
成功の民俗理論（Folk Theory of Success）　　8, 12, 13, 15〜17, 21, 188, 194, 203, 213, 215〜217, 323, 324, 326〜328
成功モデル　　5, 7, 255
青田　　34, 62, 65, 66, 69, 71, 79, 87, 88, 90, 94
正統チャイニーズ・アソシエーション　　64, 66〜68, 84, 85, 171, 172
生徒指導主任専門員　　277, 281, 285, 286, 295
セクション・オリエンタル（Section Orientale）　　159, 161, 290, 291
世代的変遷　　16
浙江省　　32, 34, 62, 65, 70, 71, 73〜75,

77〜80, 84, 87〜91, 93〜99, 159, 172, 177, 201, 232, 333
――出身者　71, 73〜75, 77, 78, 80, 84, 88, 90, 91, 93〜99, 333

た行

第1世代　5, 12, 17, 94, 120, 121, 188, 194〜196, 199, 213〜215, 217, 40, 248, 249, 253, 323, 324, 334
第2世代　4〜10, 12, 13, 16〜18, 20, 22〜24, 26, 30, 44, 55, 70, 84, 117〜121, 123, 124, 140, 142, 149〜150, 153, 160, 163, 168, 169, 171, 173〜176, 178, 179, 181, 187〜189, 192〜196, 198, 202, 203, 205, 208〜210, 212〜217, 219, 220, 222〜225, 227, 234, 236, 238〜254, 258〜261, 268, 290, 291, 294, 302, 305, 314, 315, 317, 318, 320〜329, 333〜335
多極共存型デモクラシー（Consociational Democracy）　112
他者性　248, 249, 254, 255, 258
多文化教育　130〜132, 323
多文化共有（Cultures en Partage）　83, 275〜277, 285, 295, 297
多文化主義　7, 113, 114, 126, 131〜133, 138, 240, 306, 315, 316, 318, 334
多文化政策　27, 146
チャイナタウン　3, 19, 20, 43, 45, 48, 52〜55, 57〜59, 67, 68, 73, 74, 84, 88, 92, 93, 167, 172, 176, 216, 217, 223, 256, 263, 270, 334
チャイナタウン・チャイニーズ・コミュニティ・センター（Chinatown Chinese Community Centre）48, 57, 58
チャイニーズ・コミュニティ・センター　44, 47〜49, 57〜61, 165, 195
中国系アソシエーション　9, 12, 34, 38, 42, 43, 47, 50, 57〜61, 64, 69, 71, 79, 84〜86, 90〜92, 95〜98, 117〜

119, 157, 165, 168, 171, 174, 176, 177, 180, 202, 229, 237, 240, 264, 268, 275, 281, 286, 296, 298, 302, 314, 319, 320, 324, 333
中国系アメリカ人　18, 19, 20, 223, 324
中国系移民　5〜7, 10〜14, 18, 20, 21, 24, 37〜39, 41, 42, 45〜47, 49, 50, 53, 57〜59, 61, 63〜67, 70, 73, 75〜77, 79, 80, 81, 85〜90, 110, 116〜120, 123〜126, 163, 164, 167〜169, 171, 173, 174, 176, 179, 214, 240, 248, 249, 252, 266, 268, 299, 303, 306, 313, 314, 317, 318, 320, 329〜331, 333〜335
中国系コミュニティ　6〜9, 11, 13, 21, 24, 26, 38, 39, 41, 42, 44, 47, 49, 50, 52, 57, 59〜61, 63, 66, 70, 80, 82, 85, 86, 89, 90, 93, 95〜99, 117〜119, 124, 125, 177, 197, 201, 209, 213, 215〜217, 235, 240, 260, 261, 264, 306, 314〜317, 320〜324, 329, 334, 335
中国系次世代　7, 38, 182, 314, 333
中国系新移民　7, 9, 13, 17, 21, 26, 49, 50, 70, 71, 78, 93, 263〜266, 268, 270, 275, 278, 291, 292, 294, 298, 299, 301〜304, 306, 319, 320, 324, 326, 327, 334, 335, 352
――の子ども　7, 9, 13, 17, 26, 263〜266, 268, 270, 275, 278, 291, 292, 294, 298, 301〜304, 306, 319, 320, 324, 327
中国系人口　6, 39, 40, 50, 59, 63, 70, 88, 90, 93, 151, 161, 334, 335
中国系第2世代　5, 7〜10, 12, 13, 16, 17, 20, 26, 84, 149, 150, 153, 160, 169, 174, 176, 178, 179, 181, 187〜189, 192〜194, 198, 203, 209, 212〜216, 219, 220, 222〜225, 227, 234, 236, 238〜246, 248〜253, 258, 260, 261, 302, 305, 314, 318, 320〜325, 327〜329, 333〜335

中国語補習校　　　9, 12, 30, 34, 44, 47,
　　49, 59, 67, 69, 84, 96, 117, 125, 149,
　　150, 154, 157, 159〜167, 169〜175,
　　177〜182, 236, 238, 239, 241, 242,
　　246, 248, 261, 333, 334
中国的インドネシア料理　　　89
中国文化　　　9, 41, 67, 80, 93, 117,
　　156, 163, 164, 181, 182, 199, 203, 222,
　　224, 228, 231, 234〜236, 245
中国本土出身者　　　13, 69, 70, 123, 159,
　　168, 169, 172, 178, 198, 223
　　――の子ども　　　13, 178
中国料理　　　5, 30, 32, 34, 40, 41,
　　45, 46, 51〜53, 59, 72, 74, 75, 77, 88,
　　89, 92, 94, 95, 117, 124, 151, 170, 195,
　　199, 209, 223, 226, 229, 235, 290
　　――ブーム　　　41, 89, 92, 117
　　――レストラン　　　30, 32, 34, 41, 46,
　　52, 53, 59, 72, 75, 77, 88, 92, 94, 95,
　　117, 170, 195, 199, 209, 223
TIESプロジェクト　　　4, 22, 23, 27
テークアウェイ・ショップ　　　30, 41, 45,
　　195, 198, 205, 313
同化なき適応（Accommodation without
　　Assimilation）　　　245
同業者団体　　　44, 46
統合コンテキスト比較理論（Comparative
　　Integration Context Theory）　　　23
同郷団体　　　43〜46, 57, 61, 91, 92
同姓団体　　　44, 45
同族組織　　　41
東北部出身者　　50, 52, 55, 56, 61, 70, 71,
　　75, 77, 78, 80, 85, 93, 98, 99, 264, 269
トランスナショナルな枠組み　　7, 10, 11,
　　330

な行

西インド諸島系の子ども　　129, 130, 147,
　　189
日常的経験　　　8, 21
ニューカマーと移動生活者の就学のため
　　の大学区センター（CASNAV）　　265
入門学級（CLIN）　　134, 265, 268〜271,
　　276, 289, 294, 295, 299, 300, 302, 303,

は行

バカロレア　　　160, 192, 193, 208, 241
　　イスラムの――　　　112
　　――パラダイム　　　114, 115, 146
パポテック（La Papothèque）　　　269,
　　271〜274, 298, 319
パリ　　　4, 7, 9, 10, 12, 13, 61〜63,
　　65〜71, 73〜79, 81, 82, 84, 86, 98,
　　99, 157〜161, 171, 172, 179, 180,
　　193, 201, 208, 219, 223, 229, 240, 248,
　　255, 256, 263〜270, 275, 277〜279,
　　286〜288, 290〜294, 296, 318, 319,
　　324, 334
　　――郊外　　4, 63, 65, 73, 81, 98, 99, 158,
　　159, 161, 248, 286
　　――3区　　　62, 75, 86, 160, 172, 275
　　――13区　　　63, 67〜70, 74, 84,
　　157〜161, 171, 172, 179, 193, 201,
　　208, 223, 229, 240, 256, 263, 269,
　　290
　　――ベルビル地区（Belleville）　　71,
　　74〜76, 79, 81, 82, 85, 268, 270,
　　271, 274, 277, 278, 281, 282, 287,
　　294, 295
巴里同済学校　　　81, 82, 281, 284
ハリンゲイ・チャイニーズ・センター
　　（Haringey Chinese Centre）　　37, 48, 49,
　　58
ハリンゲイ中文学校（Haringey Chinese
　　School）　　　165, 168
反人種差別教育　　　131, 132
繁体字　　　160, 168, 172〜175, 180, 181
ピーナッツマン　　　91
ピエール・デュサーフ仏中協会
　　（Association Franco-Chinoise Pierre
　　Ducerf）　　79, 83, 84, 267, 285, 298
比較教育学　　　24

庇護申請　52, 59, 71, 75〜78, 81〜83, 85, 95, 125, 266, 273, 274
　──者　52, 59, 71, 75〜78, 81, 82, 95, 125
　──手続き　81, 83
PISA調査　22, 28
非自発的マイノリティ　15, 327, 328
ヒュイジ協会（Association Huiji）　75, 79, 82, 83, 86
　──元会長　75
福建省出身者　50〜53, 55〜57, 60, 61, 77, 85, 86, 98, 99
不法移民　16〜18, 50, 52〜54, 73, 75〜77, 80, 83, 95, 99, 119, 268, 293, 306, 319, 320, 324, 327, 328
プラナカン　87, 89〜91, 98
　──留学生　87, 90, 91
フランコ＝アジアン・アソシエーション　66, 67, 86, 171
フランコ＝チャイニーズ・アソシエーション　64, 66, 79, 83, 85, 86
フランス語集中学級　277〜280, 282, 283, 285, 294, 295
文化人類学的調査　7, 10, 335
文化的アイデンティティ　5, 7, 9〜13, 16, 20, 38, 113, 140, 142, 188, 194, 209, 219〜224, 227, 228, 233, 238〜241, 243〜249, 253, 254, 256, 258〜261, 314, 320〜323, 329, 330, 333〜335
　──形成　5, 7, 9〜13, 16, 38, 219, 220, 240, 241, 260〜261, 320〜323, 329, 330, 333〜335
　──形成過程　5, 7, 10, 11, 13, 220, 241, 260, 261, 320〜323, 329, 330, 333〜335
　──保持　9, 13, 220, 321, 322
文化的-エコロジカル理論　21
文化的言語的特殊性　144, 145, 315
文化的多元主義　130, 144, 145, 315
文化的背景に関連した教育　12, 150, 162, 239, 261, 317, 318, 322
文化的背景に関連する教育　323
文化の境界　9, 13, 220, 320, 321
文化モデル　15〜18, 21, 327, 328
　──アプローチ　15〜18, 327, 328
分節化された同化理論（Segmented Assimilation Theory）　215, 217
北京語　32, 40, 58, 73, 81, 96, 97, 151〜153, 155, 156, 159〜162, 167〜169, 171〜182, 229, 230, 232, 241, 242, 261, 272, 274, 291, 302, 304, 318, 333, 334
　──クラス　156, 167, 168, 169, 175〜178, 180, 181, 242, 334
　──話者　97
勉学意欲喪失　277, 295, 297, 319, 325
法亜文化友愛会（Rencontre et Culture Franco-Asiatique）　67, 84, 171〜173, 179
　──中文学校　171〜173, 179
法国華僑華人会（Association des Chinois Resident en France）　84, 172, 179
法国中華学校　172, 173
法国潮州会館（Amicale des Teochew en France）　68〜70, 172, 173, 179
縫製業　30, 77, 87, 98, 274, 291, 292
法的地位　58, 59, 113, 320, 324, 327〜330
方法論的ナショナリズム　11
母語教育　111, 113, 116, 117, 130, 135, 142, 143, 151〜154, 157, 159, 161, 163, 173, 174, 177〜181, 239, 241, 318, 323, 329
母国語教育　135
ポピュラー・カルチャー　242, 243
香港出身者　5, 40, 45, 46, 50〜52, 58, 60, 74, 89, 93, 97〜99, 124, 125, 167, 168, 175, 177, 179, 195, 201
香港新界　30, 34, 40, 41, 44, 47, 49, 51, 61, 98, 170, 195, 333
香港政庁　46, 47, 48, 125,

索　引　363

164〜168, 179
香港返還　　　47, 51, 125, 126, 164,
165, 167, 169, 177, 179, 181

ま行

マイノリティ　　8, 10, 12, 14〜18, 21,
24〜26, 59, 110, 112〜114, 116〜
120, 122〜124, 126, 128〜134, 139,
141, 143, 171, 189, 191, 261, 303, 304,
316, 318, 320, 323〜325, 327〜330,
335
　モデル・──　　　　　　　　　16
マグレブ系の子ども　　266, 287, 292
マジョリティ　5, 15, 17, 21, 25, 192, 303,
329
民族教育　　　　　　　　10, 24, 330
問題の顕在化　　　　　298, 307, 320

や行

友人関係　240, 247〜249, 251, 252, 259,
260, 322, 323
ユトレヒト中文学校（Alg. Chinese School Utrecht）　　　　　　　　　177

ら行

ライフヒストリー　　5, 9, 10, 12, 13, 17,
24, 188, 220, 245, 248, 260, 320, 321,
323, 325, 326, 333〜335
留学生　　　　　　　　40, 52, 55, 61,
65, 77, 87, 90, 91, 93, 94, 98, 169, 174,
227, 249, 257, 268, 286
ロンドン共和協会（Kung Ho Association of London）　　　　　　　44, 165
　──中文学校（London Kung Ho Association Chinese School）　　165

人名索引

あ行

アーチャー（Archer, Louise） 20, 191, 195, 215
安達智史 25, 347
ヴァン・ザンタン（Van Zanten, Agnès） 16
ウィッテ（Witte, Lilly） 10, 194, 195, 202, 209
遠藤乾 11, 348
小口功 131, 348, 349
オグブ（Ogbu, John U.） 8, 15〜17, 21, 323, 327

か行

笠間千浪 196, 348
カテュレイン（Cattelain, Chloé） 71, 266, 267
ギデンズ（Giddens, Anthony） 221, 222, 247
ギブソン（Gibson, Margaret A.） 14〜17, 245
キム，E.-Y.（Kim, Eun-Young） 214
キム，K.（Kim, Kuo） 10, 94, 195, 202, 209, 244, 249
ギルボーン（Gillborn, David） 16, 191, 215
クルール（Crul, Maurice） 23
ゴメス（Gomez, Edmund Terence） 42, 45, 50
小山晶子 26, 348

さ行

佐久間孝正 25, 349
サッチャー（Margaret Hilda Thatcher） 131, 132, 317
サルコジ（Nicolas Paul Stéphane Sarközy de Nagy-Bocsa） 76, 138, 144, 268, 274
シウ（Siu, Sau-Fong） 18

シャン（Xiang, Biao） 50, 56
シュウ（Zhou, Min） 19, 215〜217, 327, 328
シュナイダー，B.（Schneider, Barbara） 19
シュナイダー，J.（Schneider, Jens） 23
瀬川昌久 41, 350

た行

チャオ（Chao, Ruth K.） 19

は行

パーカー（Parker, David） 198, 203, 243, 250
パウエル（Powell, Enoch） 129
ピーク（Pieke, Frank N.） 6, 17, 50, 52〜54, 90, 117〜119, 194
フランシス（Francis, Becky） 20, 191, 195, 215
ベムレン（Vermeulen, Hans） 23
ペン（Peng, Samuel S.） 19
ベントン（Benton, Gregor） 42, 45, 50, 90
ホール（Hall, Stuart） 222, 259

ま行

宮島喬 193, 350, 351

ら行

ライト（Wright, Deeann） 19, 151
ライプハルト（Lijphart, Arend） 112
リー，M.（Li, Minghuan） 42, 64, 71〜73, 90, 95
リー，S. J.（Lee, Stacey J.） 16
リー，J.（Li, Jun） 20
リー，Y.（Lee, Yongsook） 19
リブ（Live, Yu-Sion） 64, 70

わ行

ワトソン（Watson, James L.） 41

著者紹介

山本　須美子（やまもと　すみこ）
九州大学大学院教育学研究科博士課程修了、博士（教育学）
現在、東洋大学社会学部教授

主な著作

『文化境界とアイデンティティ―ロンドンの中国系第2世代』、九州大学出版会、2002年。
'School Performance among Second Generation Chinese in the EU: A Comparison of the U.K. and France', *Hakusan Review of Anthropology* 11, 2008.
「学校適応とシティズンシップ・アイデンティティ―イギリスの中国系第2世代」、石川真作・渋谷努・山本須美子(編)『周縁から照射するEU社会―移民・マイノリティとシティズンシップの人類学』、世界思想社、2012年。

EUにおける中国系移民の教育エスノグラフィ

2014年2月28日　　初　版第1刷発行　　　　　　　　　　〔検印省略〕
定価はカバーに表示してあります。

著者Ⓒ山本須美子　発行者　下田勝司　　　　　印刷・製本／中央精版印刷株式会社

東京都文京区向丘 1-20-6　　郵便振替 00110-6-37828
〒 113-0023　TEL (03) 3818-5521　FAX (03) 3818-5514　　　発　行　所
株式会社　東信堂
Published by TOSHINDO PUBLISHING CO., LTD.
1-20-6, Mukougaoka, Bunkyo-ku, Tokyo, 113-0023, Japan
E-mail : tk203444@fsinet.or.jp　http://www.toshindo-pub.com

ISBN978-4-7989-1222-6 C3037　Ⓒ Sumiko Yamamoto

東信堂

現代アメリカの教育アセスメント行政の展開――マサチューセッツ州（MCASテスト）を中心に	北野秋男編	四八〇〇円
アメリカ公民教育におけるサービス・ラーニング	唐木清志	四六〇〇円
現代アメリカにおける学力形成論の展開――スタンダードに基づくカリキュラムの設計	石井英真	四二〇〇円
ハーバード・プロジェクト・ゼロの芸術認知理論とその実践――内なる知性とクリエイティビティを育むハワード・ガードナーの教育戦略	池内慈朗	六五〇〇円
アメリカにおける学校認証評価の現代的展開	浜田博文編著	二八〇〇円
アメリカにおける多文化的歴史カリキュラム	桐谷正信	三六〇〇円
EUにおける中国系移民の教育エスノグラフィ	山本須美子	四五〇〇円
社会形成力育成カリキュラムの研究	西村公孝	六五〇〇円
現代ドイツ政治・社会学習論――「事実教授」の展開過程の分析	大友秀明	五二〇〇円
現代教育制度改革への提言 上・下	日本教育制度学会編	各二八〇〇円
現代日本の教育課題――二一世紀の方向性を探る	山口満編著	二八〇〇円
バイリンガルテキスト現代日本の教育	村田翼夫編著	三八〇〇円
発展途上国の保育と国際協力	浜野隆著	三五〇〇円
日本の教育経験――開発を考える途上国の教育	国際協力機構編著 三輪千明著	二八〇〇円
子ども・若者の自己形成空間――教育人間学の視線から	高橋勝編著	二七〇〇円
君は自分と通話できるケータイを持っているか	小西正雄	二〇〇〇円
教育文化人間論――知の逍遙／論の越境	小西正雄	二四〇〇円
グローバルな学びへ――協同と刷新の教育	田中智志編著	二〇〇〇円
学びを支える活動へ――存在論の深みから	田中智志編著	二〇〇〇円
教育の共生体へ――ボディ・エデュケーショナルの思想圏	田中智志編	三五〇〇円
人格形成概念の誕生――近代アメリカの教育概念史	田中智志	三六〇〇円
社会性概念の構築――アメリカ進歩主義教育の概念史	田中智志	三八〇〇円
教育による社会的正義の実現――アメリカの挑戦（1945–1980）	D.ラヴィッチ著 木藤美津子訳	五六〇〇円
学校改革抗争の100年――20世紀アメリカ教育史	D.ラヴィッチ著 末藤・宮本・佐藤訳	六四〇〇円

〒113-0023　東京都文京区向丘1-20-6
TEL 03-3818-5521　FAX 03-3818-5514　振替 00110-6-37828
Email tk203444@fsinet.or.jp　URL:http://www.toshindo-pub.com/

※定価：表示価格（本体）＋税

東信堂

日本比較教育学会編

比較教育学事典	森山肇/田中稔子 編著	一二〇〇〇円
比較教育学の地平を拓く	馬越徹	四六〇〇円
比較教育学——越境のレッスン	馬越徹	三六〇〇円
比較教育学——伝統・挑戦・新しいパラダイムを求めて	M.ブレイ編/馬越・大塚豊監訳	三八〇〇円
国際教育開発の再検討——途上国の基礎教育	小川啓一・西村幹子・北村友人編著	二四〇〇円
中国教育の文化的基盤	顧明遠/大塚豊監訳	二九〇〇円
中国大学入試研究——変貌する国家の人材選抜	大塚豊	三六〇〇円
中国高等教育独学試験制度の展開——背景・実現過程・帰結	南部広孝	三二〇〇円
中国の職業教育拡大政策	劉文君	五〇四八円
中国の後期中等教育の拡大と経済発展パターン——江蘇省と広東省の比較	呉琦来	三八二七円
教育の視点からみたその軌跡と課題——ドイツ統一・EU統合とグローバリズム	斉藤泰雄	三八〇〇円
現代中国初中等教育の多様化と教育改革	木戸裕	六〇〇〇円
中国高等教育の拡大と教育機会の変容	楠山研	三六〇〇円
オーストラリアのグローバル教育の理論と実践	木村裕	三六〇〇円
教育における国家原理と市場原理——チリ現代教育史に関する研究	斉藤泰雄	三九〇〇円
中央アジアの教育とグローバリズム	日下部達哉	三二〇〇円
バングラデシュ農村の初等教育制度受容	川嶺辺明敏編著	三六〇〇円
開発教育研究の継承と新たな展開	日下部達哉	二〇〇〇円
オーストラリアの教員養成とグローバリズム	本柳とみ子	三六〇〇円
[新版]オーストラリア・ニュージーランドの教育——グローバル社会を生き抜く力の育成に向けて	青木麻衣子/佐藤博志編著	三八〇〇円
オーストラリアの言語教育政策——多文化主義における「多様性」と「統一性」の揺らぎと共存	青木麻衣子	三八〇〇円
オーストラリア学校経営改革の研究——自律的学校経営とアカウンタビリティ	佐藤博志	三八〇〇円
戦後オーストラリアの高等教育改革研究	杉本和弘	五八〇〇円
マレーシア青年期女性の進路形成	鴨川明子	四七〇〇円
「郷土」としての台湾——郷土教育の展開にみるアイデンティティの変容	林初梅	四六〇〇円
戦後台湾教育とナショナル・アイデンティティ	山﨑直也	四〇〇〇円

〒113-0023 東京都文京区向丘1-20-6
TEL 03-3818-5521　FAX03-3818-5514　振替 00110-6-37828
Email tk203444@fsinet.or.jp　URL:http://www.toshindo-pub.com/

※定価：表示価格（本体）＋税

― 東信堂 ―

日本コミュニティ政策の検証―自治体内分権と地域自治へ向けて	山崎仁朗編著	四六〇〇円
現代日本の地域分化―センサス等の市町村別集計に見る地域変動のダイナミックス	蓮見音彦	三八〇〇円
地域社会研究と社会学者群像―社会学としての闘争論の伝統	橋本和孝	五九〇〇円
「むつ小川原開発・核燃料サイクル施設問題」研究資料集	舩橋晴俊編著 茅野恒秀・金山行孝	一八〇〇〇円
組織の存立構造論と両義性論―社会学理論の重層的探究	舩橋晴俊	二五〇〇円
新版 新潟水俣病問題―加害と被害の社会学	飯島伸子・舩橋晴俊編	三八〇〇円
新潟水俣病をめぐる制度・表象・地域	関礼子編	五六〇〇円
新潟水俣病問題の受容と克服	堀田恭子	四八〇〇円
公害被害放置の社会学―イタイイタイ病・カドミウム問題の歴史と現在	藤川賢・渡辺伸一・堀田恭子編	三六〇〇円
自立支援の実践知―阪神・淡路大震災と共同・市民社会	似田貝香門編	三八〇〇円
〔改訂版〕ボランティア活動の論理―ボランタリズムとサブシステンス	西山志保	三六〇〇円
自立と支援の社会学―阪神大震災とボランティア	佐藤恵	三二〇〇円
個人化する社会と行政の変容―情報、コミュニケーションによるガバナンスの展開	藤谷忠昭	三八〇〇円
《大転換期と教育社会構造：地域社会変革の社会論的考察》		
第1巻 教育社会史―日本とイタリアと生活者生涯学習の地域的展開	J・フィールド 矢野裕俊監訳	三二〇〇円
第2巻 現代的教養Ⅰ―技術者生涯学習の生成と展望	高橋満	二〇〇〇円
第3巻 現代的教養Ⅱ―地域自治と社会構築	小林甫	六八〇〇円
第4巻 学習力変革―東アジアと成人学習	小林甫	六八〇〇円
社会共生力	小林甫	七八〇〇円
	小林甫	近刊
	小林甫	近刊
ソーシャルキャピタルと生涯学習	高橋満	二八〇〇円
コミュニティワークの教育的実践	橋本和孝・藤田弘夫・吉原直樹編著	三二〇〇円
NPOの公共性と生涯学習のガバナンス	弘夫・橋本和孝・藤田弘夫編著	二三〇〇円
都市社会計画の思想と展開〈アーバン・ソーシャル・プランニングを考える〉〈全2巻〉	橋本和孝・藤田弘夫・吉原直樹編著	
世界の都市社会計画―グローバル時代の都市社会計画	弘夫・吉原直樹編著	二三〇〇円

〒113-0023　東京都文京区向丘1-20-6
TEL 03-3818-5521　FAX03-3818-5514　振替 00110-6-37828
Email tk203444@fsinet.or.jp　URL:http://www.toshindo-pub.com/

※定価：表示価格（本体）＋税